Hans-Jürgen Döscher

# Das Auswärtige Amt im Dritten Reich

Hans-Jürgen Döscher

# Das Auswärtige Amt im Dritten Reich

## Diplomatie im Schatten der ›Endlösung‹

im
Siedler Verlag

# Inhalt

*Der Reichsführer-SS Heinrich Himmler im Gespräch mit Reichsaußenminister Constantin Frhr. v. Neurath*

# Vorwort

Die vorliegende Untersuchung, die Ende 1985 als Dissertation vom Fachbereich Geschichtswissenschaft der Universität Hamburg angenommen worden ist, entstand nach Auswertung der relevanten Bestände im Bundesarchiv Koblenz, Berlin Document Center, Politischen Archiv des Bonner Auswärtigen Amts, Institut für Zeitgeschichte München, Staatsarchiv Nürnberg und in den National Archives Washington sowie nach zahlreichen Befragungen ehemaliger Angehöriger des Auswärtigen Dienstes.

Mein Dank gilt daher zunächst den Vorständen und Mitarbeitern der genannten Institutionen für die Bereitstellung der Archivalien sowie den befragten Zeitzeugen für deren schriftliche und mündliche Stellungnahmen. Insbesondere danke ich Frau Dr. Keipert und Herrn Dr. Sareyko (Politisches Archiv des AA), den Herren Dr. Henke und Dr. Real (Bundesarchiv), Mr. Simon und Herrn Pix (Berlin Document Center), Herrn Dr. Hoch † (Institut für Zeitgeschichte) sowie Herrn Botschafter a.D. v. Rintelen (Düsseldorf) und Herrn Legationsrat I.Kl. a.D. Dr. Bruns (Eningen).

Die Herren Dr. Kurt Doß (Hannover) und Dr. Heribert Piontkowitz (Göttingen) haben meine Arbeit mit kritischen Hinweisen begleitet. Ihnen sei an dieser Stelle herzlich gedankt.

Dank schulde ich überdies den Herren Prof. Dr. Bernd-Jürgen Wendt (Hamburg), Prof. Dr. Andreas Hillgruber (Köln), Prof. Dr. Hans Mommsen (Bochum) und Prof. Dr. Wolfgang Scheffler (Berlin) für die kritische Durchsicht meiner Studie und verschiedene Anregungen.

Zu besonderem Dank bin ich Herrn Prof. Dr. Werner Jochmann (Hamburg) verpflichtet, der die Untersuchung über viele Jahre mit wertvollem Rat gefördert hat.

Schließlich danke ich der Forschungsstelle für die Geschichte des Nationalsozialismus in Hamburg, die die sehr umfänglichen Archivstudien nachhaltig unterstützt hat.

Nicht zuletzt haben Interesse, Mithilfe und Langmut meiner Frau zum Abschluß dieser Arbeit beigetragen.

Stade, im Juli 1986 *Hans-Jürgen Döscher*

*Am 4. Februar 1938 wurde v. Neurath durch den Botschafter in London, Joachim v. Ribbentrop, abgelöst. Ribbentrop und Himmler im Gespräch mit dem Staatssekretär des AA, Ernst Frhr. v. Weizsäcker*

»Wir schreiben die Geschichte [...] neu: vom Rassestandpunkt aus [...]. Ich zweifle keinen Augenblick – viele begreifen das jetzt nicht –, daß in hundert Jahren die ganze deutsche Führerschaft aus der SS hervorgeht. Sie treibt die rassische Auslese.«

*Adolf Hitler, 1941*

# Einleitung

Zur Personalpolitik Heinrich Himmlers bemerkte Walter Schellenberg, der von 1941 bis 1945 den Auslandsnachrichtendienst (SD-Ausland) im Reichssicherheitshauptamt leitete, daß dieser »es bewußt darauf anlegte, vorsichtig aus der Kulisse heraus eine neue Reichsführung zu schaffen. Natürlich geschah dies bei seinem Treueverhältnis gegenüber seinem Führer nur mit Zustimmung Hitlers. Sein Ziel dabei war, in sämtlichen Führungsstellen des Reiches und der Reichsgaue – ganz gleich ob es sich um Ministerien, öffentliche Körperschaften oder um Wirtschaft, Handel und kulturelle Einrichtungen handelte, die maßgebenden Posten mit SS-Männern zu besetzen.«[1] Da Schellenberg in diesem Zusammenhang auf apologetische Intentionen verzichtete und seine Sachkenntnis unbestritten ist, erscheint die Darstellung im Tenor durchaus glaubwürdig.[2]

Ribbentrop bestätigte in seinen nachgelassenen Aufzeichnungen, daß Himmler »immer stärkeren Einfluß auf die Außenpolitik zu erlangen versuchte.«[3] Und am 1. April 1946 erklärte der frühere Reichsaußenminister vor dem Internationalen Militärgerichtshof in Nürnberg, daß das Auswärtige Amt »sehr viel mit der SS zu tun [hatte], auf allen möglichen Gebieten«[4], ohne indes seine Aussage zu konkretisieren.

---

1 Schellenberg, Walter: Memoiren, Köln 1959, S. 263

2 Zu Schellenbergs Karriere vgl. im einzelnen Aronson, Shlomo: Reinhard Heydrich und die Frühgeschichte von Gestapo und SD, Stuttgart 1971, S. 208ff. – Mit der Personalstruktur der Reichsministerien wurde Schellenberg spätestens 1941 vertraut, als er dort SD-Verbindungsstellen einrichtete und dabei auf bereits in den Ressorts tätige SS- oder SD-Angehörige zurückgreifen konnte (vgl. Schellenberg: Memoiren, S. 214ff.). – Schellenbergs Darstellung wurde dem Verf. von verschiedenen hohen Vertretern des AA und der SS schriftlich bestätigt, u.a. vom früheren Leiter der Politischen Abteilung des AA (1938-1943), UStS Ernst Woermann (Mitteilung v. 30.3.1974), und vom ehemaligen stellv. Chef des Geheimen Staatspolizeiamtes und späteren Reichsbevollmächtigten in Kopenhagen, SS-Ogruf. Werner Best (Mitteilung v. 7.2.1974).

3 Ribbentrop, Joachim v.: Zwischen London und Moskau. Erinnerungen und letzte Aufzeichnungen. Aus dem Nachlaß hrsg. von Annelies v. Ribbentrop, Leoni am Starnberger See 1953, S. 128

4 IMT X, S. 438

Ausmaß und Wirkung dessen, was das Auswärtige Amt mit der SS zu tun hatte, sind nach 1945 nur in Umrissen erkennbar geworden.

Dem Internationalen Militärgerichtshof lagen die im Auswärtigen Amt entstandenen umfangreichen Akten zur »Endlösung der Judenfrage«, darunter auch das einzig erhaltene Protokoll der »Wannsee-Konferenz« vom 20. Januar 1942, noch nicht vor. Diese Akten wurden erst 1947 entdeckt anläßlich der Vorbereitungen für den Wilhelmstraßen-Prozeß, in dem die Vereinigten Staaten von Amerika als Fall 11 der Nürnberger Nachfolgeprozesse die höchsten Beamten des AA und anderer Reichsressorts wegen ihrer Zugehörigkeit zur SS als einer »verbrecherischen Organisation« und der Teilnahme an »Menschlichkeitsverbrechen« sowie anderer Delikte anklagten.[5] Die beschuldigten Diplomaten bestritten die Mitwirkung des AA bei der Vernichtung der europäischen Juden ebenso wie die Kenntnis ihres Schicksals.[6]

Die deutsche Memoirenliteratur der Nachkriegszeit ist von den Nürnberger Prozessen nicht unberührt geblieben, wie Walther Hubatsch schon 1953 zu Recht feststellte.[7] Auch das Bemühen publizistisch tätiger Diplomaten um Wiederaufnahme in den 1949/50 entstehenden Auswärtigen Dienst der Bundesrepublik Deutschland konnte nicht dazu beitragen, die vielfältigen personellen und organisatorischen Verflechtungen zwischen SS und Auswärtigem Amt aufzuhellen. Insbesondere wurde das Thema Genozid tabuisiert und die Zugehörigkeit der Memoirenschreiber sowie anderer Diplomaten zur SS entweder vernachlässigt oder als bloß »nominell« hingestellt.[8]

Die amtlichen Darstellungen enthalten sich aller Hinweise zur Einflußnahme der SS-Führung auf Personal und Politik des AA. Lediglich in zwei Passagen sind indirekte Bezüge auf das Thema dieser Untersuchung erkennbar. In der 1970 erschienenen Schrift »100 Jahre Auswärtiges Amt« wird festgestellt: »Fast alle Amtsangehörigen, die [...] den guten Namen des deutschen Auswärtigen Dienstes kompromittiert haben, indem sie sich an verbrecherischen Maßnahmen des nationalsozialistischen Regimes, z.B. gegenüber der jüdischen Bevölkerung, aktiv beteiligten, sind auf diesem Wege [d.h. über die »Dienststelle Ribbentrop« und andere Parteidienststellen] in das Auswärtige Amt gekommen. Selten nur hat ein alter Amtsange-

5 Vgl. das Urteil im Wilhelmstraßen-Prozeß. Einführungen von Robert M.W. Kempner und Carl Haensel, Schwäbisch-Gmünd 1950

6 Vgl. ebda. und Kempner, Robert M.W.: Das Dritte Reich im Kreuzverhör. Aus den Vernehmungsprotokollen des Anklägers, Königstein/Ts. 1980; ders.: SS im Kreuzverhör, München 1964

7 Deutsche Memoiren 1945-1953. Eine kritische Übersicht, Laupheim [1953]

8 Vgl. insbesondere Kordt, Erich: Nicht aus den Akten . . . Die Wilhelmstraße in Frieden und Krieg. Erlebnisse, Begegnungen und Eindrücke 1928-1945, Stuttgart 1950, u. Schmidt, Paul Otto: Statist auf diplomatischer Bühne 1923-1945. Erlebnisse des Chefdolmetschers im Auswärtigen Amt mit den Staatsmännern Europas, Bonn 1950, ders.: Der Statist auf der Galerie 1945-50. Erlebnisse, Kommentare, Vergleiche, Bonn 1951

höriger aus menschlicher Schwäche oder um seine Stellung zu halten, persönliche Schuld auf sich geladen.«[9]

In der 1979 herausgegebenen Schrift »Auswärtige Politik heute« ist die Geschichte des AA im Dritten Reich wie folgt zusammengefaßt: In jener Zeit »traten mehrere nationalsozialistische Organisationen untereinander und mit dem Auswärtigen Amt in Konkurrenz mit dem Ziel, die Außenpolitik zu beeinflussen. Das AA leistete den Plänen der NS-Machthaber zähen, hinhaltenden Widerstand, ohne jedoch das Schlimmste verhüten zu können. Das Amt blieb lange eine ›unpolitische‹ Behörde und galt den Nationalsozialisten als eine Stätte der Opposition.«[10]

Der Tenor beider Darstellungen läßt sich zur These verknüpfen, daß in erster Linie nationalsozialistische Außenseiter, die dem AA von Dienststellen der NSDAP oktroyiert wurden, für die Verbrechen an den europäischen Juden verantwortlich seien, die das AA trotz seines »zähen, hinhaltenden Widerstands« nicht verhindern konnte. Diese These widerspricht im Kern dem Urteil des Wilhelmstraßen-Prozesses gegen die verantwortlichen Beamten des AA. Beides, These und Urteil, bedarf – jenseits von Anklage und Apologie – der quellenkritischen Nachprüfung.

Von der historischen Forschung sind die Ziele und Methoden der Einflußnahme durch die SS auf Personal und Politik des AA bislang nicht systematisch analysiert worden. Hans-Adolf Jacobsen bestätigt zwar in seiner Studie zur »nationalsozialistischen Außenpolitik 1933-1938« die Notwendigkeit einer Untersuchung »über die schleichende Machtergreifung nach der Machtergreifung durch die SS, die Staat und Partei planmäßig durchsetzt und schließlich durch die Eroberung bestimmter Schlüsselpositionen in die Hand bekommen hat«,[11] geht aber selbst auf diese Thematik nur am Rande ein: »Wenn die SS-Rangliste von 1938 Neurath als SS-Gruppenführer, Staatssekretär v. Weizsäcker als SS-Oberführer, Botschafter v. Mackensen und [Unterstaatssekretär] Woermann als [SS-]Standartenführer ausweist, so waren dies sog. Ehrendienstränge ohne praktische Bedeutung oder Führungsaufgabe.«[12] Aus deren Zugehörigkeit zur SS könnten keine weitreichenden Schlußfolgerungen gezogen werden.

Dieser Darstellung ist nur insoweit zuzustimmen, als aus der Rangübertragung gewiß keine Führungsfunktionen innerhalb der SS-Hierarchie resultierten. Will man jedoch die wesentliche Bedeutung dieser Vorgänge ermessen, sind sowohl die Gründe zu berücksichtigen, die Himmler bewogen, jenen Diplomaten SS-Führerränge zu übertragen, als auch die Motive für deren Bereitschaft zum Eintritt in die SS.

Entgegen der Darstellung Jacobsens beschränkte sich die Zahl der SS-Führer im höheren Auswärtigen Dienst nicht auf ein halbes oder ganzes

9 Bonn 1970, S. 44
10 Bonn ²1979, S. 23
11 Frankfurt a.M. – Berlin 1968, S. XIX
12 Ebda., S. 28

Dutzend, wie auch Seabury, Neusüß-Hunkel und Höhne annehmen[13], sondern beläuft sich bis zum Ende der Amtszeit v. Neuraths im Februar 1938 auf etwa 50 (von ca. 500 höheren Beamten insgesamt) und in der anschließenden Ära v. Ribbentrop auf weit über 100 Beamte - Polizeiattachés, Judenberater und SD-Agenten in den diplomatischen Missionen nicht gerechnet.[14]

Im Jahre 1937 bemühten sich so viele Diplomaten um Aufnahme in die SS, daß der Leiter der Volksdeutschen Mittelstelle, SS-Obergruppenführer Lorenz, durch dessen Hände nicht wenige Gesuche gingen, eine »Massenflucht in die SS« konstatierte.[15] Wie aus den Akten ersichtlich, hielt dieser Trend bis 1939/40 an.

Parallel dazu gelangten nach Übernahme des AA durch SS-Gruppenführer v. Ribbentrop, d.h. seit 1938, zahlreiche Mitarbeiter seiner »Dienststelle« in den höheren Auswärtigen Dienst, die entweder bereits der SS angehörten oder dieser wenig später beitraten und mit Hilfe Ribbentrops sukzessive in Schlüsselpositionen des AA vorrücken konnten. Schließlich unterstützte Ribbentrop auf Wunsch Himmlers und Heydrichs seit Kriegsbeginn die Entsendung mehr oder minder getarnter Vertreter des Reichssicherheitshauptamtes als Polizeiattachés, Judenreferenten oder SD-Beauftragte in die diplomatischen Missionen.

Betrachtet man den heterogenen Kreis der SS-Führer, die sich 1940/41 im Auswärtigen Dienst befanden, sind vorläufig drei große Gruppen zu unterscheiden:

- Berufsdiplomaten, die als nebenamtliche Führer der Allgemeinen SS oder dem SD angehörten;
- Außenseiter, die sich vor allem aus Dienststellen der NSDAP rekrutierten und ebenfalls nebenamtlich SS-Führergrade innehatten;
- hauptamtliche SS-Führer, die, geschützt durch ihren diplomatischen Status, für das Reichssicherheitshauptamt tätig waren.

Aus den bisherigen Feststellungen ergeben sich folgende Leitfragen:

1. Weshalb bemühten sich von 1936/37 an deutlich mehr Diplomaten um Aufnahme in die SS als in den Jahren zuvor? Figurierte diese nationalsozialistische Eliteformation für die traditionelle, aber von Statusverlust bedrohte Elite im Auswärtigen Dienst als adäquate Gliederung zu einer Zeit, als die Karriere von der Zugehörigkeit zur nationalsozialistischen Bewegung abhängig wurde?

---

13 Seabury, Paul: Die Wilhelmstraße. Die Geschichte der deutschen Diplomatie 1930-1945, Frankfurt a.M. 1956, passim, insbesondere S. 102f.; Neusüß-Hunkel, Ermenhild: Die SS, Hannover u. Frankfurt/M. 1956, S. 83f.; Höhne, Heinz: Der Orden unter dem Totenkopf. Die Geschichte der SS, Frankfurt a.M. und Hamburg 1969, Bd. I, S. 273f.

14 Vgl. im einzelnen unten, S. 69f.

15 Schreiben Lorenz' v. 19.10. 1937 an den Chef des SS-Personalamtes, in: BDC, SS-Pers.-Akte des Botschafters Edmund Frhr. v. Thermann

2. Welche Gründe bewogen exponierte Berufsdiplomaten, zum Beispiel den Staatssekretär v. Weizsäcker und den Unterstaatssekretär Woermann, die ihnen 1938 auf Wunsch Ribbentrops von Himmler übertragenen hohen SS-Ränge entgegenzunehmen, obwohl sie nach eigener Darstellung der NSDAP fernstanden? In der Erinnerung Weizsäckers war die Verleihung des SS-Ranges eine »unvermeidliche Beigabe zu der Verantwortung«, die er als Staatssekretär auf sich genommen hatte mit dem Ziel der Obstruktion im Sinne außenpolitischer Schadensbegrenzung.[16] Hält diese Darstellung quellenkritischer Prüfung stand?

3. Welches Interesse hatte *Ribbentrop* an der SS-Zugehörigkeit möglichst vieler Diplomaten? Suchte er die Nähe Himmlers und die Bindung des Auswärtigen Dienstes an die SS, um sich so Rückhalt in der NSDAP zu verschaffen, den er infolge seines relativ späten Parteibeitritts (1932) nicht besaß? Galt er als »Exponent der SS« in der Außenpolitik?[17] Bediente er sich der SS bei seiner erklärten Zielsetzung, das Auswärtige Amt - auch gegen innere Widerstände - im Sinne Hitlers zu einem »schlagkräftigen Instrument« nationalsozialistischer Außenpolitik umzugestalten?[18]

4. Welche Ziele verfolgte *Himmler* mit der Aufnahme ausgewählter Diplomaten in die SS bzw. mit der Entsendung hauptamtlicher SS-Führer in den Auswärtigen Dienst? Wodurch zeichneten sich die von Himmler favorisierten Diplomaten neuen Typs gegenüber den traditionellen Berufsdiplomaten aus? Erfüllten sie die in sie gesetzten Erwartungen?

5. Welcher Kritik an der herkömmlichen Berufsdiplomatie entsprangen die Pläne Hitlers und Himmlers zur personellen und organisatorischen Umgestaltung des Auswärtigen Dienstes? Lag ihrer Kritik die Annahme zugrunde, daß mit den in traditionellen Bahnen der Außenpolitik befangenen Berufsdiplomaten das langfristige Ziel eines »germanischen Reiches deutscher Nation«[19] auf sozialdarwinistisch-rassenideologischer Basis nicht zu verwirklichen war?

6. Wurde Hitlers Außenpolitik der Jahre 1933 bis 1938 von den Berufsdiplomaten mißverstanden als nationalsozialistische Variante konservativer Außenpolitik? Erlagen die traditionell konservativen Diplomaten insoweit der Camouflage Hitlers?

7. Korrumpierten die sich überraschend schnell einstellenden Erfolge der Außenpolitik Hitlers in den Jahren 1935 bis 1938 die anfänglichen Vor-

---

16 Weizsäcker, Ernst von: Erinnerungen. Herausgegeben von Richard von Weizsäcker, München 1950, S. 152. - Vgl. auch Thielenhaus, Marion: Zwischen Anpassung und Widerstand: Deutsche Diplomaten 1938-1941, Paderborn 1984, S. 35

17 Vgl. Orb, Heinrich [d.i. Franz Heinrich Pfeifer]: Nationalsozialismus, 13 Jahre Machtrausch, Olten 1945, S. 389f.

18 Brief Ribbentrops v. 31.5.1939 an Rosenberg, in: PA des AA, RAM-Film Nr. 4, Bd. 6

19 Vgl. Schmidt, Friedrich: Das Reich als Aufgabe, Berlin 1940, S. 21 u. 63; Ackermann, Josef: Heinrich Himmler als Ideologe, Göttingen-Zürich-Frankfurt 1970, S. 178-194

behalte der Diplomaten gegenüber den neuen Machthabern? Kompensierten diese Prestigegewinne nicht auch die Bedenken der konservativen Eliten im Auswärtigen Dienst gegenüber den skrupellosen Praktiken des Regimes in der Innenpolitik? Erklärt sich so deren zunehmende Bereitschaft, die außenpolitischen Ziele und Aktionen der Nationalsozialisten zu unterstützen?

8. Verband sich das unter den Diplomaten verbreitete Karrieredenken mit der Einsicht in die Reformbedürftigkeit des AA und seiner traditionellen Methoden in der Außenpolitik? Lag es in der Konsequenz dieser Überlegungen, daß sich manche Diplomaten mißbrauchen ließen für die Ziele der SS?

9. Wie reagierte die aus den traditionellen Oberschichten hervorgegangene Funktionselite im Auswärtigen Dienst auf den Machtanspruch und die Einflußnahme der neuen nationalsozialistischen Elite? Wann und in welchen Bereichen kam es zum Widerstreit zwischen der alten und der neuen Elite?

10. Welche Veränderungen in der Organisations- und Sozialstruktur des Auswärtigen Dienstes hatte die Einflußnahme der SS zur Folge? Wurden schließlich die Angehörigen der alten Oberschicht aus dieser ihr traditionell vorbehaltenen Domäne verdrängt?

Abschließend ist zu prüfen, ob sich auch für den Auswärtigen Dienst die These Hans Mommsens bestätigen läßt, der zufolge die Angehörigen der traditionellen Eliten gerade mit dem Versuch, sich den »aufsteigenden faschistischen Führungsgruppen« anzupassen, um sich ihnen gegenüber zu behaupten, auf die Dauer den korrumpierenden Wirkungen des Regimes erlagen.[20]

An diesen Fragen und Problemkreisen orientiert sich die vorliegende Studie hauptsächlich. Spezielle Probleme und Desiderata der Forschung werden in den einzelnen Kapiteln vorgestellt. Wegen des Empiriedefizits der bislang zum Thema publizierten Darstellungen orientiert sich die Arbeit eng an den ihr zugrundeliegenden Quellen, ohne dabei die notwendig kritische Distanz zu verlieren.

Problemstellung und Forschungsdefizite erforderten die Auswertung der für das Untersuchungsthema relevanten Sachakten *und* Personalunterlagen sowohl aus den Beständen des Auswärtigen Amts als auch der ver-

---

20 Zur Verschränkung traditioneller und faschistischer Führungsgruppen in Deutschland beim Übergang von der Bewegungs- zur Systemphase, in: Schieder, Wolfgang (Hrsg.): Faschismus als soziale Bewegung, Hamburg 1976, S. 157-181. - Christian Streit bestätigte die These Mommsens für den Bereich der Wehrmacht in seiner detaillierten Studie »Keine Kameraden. Die Wehrmacht und die sowjetischen Kriegsgefangenen 1941-1945«, Stuttgart 1978. - Zum historischen Bezugsrahmen vgl. auch Müller, Klaus-Jürgen: Nationalkonservative Eliten zwischen Kooperation und Widerstand, in: Schmädeke, Jürgen/Steinbach, Peter (Hrsg.): Der Widerstand gegen den Nationalsozialismus, München-Zürich 1985, S. 24-49

schiedenen SS-Hauptämter, unter den letzteren vorrangig jene des Persönlichen Stabes Reichsführer-SS und des Reichssicherheitshauptamtes.

Obwohl ein Teil dieser Akten über die Dokumentenreihen des Internationalen Militärtribunals und der zwölf Nürnberger Nachfolgeprozesse zugänglich ist, wurde von deren Verwendung generell abgesehen, da sie vor allem infolge ihrer Zweckbindung als Anklage- oder Verteidigungsdokumente den Provenienzzusammenhang verloren haben.[21] Nur in den seltenen Fällen, in denen die Originalakten nicht überliefert oder trotz Überlieferung nicht zugänglich sind, wurde auf die im Wilhelmstraßen-Prozeß entstandene NG-Reihe (Nürnberg-Government) zurückgegriffen, die hauptsächlich Dokumente des Auswärtigen Amts aufweist.

Die aus den Beständen der SS-Hauptämter überkommenen Sachakten und Personalunterlagen standen im Bundesarchiv Koblenz bzw. im Berlin Document Center uneingeschränkt zur Verfügung, ebenso die Sachakten diplomatischer Provenienz im Politischen Archiv des Auswärtigen Amts (Bonn). Von der Benutzung ausgeschlossen sind dagegen nach wie vor die Personalakten des AA.[22] Dieser Umstand, der bisher von fast allen Vertretern der zeitgeschichtlichen Forschung mehr oder minder lebhaft beklagt wurde,[23] machte die Erschließung neuer, bislang vernachlässigter Quellenbestände notwendig, die einen den Personalakten vergleichbaren Erkenntniswert besitzen.

Aus der systematischen Suche ging als bedeutendster Fund die in den National Archives Washington auf Mikrofilm überlieferte Sammlung der Personalbögen von 330 höheren Beamten hervor, die 1944 neu angelegt werden mußten als Ersatz für die durch Kriegseinwirkung vernichteten oder beschädigten Personalakten des AA. Die herausragende Bedeutung des erschlossenen Bestandes liegt in der Vielfalt, Dichte, Vollständigkeit und Zuverlässigkeit der darin enthaltenen Personalangaben.

Komplementär dazu wurden die SS- bzw. NSDAP-Personalunterlagen – einschließlich der abgelehnten Aufnahmeanträge – von etwa 400 höheren Beamten und Angestellten des Auswärtigen Dienstes im Berlin Document Center ausgewertet.

Diese und weitere Funde ermöglichten nicht nur gesicherte Aussagen zur Quantität der SS- und NSDAP-Angehörigen im Auswärtigen Dienst sowie zur Qualität der von ihnen wahrgenommenen Funktionen, sondern geben auch Aufschluß über die Beweggründe der Bewerber und die personalpolitischen Zielsetzungen Himmlers.

---

21 Vgl. grundsätzlich Henke, Josef: Das Schicksal deutscher zeitgeschichtlicher Quellen in Kriegs- und Nachkriegszeit. Beschlagnahme-Rückführung-Verbleib. In: VfZ 30(1982), S. 557-620

22 Vgl. Schwabe, Klaus (Hrsg.): Das diplomatische Korps 1871-1945, Büdinger Forschungen zur Sozialgeschichte 1982, Boppard am Rhein 1985, S. 12 f.

23 Vgl. insbesondere Cecil, Lamar: Der diplomatische Dienst im kaiserlichen Deutschland, in: Schwabe (Hrsg.): Das diplomatische Korps, S. 21f., u. Jacobsen, Hans-Adolf: Zur Rolle der Diplomatie im Dritten Reich, in: ebda., S. 180.

# I
# Organisations- und Sozialstruktur des Auswärtigen Dienstes vom Kaiserreich zum Dritten Reich

> »Die politische Abteilung [des AA] dünkt sich weit erhaben über die anderen, weil in ihr, abgesehen von ein oder zwei bürgerlichen Arbeitsbienen, nur waschechte Diplomaten sitzen, während die Funktionen der anderen Abteilungen von Beamten aus der Konsulats-Karriere wahrgenommen werden.«
>
> *Reichskonsul a.D. Schlieben*, 1917[1]

## *Organisationsstruktur des AA*

Das 1870 aus dem preußischen Ministerium der auswärtigen Angelegenheiten hervorgegangene Auswärtige Amt war seit der Reichsgründung 1871 das traditionelle Instrument deutscher Außenpolitik.[2] Es bestand von 1885 an bis zum Ende des Ersten Weltkrieges aus vier Abteilungen: der Politischen Abteilung (I A), die sich »mit den Angelegenheiten der höheren Politik und den Personalien der im diplomatischen Dienst des Reiches stehenden Beamten« beschäftigte[3], der Personal- und Verwaltungsabteilung (I B), der Abteilung II, die für »Angelegenheiten des Handels und Verkehrs« zuständig war, und der Rechtsabteilung (III). Die 1890 gebildete Kolonialabteilung (IV) wurde 1907 als Reichskolonialamt verselbständigt. Seit 1915 firmierte als Abteilung IV die neu geschaffene Nachrichtenabteilung.[4]

Charakteristisch für den Auswärtigen Dienst war neben der Dominanz der Politischen Abteilung die Trennung der diplomatischen von der konsularischen Laufbahn – und zwar nicht nur in organisatorischer, sondern auch in personeller Hinsicht. Die leitenden Beamten der Politischen Abteilung und der diplomatischen Missionen rekrutierten sich überwiegend aus dem

---

1 Schlieben: Die deutsche Diplomatie. Wie sie ist, wie sie sein sollte, Zürich 1917, S. 27

2 Zur Vorgeschichte des AA vgl. Jacobsen: NS-Außenpolitik, S. 20 f. und »100 Jahre Auswärtiges Amt 1870-1970«, hrsg. vom Politischen Archiv des Auswärtigen Amts, Bonn 1970, sowie Hindenburg, Herbert v.: Das Auswärtige Amt im Wandel der Zeiten, Frankfurt a.M. 1932 u. Zechlin, Walter: Diplomatie und Diplomaten, Stuttgart-Berlin 1935, S. 65ff.

3 Vgl. Doß, Kurt: Das deutsche Auswärtige Amt im Übergang vom Kaiserreich zur Weimarer Republik, Düsseldorf 1977, S. 153

4 Vgl. Anm. 2

vermögenden Adel, die Konsularbeamten aus dem Bürgertum. Der aus dem Konsulardienst hervorgegangene spätere Gesandte Ludwig Raschdau faßte diesen Sachverhalt in seinen Erinnerungen ebenso scharfsichtig wie treffend zusammen: »Die eigentliche politische Leitung des Amtes spielte sich damals ausschließlich innerhalb der ersten, der politischen, vom Staatssekretär persönlich geleiteten Abteilung ab, die den übrigen Abteilungen gegenüber, auch gesellschaftlich, wie eine fremde Behörde erschien. Der Abstand zwischen den Offizieren eines Garde-Kavallerie-Regiments und denen eines Trainbataillons konnte kaum größer gewesen sein als zwischen den Räten der sogenannten Abteilung A und den übrigen Teilen des Amtes. Jene rechneten auf die Verwendung in der Diplomatie, diesen war sie so gut wie verschlossen.«[5] Dieses »Zweiklassensystem« des deutschen Auswärtigen Dienstes blieb bis zum Ende des Kaiserreiches bestehen, unbeschadet aller Kritik der oppositionellen Parteien und ihrer Reichstagsfraktionen.[6]

Die besonders von den Nationalliberalen und dem Zentrum getragene Kritik an der Exklusivität des diplomatischen Dienstes mit seiner Bevorzugung des Adels paarte sich seit dem Ende des 19. Jahrhunderts zunehmend mit dem Vorwurf der Vernachlässigung außenwirtschaftlicher Belange durch das AA und seine Missionen. Es war in erster Linie die exportorientierte Kaufmannschaft der Hansestädte, die den aristokratisch-feudalen Spitzen der deutschen Diplomatie Unkenntnis und Verständnislosigkeit gegenüber den Interessen des deutschen Außenhandels vorwarf.[7]

Ihren Höhepunkt erreichte die Kritik am Auswärtigen Dienst 1917 nach Bekanntwerden der Luxburg-Affäre: Der deutsche Gesandte in Argentinien, Graf Luxburg, hatte in zwei Depeschen an das AA das »spurlose« bzw. »restlose« Versenken neutraler Schiffe angeraten.[8] Beide Depeschen wur-

---

5 Raschdau, Ludwig: Wie ich Diplomat wurde, Berlin 1938, S. 43; vgl. dazu ebda., S. 22, 30 u. 73. – Ähnlich urteilten der ehemalige Reichskonsul H. Schlieben: Die deutsche Diplomatie, S. 27; der Vortragende Rat in der Abt. I B, Ottomar v. Mohl: Fünfzig Jahre Reichsdienst, Lebenserinnerungen, Leipzig 1920, S. 35, 145f. u. 280, sowie der ehemalige Pressereferent des AA, Otto Hammann: Der neue Kurs, Berlin 1918, S. 83f. u. 100

6 Vgl. Doß: Das deutsche Auswärtige Amt, S. 147ff.

7 Vgl. ebda. u. Witting: Auswärtige Politik, S. 15-20 u. 38. Wie berechtigt diese Kritik war, belegt z.B. Werner Otto v. Hentig in seinen Erinnerungen »Mein Leben – eine Dienstreise«, Göttingen 1963, S. 49, mit der Einschätzung des letzten deutschen Botschafters in Tokio vor dem Ersten Weltkrieg, Graf Rex: »[...] mit seinen Kenntnissen von Wirtschaft und Politik war es nicht allzu weit her, sie waren vielmehr auf das gesellschaftliche höfische Leben, das in der Kabinettspolitik der damaligen Zeit eine nicht unwesentliche Rolle spielte, spezialisiert, um nicht zu sagen beschränkt.« Ähnlich Friedrich v. Prittwitz und Gaffron (Zwischen Petersburg und Washington, München 1952, S. 53) über den letzten deutschen Botschafter in St. Petersburg, Graf Pourtalès, und Richard v. Kühlmann (Erinnerungen, Heidelberg 1948, S. 269) über den Botschafter in Washington, Frhr. Speck v. Sternburg.

8 Vgl. Doß: Das deutsche Auswärtige Amt, S. 49f. – Doß gebührt das Verdienst, die Bedeutung der Luxburg-Affäre als krisenauslösenden Faktor deutscher Diplomatie

den von den Alliierten abgefangen und dechiffriert. Ihre Bekanntgabe durch die USA führte zu einer erheblichen Belastung der diplomatischen Beziehungen zwischen dem Deutschen Reich und den Neutralen.

Für die Vertreter des hanseatischen Überseehandels war die Luxburg-Affäre ein eklatantes Beispiel für die Fehlleistungen deutscher Diplomatie, »die noch das Wenige vernichtet habe, was uns in Lateinamerika an Grundlagen und Sympathien übrig geblieben sei, aus denen später neues Leben hätte erwachsen können.«[9] In einer Denkschrift an den Reichskanzler Graf Hertling gaben im November 1917 einhundert Inhaber und Geschäftsführer Hamburger Überseefirmen und Reedereien dem Auswärtigen Amt und »seinen zum Teil völlig unzulänglichen Einrichtungen und Gepflogenheiten« Schuld daran, »daß die Entgleisung eines Einzelnen zu solchen Folgen anwachsen konnte.«[10]

Die Verfasser der Eingabe begnügten sich indes nicht mit Kritik. Ihre Vorschläge zur Abhilfe mündeten in Reformgedanken zur Neugestaltung des Auswärtigen Dienstes, die trotz allgemein gehaltenen Tenors bemerkenswert sind, weil sie von nichtamtlicher Seite kamen: Die Diplomaten sollten nicht mehr beliebig von einem Teil der Welt in den anderen versetzt werden. Dazu seien die betreffenden Völker, Verhältnisse, Ziele und anzuwendenden Methoden viel zu verschieden. Große Erfahrung, die nur durch langen Aufenthalt in einem Gebiet dieser Welt erworben werden könnte, und die Beherrschung der Landessprache seien Voraussetzungen für den diplomatischen und konsularischen Dienst.[11] In der Zentrale müsse ein Rayonsystem geschaffen werden, das Länder »nach Sprache und Ähnlichkeit der Verhältnisse« zusammenfasse. Aus der Sicht des Hamburger Überseehandels biete sich Lateinamerika als solcher »Rayon« an.[12] Besonders mit Blick auf die Nachkriegszeit, in der es »ohne Mut und Unternehmensgeist des deutschen Überseehandels« nicht möglich sein werde, die nötigen »Rohstoffe von neuem heranzubringen« und die »Erzeugnisse unserer Industrie absetzen zu können«, sei die Neuordnung des Auswärtigen Dienstes notwendig.[13]

Waren bis 1917 alle Vorstöße des Reichstages, der Parteien und des Über-

---

überzeugend nachgewiesen zu haben. Die weitere Darstellung zum Fall Luxburg folgt seiner Studie.

9 Hamburger Denkschrift des Ausschusses für die Neugestaltung des Auslandsdienstes, in: Handelskammer Hamburg 57 C 2, Nr. 4; PA des AA I B Rep IV, Nr. 87, zitiert nach Doß: Das deutsche Auswärtige Amt, S. 93

10 Ebda.

11 Wie berechtigt diese Forderung war, belegt v. Prittwitz in seiner Darstellung der Verhältnisse an der deutschen Botschaft in St. Petersburg vor dem Ersten Weltkrieg: »Nur wenige Diplomaten hatten engere russische Beziehungen außerhalb der offiziellen Kreise. Dazu gehörte eine Kenntnis der Landessprache, die den wenigsten geläufig war« (Zwischen Petersburg und Washington, S. 59). Übereinstimmend Kühlmann: Erinnerungen, S. 88 u. 138f.

12 Vgl. Doß: Das deutsche Auswärtige Amt, S. 94

13 Vgl. ebda.

seehandels zur Reform des Auswärtigen Dienstes am Unabhängigkeitsbewußtsein und Widerstandswillen der aristokratisch-konservativen Führungsschichten im AA gescheitert, so wuchs der Einfluß der reformerischen Kräfte nach der Luxburg-Affäre auch innerhalb des Amtes.[14] In dem Leiter des Konsularreferats, Geheimrat Edmund Schüler, fanden die Vertreter des hanseatischen Überseehandels einen Mittler zwischen Handel und Außenpolitik, der ihre Reformvorstellungen aufgriff und sie als Direktor der Personalabteilung des AA nach dem Zusammenbruch des Kaiserreiches weitgehend verwirklichen konnte.[15]

Die »Schülersche Reform« umfaßte folgende Strukturveränderungen des Auswärtigen Dienstes:

1. Vereinigung der diplomatischen mit der konsularischen Laufbahn;
2. Einführung des Regionalsystems in der Geschäftsverteilung der Zentrale;
3. Gründung einer mit dem Amte zwar verbundenen, aber weitgehend selbständigen Außenhandelsstelle;
4. Öffnung des Auswärtigen Dienstes für Vertreter des Handels und der Wirtschaft sowie der Politik und Wissenschaft.[16]

Der erste Schritt zur Neugestaltung des Auswärtigen Dienstes wurde im Dezember 1918 mit der Zusammenlegung der diplomatischen und der konsularischen Laufbahn vollzogen.[17] Der zweite Schritt folgte Anfang 1920 mit der Auflösung der nach dem Realsystem gegliederten Abteilungen und ihrer Neuordnung nach dem Regionalsystem: Die bisherigen Sachabteilungen gingen in sechs Länderabteilungen (Westeuropa, Südosteuropa, Nordosteuropa, England und seine Dominions, Amerika, Ostasien) auf, in denen alle eine Ländergruppe betreffenden politischen, handelspolitischen

---

14 In der amtlichen Schrift »100 Jahre Auswärtiges Amt 1870-1970«, S. 33, wird zwar die »Hamburger Denkschrift« zur Neugestaltung des Auswärtigen Dienstes erwähnt, der Fall Luxburg indes nicht. Dagegen verweist Doß (Das deutsche Auswärtige Amt, S. 92ff.) zu Recht auf den Zusammenhang zwischen Luxburg-Affäre und »Hamburger Denkschrift.« Zur zeitgenössischen Aufnahme der Hamburger Denkschrift vgl. Raschdau, Ludwig: Der Weg in die Weltkrise, Betrachtungen eines deutschen Diplomaten aus den Jahren 1912-1919, Berlin 1934, S. 255-258

15 Zur Persönlichkeit Schülers und zu den Grenzen seiner Einflußnahme vgl. Doß: Das deutsche Auswärtige Amt, S. 155-162 u. 166-172. Unverhoffte Unterstützung erwuchs den Reformern durch die Konkurrenz des 1917 geschaffenen Reichswirtschaftsamtes, das Kompetenzansprüche in der Außenhandelspolitik erhob. Um die alleinige Kompetenz in der Außenpolitik zu behaupten, stimmte die Führung des AA überraschend schnell und bereitwillig einigen Reformvorschlägen Schülers zu, die sie freilich sogleich in ihrem Sinne zu kanalisieren suchte, indem sie den Referenten für die diplomatischen Personalien, Graf v. Wedel, zum Unterstaatssekretär und Koordinator für alle Organisationsfragen vorschlug. Festzuhalten bleibt, daß sich die Amtsspitze bis zum Ende des Kaiserreiches nicht um die Verwirklichung längst überfälliger Reformen bemühte, sondern um die Verteidigung ihrer alleinigen Kompetenz in allen Fragen der Außenpolitik; vgl. dazu Doß, ebda. S. 170

16 Doß: Das deutsche Auswärtige Amt, S. 216

17 Vgl. ebda., S. 218 u. »100 Jahre Auswärtiges Amt«, S. 36

und rechtspolitischen Fragen bearbeitet werden sollten. Dieser Neugliederung lag die Erkenntnis Schülers zugrunde, daß die bisherige Trennung von Politik und Wirtschaft »einer der Grundirrtümer des alten Auswärtigen Amts« gewesen sei.[18]

Von den alten Sachabteilungen blieben die Personal- und Verwaltungsabteilung (I) sowie die stark reduzierte Rechtsabteilung (VIII) bestehen. Neu geschaffen wurde eine Abteilung für kulturelle Angelegenheiten und das Deutschtum im Ausland (IX). Die für die damalige Zeit »eigentlich revolutionäre« Tat der Reform aber war die Gründung der Außenhandelsstelle als Abteilung X, in der Kommerz und Politik gemeinsam ressortieren sollten.[19]

Von entscheidender Bedeutung waren indes die personellen Veränderungen, die Schüler im Zuge seiner Reformen mit Unterstützung der nach Bildung der Weimarer Republik parlamentarisch verantwortlichen Außenminister (Graf Brockdorff-Rantzau, Müller und Köster) durchsetzen konnte. Gedeckt durch deren Autorität, nutzte er die ihm als Personalchef in den Jahren 1919 und 1920 zu Gebote stehenden Möglichkeiten, wichtige Schlüsselpositionen in der Zentrale wie in den Missionen mit Anhängern seiner Reformvorstellungen zu besetzen. Fast alle Leiter der neugeschaffenen Länderabteilungen kamen aus der Konsularlaufbahn oder aus Wirtschaftskreisen.[20] Diese Personalveränderungen in der Zentrale und vor allem die Berufung sogenannter Außenseiter aus Politik, Handel und Wissenschaft in diplomatische Spitzenpositionen stießen auf Ablehnung, ja Empörung bei den überwiegend konservativ eingestellten Karrierediplomaten, die glaubten, anläßlich des großen Nachkriegsrevirements ihre älteren Rechte als »Insider« bei der Neubesetzung der Botschafter- und Gesandtenposten verteidigen zu müssen.[21]

Konkretisiert wurde die Kritik an der Personalpolitik Schülers in einer Ministervorlage vom 19. September 1920[22]:

1. Schüler habe sich »alle möglichen alten ausgedienten Pferde aus dem Konsularstall« geholt, um sie in die »diplomatische Rennbahn« zu schikken;
2. Schüler sei verantwortlich für die »Ernennung von Outsidern«, die ihm »gerade von parlamentarischer Seite aufgezwungen sind«.

---

18 »100 Jahre Auswärtiges Amt«, S. 36; vgl. auch Zechlin: Diplomatie und Diplomaten, S. 67

19 Doß: Das deutsche Auswärtige Amt, S. 229 u. 269

20 Vgl. ebda., S. 271f.

21 Vgl. im einzelnen ebda., S. 273-286; zur Rolle der »Außenseiter« vgl. auch Schreiber, Georg: Zwischen Demokratie und Diktatur. Persönliche Erinnerungen an die Politik und Kultur des Reiches (1919-1944), Münster 1949, S. 101-114; Zechlin, Walter: Pressechef bei Ebert, Hindenburg und Kopf, Erlebnisse eines Pressechefs und Diplomaten, Hannover 1956, S. 27

22 PA des AA, Büro Reichsminister, Organisation und Personalfragen, Bd. 1, zitiert nach Doß: Das deutsche Auswärtige Amt, S. 290

Schließlich wurde in Aussicht gestellt, daß die allgemeine Empörung gegen Schüler noch zunehmen würde, wenn etwa dem Prinzen zu Wied oder irgendeiner anderen Persönlichkeit der »Sozialdemokrat Rauscher für Bukarest vorgezogen werden sollte«.[23]

Abgesehen von der ungerechtfertigten Geringschätzung der ehemaligen Konsularbeamten und der von politisch-parlamentarischer Seite vorgeschlagenen »Outsider« verkannten die aus der diplomatischen Karriere hervorgegangenen Kritiker Schülers mit bemerkenswert undiplomatischer Indolenz die offensichtliche Notwendigkeit der Rücksichtnahme auf personelle Wünsche der vormaligen Feindmächte. Als Missionschefs in Washington, London, Paris, Rom, Brüssel, Prag und Warschau kamen nur Außenseiter, das heißt von der diplomatischen Vergangenheit des Reiches unbelastete Vertreter in Frage. Die alten kaiserlichen Diplomaten waren in den Hauptstädten der früheren Feindmächte personae ingratae.[24]

So wenig die Kritik an Schülers Personalpolitik in der Sache gerechtfertigt war, so sehr markierte sie, vor allem durch den Vorwurf der »Linkstendenz«, die Opposition der konservativen Karrierediplomaten gegen das Reformwerk Schülers.[25]

Als sich zu diesen konservativen Gegenkräften im Amte Kritiker aus dem »Reichsverband der Deutschen Industrie« gesellten, die einen staatlich gelenkten Außenhandel befürchteten[26], wurde die Stellung Schülers entscheidend geschwächt, und zwar zu einer Zeit, als er auch das Vertrauen des amtierenden Außenministers Simons allmählich verlor.[27] Zur Jahreswende 1920/21 schied Schüler aus dem Amt - vermutlich aus Resignation, die ihn infolge der Rückschläge und Querelen übermannt hatte.[28]

Schon im ersten Jahr nach dem Ausscheiden Schülers wurden Teile sei-

---

23 Ulrich Rauscher, 1919/20 Pressechef der Reichsregierung, übernahm 1921 den Posten des Gesandten in Warschau, vgl. Doß: Das deutsche Auswärtige Amt, S. 284. Folgt man der amtlichen Darstellung »100 Jahre Auswärtiges Amt«, S. 39, sei Rauschers Berufung »zweifellos ein Gewinn für den auswärtigen Dienst gewesen.« Ähnlich urteilt Doß, ebda., S. 298. Zur Persönlichkeit und Laufbahn Rauschers vgl. die Biographie von Kurt Doß: Zwischen Weimar und Warschau, Düsseldorf 1984. - Zur Karriere des Prinzen zu Wied vgl. unten, S. 60f.

24 Vgl. Doß: Das deutsche Auswärtige Amt, S. 276f., sowie Rosen, Friedrich: Aus einem diplomatischen Wanderleben, Wiesbaden 1959, S. 302

25 Vgl. Doß: Das deutsche Auswärtige Amt, S. 290

26 Vgl. die Erinnerungen des Leiters der Abt. X, Kurt Wiedenfeld: Zwischen Wirtschaft und Staat, Berlin 1960, S. 78f.; vgl. auch Doß: Das deutsche Auswärtige Amt, S. 288 u. 296f.

27 Vgl. Doß, ebda. S. 291ff.

28 Vgl. ebda., S. 292. Die konkreten Gründe und Umstände seines Abschieds konnten von Doß nicht ermittelt werden, da das AA nach wie vor die Auswertung der Personalakten verwehrt. Dazu bemerkte Hans W. Gatzke in seiner Rezension zur Studie von Doß: »The author was denied access to the foreign ministry's Personnel files which, contrary to the spirit of the agreement of 1956 covering the return of the captured German documents, remain closed to scholars« (The American Historical Review, Febr. 1978, S. 193).

nes Reformwerks rückgängig gemacht. Als erstes wurde die Außenhandelsstelle (Abt. X) im Sommer 1921 aufgelöst. Ihre Aufgaben übernahmen teils die neugeschaffenen Zweigstellen des Auswärtigen Amts für Außenhandel, teils reprivatisierte Dienste.[29]

Da das Regionalsystem eine angeblich zu große Dezentralisierung der Geschäftsverteilung und überdies eine finanziell nicht tragbare Personalvermehrung zur Folge hatte, wurde die Zahl der Länderabteilungen Ende 1921 von sechs auf drei vermindert. Fortan bestand das Auswärtige Amt aus sechs Abteilungen (I. Personalien und Verwaltung; II. Westeuropa, Südosteuropa; III. England, Amerika, Orient; IV. Osteuropa, Skandinavien, Ostasien; V. Recht; VI. Kultur) und zwei Referaten (Deutschland und Völkerbund) sowie aus dem Protokoll, das aus dem Sonderreferat E (Etikette) hervorgegangen war.[30] Die Grundstruktur des Schülerschen Organisationssystems mit seinem Nebeneinander von Sach- und Länderabteilungen blieb jedoch im wesentlichen bis 1935 bestehen.

Der endgültige Bruch mit dem durch die Schülersche Reform eingeführten Regionalsystem vollzog sich im Mai 1936, als unter der Amtsführung des Reichsaußenministers v. Neurath und seines Staatssekretärs v. Bülow das alte Realsystem mit seiner spezifischen Trennung von Politik und Wirtschaft wiederhergestellt wurde. Die aus der Neurath-Bülowschen Reorganisation hervorgegangenen fünf Sachabteilungen (Personal- und Verwaltungsabteilung, Politische Abteilung, Handelspolitische Abteilung, Rechtsabteilung und Kulturpolitische Abteilung) blieben als Grundstock des Amtes bis zum Ende des Dritten Reiches erhalten.[31] Hinzu kamen die Presse- und Nachrichtenabteilung, die 1941 aus der Kulturpolitischen Abteilung herausgewachsene Rundfunkpolitische Abteilung und die aus den Referaten Deutschland und Partei 1940 geschaffene Abteilung Deutschland, die nach dem Sturz ihres Leiters, UStS Luthers, 1943 in die Referatsgruppen Inland I und II geteilt wurde.[32]

29 Vgl. Doß: Das deutsche Auswärtige Amt, S. 297, sowie »100 Jahre Auswärtiges Amt«, S. 38. Vgl. auch Wiedenfeld: Zwischen Wirtschaft und Staat, S. 71: »Nach Schülers und meinem Ausscheiden [wurde] von einer Reform des Auswärtigen Dienstes nicht mehr gesprochen.«

30 Vgl. »100 Jahre Auswärtiges Amt«, S. 38f.

31 Vgl. die GVPle. des AA 1937-1944, in: ADAP, Serie D, Bde. I, II, IV, VIII u. XI sowie Serie E, Bde. II, VI u. VII; vgl. ferner »100 Jahre Auswärtiges Amt«, S. 44

32 Vgl. allgemein »100 Jahre Auswärtiges Amt«, S. 45, im einzelnen unten, S. 262ff.

## *Sozialstruktur des Auswärtigen Dienstes im Kaiserreich*

»... ein Klub, in welchen man kraft und durch Geburt aufgenommen werden muß.«

*Albert Ballin,* 1914[1]

Die Erkenntnis der organisatorischen Restauration des Auswärtigen Amtes wirft die Frage auf, ob parallel dazu auch eine Restauration in personeller Hinsicht bis zum Dritten Reich eingetreten ist. Blieb die im Zuge der Schülerschen Reform durchgesetzte Öffnung des Auswärtigen Dienstes für bürgerliche Vertreter aus Handel, Industrie, Politik und Wissenschaft bestehen, oder wurden am Ende erneut aristokratisch-konservative Gegenkräfte begünstigt?

Preradovich hat in seiner Untersuchung über die »Führungsschichten in Österreich und Preußen« nachgewiesen, daß der »Einfluß des preußischen Adels auf die Führung der Außenpolitik« sehr stark war, »mit dem ihm eng verbundenen norddeutschen [Adel] geradezu erdrückend.«[2] Trotz der in der Ära Bismarck bemerkenswerten Zunahme bürgerlicher Beamter, vor allem in der Zentrale, seien doch die Spitzenpositionen fest in den Händen aristokratischer Diplomaten geblieben. Von den insgesamt zwölf Botschaftern gehörten elf dem hohen oder alten Adel an: die Altpreußen Hans Lothar v. Schweinitz, Harry Graf v. Arnim, Carl Freiherr v. Werther, die Nord- und Mitteldeutschen Otto Graf zu Stolberg-Wernigerode, Heinrich VII. Prinz Reuß, Robert v. Keudell, Eberhard Graf zu Solms-Sonnenwalde, Albrecht Graf v. Bernstorff, Georg Graf zu Münster, Paul Graf v. Hatzfeldt-Wildenburg, der Süddeutsche Chlodwig Fürst zu Hohenlohe-Schillingsfürst. Der einzige Neuadelige sei Josef Maria v. Radowitz d. J. gewesen.[3] Von den insgesamt sechzehn Staatssekretären, die zwischen 1871 und 1918 dem Auswärtigen Amt vorstanden, gehörten neun dem Hoch- oder Altadel an: »der Süddeutsche Fürst zu Hohenlohe-Schillingsfürst, vier Norddeutsche (B.E. Bülow, Hatzfeldt, Marschall, B. Bülow) und weitere vier [...] Altpreußen (Bismarck, Richthofen, Tschirschky, Jagow).«[4]

---

1 Aus einem Brief an Maximilian Harden, zitiert nach Cecil, Lamar: Albert Ballin. Wirtschaft und Politik im deutschen Kaiserreich 1888-1918, Hamburg 1969, S. 114. – »Ballin hätte allenfalls die Wilhelmstraße, diese Bastion der Privilegien, verkraften können, wäre er nicht davon überzeugt gewesen, daß sie gleichzeitig weitgehend ein Gehege für aristokratische Nichtskönner bildete« (ebda.).

2 Preradovich, Nikolaus v.: Die Führungsschichten in Österreich und Preußen (1804-1918), mit einem Ausblick bis zum Jahre 1945, Wiesbaden 1955, S. 84. Vgl. dazu auch die kompilatorische Darstellung von Stolberg-Wernigerode, Otto Graf zu: Die unentschiedene Generation. Deutschlands konservative Führungsschichten am Vorabend des Ersten Weltkrieges, München u. Wien 1968, passim, insbesondere S. 280

3 Preradovich: Führungsschichten, S. 82f.

4 Ebda., S. 88. Entgegen der Annahme Preradovichs wurde Frhr. Marschall (v. Bie-

Die bürgerlichen Staatssekretäre stammten desgleichen zum größeren Teil aus Norddeutschland (Thile, Zimmermann, Hintze, Solf); aus Süddeutschland kamen Schoen, Kiderlen-Wächter und Kühlmann.[5] Preradovichs Angaben sind insoweit zu ergänzen, als auch die bürgerlichen Staatssekretäre überwiegend in den Adelsstand erhoben worden waren.[6] Festzuhalten bleibt, daß Aristokratie und hohe Diplomatie einander bedingten in einer Wechselbeziehung, die durch die Nobilitierung bürgerlicher Diplomaten vor oder nach ihrer Berufung in exponierte Stellungen noch bestätigt wurde.[7]

Preradovich stützt sich zwar vorwiegend auf genealogische Quellen, seine Feststellungen zum Adelsprimat im diplomatischen Dienst werden jedoch erhärtet durch amtliche oder hauptamtliche Quellen[8], zahlreiche Belege in der Memoirenliteratur[9] und nicht zuletzt durch die Ergebnisse der Untersuchungen von Cecil und Doß[10], so daß sie als gesichert gelten können.

Vergleichsweise wenig gesichert, teilweise widersprüchlich und undifferenziert erscheinen hingegen die Angaben über Stellung und Einfluß der bürgerlichen Beamten im Auswärtigen Amt. Wenn Preradovich etwa feststellt, daß 1909 »die Leitung der auswärtigen Politik [...] zu zwei Dritteln in den Händen von Bürgerlichen« gelegen habe[11], so mag diese Annahme

---

berstein) in Karlsruhe als »Sprößling einer ursprünglich markgräflich Meißenschen Familie geboren, von der der Zweig, dem er entstammte, seit längerem in Baden ansässig war.« Sasse, Heinz Günther: 100 Jahre Botschaft in London, aus der Geschichte einer Deutschen Botschaft, Bonn 1963, S. 29

5 Preradovich: Führungsschichten, S. 88

6 Vgl. »100 Jahre Auswärtiges Amt«, S. 209, u. Die Auswärtige Politik des Deutschen Reiches 1871-1914. Einzige autorisierte gekürzte Ausgabe der großen Aktenpublikation der Deutschen Reichsregierung, hrsg. vom Institut für Auswärtige Politik in Hamburg, 4. Bd., Berlin 1928, S. 855

7 Vgl. auch Raschdau, Ludwig: Der Weg in die Weltkrise, S. 258, sowie Cecil, Lamar: The Creation of Nobles in Prussia 1871, in: The American Historical Review, 75 (1970), S. 757ff., und Schieder, Theodor: Zur Theorie der Führungsschichten in der Neuzeit, in: Hofmann, Hanns Hubert/Franz, Günther (Hrsg.): Deutsche Führungsschichten in der Neuzeit, eine Zwischenbilanz, Boppard am Rhein 1980, S. 17

8 Vgl. Die Auswärtige Politik des Deutschen Reiches 1871-1914, S. 855f.; »100 Jahre Auswärtiges Amt«, S. 209-212

9 Vgl. Raschdau: Wie ich Diplomat wurde, S. 22, 30 u. 73; ders.: Der Weg in die Weltkrise, S. 258; Mohl: Fünfzig Jahre Reichsdienst, S. 19 u. 146f.; Hindenburg, Herbert v.: Am Rande zweier Jahrhunderte, Momentbilder aus einem Diplomatenleben, Berlin 1938, passim; ders.: Das Auswärtige Amt im Wandel der Zeiten, S. 5; Kühlmann, Richard v.: Erinnerungen, Heidelberg 1948, passim; Riesser: Von Versailles zur UNO, S. 35; vgl. auch Zechlin: Diplomatie und Diplomaten, S. 18, 61, 70 u. besonders S. 73f.

10 Vgl. Cecil, Lamar: The German Diplomatic Service, 1871-1914, Princeton University Press 1976, passim; Doß: Das deutsche Auswärtige Amt, S. 147f., 166f. u. 275

11 Preradovich: Führungsschichten, S. 81. Preradovichs Darstellung leidet unter dem Mißverhältnis zwischen schmaler Quellenbasis und zu weitreichender Verallgemeinerung.

unter Berücksichtigung aller höheren Beamtenstellen in der Zentrale numerisch begründet sein, den realen Machtverhältnissen entsprach sie indes nicht. Die quantitative Darstellung Preradovichs vernachlässigt nicht nur die qualitativ bemerkenswerte Trennung zwischen diplomatischer und konsularischer Laufbahn, sondern verkennt auch, daß die Leitung der auswärtigen Politik im engeren Sinn der Abteilung I A vorbehalten blieb, die als Domäne aristokratischer Diplomaten galt.[12]

Preradovichs Darstellung ist auch insofern von geringer Aussagekraft, als sie Ursachen, Implikationen und Wirkungen der Dominanz des Adels im Auswärtigen Dienst nicht analysiert. Wenngleich dieser Fragenkomplex nicht im Mittelpunkt der vorliegenden Untersuchung steht, verdient er doch Beachtung, da seine Erörterung ein Schlüssel zum Verständnis der nationalsozialistischen Kritik am traditionellen Auswärtigen Dienst ist.

In seinem kritischen Rückblick auf die geschichtliche Entwicklung der Diplomatie kommt der ehemalige Reichskonsul Schlieben zu dem Ergebnis, daß die Ursachen für die Vorherrschaft des Adels in der Diplomatie auf das Zeitalter der Kabinettspolitik und des Absolutismus zurückzuführen seien.[13] »Am Hofe Ludwigs XIV. vollzog sich [...] eine völlige Umwandlung des bisherigen Diplomatenstandes. Nur Kavaliere oder Hofleute durften es wagen, in die Nähe des Herrschers zu kommen. Hier wurde das Zeremoniell die Hauptsache. Geistreiches Salongespräch wurde höher geschätzt als langweilige Kenntnisse. Da in der damaligen Zeit nur die Mitglieder adeliger Häuser französische Manieren und Sprachgewandtheit besaßen, waren Bürgerliche aus dem Diplomatenberufe von selbst ausgeschaltet.«[14] Neben der »Geheimtuerei der Diplomaten« stammten auch ihr »Kastengeist und Standesdünkel« aus dem Zeitalter der Kabinettspolitik. Der Verkehr bei Hofe und die Stellung, die sie sich dort eroberten, galt ihnen als wichtigste Aufgabe. Darüber hinaus beschränkte sich ihr Verkehr standesgemäß auf die Gesellschaft des diplomatischen Korps.[15] Auf diese Exklusivität führt Schlieben »fast alle Irrtümer und Einseitigkeiten« der Diplomatie im Kaiserreich zurück. Die Exklusivität sei die »Quelle allen Übels« gewesen: Der fast ausschließliche Verkehr der Diplomaten mit ihresgleichen beraubte sie der Möglichkeit, »sich über den wahren politischen

12 Vgl. Raschdau, Wie ich Diplomat wurde, S. 43; Schlieben: Die deutsche Diplomatie, S. 27; Mohl: Fünfzig Jahre Reichsdienst, S. 145f. u. 280; Doß: Das deutsche Auswärtige Amt, S. 166f.; Witting: Auswärtige Politik, S. 24

13 Hierzu u. zum folgenden vgl. Schlieben: Die deutsche Diplomatie, S. 25. – Schlieben war bis 1914 Reichskonsul in Belgrad (Serbien), vgl. ebda., Titelseite. – Die Schrift entstand aus verschiedenen Artikeln, die Schlieben 1916/17 in der Schweiz publiziert hatte. Schlieben will sie lt. Vorwort auf »Drängen von Freunden« verfaßt haben, die meinten, »daß auf die Reformbedürftigkeit unseres auswärtigen Dienstes nicht oft genug hingewiesen werden kann.«

14 Schlieben: Die deutsche Diplomatie, S. 25

15 Ebda., S. 26. Vgl. dazu auch Hammann: Der neue Kurs, S. 84: »[...] befangen in dem Gedankenkreis der alten Kabinettspolitik«, war der Wirkliche Geheime Legationsrat v. Holstein »der strengste Hüter der Geheimdiplomatie« in der Abteilung I A.

Zustand und die wirkliche Volksmeinung des Landes ihres Wirkungskreises ein richtiges Bild zu machen.«[16]

Das »Übel der Exklusivität« gedieh, so Schlieben, auch in der Zentrale. Die Politische Abteilung des AA dünkte sich weit erhaben über die handelspolitische und juristische Abteilung des Amtes, »weil in ihr, abgesehen von ein oder zwei bürgerlichen Arbeitsbienen, nur waschechte Diplomaten« saßen, »während die Funktionen der anderen Abteilungen von Beamten aus der Konsulats-Karriere wahrgenommen« wurden. Diese Arbeitsteilung führte »zu ganz merkwürdigen Zuständen.« Alles, was in der Politischen Abteilung einging, wurde »als ›politisch‹ und daher als großes Staatsgeheimnis behandelt.« Infolgedessen seien »die Leiter der großen Handelsreferate meist in völliger Unkenntnis über die politischen Vorgänge in den Ländern« gewesen, »deren wirtschaftliche Entwicklung sie zu beobachten« hatten. Wenig vertrauensvolle Zusammenarbeit bestimmte auch den Verkehr im Ausland, wo die konsularischen Vertretungen von den Diplomaten »nicht für voll angesehen und demnach behandelt« wurden.[17]

Zur »Abhilfe dieser Zustände«, die »keinen nutzbringenden Betrieb im auswärtigen Dienst aufkommen« ließen, forderte Schlieben, ähnlich wie nach ihm Schüler, die Zusammenlegung der Politischen mit der Handelspolitischen Abteilung in der Zentrale sowie die Vereinigung der diplomatischen mit der konsularischen Laufbahn. Die Zusammenfassung beider Laufbahnen würde nicht nur zur »Vereinfachung des Dienstes« beitragen, sondern hätte auch den großen Vorteil, »der Exklusivität der Diplomaten die Wurzel abzuschneiden«, weil sich dann nur »solche Aristokraten zu diesem Berufe drängen« würden, die wirklich arbeiten wollten, und nicht solche Bewerber, »ob Aristokraten oder Plutokraten, die heute den diplomatischen Beruf nur ergreifen, um eine gesellschaftliche Rolle zu spielen.«[18]

Anachronistische »Gewalt- und Prestigeideen« bestimmten nach Schlieben den Geist, der bei der Auswahl der Diplomaten im Kaiserreich vorherrschte. Ausdruck dieses Geistes sei vor allem der obligate Nachweis der Befähigung zum Reserveoffizier gewesen. »Keiner, der gedient hat, kann zugelassen werden, wenn er nicht in der Reserve mindestens die Leutnantsstaffel erklommen hat. Der Fall, daß ein untauglicher Militär ein vortrefflicher Diplomat sein könnte, scheint undenkbar. Kein Wunder, daß derartig gewählte Elemente mit Vorliebe auf die *militärische* Macht des Deutschen

16 Schlieben: Die deutsche Diplomatie, S. 26. Die Beschränkung der Berichterstattung auf Vorgänge am Hofe und im diplomatischen Korps sei bedenklich, weil »die Politik, namentlich in demokratisch regierten Staaten, nicht mehr am Hofe oder in den Salons gemacht [werde], sondern in den Vereinsräumen der politischen Parteien, in den Redaktionen der großen Zeitungen und in den Bureaus der Finanz, des Handels und der Industrie« (ebda.).

17 Schlieben: Die deutsche Diplomatie, S. 27f.

18 Ebda., S. 28f.

Reiches pochen, statt ihren Geist anzustrengen, um mit *friedlichen* Argumenten zu überzeugen.«[19]

Auswahl und Ernennung der Diplomaten sollten nicht, so Schlieben, »nach Familien-, Korps- und Regimentsbeziehungen« erfolgen, sondern nach »rein sachlichen Gesichtspunkten«.[20] Abschließend fordert Schlieben »einen freien Wettbewerb für einen einzigen auswärtigen Dienst, einen Wettbewerb, zu dem Kandidaten *aller* Stände zuzulassen wären, ob sie aus dem Beamtentum kommen oder dem Handel, der Industrie, der Presse und anderen Berufen.«[21]

Reduziert man die Darstellung Schliebens auf ihre Kernaussagen, ergeben sich folgende Merkmale des deutschen Auswärtigen Dienstes im Kaiserreich:

- Rekrutierung der Diplomaten nach gesellschaftlichen und militärischen Kriterien;
- Dominanz des Adels im diplomatischen Dienst;
- Exklusivität, Kastengeist und Standesdünkel der Diplomaten gegenüber den Konsularbeamten;
- Ineffizienz des Auswärtigen Dienstes durch Trennung der diplomatischen von der konsularischen Laufbahn;
- Beschränkung der diplomatischen Berichterstattung auf höfisch-dynastische und »gesellschaftliche« Vorgänge, Vernachlässigung der sozialen und ökonomischen Entwicklungen.

Unabhängig von Schlieben kommt der aus dem Konsulardienst hervorgegangene Gesandte Raschdau in seinen verschiedenen Publikationen zu insgesamt gleichen Ergebnissen.[22] Differenzierter und mit größerem Scharfblick beurteilt Raschdau indes die Dominanz des Adels im Auswärtigen Dienst. Nach seiner Einschätzung bedeutete die grundsätzliche Bevorzugung des Geburtsadels »einen bedenklichen Archaismus«.[23] Es werde zwar bestritten, daß eine »solche Bevorzugung bestehe«,[24] die Tatsa-

---

19 Schlieben: Die deutsche Diplomatie, S. 17 (Hervorhebung im Original). Zum Institut des Reserveoffiziers vgl. auch Kehr, Eckart: Zur Genesis des Königlich Preußischen Reserveoffiziers, in: ders.: Der Primat der Innenpolitik, gesammelte Aufsätze zur preußisch-deutschen Sozialgeschichte im 19. und 20. Jahrhundert, hrsg. von Hans-Ulrich Wehler, Berlin (2) 1970, S. 53-63

20 Schlieben: Die deutsche Diplomatie, S. 11

21 Ebda., S. 29 (Hervorhebung im Original)

22 Vgl. Raschdau: Der Weg in die Weltkrise; ders.: Wie ich Diplomat wurde; ders.: In Weimar als Preußischer Gesandter, ein Buch der Erinnerungen an deutsche Fürstenhöfe 1894-1897, Berlin 1939; ders.: Unter Bismarck und Caprivi, Erinnerungen eines deutschen Diplomaten aus den Jahren 1885-1894, Berlin 1939

23 Raschdau: Der Weg in die Weltkrise, S. 258, Aufzeichnung v. 14. Juni 1918

24 Ebda. – So erklärte z.B. der StS des AA v. Schoen 1909, daß er keinen Unterschied zwischen Adel und Bürgertum kenne. Darauf erwiderte der nationalliberale Abgeordnete (und spätere RAM der Weimarer Republik) Stresemann bei den Haushaltsberatungen über das AA am 15.3.1910 im Reichstag, daß alle deutschen Botschaften nur mit Adligen besetzt seien. Das »Gardeprinzip« ginge sogar bis in die

chen allerdings bewiesen das Gegenteil. Noch bis 1918 sei es dem Bürgertum zum Beispiel nicht gelungen, »bei der Besetzung eines Botschafterpostens berücksichtigt zu werden. Der Einwand, daß doch genug Persönlichkeiten von bürgerlicher Herkunft, die inzwischen den Adel erhalten haben, bis zu jener Höhe aufgestiegen seien, ist nicht stichhaltig, denn dieses Verfahren beweist ja gerade, daß der Bürgerliche einer ›Erhöhung‹ bedarf, um in dem Wettbewerb Aussichten zu besitzen. Es ist aber auch vom Standpunkt derer, die die *hohe Diplomatie* als das *Altenteil des Adels* betrachteten, sehr unklug.«[25] Man könnte ohne weiteres zugeben, »daß die Angehörigen alter Geschlechter, die mit der Zeit fortgeschritten seien, durch mancherlei Eigenschaften sich gerade für das diplomatische Handwerk besonders eigneten, und es wäre sehr verfehlt, wollte man auf die Mitarbeit dieses Kreises verzichten.« Würde »aber auf seiner Ausschließlichkeit beharrt, so wird damit ein Widerstand und eine Kritik wachgerufen, die auf die Länge dem Stande notwendig zum Schaden gereichen muß. Der heute [1918] bei uns noch immer bestehende Zustand aber ist es, der von vornherein Bürgerliche abschreckt, eine Laufbahn zu betreten, in der sie sich sagen lassen müssen, nicht allein nach ihrer Befähigung beurteilt zu werden.«[26]

Die weitere Kritik Raschdaus an der Adelsvorherrschaft im Auswärtigen Dienst läßt sich so zusammenfassen: Während für bürgerliche Bewerber die fachliche Befähigung ein zwar notwendiges, aber keineswegs hinreichendes Kriterium für Zulassung und Aufstieg im diplomatischen Dienst gewesen sei, schienen Aristokraten unabhängig von ihrer Qualifikation a priori geeignet, insbesondere dann, wenn sie exklusiven Regimentern und Studentenkorps angehörten.[27] Als Vehikel ihrer Aufnahme in den diplomatischen Dienst fungierte häufig Protektion, vor allem Nepotismus.[28]

Auf diese Auswahl- und Berufungsmechanismen führte Raschdau verschiedene Mißstände im Auswärtigen Dienst des Kaiserreiches zurück, darunter die Entstehung der Kamarilla Holstein-Kiderlen-Eulenburg[29], die weniger von Sachkenntnis als von persönlichen Interessen und Intrigen bestimmte Personalpolitik sowie letztlich die Paarung aus »Dominanz und Ignoranz« der Politischen Abteilung des AA.[30]

---

Konsulate hinunter: »Bei denjenigen Generalkonsulaten, die in den großen Städten sind, ist der Adelige Konsul, in der Provinz ist der Bürgerliche Konsul.« Verhandlungen des Reichstages, Stenographische Berichte, Berlin 1910-1921, Bd. 260, 58. Sitzung, S. 2135, zitiert nach Doß: Das deutsche Auswärtige Amt, S. 148

25 Raschdau: Der Weg in die Weltkrise, S. 258 (Hervorhebung d. Verf.)

26 Ebda.

27 Raschdau: Unter Bismarck und Caprivi, S. 215; ders.: Wie ich Diplomat wurde, S. 8

28 Vgl. Raschdau: Der Weg in die Weltkrise, S. 257; ders.: Unter Bismarck und Caprivi, S. 3, 13, 34 u. 309; ders.: Wie ich Diplomat wurde, S. 14

29 Raschdau: Unter Bismarck und Caprivi, S. 193-197 u. 206f.; ders.: In Weimar, Einführung u. S. 167. Vgl. dazu auch Hammann: Der neue Kurs, S. 84, 92, 97ff. u. 157

30 Vgl. Raschdau: In Weimar, S. 78, 93, 115, 146f. u. 181; ders.: Unter Bismarck und Caprivi, S. 190ff., 329 u. 370

Bei der Frage, ob die Darstellungen von Schlieben und Raschdau Allgemeingültigkeit beanspruchen können, muß man zunächst berücksichtigen, daß beide Verfasser als Bürgerliche dem Konsulardienst angehörten. Während Schlieben seine Laufbahn 1914 als Reichskonsul in Belgrad beendete[31], gelang Raschdau der bemerkenswerte, weil seltene Übergang in die diplomatische Laufbahn.[32] Er schied 1897 vorzeitig als preußischer Gesandter in Weimar aus dem Dienst, nachdem er »in einer Reihe von schriftlichen Vorstellungen erklärt hatte, die willkürlichen Eingriffe des Geheimrats von Holstein in die Geschäftsleitung des Auswärtigen Amtes [...] nicht zu dulden.«[33]

Neben dem »Defekt« bürgerlicher Herkunft ist beiden Verfassern die Erfahrung gemeinsam, daß sie karrierefördernder Protektion entbehrten und infolgedessen mit vergleichsweise unbedeutenden Missionen vorliebnehmen mußten.[34] Die Erfahrung ihrer Diskriminierung gegenüber den beati possidentes der diplomatischen Laufbahn dürfte die Erkenntnis der beiden Verfasser geschärft haben, daß nicht nur die Personalpolitik des AA, sondern der Auswärtige Dienst insgesamt reformbedürftig sei.

Ein kritischer Vergleich der Feststellungen Schliebens und Raschdaus mit der Memoirenliteratur bestätigt die Vorherrschaft des Adels in der Diplomatie.[35] Wie selbstverständlich der Adel den diplomatischen Dienst

---

31 Vgl. Schlieben: Die deutsche Diplomatie, Titelseite und Vorwort.

32 Hilfreich, vielleicht sogar ursächlich verantwortlich für den Übertritt Raschdaus in den diplomatischen Dienst dürfte der Auftrag des AA gewesen sein, den Prinzen Wilhelm (späteren Kaiser Wilhelm II.) in die Ostasienpolitik einzuführen (vgl. Raschdau: Unter Bismarck und Caprivi, S. 15f.). - Raschdau wurde 1849 als Sohn eines Gutsbesitzers in Oberschlesien geboren. Nach dem Studium der orientalischen Sprachen u. der Rechtswissenschaften trat er 1876 als Assessor in den konsularischen Dienst und übernahm verschiedene konsularische Posten im Vorderen Orient sowie in Mittelamerika. 1885 wurde er in die Handelspolitische Abteilung des AA einberufen, 1886 Vortragender Rat für außereuropäische Handelspolitik, 1888 in die Politische Abteilung übernommen u. 1890 zum Geheimen Legationsrat ernannt, 1894-1897 Preußischer Gesandter bei den thüringischen Staaten in Weimar, anschließend zur Disposition gestellt, 1943 verstorben. Die Angaben sind seinen Publikationen entnommen (vgl. Anm. 22) sowie dem Deutschen Ordens-Almanach, Leipzig 1906, S. 988, und Stolberg-Wernigerode: Die unentschiedene Generation, S. 484.

33 Raschdau: Der Weg in die Weltkrise, Vorwort S.VI

34 Zum geringen Stellenwert und Ansehen der Missionen in Belgrad und Weimar vgl. Cecil: The German Diplomatic Service, S. 162-165

35 Vgl. Anm. 9 u. außerdem Hentig: Mein Leben - eine Dienstreise, S. 48f., 63f., 70 u. 88; Bräutigam, Otto: So hat es sich zugetragen ..., ein Leben als Soldat und Diplomat, Würzburg 1968, S. 101; vgl. ferner Seelos, Gebhard: Moderne Diplomatie, Bonn 1953, S. 15 u. 41; Dissow, Joachim v. [d. i. Rantzau, Joachim v.]: Adel im Übergang. Ein kritischer Standesgenosse berichtet aus Residenzen und Gutshäusern, Stuttgart (2) 1962, S. 5ff. u. 117. - Allein der ehemalige StS des AA (1917/18) v. Kühlmann bestreitet, daß »die Diplomatie in den kaiserlichen Zeiten eine ausschließlich dem Adel reservierte Domäne gewesen« sei (Die Diplomaten, Berlin 1939, S. 85). Indirekt widerlegt Kühlmann diese Zweifel in seinen Erinnerungen, Heidelberg 1948, insbesondere S. 56, 118-138, 158, 189f., 200, 235, 269-289, 350-356, 440, 520 u. 569.

als seine Domäne betrachtete, illustriert beispielhaft die lapidare Feststellung des ehemaligen Gesandten Herbert v. Hindenburg: »Es gab für unsereinen nur drei mögliche Berufe: Armee, Verwaltung und Diplomatie.«[36]

Aufschluß über die Hintergründe und Methoden der Ablehnung bürgerlicher Bewerber geben in bemerkenswerter Deutlichkeit die Memoiren des späteren Botschafters der Bundesrepublik Deutschland, Hans E. Riesser: »Anfang 1910 hatte ich mich nach bestandenem Referendarexamen zum Auswärtigen Amt in Berlin begeben, um mich zu erkundigen, ob ich als Attaché eingestellt werden könnte. Der Unterstaatssekretär Dr. Stemrich hatte mich empfangen und mir dringend geraten, den Plan aufzugeben. Der diplomatische Dienst stand zu jener Zeit grundsätzlich - wie das auch beim Offizierskorps der Garderegimenter der Fall war - von vornherein dem Adel offen. Einige ganz wenige Ausnahmen bestätigten die Regel. Hinzu kam, daß die Attachés nicht bezahlt wurden und die zwei oder drei eingestellten Bürgerlichen über sehr bedeutende Mittel verfügten. Dr. Stemrich sprach wohl zu meiner Abschreckung von 30 000 Mark Revenuen, die man haben sollte, um erfolgreich im Ausland mit aristokratischen Kollegen konkurrieren zu können.«

Riesser bat dann 1916 erneut um Aufnahme in den Auswärtigen Dienst und wurde schließlich am 22. November 1918 eingestellt, das heißt nach dem Zusammenbruch des Kaiserreichs.[37] Die Gründe für die Ablehnung des ersten Einstellungsgesuchs sind insofern fragwürdig, als die sehr wohlhabende Familie Riesser mit großer Wahrscheinlichkeit die geforderten 30 000 Mark »Revenuen« nachzuweisen in der Lage war. Die Ablehnung dürfte vielmehr auf die auch im AA bekannte Tatsache zurückzuführen sein, daß Riesser einer jüdischen Familie entstammte.[38] Juden aber waren vom diplomatischen Dienst bis 1918 »praktisch ausgeschlossen«.[39]

---

36 Hindenburg: Am Rande zweier Jahrhunderte, S. 46f. - »Die richterliche Karriere galt als nicht standesgemäß, noch weniger die kaufmännische, obgleich durch diese die für unsere alten Geschlechter so notwendige Bildung neuer Vermögen erreicht werden konnte.« Herbert v. Hindenburg wurde 1872 in Berlin geboren, sein Vater war Offizier, zuletzt Generalmajor, und Vetter des späteren Generalfeldmarschalls Paul v. Hindenburg, sein Großvater mütterlicherseits, Graf zu Münster, war 1873-1885 Botschafter in London (ebda., S. 7 u. 40f.). Ähnlich wie v. Hindenburg konstatierte der letzte kaiserliche Botschafter in Washington, Johann Heinrich Graf v. Bernstorff: »Es war Tradition der aristokratischen Familien, daß der älteste Sohn auf das Familiengut zog, wozu er die Vorbildung in einem Gardekavallerie-Regiment fand, während die jüngeren Söhne je nach der verfügbaren Zulage in ein billigeres Regiment eintraten oder Beamte wurden.« Traditioneller Familienberuf der Bernstorffs sei die Diplomatie gewesen (Erinnerungen und Briefe, Zürich 1936, S. 14). Bernstorff wurde 1862 in London geboren, sein Vater, Albrecht Graf v. B., war 1862-1873 Botschafter in London. Entgegen der von B. festgestellten Regel gehörte auch sein ältester Bruder dem Auswärtigen Dienst an, ebenso sein Neffe. Sein Vetter, Ulrich Graf v. Brockdorff-Rantzau, war letzter kaiserlicher Gesandter in Kopenhagen und erster Reichsminister des Auswärtigen in der Weimarer Republik (ebda., S. 9ff., 159 u. 183).

37 Riesser: Von Versailles zur UNO, S. 35, ders.: Haben die deutschen Diplomaten versagt?, Bonn 1959, S. 16

Daß der Vermögensnachweis zumal für bürgerliche Bewerber eine unabdingbare Voraussetzung für die Aufnahme in den diplomatischen Dienst war, wird durch verschiedene Belege in der Memoirenliteratur sowie in offiziösen Publikationen bestätigt.[40] Vergleichsweise deutlich betonte der ehemalige Gesandte v. Hindenburg den »aristokratischen und plutokratischen Charakter der diplomatischen Karriere«.[41] Und noch 1935 konstatierte der aus politischen Gründen zur Disposition gestellte Gesandte Walter Zechlin, »daß neben dem Gehirn auch die beiden anderen G's (Geburt und Geld) in der Diplomatie stets eine wichtige Rolle gespielt haben und weiter spielen werden.«[42]

Bilanziert man soziale Herkunft, Religionszugehörigkeit und Vorbildung der Diplomaten im Kaiserreich, sind folgende Charakteristika festzuhalten:

---

38 Der Vater Riessers war Direktor der Darmstädter Bank in Berlin, Präsident des von ihm begründeten Zentralverbands des deutschen Bankgewerbes, Reichstagsabgeordneter der DVP und zeitweise Vizepräsident des Reichstags in der Weimarer Republik, sein Großonkel Vizepräsident der Frankfurter Nationalversammlung (vgl. Riesser: Von Versailles zur UNO; ders.: Haben die deutschen Diplomaten versagt? - Zur Geschichte der Familie Riesser vgl. auch die Gesammelten Schriften von Gabriel Riesser, hrsg. im Auftrage des Comités der Riesser-Stiftung von Meyer Isler, 4 Bde., Frankfurt und Leipzig 1867-1868; Jochmann, Werner (Hrsg.): Nationalsozialismus und Revolution, Ursprung und Geschichte der NSDAP in Hamburg 1922-1933, Dokumente, Frankfurt a. M. 1963, S. 32, sowie Pulzer, Peter: Die jüdische Beteiligung an der Politik, in: Juden im Wilhelminischen Deutschland 1890-1914, hrsg. von Werner E. Mosse, Tübingen 1976, S. 143-239).

39 Cecil, Lamar: Wilhelm II. und die Juden, in: Juden im Wilhelminischen Deutschland, S. 323. Zum Antisemitismus im kaiserlichen AA vgl. auch Cecil: The German Diplomatic Service, S. 94-110; Goldmann, Nahum: Mein Leben als deutscher Jude, München-Wien 1980, S. 109

40 Vgl. Kühlmann: Die Diplomaten, S. 124: »Als ich in den auswärtigen Dienst eintrat, wurde von dem Attaché der Nachweis verlangt, daß er über eine Zulage von ungefähr zehntausend Mark verfüge. Damals um die Jahrhundertwende lagen die Dinge ungefähr so, daß bis zum Botschaftsrat hinauf erheblich zugeschossen werden mußte. War der Botschaftsrat unverheiratet und in seinen Ansprüchen sehr bescheiden, so konnte er zur Not mit den Bezügen sein Auskommen finden. Die Gesandtengehälter nebst Zulagen waren im allgemeinen ausreichend. Auf verschiedenen Botschafterposten konnte man bei weiser Selbstbeschränkung in der Repräsentation nicht nur auskommen, sondern sogar etwas auf die hohe Kante legen.« - Vgl. auch Kühlmann: Erinnerungen, S. 97, 118, 243 u. 382; Mohl: Fünfzig Jahre Reichsdienst, S. 146, sowie Curtius, Klaus/Haeften, Gerrit v.: Die Nachwuchsausbildung für den höheren Auswärtigen Dienst der Bundesrepublik Deutschland und der Vereinigten Staaten von Amerika, Frankfurt am Main 1974, S. 5

41 Hindenburg: Das Auswärtige Amt im Wandel der Zeiten, S. 8. Ähnlich urteilt der Geheime Regierungsrat Richard Witting: Auswärtige Politik und Diplomatenkunst, S. 24f.: »Der Aufstieg in die politische Abteilung erfolgt in der Regel aus dem Personal der diplomatischen Missionen, und bei ihnen dominiert der Feudal- und der plutokratische Adel ausschließlich. [...] Unter den etwa fünfzig etatmäßigen Stellen der Botschaftsräte und Legationssekretäre überwiegt ebenfalls ganz erheblich das aristokratisch-plutokratische Element; neuerdings hat man angefangen, einige Bürgerliche mit großem Portemonnaie einzuschieben.«

42 Zechlin: Diplomatie und Diplomaten, S. 74. - Zur Karriere Zechlins vgl. unten, S. 73f.

Die Mehrheit der deutschen Diplomaten war feudalaristokratischer, vor allem preußischer Provenienz, vermögend, evangelischer Konfession, militärisch ausgebildet und juristisch vorgebildet. Gegen Ende der Wilhelminischen Ära gewannen auch - zumeist nobilitierte - Vertreter des vermögenden Großbürgertums Zugang zum diplomatischen Dienst, während er jüdischen und sozialdemokratischen Bewerbern verschlossen blieb.[43]

Persönliche Protektion und gesellschaftliche Konnexionen bei der Rekrutierung des Nachwuchses gewährleisteten die relativ »geschlossene Gesellschaft« des diplomatischen Dienstes im Kaiserreich. Konservativismus, Tradierung der ständischen Privilegien und sensibler Korpsgeist verhinderten eine Öffnung des Dienstes für Fachleute aus Handel und Industrie ebenso wie eine Auslese des Nachwuchses auf der alleinigen Grundlage von Eignung und Leistung.

Die Aufrechterhaltung höfisch-aristokratischer Gepflogenheiten im diplomatischen Dienst bedeutete angesichts der fortschreitenden Industrialisierung in der Wilhelminischen Ära eine Ungleichzeitigkeit, die zu Diskrepanzen zwischen der feudalaristokratisch überhöhten Außenpolitik und der zunehmenden Bedeutung wirtschaftlicher und handelspolitischer Interessen des Deutschen Reiches im Ausland führte. Für die Erkenntnis und Wahrnehmung dieser Interessen war die Mehrheit der deutschen Diplomaten auf Grund ihrer Herkunft und Ausbildung kaum geeignet.[44]

---

43 Dieser Befund deckt sich weitgehend mit den jüngst veröffentlichten Ergebnissen der Studien von Lamar Cecil (Der diplomatische Dienst im kaiserlichen Deutschland) und Hans Philippi (Das deutsche diplomatische Korps 1871-1914), jeweils in: Schwabe, Klaus (Hrsg.): Das Diplomatische Korps 1871-1945, Boppard am Rhein 1985

44 Zu den wenigen Diplomaten des Kaiserreiches, die handelspolitische Initiativen ergriffen, gehörte Ulrich Graf v. Brockdorff-Rantzau, 1912-1918 Gesandter in Kopenhagen, nach 1918 erster Reichsaußenminister der Weimarer Republik; vgl. Haupts, Leo: Ulrich Graf von Brockdorff-Rantzau. Diplomat und Minister in Kaiserreich und Republik, Göttingen-Zürich 1984

## *Sozialstruktur des Auswärtigen Dienstes in der Weimarer Republik*

»Die Ämterjagd, namentlich in der Diplomatie, geht völlig schamlos vor sich.«

*Harry Graf Kessler,* 1919[1]

Die Sozialstruktur des Auswärtigen Dienstes ist insofern von Interesse, als sich an der sozialen Herkunft und politischen Einstellung der im Dienste der Weimarer Republik stehenden Diplomaten die zum Teil heftige Kritik der Nationalsozialisten entzündete.[2] Auf der Grundlage dieser Kritik entwickelten führende Nationalsozialisten ihre weitreichenden Vorstellungen zur Reform des Auswärtigen Dienstes. Will man die Ziele ihrer Reformvorstellungen hinreichend erfassen, ist es unerläßlich, die Hintergründe der nationalsozialistischen Kritik am Auswärtigen Dienst aufzuhellen.

Eine umfassende, empirisch gesicherte Sozialstrukturanalyse des Auswärtigen Dienstes in der Weimarer Republik liegt bislang nicht vor. Weitgehende Übereinstimmung besteht lediglich in der Erkenntnis personeller Kontinuität des Auswärtigen Dienstes im Übergang vom Kaiserreich zur Republik.[3]

Jacobsen vermutet, daß sich die Mehrheit der Diplomaten aus Kreisen des Adels, der höheren Beamtenschaft und aus Offiziersfamilien rekrutierte und daß infolgedessen der höhere Auswärtige Dienst aus einer »weitgehend homogenen, z.T. recht exklusiven Beamtenschaft« bestand. Die Einstellung der meisten Diplomaten zur Politik »war durch eine stark konservative Gesinnung, durch das Denken in den Kategorien des über den Parteien stehenden pflichtbewußten Staatsdieners und durch die tägliche Routine geprägt.«[4] Darüber hinausgehende gesicherte Erkenntnisse konnte Jacobsen nicht gewinnen, weil die zur Strukturanalyse unentbehrlichen »Personalakten nach wie vor nicht zugänglich sind.«[5] Die 1970 erschienene amtliche Schrift »100 Jahre Auswärtiges Amt 1870-1970«[6] enthält sich jeglicher Aussage zur Sozialstruktur des Auswärtigen Dienstes.

---

1 Tagebücher 1918-1937, Frankfurt a.M. 1961, Eintragung v. 20.8.1919, S. 195

2 Vgl. im einzelnen das Kapitel »Kritik der Nationalsozialisten am Auswärtigen Dienst«

3 Vgl. Elben, Wolfgang: Das Problem der Kontinuität in der deutschen Revolution, Düsseldorf 1965; Seabury: Die Wilhelmstraße; Jacobsen: NS-Außenpolitik; Doß: Das deutsche Auswärtige Amt; Krüger, Peter: Struktur, Organisation und außenpolitische Wirkungsmöglichkeiten der leitenden Beamten des Auswärtigen Dienstes 1921-1933, in: Schwabe, Klaus (Hrsg.): Das Diplomatische Korps 1871-1945, Boppard am Rhein 1985

4 Jacobsen: NS-Außenpolitik, S. 25

5 Ebda., S. 24f.

6 Zusammengestellt vom Politischen Archiv des Auswärtigen Amts unter der Leitung von Vortragendem Legationsrat I. Klasse Dr. Heinz Günther Sasse in Verbindung mit Botschaftsrat Dr. Ekkehard Eickhoff, hrsg. vom Auswärtigen Amt, Bonn 1970

Aus dem Bereich der ausländischen Forschungsliteratur ist in diesem Zusammenhang allein die frühe Arbeit des amerikanischen Historikers Paul Seabury erwähnenswert.[7] Seine Untersuchung, die sich vor allem auf Dokumente des Wilhelmstraßen-Prozesses sowie auf alliierte Aktenpublikationen stützt, kommt zu folgenden Ergebnissen: »Schon im Jahr 1922, drei Jahre nach Gründung der Weimarer Republik, waren die alten Diplomaten des kaiserlichen Auswärtigen Amtes wieder Herren der Wilhelmstraße. [...] Die wenigen ›Außenseiter‹, die 1919 höhere Posten erhalten hatten, waren wieder verschwunden. Die ›Professionellen‹ hatten gesiegt, und das Fehlen einer beständigen ministeriellen Führung vergrößerte ihren Triumph noch.«[8] Im Jahre 1929 schließlich »war genau die Hälfte aller Missionschefs im Auslande adeliger Herkunft. Fast alle waren Berufsdiplomaten des ancien régime.«[9]

Differenzierter als Seabury urteilt Doß in seiner 1977 erschienenen Studie. Doß führt das Scheitern der Schülerschen Reform vor allem auf die »Hereinnahme der sogenannten Außenseiter in das Amt« zurück.[10] Deren Berufung in Spitzenpositionen des Amtes wie der Missionen stärkte die Opposition der konservativen Karrierediplomaten gegen das Reformwerk Schülers um so mehr, als diese relativ homogene Gruppe ihre Karrierechancen durch Outsider erheblich beeinträchtigt sah.[11]

---

7 Die Wilhelmstraße. Die Geschichte der deutschen Diplomatie 1930-1945, Frankfurt/M. 1956. Titel der amerikanischen Originalausgabe: The Wilhelmstrasse, A Study of German Diplomats under the Nazi Regime, University of California Press, Berkeley, California, 1954

8 Seabury: Die Wilhelmstraße, S. 39f. – Seaburys Darstellung ist mißverständlich, da sie die Außenseiter in den diplomatischen Missionen vernachlässigt. Laut amtlicher Übersicht v. 5.3.1923 waren 26 diplomatische Posten in Europa zu besetzen. »Beamte des Auswärtigen Amtes« besetzten 16 Stellen, acht Stelleninhaber waren »Herren, die dem Auswärtigen Amt bisher nicht angehört haben«, zwei Stellen waren unbesetzt. Von den acht Außenseitern schieden sechs bis 1930 aus dem Amt. Die beiden letzten Jahre der Republik erlebten nur die Gesandten Koch (Prag) und Müller (Bern); vgl. im einzelnen bei Doß: Das deutsche Auswärtige Amt, S. 285

9 Seabury: Die Wilhelmstraße, S. 44. – Die Ursachen dieser personellen Restauration sieht Seabury zunächst in der »starken Opposition der Rechtsparteien und auch vieler diplomatischer Berufsbeamter, die [die] Infiltration der ›Amateure‹ als eine Bedrohung ihrer eigenen Zielsetzungen und der Existenz des ganzen Apparates ansahen« (S. 38). Zudem hätte es die Republik nicht verstanden, »sich die Loyalität ihrer Beamten zu sichern, und in demselben Maße, wie sie unter dem Schock der wirtschaftlichen Depression und des aufkommenden Nationalsozialismus zerfiel, glitt die Kontrolle über den Staatsapparat in die Hände der ›Fachbeamten‹« (S. 45). In der Mehrzahl Anhänger der Monarchie, seien diese Fachbeamten von der Sehnsucht nach einer »starken« Regierung beherrscht gewesen, d.h. nach einer der Parlamentskontrolle ledigen Herrschaft der Ministerialbürokratie (vgl. S. 31 u. 45).

10 Doß: Das deutsche Auswärtige Amt, S. 311

11 Bestätigt wird dieser Befund von Georg Schreiber: Zwischen Demokratie und Diktatur, persönliche Erinnerungen an die Politik und Kultur des Reiches (1919-1944), Münster 1949, S. 101: »Einiges hat Schüler erreicht. Mehr noch blieb auf der Strecke liegen. Er fand starken Widerstand bei den höheren Beamten des Außenamtes. Mitglieder der Korps, die dort einen weißen Ring bildeten, dachten nicht daran, ihre

Folgt man der Schlußbilanz von Doß, so bedeutete Schülers Ausscheiden »für das Amt im personellen Bereich eine gewisse Stagnation und einen Rückschritt.«[12] Die Frage, ob und wie lange die im Zuge der Schülerschen Reform entstandene Sozialstruktur bestehenblieb, beurteilt Doß zurückhaltend: Einer empirisch gesicherten Sozialstrukturanalyse des Auswärtigen Dienstes stehe »die Verschlußhaltung der Personalakten im Politischen Archiv des Amtes« entgegen.[13]

Eine Bilanz der vorliegenden Befunde zur Sozialstruktur des Auswärtigen Dienstes berechtigt indes auch ohne Kenntnis der Personalakten zur vorläufigen Annahme, daß parallel zur sukzessiven Revision der Schülerschen Reformen die nationalkonservativen Diplomaten an Einfluß gewannen:

1. Bis 1930 schieden fast alle Außenseiter durch Tod oder Versetzung in den Ruhestand aus dem Dienst. Ihre Nachfolge traten ausschließlich Berufsdiplomaten an. Die Berufung weiterer Außenseiter scheiterte am geschlossenen Widerstand der überwiegend konservativen Karrierediplomaten.[14]

2. In den Jahren 1921 und 1922 amtierten ehemalige Berufsdiplomaten als Reichsaußenminister (Rosen und v.Rosenberg), die die Schülerschen Reformen revidierten zugunsten der traditionellen Diplomatie.[15]

3. Die Berufung des konservativen Berufsdiplomaten Constantin Freiherr von Neurath zum Sonderbeauftragten für die Attachéausbildung (1921) trug dazu bei, die Öffnung des Auswärtigen Dienstes für Vertreter aus Handel, Wirtschaft, Politik und Wissenschaft rückgängig zu machen.[16]

4. Unter der Amtsführung v.Neuraths, d.h. von 1932 an, wurde die Vorherrschaft aristokratisch-konservativer Karrierediplomaten wiederhergestellt.[17]

---

bevorzugte Stellung aufzugeben. Sie wurden von manchen Mitgliedern des altpreußischen Adels unterstützt.« Prälat Prof. Dr. Schreiber, Schüler der Historiker Hans Delbrück und Otto Hintze, war in der Weimarer Republik MdR (Zentrumsfraktion) und als Hochschullehrer an der Attachéausbildung beteiligt. Seine Darstellung beruht auf intimen Kenntnissen der Personal- und Sozialstruktur des Auswärtigen Dienstes. – Übereinstimmend mit Schreiber urteilt auch Zechlin: Pressechef bei Ebert, Hindenburg und Kopf, S. 27.

12 Doß: Das deutsche Auswärtige Amt, S. 311

13 Ebda., S. 15

14 Vgl. Doß: Das deutsche Auswärtige Amt, S. 284ff.; Seabury: Die Wilhelmstraße, S. 38-45; Jacobsen: NS-Außenpolitik, S. 627-632; Sasse: 100 Jahre Botschaft in London, Inhaltsverzeichnis u. S. 47-55; Curtius / v. Haeften: Die Nachwuchsausbildung für den höheren Auswärtigen Dienst, S. 10

15 Vgl. im einzelnen die Literatur in Anm. 14. – Der Aufstieg von Hans Georg v. Mackensen, dem Sohn des Generalfeldmarschalls, späteren StS und Schwiegersohn v. Neuraths, begann unter der Amtsführung v. Rosenbergs.

16 Vgl. Doß: Das deutsche Auswärtige Amt, S. 216, 260 u. 294

17 Vgl. Putlitz: Unterwegs nach Deutschland, S. 55, 66, 91, 102, 132, 160 u. 182; Prittwitz:

Die Annahme eines nationalkonservativen Übergewichts in den letzten Jahren der Weimarer Republik stieß nach 1945 auf heftigen Widerspruch bei ehemaligen Angehörigen des Auswärtigen Dienstes.[18] Stellvertretend sei im folgenden die Darstellung des früheren Generalkonsuls Gustav Strohm zitiert[19]. In seiner Erwiderung auf die im »Neuen Vorwärts« vom 25. Dezember 1948 veröffentlichte »Warnung vor den alten Diplomaten«, der zufolge es dem Auswärtigen Amt gelungen sei, »auch in der Weimarer Republik als eine ganz besonders konservative und reaktionäre Behörde fortzubestehen«, bemerkte Strohm, daß die Schülersche Reform das »Monopol der Geburts- und Geldaristokratie« beseitigt habe und infolgedessen der »Anteil von Adeligen und ehemaligen Angehörigen feudaler Studentenverbindungen« auf eine schwache Minderheit zurückgegangen sei. Das Auswärtige Amt der Weimarer Republik sei »betont antimilitaristisch« gewesen.

Die politische Grundeinstellung der höheren Beamtenschaft schillerte nach Strohms Auffassung »etwa von der Deutschen Volkspartei über den alten Berliner bürgerlichen Liberalismus bis zur SPD, mit einem aus der Personalpolitik der Zentrumspartei sich ergebenden starken Einschlag in dieser letzteren Richtung.« Nichts sei hierfür »charakteristischer als die Tatsache, daß die Deutschnationalen bei ihrem Eintritt in die Koalition die Übernahme des Fürsten Bismarck [Enkel des Reichskanzlers] in den Aus-

---

Zwischen Petersburg und Washington, S. 145; Zechlin: Pressechef bei Ebert, Hindenburg und Kopf, S. 148; vor allem die Aussagen des Botschafters a.D. Vicco v. Bülow-Schwante (in: IfZ, ZS 1021)

18 Vgl z.B. Kordt: Nicht aus den Akten, S. 24-31; Riesser: Haben die deutschen Diplomaten versagt?, passim, insbes. S. 26-37; Haas: Beitrag zur Geschichte der Entstehung des Auswärtigen Dienstes der Bundesrepublik Deutschland, S. 11-81; vgl. auch die Erklärungen deutscher Diplomaten in: BA Koblenz, Z 35, 13 (Deutsches Büro für Friedensfragen)

19 Strohm, geb. 1893 in Eßlingen / Württemberg, Sohn eines Kaufmanns, 1911 Abitur in Eßlingen, studierte von 1912 bis 1920 Geschichte, Archäologie und Alte Sprachen an der Universität Tübingen, unterbrochen durch Teilnahme am 1.Weltkrieg, zuletzt als Leutnant d.R.; 1920 Promotion zum Dr. phil. und 1. Staatsprüfung, 1921 2. Staatsprüfung für das höhere Lehramt; 1920/21 war Strohm zugleich Hauslehrer Konstantin Alexander v. Neuraths (Sohn des Gesandten in Kopenhagen). Wohl auf Empfehlung des Gesandten v. Neurath wurde Strohm am 1.4.1922 als Attaché in den Auswärtigen Dienst übernommen. Ende 1923 diplom.-konsul. Examen. 1923-1928 pers. Referent des StS v. Schubert, 1928-1933 Konsul in Lyon, 1933 b.d. Botschaft Paris, 1934/35 im Referat Saargebiet des AA, 1936 Geschäftsträger in Addis Abeba, 1937 Leiter des Referats Afrika im AA. Am 1.3.1938 Aufnahme in die NSDAP, 1938 Generalkonsul in Addis Abeba, 1943 in Bozen; 1944 »freiwilliger« Arbeitseinsatz in der Rüstungsindustrie, vermutlich wegen defätistischer Äußerungen (NA Washington, T-120, roll 2539, Personalbogen Strohm v. 14.7.1944; Heineman: Hitler's First Foreign Minister, S. 258, Anm. 13). – Seit 1947 war Strohm einer der führenden Vertreter des Deutschen Büros für Friedensfragen in Stuttgart, das als institutioneller Ausgangspunkt deutscher Außenpolitik gilt (vgl. Piontkowitz, S. 57-61); 1950 wurde Strohm wieder in den Auswärtigen Dienst der Bundesrepublik Deutschland übernommen (vgl. Haas: Beitrag zur Geschichte der Entstehung des Auswärtigen Dienstes der Bundesrepublik Deutschland, S. 154)

wärtigen Dienst forderten, ›damit überhaupt ein Deutschnationaler im Auswärtigen Amt sei.‹ Wäre das Auswärtige Amt ›konservativ‹ gewesen, so hätte der Schwiegersohn des Herrn von Tirpitz, Herr von Hassell (derselbe, der von Hitler gehängt wurde), in der Weimarer Zeit eine andere Karriere gemacht. Erst bei dem Eintritt der Deutschnationalen in die Regierung erhielt er auf Drängen dieser Partei einen Gesandtenposten, nachdem er vorher nur auf konsularischen Posten beschäftigt worden war.« Außer dem späteren Landesgruppenleiter der NSDAP in der Schweiz, Frhr. von Bibra, sei »kein Beamter bekannt geworden, der der Deutschnationalen Volkspartei als Mitglied angehört hätte, und als die Nazis im Jahre 1933 zur Macht kamen, zeigte es sich, daß von den höheren Beamten des Dienstes nur ein einziger der NSDAP als Mitglied angehörte. Was sich nach 1933 bei ihnen ereignete, steht auf einem anderen Blatt. Anders war es bei den mittleren und unteren Beamten, von denen nicht wenige sich durch die NSDAP in den höheren Dienst hinauftragen lassen wollten.«[20]

Die dezidierte Stellungnahme Strohms zur politischen und Sozialstruktur des Auswärtigen Dienstes erfordert ebenso eine quellenkritische Überprüfung wie die ihr diametral gegenüberstehende Annahme personeller Restauration nach dem Scheitern der Schülerschen Reformen.

Aus der Erkenntnis, daß bislang alle Versuche der zeitgeschichtlichen Forschung, die Sozialstruktur des Auswärtigen Dienstes empirisch gesichert darzustellen, an der Unzugänglichkeit der Personalakten scheiterten, resultierte für die vorliegende Untersuchung das methodisch vorrangige Problem, Quellenbestände zu erschließen, die einen den Personalakten vergleichbaren Erkenntniswert besitzen. Die systematische Suche förderte neben den Personalunterlagen aus verschiedenen Beständen der NSDAP und SS[21] vor allem die Personalbögen der höheren Beamten des Auswärtigen Dienstes zutage, die 1944 neu angelegt werden mußten als Ersatz für die durch Kriegseinwirkung vernichteten oder beschädigten Personalakten.[22]

---

20 Aufzeichnung Strohms vom Jahreswechsel 1948/49 über »Das Auswärtige Amt der Weimarer Republik«, in: BA Koblenz, Z 35, 13. – Der Artikel im »Neuen Vorwärts« und die Reaktion Strohms stehen im Zusammenhang mit der 1949 zu erwartenden Neubildung einer deutschen Dienststelle für auswärtige Angelegenheiten, vgl. im einzelnen bei Piontkowitz: Anfänge westdeutscher Außenpolitik 1946-1949, S. 168-199

21 Durch Auswertung der Bestände im Berlin Document Center (NSDAP-Zentralkartei, Aufnahme-Anträge, Parteikanzlei-Korrespondenz, SS-Führer, RuSHA, verschiedene SS-Unterlagen) konnten etwa 400 Diplomaten auf ihre Zugehörigkeit zur NSDAP und SS überprüft sowie auf ihre soziale Herkunft untersucht werden.

22 Die Dokumente sind dem Bestand »Pers. H [Höherer Dienst] Personalbogen der Beamten A-Z« entnommen. Diese gelangten nach dem Zweiten Weltkrieg in die USA, wurden 1950 im Auftrag des U.S. Department of State, Washington D.C., auf Mikrofilm aufgenommen und sind als Mikrofilmkopien über die National Archives Washington zu beziehen (Bestand T-120, roll 2537-2540). – Die Originalakten kamen 1956 wieder in die Obhut des AA; vgl. dazu Henke, Josef: Das Schicksal deutscher zeitgeschichtlicher Quellen in Kriegs- und Nachkriegszeit, Beschlagnahme – Rückführung – Verbleib, in: VfZ 30 (1982), H. 4, S. 595. – Den Weg zu diesem bedeutsa-

Die grundsätzliche Bedeutung des erschlossenen Bestandes liegt in der Aussagekraft, Vollständigkeit und Zuverlässigkeit der darin enthaltenen Personalangaben.[23] Seine besondere Bedeutung im thematischen Rahmen dieser Untersuchung resultiert aus der Verpflichtung aller befragten Diplomaten, sowohl die Mitgliedschaft in der NSDAP und ihren Gliederungen als auch die Zugehörigkeit zu politischen Parteien und Verbänden *vor* 1933 anzugeben.[24]

Dieser von der zeitgeschichtlichen Forschung bisher vernachlässigte Bestand ermöglicht nicht nur eine auf breiter Quellenbasis angelegte Personalstrukturanalyse des diplomatischen Dienstes während des Zweiten Weltkriegs, sondern erlaubt auch – infolge weitgehender personeller Kontinuität des Auswärtigen Dienstes – gesicherte Rückschlüsse auf die soziale Herkunft und politische Einstellung der Diplomaten in der Weimarer Republik.

Folgt man der Darstellung Strohms, müßte sich der Wandel in der Sozialstruktur des Auswärtigen Dienstes nach 1918 vornehmlich beim diplomatischen Nachwuchs widerspiegeln. Der diplomatische Nachwuchs der Weimarer Republik bietet sich zur Sozialstrukturanalyse um so mehr an, als dieses »Kollektiv« dank der neuen Quellenfunde auf einer relativ breiten und gesicherten Materialbasis untersucht werden kann. Dieser Vorzug resultiert – neben der personellen Kontinuität des Auswärtigen Dienstes – vor allem aus der Altersstruktur des diplomatischen Nachwuchses: Die Nachwuchsdiplomaten der Weimarer Republik rekrutierten sich insbesondere

---

men Fund wies Kent, George O. (Hrsg.): A Catalog of Files and Microfilms of the German Foreign Ministry Archives 1920-1945, Stanford (The Hoover Institution Stanford University) 1962-1966, Volume III.

23 Der Bestand umfaßt die Personalbögen von 330 höheren Beamten der Zentrale und der – mit Kurier erreichbaren – Missionen, d. h. er erfaßt das Gros der insgesamt etwa 400-500 im Jahre 1944 beschäftigten Beamten des höheren Dienstes (genauere Angaben über die Gesamtzahl der 1944 beschäftigten Beamten waren auch vom PA des AA nicht zu erfahren). Nicht berücksichtigt sind die höheren Beamten in jenen Missionen, Konsulaten und Verbindungsstäben, zu denen im Herbst 1944 keine regelmäßige Kurierverbindung mehr bestand, darunter fallen z.B. die diplomatischen und konsularischen Dienststellen in Japan, China, Italien, Portugal, Türkei und teilweise auch Spanien. – Jeder Personalbogen enthält 31 Fragen auf insgesamt 6 Seiten. Neben den üblichen Personalangaben (Geburtsdaten, schulische und universitäre Abschlüsse, berufliche Laufbahn, Familienstand und Glaubensrichtung) verlangt der Personalbogen auch Auskunft über Namen und Staatsangehörigkeit der Eltern, Stellung des Vaters, Militärverhältnisse im Ersten und Zweiten Weltkrieg, Orden u. Ehrenzeichen, Nachweis »deutschblütiger Abstammung«, Mitgliedschaft in politischen Parteien und Verbänden vor und nach 1933, Zugehörigkeit zu Logen und Gewerkschaften, Ort u. Zeit der Vereidigung auf Hitler, Strafen sowie Anschriften naher Verwandter.

24 Die am Ende des Personalbogens vermerkte Strafandrohung der fristlosen Entlassung aus dem Dienst bei wissentlich falscher Eintragung gewährleistet weitgehend die Zuverlässigkeit der Angaben. Kritische Vergleiche mit den im BDC überlieferten Personalunterlagen der NSDAP und SS haben die Glaubwürdigkeit der gemachten Angaben bestätigt.

aus den Jahrgängen 1885 bis 1900. Ihre Karrieren wurden deshalb von Einberufungen zum Wehr- bzw. Kriegsdienst zwischen 1935 und 1945 zumeist nicht unterbrochen, es sei denn durch freiwillige Meldung. Die große Mehrheit der Weimarer Nachwuchsdiplomaten verblieb bis 1945 im Amt, so daß ihre soziale Herkunft und politische Einstellung auf der Grundlage der Personalerhebung von 1944 detailliert nachzuweisen sind.

Eine amtliche Darstellung mit gesicherten Angaben über den in der Weimarer Republik eingestellten diplomatischen Nachwuchs liegt nicht vor. Der offiziösen Studie von Curtius und v. Haeften zufolge wurden zwischen 1919 und 1931 insgesamt 270 Anwärter für den höheren Dienst einberufen.[25] Davon dürfte etwa die Hälfte bis zum bzw. nach dem diplomatisch-konsularischen Examen wieder ausgeschieden sein.[26] Von den etwa 130 in der Weimarer Republik angestellten Nachwuchsdiplomaten befanden sich 1944 noch ca. 110 im Dienst; etwa 20 Beamte verließen zwischen 1933 und 1944 den Dienst bzw. wurden entlassen.[27] Exakt 86 der im Dienst verbliebenen Beamten sind durch die 1944 vorgenommene Personalerhebung erfaßt worden.[28] Die Auswertung dieser Personalbögen führte zu folgenden Ergebnissen:

1. Unter den 86 in der Weimarer Republik angestellten Nachwuchsdiplomaten befanden sich 24 Aristokraten (28 %) und 62 Bürgerliche (72 %).

2. Auf die Frage nach der »Stellung des Vaters« wurden folgende Angaben gemacht:

---

25 Im Jahre 1932 wurden keine Attachés mehr eingestellt; vgl. im einzelnen Curtius, Klaus / Haeften, Gerrit v.: Die Nachwuchsausbildung für den höheren Auswärtigen Dienst der Bundesrepublik Deutschland und der Vereinigten Staaten von Amerika, Frankfurt a. M. 1974, Anhang, S. 186. Die Studie wurde im Auftrag der Deutschen Gesellschaft für Auswärtige Politik verfaßt. Beide Verfasser gehör(t)en dem diplomatischen Dienst an. Gerrit v. Haeften, geb. 1899, 1928 Attaché, 1944 Generalkonsul in Basel, entstammt einer Diplomatenfamilie: Sein Vater, Gustav v. Haeften, war Gesandter (Personalbogen Gerrit v. Haeften, in: NA Washington, T-120, roll 2538).

26 Curtius / Haeften: Die Nachwuchsausbildung, S. 10, zufolge wurde allein zwischen 1919 und 1923 ein Fünftel aller eingestellten Anwärter wieder entlassen; vgl. auch Strohms Aufzeichnung von 1948 / 49 (in: BA Koblenz, Z 35, 13), S. 4: »Es dürften in jenen Jahren [der Weimarer Republik] nie mehr als die Hälfte der Anwärter bis zum Examen durchgehalten haben.«

27 Die Gründe für das Ausscheiden waren verschiedener Art. Sie reichen vom Übertritt in die Wehrmacht (z. B. v. Herwarth) über Flucht ins alliierte Ausland während des Krieges (z. B. v. Putlitz) und Entlassung aus politischen Gründen (z. B. Frhr. v. Welck) bis zum Wechsel des Dienstherrn (z. B. Bräutigam); vgl. im einzelnen bei Herwarth, Hans v.: Zwischen Hitler und Stalin. Erlebte Zeitgeschichte 1931 bis 1945, Frankfurt a. M. – Berlin – Wien 1982; Putlitz, Wolfgang Gans Edler Herr zu: Unterwegs nach Deutschland, Erinnerungen eines ehemaligen Diplomaten, Berlin (Ost) 1960; Bräutigam, Otto: So hat es sich zugetragen . . . Ein Leben als Soldat und Diplomat, Würzburg 1968; zum Lebenslauf des Frhr. v. Welck vgl. Bulletin der Bundesregierung Nr. 68 v. 18.4.1963.

28 Nicht erfaßt wurden etwa 25 Beamte aus vorwiegend kriegsbedingten Umständen, vgl. Anm. 23

| | |
|---|---|
| höhere Beamte (außer Diplomaten) | 28 (32,5 %) |
| Offiziere | 21 (24,4 %) |
| Unternehmer/Fabrikanten | 11 (12,8 %) |
| selbständige Kaufleute | 8 ( 9,3 %) |
| Gutsbesitzer | 6 ( 7,0 %) |
| selbständige Akademiker | 5 ( 5,8 %) |
| Diplomaten | 3 ( 3,5 %) |
| mittlere Beamte | 1 ( 1,2 %) |
| ohne Angaben | 3 ( 3,5 %) |

Rechnet man Offiziere, Diplomaten und die höheren Beamten sowie die Gutsbesitzer und Unternehmer/Fabrikanten zur Oberschicht des kaiserlichen Deutschen Reiches, bleibt festzuhalten, daß sich 69 der 83 Diplomaten (83 %) aus der Oberschicht rekrutierten und 13 (15,6 %) aus der oberen Mittelschicht.

3. Von den 86 Nachwuchsdiplomaten der Weimarer Republik dienten 5 als Berufsoffiziere und 50 als Reserveoffiziere im Ersten Weltkrieg (insgesamt 64 %). Vernachlässigt man jene 16 Diplomaten, die aus Alters- oder Invaliditätsgründen kein Offizierspatent erwerben konnten, erhöht sich der Anteil der ehemaligen Berufs- oder Reserveoffiziere unter den Diplomaten auf 78,6 %.

4. Universitätsexamen konnten 84 (97,6 %) der 86 Diplomaten nachweisen; die beiden Nichtakademiker wurden als vormalige Berufsoffiziere in den Auswärtigen Dienst übernommen. Unter den 84 Diplomaten mit Universitätsexamina befanden sich 64 Juristen (76 %), unter den Nichtjuristen dominierten Volkswirte und Historiker.

5. Die Glaubensrichtungen verteilten sich wie folgt:

| | |
|---|---|
| evangelisch-lutherisch | 72 (83,7 %)[29] |
| römisch-katholisch | 11 (12,8 %) |

6. Die Frage nach der Zugehörigkeit zu politischen Parteien und Verbänden in der Weimarer Republik beantworteten 20 der 86 Diplomaten positiv. Davon entfielen auf die

| | |
|---|---|
| DNVP | 8 |
| DVP | 2 |
| DDP | 3 |
| SPD | 2 |
| Freikorps | 5 |

Faßt man die Mitglieder der DNVP und der Freikorps zusammen, bleibt festzuhalten, daß 13 der 20 politisch organisierten Diplomaten, das heißt

29 Diese Angabe schließt zwei Diplomaten ein, die 1944 »gottgläubig« als Glaubensrichtung im Personalbogen vermerkten. Beide waren während des Dritten Reiches aus der evangelischen Kirche ausgetreten.

rund zwei Drittel, republikfeindlichen Parteien und Verbänden angehörten (Doppelmitgliedschaft - z.B. DNVP und Freikorps - einfach berücksichtigt, Freikorpszugehörigkeit erst nach 1919). Während die der DDP und der SPD nahestehenden Diplomaten zwischen 1919 und 1923 in den Dienst des AA traten, sind die Mitglieder der DNVP bzw. der Freikorps überwiegend zwischen 1924 und 1930 eingestellt worden.

Der Aussagewert dieser Ergebnisse hängt von der Frage ab, inwieweit die Angaben der 86 Diplomaten repräsentativ sind für die Gesamtheit der etwa 130 in der Weimarer Republik angestellten Nachwuchsdiplomaten. Nach Auswertung aller zur Verfügung stehenden archivalischen, autobiographischen und publizistischen Quellen konnten weitere 29 Diplomaten ermittelt werden. Wenn deren Personaldaten auch nicht in gleicher Dichte und Vollständigkeit vorliegen wie in den 1944 erstellten Personalbögen, sind deren Herkunft und Ausbildung doch nachweisbar.[30] Unter diesen 29 Diplomaten waren 8 (27,6%) aristokratischer Herkunft und 24 (82,7%) hatten juristische Vorbildung. Da diese Quoten weitgehend den statistisch gesicherten Ergebnissen entsprechen, dürften sie auch im übrigen ähnlich ausfallen. Infolgedessen können die Ergebnisse der Analyse repräsentativen Aussagewert beanspruchen.

Selbst wenn das eine oder andere Zentrumsmitglied unter den Nachwuchsdiplomaten nicht erfaßt werden konnte, bleibt in der Bilanz festzustellen, daß der diplomatische Nachwuchs der Weimarer Republik, soweit er politisch organisiert war, zunehmend republikfeindlichen Parteien und Verbänden angehörte. Dieses Ergebnis widerlegt die Darstellung Strohms teilweise.

Ebensowenig findet sich in den Quellen eine Bestätigung für Strohms Feststellung, daß »von den höheren Beamten des Dienstes nur ein einziger der NSDAP als Mitglied angehörte.« Tatsache ist vielmehr, daß vor dem 30. Januar 1933 mindestens zehn Beamte der NSDAP beigetreten sind.[31]

Angesichts des hohen Anteils der Berufs- und Reserveoffiziere unter den Diplomaten ist auch deren - von Strohm unterstellte - »betont antimilitaristische« Haltung in Zweifel zu ziehen.

Der Annahme Strohms, daß die Schülersche Reform das »Monopol der Geburts- und Geldaristokratie« beseitigt habe, kann im Lichte neuerer Erkenntnisse nur insoweit zugestimmt werden, als die Geburts- und

---

30 Alle im folgenden genannten Diplomaten sind zwischen 1920 und 1930 als Attachés eingestellt und nach Ablegung der diplom.-konsularischen Prüfung im Auswärtigen Dienst beschäftigt worden. Soweit die Mitgliedschaft in politischen Parteien oder Verbänden zu ermitteln war, ist diese in Klammern vermerkt: Albrecht, Altenburg, v. Bargen, Blankenhorn, Bräutigam, Brücklmeier, Budde, v. Etzdorf (Freikorps, Stahlhelm, DNVP), Feine, Haas, v. Herwarth, Hess, v. Kessel (Stahlhelm), Kiewitz, E. Kordt, Th. Kordt, v. Maltzan, Mohr, G. v. Nostitz, v. Putlitz, Resenberg (Freikorps, NSDAP vor 1933), Schaller (Völkische Partei), van Scherpenberg (SPD), Seelos, v. Strempel, Tannenberg (Freikorps), v. Welck, Werkmeister, Windecker.

31 Vgl. unten S. 103ff.

Finanzaristokratie zwar das »Monopol« eingebüßt, keineswegs aber ihre dominante Stellung im diplomatischen Dienst der Weimarer Republik verloren hat. Nach dem Rücktritt Schülers und dem Scheitern seines Reformwerks rekrutierten sich zunehmend mehr Spitzendiplomaten aus dem Adel und aus dem vermögenden Großbürgertum.[32]

Die Verschränkung der Geburtsaristokratie mit der Geldaristokratie in den Spitzen des diplomatischen Dienstes läßt sich eindrucksvoll illustrieren am Beispiel der verwandtschaftlich oder durch ökonomische Interessen verbundenen Familien v. Hatzfeldt, v. Stumm, v. Kühlmann, Braun v. Stumm, v. Schubert, v. Renthe-Fink, v. Dirksen, v. Bergen, v. Schnitzler und v. Keller. Exponent dieser zum Teil plutokratisch gestützten Aristokratie war in der Weimarer Republik der langjährige Staatssekretär des Auswärtigen Amts (1924-1930), Carl v. Schubert, Sohn des Generalleutnants Conrad v. Schubert und Ida v. Stumms, einer Erbin des gleichnamigen Eisen- und Stahlkonzerns.[33] Sein Vetter, Richard v. Kühlmann, der mit Marguerite v. Stumm verheiratet war, fungierte 1917/18 als Staatssekretär des AA.[34] Neben seiner Tätigkeit im Auswärtigen Dienst vertrat Carl v. Schubert als Teilhaber die Interessen des Stumm-Konzerns.[35] Testamentsvollstrecker und Vermögensverwalter des 1925 verstorbenen Freiherrn v. Stumm war

---

32 An der Spitze der wichtigsten diplomatischen Missionen standen 1932 in Rom (Quirinal): v. Hassell, bis 1932 v. Schubert; Rom (Vatikan): v. Bergen; London: v. Hoesch, bis 1932 v. Neurath; Paris: Köster; Washington: v. Prittwitz; Moskau: v. Dirksen; Ankara: Nadolny, 1934 v. Rosenberg; Tokio: Voretzsch; Warschau: v. Moltke; Madrid: Graf Welczek. Allen Diplomaten ist die Herkunft aus dem kaiserlichen AA gemeinsam; vgl. BA Koblenz, NL Neurath, 21 (Personalveränderungen im AA) u. Jacobsen: NS-Außenpolitik, S. 627-632; vgl. auch PA des AA, Büro StS v. Schubert, Personalia, 4 Bde., 1923-1928, in: NA Washington, T-120, rolls 2337 u. 2338

33 Carl v. Schubert, geb. 1882 in Berlin, Dr. iur., verh. mit Franziska Gräfin Harrach, Tochter des Grafen Ferdinand H. und der Gräfin Pourtalès, 1906 Eintritt ins AA, 1930-1932 Botschafter in Rom (Quirinal), 1933 im Ruhestand (Wer ist's?, IX. u. X. Ausgabe, 1928 u. 1935, vgl. auch Reibnitz: Gestalten rings um Hindenburg, S. 41, u. Krüger: Struktur, Organisation und außenpolitische Wirkungsmöglichkeiten der leitenden Beamten des Auswärtigen Dienstes 1921-1933, in: Schwabe (Hrsg.): Das Diplomatische Korps, S. 147-153)

34 Vgl. Kühlmann: Erinnerungen, S. 124, 287, 350 u. 569; 100 Jahre Auswärtiges Amt, S. 209

35 Vgl. Büro StS v. Schubert, Personalia v. Schubert, in: NA Washington, T-120, roll 2379, insbesondere die privatdienstlichen Schreiben des Botschafters v. Schubert (Rom) von 1931 und 1932 an den StS v. Bülow mit der Bitte um Beurlaubung zur Teilnahme an »Familiensitzungen« im Saargebiet. Vgl. dazu auch Putlitz: Unterwegs nach Deutschland, S. 55: »Die für mich interessantesten Leute waren natürlich die fremden Diplomaten und die Koryphäen des Auswärtigen Amtes. Der Staatssekretär von Schubert, Teilhaber im Stumm- und Hanielkonzern, lebte in der Margarethenstraße, fast gegenüber dem Haus der schwerreichen Frau von Dirksen, Mutter des späteren Hitlerbotschafters in Moskau und London. Frau von Schubert, eine geborene Gräfin Harrach, war eine Cousine von Frau von Raumer. Frau von Maltzan, die Frau des Botschafters in Washington, war die Tochter des Großindustriellen Gruson, dem die großen Krupp-Gruson-Werke in Magdeburg gehörten. Am meisten interessierte mich die Frau des Reichsaußenministers Gustav Stresemann. Sie

der mit Schubert befreundete Fürst von Hatzfeldt-Wildenburg, dem Außenminister Stresemann 1925 vergebens die Übernahme des Botschafterpostens in London angeboten hatte.[36]

Conrad v. Schubert, der zweite Sohn des Generalleutnants Conrad v. Schubert und Ida v. Stumms, trat 1925 als Attaché in den Auswärtigen Dienst ein, das heißt zur Zeit der Amtsführung seines Bruders, des Staatssekretärs Carl v. Schubert. Seine Karriere führte ihn zunächst bis zum Geschäftsträger der Gesandtschaft in Zagreb (Kroatien) gegen Ende des Zweiten Weltkrieges; 1955 wurde v. Schubert wieder in den Auswärtigen Dienst übernommen. Seine Karriere endete als Botschafter der Bundesrepublik Deutschland in Amman (Jordanien).[37]

Gustav Braun von Stumm, ein Vetter v. Schuberts, in den zwanziger Jahren Legationssekretär bei der Botschaft in Konstantinopel, avancierte nach 1933 zum Gesandten und stellvertretenden Leiter der Nachrichten- und Presseabteilung im AA.[38]

---

entstammte dem oberschlesischen Industriekonzern von Giesches Erben. Frau Käte Stresemann protegierte gern junge Leute, und auch ich erfreute mich ihres Wohlwollens.« - Frau v. Raumer, geb. v. Heyking, Tochter des kaiserlichen Gesandten in Peking, war verheiratet mit Hans v. Raumer, dem geschäftsführenden Vorstandsmitglied des Zentralverbandes der Deutschen Elektrotechnischen Industrie (vgl. Putlitz, ebda., S. 33 ff.), 1920-30 MdR (DVP), 1920/21 Reichsschatzminister, 1923 Reichswirtschaftsminister. Vgl. auch Reibnitz: Gestalten rings um Hindenburg, S. 44

36 Hermann v. Hatzfeldt, geb. 1848, 1878-1893 und 1907-1911 freikonservativer Reichstagsabgeordneter, 1894-1903 Oberpräsident von Schlesien, 1919-21 Dt. Bevollmächtigter für das Abstimmungsgebiet Oberschlesien. - Hatzfeldt lehnte das Angebot Stresemanns ab mit der Begründung: »Er habe, wie alle Besitzer von Vermögen, durch die Inflationszeit sehr gelitten. Die Stellung des Großgrundbesitzers sei in der Gegenwart eine sehr schwierige. Er halte sich für verpflichtet, sich um die Verwaltung seines Vermögens zu kümmern, das sei er seiner Familie und seinen Nachkommen schuldig. Dazu käme erschwerend noch etwas anderes: Er sei Testamentsvollstrecker des vor kurzem verstorbenen Freiherrn von Stumm und habe dadurch die Verpflichtung für die Verwaltung dieses Vermögens übernommen« (Aufzeichnung Stresemanns v. 26. Juni 1925, in: NA Washington, T-120, roll 2338, Büro StS v. Schubert, Personalia Hatzfeldt).

37 Geb. 1901, 1919 Abitur am Arndt-Gymnasium in Berlin-Dahlem, 1919-22 Studium der Rechtswissenschaften in Berlin, Bonn und Kiel; 1922 Referendarexamen in Kiel (»ausreichend«); nach Sprachstudien in Genf Einberufung als Attaché im Juli 1925; 1927 diplom.-konsul. Examen, 1929-33 LS bei der Gesandtschaft in Kopenhagen, 1933-37 Botschaft Buenos Aires, 1938/39 im AA, 1940 VAA in Norwegen, 1941/42 VAA bei der 6. Armee, seit Januar 1943 u.k. gestellt für das AA, 1944 Geschäftsträger der Gesandtschaft Zagreb (Kroatien); seit 1.7.1933 Mitglied der NSDAP (NA Washington, T-120, roll 2539, Personalbogen v. Schubert). Lt. Bulletin der Bundesregierung Nr. 179 v. 27.9.1962 trat v. Schubert am 1.12.1955 wieder in den Auswärtigen Dienst ein.

38 Geb. 1890, 1.6.1933 NSDAP, bis 1934 in der Landesleitung Saar der NSDAP; 1933 GR in der Presseabteilung des AA, 1939 Gesandter und stellvertr. Leiter der Nachrichten- und Presseabteilung; vgl. Büro StS v. Schubert, Personalia Braun v. Stumm, in: NA Washington, T-120, roll 2338; BDC, PK-Korrespondenz Braun v. Stumm, NSDAP-Zentralkartei; Geschäftsverteilungspläne des AA v. Januar 1933 (in: ADAP C I, 2) und v. 1. Dezember 1939 (in: ADAP D VIII)

Ein Neffe des Staatssekretärs v. Schubert, Cécil v. Renthe-Fink, der dem diplomatischen Dienst seit 1913 angehörte, machte unter der Amtsführung seines Onkels eine bemerkenswerte Karriere: Vom Gesandtschaftsrat II. Klasse bei der Botschaft in Paris (1923) avancierte er 1924 zum Generalsekretär der Internationalen Elbekommission, im Mai 1926 zum Legationsrat I. Klasse und schon im Juli 1926 zum Vortragenden Legationsrat im AA. Der seit 1932 amtierende Reichsaußenminister v. Neurath berief ihn 1933 zum Dirigenten der West-Abteilung im AA und 1936 zum Gesandten in Kopenhagen. Nach vorübergehender Tätigkeit im AA (1942/43) wurde v. Renthe-Fink im Dezember 1943 zum diplomatischen Sonderbeauftragten beim französischen Staatschef in Vichy ernannt.[39]

Korpsbruder Carl v. Schuberts war der sehr vermögende Spitzendiplomat Herbert v. Dirksen, Sohn des kaiserlichen Gesandten Willibald v. Dirksen.[40] Zur Amtszeit v. Schuberts leitete v. Dirksen die Ost-Abteilung im AA, anschließend war er Botschafter in Moskau (1928-1933), Tokio (1934-1937) und London (1938-1939). Die Grundlagen der Freundschaft zu Carl v. Schubert beschrieb Dirksen eindrucksvoll in seinen Memoiren: »Da wir zusammen erzogen worden waren, dieselbe Schule besucht hatten und in Kartellkorps, in Heidelberg und Bonn, aktiv gewesen waren, so verband uns eine Freundschaft, die wir von unseren Eltern ererbt hatten.«[41]

Vetternschaft verband Herbert v. Dirksen mit dem Vorstandsmitglied des

---

39 Geb. 1885, Vater: Generalleutnant, 1903 Abitur, anschließend Studium der Rechtswissenschaften und der Volkswirtschaft in Genf, München und Berlin; 1906 Referendar- und Doktorexamen, 1911 Assessorexamen, 1913 Attaché an der Botschaft Konstantinopel, 1914-16 Kriegsdienst, zuletzt Oberleutnant, 1916 LS an der Gesandtschaft Bern, 1920 AA, 1922 GR an der Botschaft Paris, 1924-26 DVP, 1.8.1939 NSDAP (Büro StS v. Schubert, Personalia v. Renthe-Fink, in: NA Washington, T-120, roll 2338; Personalbogen v. 25.7.1944, in: NA Washington, T-120, roll 2539)

40 Vgl. Dirksen, Herbert v.: Moskau, Tokio, London – Erinnerungen und Betrachtungen zu 20 Jahren deutscher Außenpolitik 1919-1939, Stuttgart 1949; Sasse: 100 Jahre Botschaft in London, S. 79-85. Den Grundstein für das sehr große Vermögen der Familie Dirksen hatte der Urgroßvater Heinrich Eduard Dirksen gelegt durch umfangreiche Grundstückskäufe im Berliner Tiergartenviertel. Dieses später als Baugelände ausgewiesene Gebiet verschaffte der Familie Dirksen vielfachen Millionengewinn (vgl. Sasse, ebda., S. 80).

41 Dirksen: Moskau, Tokio, London, S. 55. – Über das Elternhaus Herbert v. Dirksens und dessen gesellschaftliche Stellung vor und nach 1918 berichtet Reibnitz: Gestalten rings um Hindenburg, S. 181f.: »Schon vor dem Kriege machte Exzellenz von Dirksen mit seiner ersten, 1916 verstorbenen Gattin, einer geborenen Schnitzler aus der bekannten Kölner Bankierfamilie, in seiner schönen palaisartigen Villa Margarethenstraße 11 eines der größten Häuser der Berliner Hofgesellschaft. [. . .] Unter der Ägide der klugen und temperamentvollen zweiten Frau von Dirksen [geb. von Laffert] öffneten sich nach dem Kriege von neuem die Pforten der schönen Villa Margarethenstraße 11. Sie wurde nun der Mittelpunkt der alten Berlin-Potsdamer Hofkreise und aller führenden Monarchisten dieser beiden Städte.« Eine Schwester Herbert v. Dirksens, Ellen-Vera v. D., war mit dem Botschafter beim Hl. Stuhl in Rom (1920-1942), Diego v. Bergen, verheiratet (vgl. Reibnitz, ebda., u. Nadolny: Mein Beitrag, S. 60).

IG-Farben-Konzerns, Georg v. Schnitzler.[42] Dessen Tochter Liselotte heiratete 1934 den außenpolitischen Referenten im Verbindungsstab der NSDAP, SS-Standartenführer Herbert Scholz, der 1934 in den Auswärtigen Dienst übernommen wurde.[43] Als Gesandtschaftsrat und Konsul in verschiedenen Missionen vertrat Scholz insofern die Interessen der Reichsführung-SS, als er geeignete Bewerber unter den Missionsmitgliedern auswählte und zur Aufnahme in die SS vorschlug.[44]

Einer der Verteidiger des IG-Farben-Konzerns - und damit v. Schnitzlers - vor dem amerikanischen Militärtribunal in Nürnberg (1947/48) war Rupprecht v. Keller, dessen Karriere im Auswärtigen Dienst 1936 als Attaché begonnen hatte und 1972 als Botschafter der Bundesrepublik Deutschland in Ottawa (Canada) endete.[45] Sein Vater, Friedrich v. Keller, der dem Auswärtigen Dienst seit 1899 angehörte und zuletzt das Deutsche Reich als Botschafter in Ankara (1935-38) vertrat, war mit Staatssekretär v. Schubert befreundet.[46]

Die genannten Beispiele sind durchaus repräsentativ für die Dominanz der Geburts- und Finanzaristokratie in den Spitzen des Auswärtigen Dienstes.[47] Diese schon im ausgehenden Kaiserreich zu beobachtende Ver-

---

42 Vgl. den Privatbrief des Botschafters v. Dirksen v.5.7.1929 an StS v. Schubert, in: NA Washington, T-120, roll 2338, Büro StS v. Schubert, Personalia Schlesinger; vgl. auch Dirksen: Moskau, Tokio, London, S. 14

43 Scholz, geb. 1906, 1923 Freikorps »Oberland«, 1925 Abitur, anschließend Studium der Rechtswissenschaft u. Philosophie, 1931 Promotion zum Dr. phil; 1.8.1931 NSDAP (Nr. 505786), 1932 SA, 1933 SS-Stubaf., 20.4.1934 SS-Staf. z. b. V. RFSS, 1935 GR bei der Botschaft Washington, 1936 SD, 1940 Konsul in Boston, 1941 GR I. Kl. bei der Gesandtschaft Budapest, 1943 K. I. Kl. in Mailand, 1944 GK in Turin, 21.12.1944 SS-Oberf. (BDC, SS-Pers.-Akte und Sippenakte Herbert Scholz)

44 Vgl. das Schreiben von Scholz an den Reichsführer-SS v. 28.1.1940 betr. Aufnahme der Gesandtschaftsräte (bei der Botschaft Washington) Tannenberg und v. Strempel in die SS, in: BDC, SS-Pers.-Akte Wilhelm Tannenberg

45 Geb. 1910 in Berlin, 1928-31 Studium der Rechts- u. Staatswissenschaften in Lausanne, Buenos Aires und München, Mitglied der KV-Verbindung Rheno-Bavaria, 1931 Referendarexamen, 1932 Promotion zum Dr. iur. in Erlangen, 1933 SA, 1935 große jur. Staatsprüfung in München, 1936 Attaché im AA, 1937/38 diplom.-konsul. Examen, 1938-40 Vorzimmer UStS Woermann, 1.4.1940 NSDAP, 1940-44 Wehrdienst, Oberleutnant d. R., 1944/45 VK im Referat Pol I M; 1947-48 Hilfs-, später Hauptverteidiger im Nürnberger Juristen-, IG-Farben- und Wilhelmstraßen-Prozeß; 1948/49 Sekretär beim deutschen IG-Farben-Entflechtungsausschuß, 1950 Wiedereintritt in den Auswärtigen Dienst, 1952 Botschaftsrat in Ankara, 1954 in Madrid; 1964 Botschafter und Beobachter beim Genfer Büro der Vereinten Nationen, 1969 Ministerialdirigent im AA, stellv. Leiter der Rechtsabteilung, 1972 Botschafter in Ottawa (Handbuch der Bundesregierung, 7. Wahlperiode, Bonn-Bad Honnef - Darmstadt 1973; Haas: Beitrag zur Geschichte der Entstehung des Auswärtigen Dienstes, S. 312).

46 NA Washington, T-120, roll 2338, Büro StS v. Schubert, Personalia v. Keller; Wer ist's? IX. u. X. Ausgabe

47 Vgl. auch die verwandtschaftlichen Bindungen zwischen den folgenden Familien, die vom Bismarckschen Reich bis zur Bundesrepublik Deutschland Gesandte, Botschafter, Staatssekretäre und Außenminister stellten: v. Bernstorff, v. Brockdorff-

schränkung erhielt ihre für die Weimarer Republik spezifische Ausprägung durch das Übergewicht des nobilitierten Großbürgertums. Die Verschränkung der Aristokratie mit dem vermögenden Großbürgertum prolongierte nicht nur die Repräsentanz bestimmter Familien im diplomatischen Dienst, sondern erklärt auch dessen relativ homogene Sozialstruktur über alle Herrschafts- und Regierungsformen hinweg – vom Kaiserreich über die Weimarer Republik und das Dritte Reich bis zu den Anfängen der Bundesrepublik Deutschland.[48]

Vehikel dieser Kontinuität waren, wie gesagt, verwandtschaftliche Beziehungen und studentische Verbindungen ebenso wie ökonomische und parteipolitische Interessen, im Einzelfall Protektion und vor allem Nepotismus in seiner klassischen Ausprägung.[49]

---

Rantzau, v. Rantzau u. Langwerth v. Simmern; v. Münster, v. Hindenburg, v. Nostitz, v. Dörnberg, v. Halem u. Schenck zu Schweinsberg; v. Caprivi, v. Rosenberg u. v. Hassell; Dieckhoff, Blankenhorn, Jenke, v. Ribbentrop u. Henkell; v. Tiedemann, Brunhoff u. v. Herwarth. Diese Verbindungen wurden ermittelt aus dem privaten und privatdienstlichen Schriftwechsel des StS v. Schubert (PA des AA, Büro StS v. Schubert, Personalia 1923-1928, 4 Bde., in: NA Washington, T-120, rolls 2337, 2338), den Personalbögen der höheren Beamten des Auswärtigen Dienstes von 1944 (in: NA Waschington, T-120, rolls 2537-2540) sowie aus der Memoirenliteratur.

48 Vgl. auch die kenntnisreiche Darstellung des US-Diplomaten Charles W. Thayer, der 1949 als Verbindungsbeamter des amerikanischen Hochkommissars zur Bundesregierung fungierte: »Als letztes der traditionellen Ministerien war das Auswärtige Amt zu besetzen, und wieder einmal versuchten die Alliierten, ein wachsames Auge auf die Auswahl der auf ihre Posten zurückkehrenden Diplomaten zu haben. Eines Abends erschienen in meinem Hause der Personalchef des Auswärtigen Amts, Dr. Dittmann, und der Assistent des Bundeskanzlers für Auswärtige Angelegenheiten, Herbert Blankenhorn, um gegen Einwendungen von amerikanischer Seite betreffend eine Reihe von Ernennungen im Ministerium zu protestieren. ›Wir brauchen diese Männer‹, erklärten sie mir, ›weil sie die einzigen sind, die die nötige Ausbildung haben. Was haben Sie gegen sie?‹ ›Daß sie unter Hitler die Probe nicht bestanden haben‹, erwiderte ich. ›Aber wer hat diese Probe schon bestanden?‹, fragten sie. [...] Am Schluß gaben wir nach, und am Ende saßen die alten Beamten [...] wieder an ihren alten Schreibtischen. In ihrer großen Mehrheit waren sie nie echte Nazis gewesen, und ich war überzeugt, daß keiner von ihnen je wieder einer werden würde. Aber sie waren – und sind es zum großen Teil geblieben – deutschnational. Sie denken in Begriffen der ›Realpolitik‹, mit einem vagen Mißtrauen gegen die parlamentarische Demokratie und voll sehnsüchtigen Heimwehs nach dem neunzehnten Jahrhundert« (Die unruhigen Deutschen, Bern-Stuttgart-Wien 1958, S. 221f.).

49 Vgl. den Privatbrief des VLR v. Renthe-Fink v. 22.1.1929 an LS Strohm, den pers. Referenten des StS Carl v. Schubert: »Lieber Strohm, diesen Brief, in dem ich ganz vertraulich gesagt um meine baldige anderweitige Verwendung bitte, und an dem mir sehr viel liegt, möchte ich Sie bitten [,] Onkel Carl in einem Moment zu überreichen, wo Aussicht besteht, daß er ihn lesen kann« (Büro StS v. Schubert, Personalia v. Renthe-Fink, in: NA Washington, T-120, roll 2338). Vgl. auch die Anstellung Conrad v. Schuberts als Attaché unter der Amtsführung seines Bruders, des StS v. Schubert (Personalbogen v. 23.8.1944, in: NA Washington, T-120, roll 2539) und die Anstellung Konstantin Alexander v. Neuraths als Honorar-Attaché bei der Botschaft in Rom (Quirinal) durch Erlaß v. 30.12.1924, gez. [StS v.] Schubert. Botschafter in Rom war zu dieser Zeit sein Vater, Constantin v. Neurath, der spätere Reichsaußenminister (Personalbogen v. 19.7.1944, in: NA Washington, T-120, roll 2538).

Wenn Strohm in seiner Aufzeichnung vom Jahreswechsel 1948/49 feststellte, daß bei der Auswahl der Bewerber für den Auswärtigen Dienst in der Weimarer Republik persönliche Empfehlungen als »unerwünscht und lästig empfunden« wurden[50], so muß seiner Feststellung schon deshalb widersprochen werden, weil es dieser Empfehlungen in vielen Fällen gar nicht bedurfte, da die Bewerber bereits durch die genannten Verbindungen bekannt waren. Im übrigen wird der Darstellung Strohms in der Memoirenliteratur bemerkenswert deutlich widersprochen.[51]

Strohms Bemühen, den Auswärtigen Dienst der Weimarer Republik von jenem des Kaiserreiches und des Dritten Reiches hinsichtlich Sozialstruktur und politischer Einstellung seiner Beamten abzugrenzen, ist evident. Diese Absicht offenbarte Strohm auch in seinem Schreiben vom 3. April 1949 an den früheren Leiter der Presseabteilung im AA und Reichspressechef (1925-1932), Walter Zechlin, der nach 1946 der niedersächsischen Landesregierung in Hannover als Pressesprecher diente. Strohm wandte sich darin an Zechlin mit der ausdrücklichen Bitte um Unterstützung, »damit wir viribus unitis von dem A.A. der Weimarer Republik das Gute auf eine Verkehrsschutzinsel zerren.«[52]

Anlaß und Zweck der Aufzeichnung Strohms müssen vor dem Hintergrund der sich seit 1948 abzeichnenden Einrichtung einer deutschen Dienststelle für auswärtige Angelegenheiten gesehen werden. Ausgangspunkt für deren konzeptionelle Planung, an der Strohm im Büro für Friedensfragen verantwortlich mitwirkte, war die Organisations- und Personalstruktur des Auswärtigen Amts in der Weimarer Republik.[53] Dessen mög-

---

50 BA Koblenz, Z 35/11

51 Vgl. z.B. Bräutigam: So hat es sich zugetragen, S. 101, und insbesondere Herwarth, Hans v.: Zwischen Hitler und Stalin, S. 23: »Onkel Helmut gab mir eine Empfehlung für das Auswärtige Amt, und ich wurde vom Personalchef und seinem Vertreter freundlich empfangen. Ministerialdirektor Eberhard von Stohrer erklärte mir gleich zu Beginn meiner Vorstellung, ich sollte mich für den Auswärtigen Dienst nur dann entscheiden, wenn in meinem Herzen das ›heilige Feuer der Diplomatie‹ brenne. Diese göttliche Flamme hatte ich bisher noch nicht verspürt, was mich nicht weiter beunruhigte, da ich annahm, daß der Personalchef diese mahnenden Worte an alle Bewerber richtete.«
Helmuth v. Tiedemann, geb. 1884, 1907 Referendarexamen, 1909 Attaché, 1921/22 GR in Budapest, 1926-29 im AA (Personalbogen v. 10.8.1944, in: NA Washington, T-120, roll 2539). Ein anderer Onkel v. Herwarths, Richard v. Tiedemann, war von 1909 bis 1911 bei der Botschaft in Tokio beschäftigt (Herwarth: Zwischen Hitler und Stalin, S. 23).
Hans v. Herwarth, geb. 1904, machte nach 1949 eine glänzende Karriere: 1926 Referendarexamen, 1927 Attaché, 1931-39 LS bei der Botschaft in Moskau, 1939-45 Offizier, 1949-55 Protokollchef in Bonn, 1955-61 Botschafter in London, 1961-65 Staatssekretär u. Chef des Bundespräsidialamtes, 1965-69 Botschafter in Rom (Quirinal), 1969-71 Staatssekretär u. Vorsitzender der Reformkommission des Auswärtigen Dienstes, 1971-77 Präsident des Goethe-Instituts

52 BA Koblenz, Z 35/13

53 Vgl. Piontkowitz: Anfänge westdeutscher Außenpolitik 1946-1949. Das deutsche Büro für Friedensfragen, S. 169

lichst deutliche Abgrenzung vom AA des Dritten Reiches erschien ebenso notwendig wie vorteilhaft. Notwendig war die Abgrenzung, weil die Einrichtung einer deutschen Dienststelle für auswärtige Angelegenheiten von der Zustimmung der Alliierten Hohen Kommission abhing, vor allem in personalpolitischer Hinsicht. Vorteilhaft war die Abgrenzung insofern, als sie die Wiederverwendung der Weimarer Diplomaten ermöglichte - unbeschadet der Qualität ihrer Tätigkeit zwischen 1933 und 1945.

Indem Strohm den »republikanischen« Charakter des alten AA zu unterstreichen suchte, rechtfertigte er letztlich den Anspruch der Weimarer Diplomaten - insbesondere jener, die mit ihm im Büro für Friedensfragen arbeiteten - auf Übernahme in das entstehende Auswärtige Amt der Bundesrepublik Deutschland.[54] Dagegen ist festzustellen: Soweit die Beamtenschaft des AA zur Zeit der Schülerschen Reformen republikanische Züge angenommen hatte, verlor sie diese zumeist wieder bis zum Ende der Weimarer Republik.[54a] Strohms Darstellung wird im übrigen durch die personelle Kontinuität des Auswärtigen Dienstes 1918/19 und 1933 widerlegt. Hinzuzufügen wäre noch, daß der Nachweis der Zugehörigkeit zu republikfeindlichen Parteien und Verbänden die politische Grundeinstellung nur einer Minderheit unter den Diplomaten erfaßt. Unberücksichtigt bleiben dabei jene Diplomaten aristokratischer, aber auch bürgerlicher Herkunft, die für sich in Anspruch nahmen, als Fachleute »über den Parteien« der Republik zu stehen, und damit eine reservierte, wenn nicht ablehnende Haltung gegenüber der Weimarer Demokratie bekundeten. Zu ihnen gehörte Constantin Frhr. v. Neurath, der letzte Außenminister der Weimarer Republik.

---

54 Dieser Anspruch ging weitgehend in Erfüllung: Das Deutsche Büro für Friedensfragen war nicht nur ein institutioneller, sondern auch ein personeller Ausgangspunkt für den Auswärtigen Dienst der Bundesrepublik Deutschland. Weitere Keimzellen bestanden in der bayerischen Staatskanzlei und im Generalsekretariat des Zonenbeirats der britischen Zone. Eine Strukturanalyse des Auswärtigen Dienstes der Bundesrepublik Deutschland hat von diesen Institutionen und ihren wichtigsten Exponenten auszugehen: Neben Strohm gehörten dazu vor allem Hans v. Herwarth, Hasso v. Etzdorf, die Brüder Peter und Anton Pfeiffer sowie Herbert Blankenhorn. Vgl. Piontkowitz: Anfänge westdeutscher Außenpolitik, passim; Drenker: Diplomaten ohne Nimbus, passim; Blankenhorn, Herbert: Verständnis und Verständigung, Blätter eines politischen Tagebuchs, Frankfurt/Main - Berlin - Wien 1980, besonders S. 60, 80, 97 u. 121 sowie Putlitz, Wolfgang zu: Das Gesicht des Bonner Auswärtigen Amtes, in: Deutsche Außenpolitik I (1956), H. 4, S. 312-321

54a Zu diesem Ergebnis kamen auch die Teilnehmer der 20. Büdinger Vorträge über »Das diplomatische Korps 1871-1945« im April 1982. Hans v. Herwarth, geb. 1904, seit 1927 im AA (zur weiteren Karriere vgl. Anm. 51), betonte u. a., daß das Jahr 1930 hinsichtlich der »politischen Neutralität« der höheren Beamtenschaft eine Zäsur bedeutete. Bis 1929 sei Stresemann das große »Vorbild« der meisten Diplomaten gewesen. Von 1930 an fehlte dagegen die Überzeugung, daß die politischen Parteien der Weimarer Republik den Staat noch regieren könnten. - Peter Krüger stellte in seinem Referat fest, daß die Sozialstruktur des Auswärtigen Dienstes gegen Ende der Weimarer Republik jener des ausgehenden Kaiserreiches ähnelte; vgl. auch Schwabe (Hrsg.): Das Diplomatische Korps 1871-1945, Boppard 1985

## *Zur Herkunft und Karriere v. Neuraths*

Constantin Hermann Freiherr von Neurath wurde am 2. Februar 1873 als Sohn des Gutsbesitzers und Oberstkammerherrn des Königs von Württemberg, Constantin Sebastian Freiherrn von Neurath, in Klein-Glattbach (Württemberg) geboren. Seine Mutter war eine geb. Freiin von Gemmingen-Hornberg. Sein Großvater diente dem König von Württemberg als Minister der auswärtigen Angelegenheiten.[55]

Nach dem Abitur am humanistischen Eberhard-Ludwigs-Gymnasium in Stuttgart studierte v. Neurath Rechtswissenschaften an den Universitäten Tübingen und Berlin. Als Corpsstudent schloß er sich den Tübinger Schwaben an. Das Referendarexamen absolvierte er 1897 in Tübingen, das Assessorexamen 1901 in Stuttgart. Nach einjährig-freiwilliger Dienstzeit wurde er 1898 zum Leutnant d. R. im Grenadierregiment Nr. 119 (»Königin Olga«) ernannt.

Am 1. Oktober 1901 trat v. Neurath als Assessor in den konsularischen Dienst des AA. Seit 1909 Legationsrat in der Rechts- und Handelspolitischen Abteilung, wurde er auf Wunsch des – ebenfalls aus Württemberg stammenden – Staatssekretärs v. Kiderlen-Wächter in die Politische Abteilung und damit in den diplomatischen Dienst übernommen (1913). Von 1914 bis 1916 war er 1. Sekretär (Botschaftsrat) bei der Botschaft in Konstantinopel; zwischenzeitlich nahm er als Hauptmann d. R. am Ersten Weltkrieg in Nordfrankreich teil. Anfang 1917 schied er aus dem Amt, weil er nach eigener Darstellung als stellvertretender Leiter der Presseabteilung des AA keine Befriedigung fand und mit der Politik des Reichskanzlers v. Bethmann Hollweg nicht einverstanden war.[56]

Als Nachfolger seines Onkels Julius Freiherr v. Soden wurde v. Neurath Kabinettschef des Königs von Württemberg, dessen Treuhänder er auch nach dem Zusammenbruch der Monarchie bis Anfang 1919 blieb.[57]

Im Februar 1919 kehrte Frhr. v. Neurath wieder in den Auswärtigen Dienst des Deutschen Reiches zurück, um die Nachfolge des zum Reichsaußenminister ernannten Grafen von Brockdorff-Rantzau als Gesandter in Kopenhagen anzutreten. Von dort wurde er, so berichtet Sasse, »zweimal für längere Zeit nach Berlin einberufen, um an den Arbeiten für die Reform des Auswärtigen Amtes mitzuwirken: von Mitte September bis Mitte Oktober 1920 zur Vertretung des Ministerialdirektors Schüler und nach dessen

---

55 Diese und die folgenden Angaben stützen sich auf die »Notizen aus dem Leben des Reichsprotektors Constantin Hermann Freiherrn von Neurath« (in: BA Koblenz, NL Neurath, 177), den Lebenslauf v. Neuraths (in: BDC, SS-Pers.-Akte), die offiziöse Darstellung Sasses in: 100 Jahre Botschaft in London, Bonn 1963, S. 55-59, und auf die Biographie von Heineman: Hitler's First Foreign Minister.

56 BA Koblenz, NL Neurath, 177, Notizen, S. Vf.; vgl. auch Heineman: Hitler's First Foreign Minister, S. 14

57 BA Koblenz, NL Neurath, 177, Notizen, S. VIf.

Ausscheiden vom Februar bis zum Juni 1921 mit dem Sonderauftrag ›der Behandlung bestimmter organisatorischer und personeller Fragen‹.«[58]

Vermutlich noch auf Empfehlung des Reichsaußenministers im Kabinett Wirth I, Rosen, wurde v. Neurath nach Bildung des Kabinetts Wirth II Ende 1921 zum Botschafter am Quirinal in Rom berufen.[59] Auf Wunsch des Reichspräsidenten v. Hindenburg übernahm v. Neurath dann 1930 den Botschafterposten in London und Anfang Juni 1932 das Amt des Reichsaußenministers, das er bis zu seiner Ablösung durch Joachim v. Ribbentrop am 4. Februar 1938 innehatte.[60]

Läßt man die diplomatische Karriere v. Neuraths Revue passieren, drängen sich mehrere Fragen auf. Welche Personen bzw. welche Umstände ermöglichten dem 1917 freiwillig aus dem Dienst geschiedenen kaiserlichen Berufsdiplomaten unmittelbar nach dem Zusammenbruch des Kaiserreiches die Rückkehr ins Amt? Ist die offiziöse Darstellung Sasses begründet, der zufolge v. Neurath »auf direktes Ersuchen des damaligen Volksbeauftragten und späteren Reichspräsidenten Ebert« wieder in den diplomatischen Dienst übernommen worden sei?[61] Heineman zieht die Glaubwürdigkeit dieser Darstellung in Zweifel, kann allerdings seine Zweifel nicht belegen.[62]

Zu fragen ist sodann, ob Sasses Feststellung, daß Frhr. v. Neurath »zwar von konservativer Gesinnung« war, aber als typischer Vertreter des süddeutschen Adels bei seiner »konservativen Grundeinstellung durchaus *demokratisch* empfunden hat«[63], quellenkritischer Prüfung standhält. Überdies verdient der Sonderauftrag zur »Behandlung bestimmter organisatorischer und personeller Fragen« im AA Beachtung. Worin bestand dieser Sonderauftrag konkret? In wessen Auftrag und mit welcher Zielsetzung erledigte v. Neurath diese Aufgabe? Endlich ist zu fragen, welchen Hintergrund der Schlußsatz in Neuraths Lebenslauf hat, den er anläßlich seiner

---

58 Sasse: 100 Jahre Botschaft in London, S. 56

59 Vgl. Notizen aus dem Leben des Reichsprotektors, S. X, in: BA Koblenz, NL Neurath, 177. Neuraths Berufung zum Botschafter am Quirinal wurde von Wirth und Ebert unterstützt in der Erkenntnis, daß nach der Fehlbesetzung mit dem »Außenseiter« Berenberg-Goßler nur ein erfahrener Berufsdiplomat für diesen schwierigen Posten in Frage komme; zu den Hintergründen der Abberufung Berenberg-Goßlers vgl. Doß: Das deutsche Auswärtige Amt, S. 281-285. Rosen, der aus der Dragomatskarriere hervorging, 1906 zum Gesandten in Marokko ernannt und damit in den diplomatischen Dienst übernommen wurde, teilte mit v. Neurath nicht nur die monarchistische Einstellung, sondern auch die Kritik an den Schülerschen Reformen (vgl. Rosen: Aus einem diplomatischen Wanderleben, S. 279-291).

60 Vgl. dazu unten, S. 61ff.

61 Sasse: 100 Jahre Botschaft in London, S. 56

62 Heineman: Hitler's First Foreign Minister, S. 251, Anm. 5: »I have been unable to verify reports that President Ebert took a direct interest in asking Neurath to reenter the service, but see Heinz-Günther Sasse, 100 Jahre Botschaft in London. Aus der Geschichte einer Deutschen Botschaft, 56ff. Dr. Sasse was director of the archives in Bonn and had access to the personal files, although he cites no sources.«

63 Sasse: 100 Jahre Botschaft in London, S. 57 (Hervorhebung d. Verf.)

*Reichsaußenminister v. Neurath in der Uniform eines SS-Gruppenführers*

Ernennung zum SS-Gruppenführer Ende 1937 der SS-Personalkanzlei übersandte: Seine »Beziehungen zu Adolf Hitler reichen schon längere Zeit vor Übernahme der Regierung durch den Führer zurück.«[64]

Die Klärung der aufgeworfenen Fragen wird begünstigt durch den seit 1982 zugänglichen Nachlaß v. Neuraths.[65] Neben dem privaten und privatdienstlichen Schriftwechsel v. Neuraths mit verschiedenen Diplomaten enthält der Nachlaß auch die »Notizen aus dem Leben des Reichsprotektors Constantin Hermann Freiherrn von Neurath«.[66]

Die »Notizen aus dem Leben des Reichsprotektors« wurden vom Ehepaar Neurath zwischen 1940 und 1943 in Prag für familiengeschichtliche

---

64 BDC, SS-Pers.-Akte Constantin Frhr. v. Neurath

65 Der Nachlaß v. Neuraths wurde 1982 von dessen Tochter, Frau Winifred v. Mackensen, geb. Freiin v. Neurath, dem BA Koblenz übereignet. Dank freundlicher Unterstützung des zuständigen Referenten, Herrn Dr. Real, konnte der Verf. als erster Benutzer den Nachlaß im Bundesarchiv auswerten.

66 Heineman erwähnt zwar in seinem Verzeichnis der unveröffentlichten Quellen (Hitler's First Foreign Minister, S. 330) den Nachlaß v. Neuraths, die Auswertung der »Notizen« dürfte ihm indes nicht möglich gewesen sein. Nur so erklären sich Zweifel und Zurückhaltung in manchen Passagen seiner Biographie, die bei Kenntnis der »Notizen« entfallen wären.

Zwecke zusammengestellt.[67] Sie bestehen aus 72 maschinenschriftlich verfaßten Seiten, beginnen mit einem Abriß der Jugendzeit v. Neuraths und schließen mit der Feststellung seiner Enthebung vom Amt des Reichsprotektors am 24. August 1943; die Darstellung der Jahre 1914 bis 1940 erscheint vergleichsweise ausführlich und geschlossen.[68] Neben privat-familiären Ereignissen wurden die Stationen der Karriere v. Neuraths ebenso vermerkt wie seine Einschätzung bedeutender Diplomaten und Politiker, die ihm bis 1943 begegneten. Die zahlreichen handschriftlichen Korrekturen des Reichsprotektors unterstreichen die Authentizität der »Notizen« und verleihen ihnen den Charakter einer von Neurath autorisierten Fassung.[69]

Die Umstände der Rückkehr v. Neuraths in den Auswärtigen Dienst werden in den »Notizen aus dem Leben des Reichsprotektors« wie folgt dargestellt: »Zur vollen Zufriedenheit des Königs [von Württemberg] hat Neurath gerettet, was zu retten war. Das Königspaar bleibt in Bebenhausen und muß seinen Hofhalt stark verkleinern. Also bittet Neurath um seine Entlassung und erhält zugleich die Zustimmung des Königs, in seinem alten Beruf im Auslandsdienst seinem Vaterland weiter nützlich zu dienen. Bisher hat Neurath verschiedene Angebote des Auswärtigen Amts zum Wiedereintritt in den Außendienst abgeschlagen. Nun nimmt er den Posten als Deutscher Gesandter und Nachfolger des Grafen Brockdorff-Rantzau in Dänemark im Januar 1919 an.«[70]

Aufschluß über die Gründe, die v. Neurath bewogen, frühere Angebote zum Wiedereintritt in das AA auszuschlagen, gibt der – zwischen Juli und September 1918 geführte – Schriftwechsel mit Graf Wedel und Prinz zu Wied, den Personalreferenten des AA. In einem privatdienstlichen Schreiben vom 8. Juli 1918 bat Georg Graf Wedel den »lieben Baron Neurath« um die Übernahme des Gesandtenpostens in Persien.[71] Der Nachfolger Graf Wedels im Amt des Personalreferenten, Viktor Prinz zu Wied, wiederholte

---

67 Schriftliche Mitteilung der Tochter Neuraths, Frau Winifred v. Mackensen, v. 23.4.1984 an den Verf.

68 Die Ereignisse der Jahre 1941-43 wurden lediglich stichwortartig vermerkt.

69 Frau v. Mackensen bestätigte diese Feststellung in ihrer Mitteilung v. 23.4.1984 an den Verf.

70 BA Koblenz, NL Neurath, 177, Notizen, S. VII

71 Ebda., NL Neurath, 97. Hintergrund und Tenor des Schreibens sind bemerkenswert: »Bei den vielen neuzuschaffenden diplomatischen Posten, mit denen allerlei phantastische, neuentstehende Staaten zu beschicken sein werden, werden Sie begreifen, daß mir oft um die Besetzung dieser Posten Angst und bange wird. [...] Ich fürchte, wir werden mit einem starken Einschub von Outsidern zu rechnen haben; unter Umständen werden uns auch mehr oder weniger angenehme Knaben von militärischer Seite aufoktroyiert werden. Daß diese Aussichten für den Personalreferenten nicht sehr rosig sind, werden Sie mir nachfühlen können. Wundern Sie sich daher nicht, lieber Baron Neurath, wenn ich heute mit der vertraulichen Anfrage zu Ihnen komme, ob wir unter Umständen darauf hoffen könnten, daß Sie sich zur Übernahme eines selbständigen Postens im diplomatischen Dienst bereitfinden würden. Ich habe in erster Linie an den Gesandtenposten in Persien gedacht, der in absehbarer Zeit wieder zu besetzen sein wird. [...]«

im Auftrag des Staatssekretärs v. Hintze die Bitte um Rückkehr in den diplomatischen Dienst durch Schreiben vom 28. August 1918. In seiner Antwort vom 4. September 1918 erläuterte v. Neurath seine ablehnende Haltung: »Wie Sie vielleicht wissen, hat Graf Wedel vor etwa 2 Monaten bereits einmal wegen Rücktritts in das Auswärtige Amt an mich geschrieben. Allerdings hatte er damals speziell im Auge, mich nach Persien zu schicken, wozu ich offen gesagt schon deswegen keine Lust hatte, weil ich nicht gern eine nach meiner Überzeugung aussichtslose Sache unternehme. Die Gründe, die mich damals veranlaßten, meinen endgültigen Rücktritt in den auswärtigen Dienst zurzeit abzulehnen, sind aber auch jetzt noch vorhanden. Ich kann Seiner Majestät dem König, Der doch immerhin ein alter Herr ist, nicht zumuten, schon wieder einen neuen Kabinettschef zu suchen. Der hohe Herr, Der in letzter Zeit nicht sehr wohl ist, würde Sich darüber sehr aufregen und nicht mit Unrecht gekränkt sein. Dagegen bin ich gern bereit, falls Herr von Hintze dies wünschen und es nach seiner Ansicht den Interessen des Reiches dienlich sein sollte, meine Kräfte und Erfahrungen für zeitlich begrenzte Aufgaben zur Verfügung zu stellen. [...]«[72]

Als daraufhin Neurath durch Schreiben des Prinzen zu Wied vom 11. September 1918 gebeten wurde, die Urlaubsvertretung eines Referenten der Politischen Abteilung zu übernehmen, erwiderte er am 14. September 1918: »Meine Bereitwilligkeit, mich für zeitlich begrenzte Aufgaben dem Ausw. Amt zur Verfügung zu stellen, bezieht sich in keinem Fall auf die Vertretung unterstützungsbedürftiger Referenten des Ausw. Amts. Dazu habe ich selbst keine Lust, würde aber auch, wenn ich dazu bereit wäre, bei Sr. M. [Seiner Majestät] kein Verständnis dafür finden. Sollten also meine Dienste nur für solche Zwecke gewünscht werden, dann bitte ich nicht auf mich zu rechnen.«[73]

Erst nach dem Sturz der Monarchie in Württemberg, der seinem Amt als Kabinettschef ein Ende bereitete, war v. Neurath bereit, aber auch willens, wieder in den Dienst des AA zu treten, freilich nicht als Geheimrat, wie er dem Staatssekretär Graf Brockdorff-Rantzau am 1. Januar 1919 mitteilte.[74] Auf Wunsch des Grafen, mit dem er seit 1913 bekannt war[75], übernahm v. Neurath Anfang Februar 1919 den Posten des Deutschen Gesandten in Kopenhagen.[76] Die Umstände der Entscheidungsfindung werden anschaulich dargestellt in den Erinnerungen des späteren Botschafters Nadolny, der um die Jahreswende 1918/19 im AA tätig war: »An seine [Solfs] Stelle trat Graf Brockdorff-Rantzau, der bisherige Gesandte in Kopenhagen. Nun bestand die Gefahr, daß nach Kopenhagen ein Handelssachverständiger

72 BA Koblenz, NL Neurath, 97
73 Ebda.
74 Vgl. Heineman: Hitler's First Foreign Minister, S. 19
75 Vgl. BA Koblenz, NL Neurath, 177, S.. III
76 Vgl. Heineman: Hitler's First Foreign Minister, S. 19f.; vgl. auch die Darstellung Bülow-Schwantes (IfZ München, ZS 1021)

Hollmann, der den Unabhängigen Sozialisten nahestand, als Gesandter kommen würde. Ich war gerade bei Baron Langwerth im Zimmer, als Graf Brockdorff-Rantzau hineinkam und die Frage stellte: ›Du, Vetter, weißt Du nicht jemand, den ich sofort nach Kopenhagen schicken könnte?‹ Darauf antwortete Langwerth nach einigem Besinnen: ›Ja, weißt Du, da ist doch der junge Neurath, der beim König von Württemberg Sekretär [sic] war, der ist doch jetzt ohne Stellung.‹ – ›Richtig‹, entgegnete Brockdorff-Rantzau, ›den kann ich hinschicken.‹ Damit verließ er das Zimmer. So kam Baron Neurath wieder in den auswärtigen Dienst zurück.«[77]

Die Entscheidung des Staatssekretärs v. Brockdorff-Rantzau wurde von Friedrich Ebert akzeptiert.[78] Ein »direktes Ersuchen des damaligen Volksbeauftragten und späteren Reichspräsidenten Ebert«, v. Neurath wieder in den diplomatischen Dienst zu übernehmen, wie es Sasse in seiner Darstellung postuliert, läßt sich aus den vorliegenden Quellen nicht bestätigen.

Ebensowenig bestätigen die »Notizen aus dem Leben des Reichsprotektors« Sasses Einschätzung, Neurath habe trotz seiner konservativen Grundeinstellung durchaus demokratisch empfunden. Vielmehr vermittelt Neuraths Nachlaß eine deutlich ablehnende Haltung gegenüber der Weimarer Demokratie, ihren Symbolen und Repräsentanten: Nach Übernahme des Amtes als Gesandter in Kopenhagen bedauerte v. Neurath zum Beispiel, daß auf der Gesandtschaft die schwarzrotgoldene Fahne der Republik hing.[79]

Im September 1929 wurde in der Presse festgestellt, daß Neurath »offensichtlich der deutschen Republik wenig Sympathie entgegenbringt. Beispielsweise geht er gerade zur Zeit des Verfassungstages auf Urlaub, so daß sich die Botschaft der Notwendigkeit enthoben sieht, den Tag zu feiern. Verhalten Neuraths hat bei den letzten Etatberatungen sehr scharfe Kritik im Haushaltsausschuß des Reichstages erfahren. Sogar Reichsminister Stresemann hat [...] seine Mißbilligung des Verhaltens des Botschafters ausdrücken müssen.«[80] Statt des Verfassungstages der Weimarer Republik am 11. August gedachte Neurath des 18. Januar. Zur Feier des 60. Jahrestags der Reichsgründung gab er am 18. Januar 1931 einen großen Empfang auf der Deutschen Botschaft in London.[81]

Während Neurath den Zentrumspolitiker Erzberger als den »schlimmsten Schädling« apostrophierte und dessen Rücktritt vom Amt des Reichsfinanzministers im März 1920 lebhaft begrüßte, empfand er die Wahl des Generalfeldmarschalls v. Hindenburg 1925 zum »Staatspräsidenten« als »ein großes Glück für Deutschland.«[82]

---

77 Nadolny: Mein Beitrag, S. 67
78 Vgl. Heineman: Hitler's First Foreign Minister, S. 19
79 BA Koblenz, NL Neurath, 177, Notizen, S. VIII
80 Pressetelegramm Nr. 22 v. 10.9.1929, in: NA Washington, T-120, roll 2388, Büro StS v. Schubert, Personalia v. Schubert
81 BA Koblenz, NL Neurath, 177, Notizen, S. XVIII
82 BA Koblenz, NL Neurath, 177, Notizen, S. IX u. XIV

Zur Rolle v. Neuraths bei der Reform des Auswärtigen Amts 1920/21 bemerkt Sasse lediglich, daß es zu seinen Aufgaben gehörte, »gewisse durch Schülers übergroße Reformfreudigkeit entstandene Auswüchse wieder auf ein sachlich zu rechtfertigendes und tragbares Maß zurückzuschneiden.«[83] Mehr Aufschluß gibt die folgende Darstellung Heinemans: Unmittelbar nach dem Rücktritt Schülers im Dezember 1920 habe Reichsaußenminister Simons den Baron Neurath um eine sorgfältige Überprüfung aller Kandidaten für die zu besetzenden Auslandsposten gebeten. Außerdem habe der Minister seine Absicht bekundet, die Reformen zur Ausbildung des diplomatischen Nachwuchses rückgängig zu machen. Anfang 1921 sei v. Neurath dann mehrmals für längere Zeitabschnitte nach Berlin gerufen worden zur »Behandlung organisatorischer und personeller Fragen«. Vielen Amtsangehörigen erschien Neuraths Aufgabe vor allem darin zu bestehen, den Auswärtigen Dienst von unzureichend ausgebildeten Amateuren zu befreien und dafür zu sorgen, daß politisch motivierte Berufungen von Außenseitern künftig unterblieben. In der Folgezeit habe Neurath ein Ausbildungsprogramm für den diplomatischen Nachwuchs entwickelt, das einen Kompromiß zwischen den Vorstellungen Schülers und dem alten Ausbildungssystem darstellte. Fremdsprachenprüfungen und mündliche Prüfungen, die ein Mindestmaß historischer, wirtschaftlicher und rechtlicher Kenntnisse voraussetzten, hätten schließlich dazu geführt, daß die Weimarer Republik ihre Diplomaten fortan aus den gleichen Schichten rekrutierte wie das Kaiserreich.[84]

Die »Notizen aus dem Leben des Reichsprotektors« bestätigen in nuce Heinemans Darstellung. Neurath selbst sah seine Aufgabe vor allem darin, »das Auswärtige Amt von unliebsamen Neulingen ohne geeignete Vorbildung, darunter diverse Juden, zu reinigen.«[85] Dieses Bekenntnis offenbart eine antisemitische Grundhaltung, die durchaus typisch war für die Einstellung der traditionellen Führungseliten in Diplomatie, Ministerialbürokratie und Offizierkorps.[86] Sie wurde virulent zu einer Zeit, als die kaiserlichen Diplomaten ihre exklusive Stellung bedroht sahen durch die Aufnahme verschiedener Vertreter aus Wirtschaft, Presse und Parteien in den Auswärtigen Dienst.

Das eigentlich Bemerkenswerte an den »Notizen« Neuraths ist indes die Voreingenommenheit, mit der überaus komplexe Probleme der Personal-

---

83 Sasse: 100 Jahre Botschaft in London, S. 56

84 Heineman: Hitler's First Foreign Minister, S. 23

85 BA Koblenz, NL Neurath, 177, Notizen, S. X. – Hintergrund der Auslassung war vermutlich die Ernennung Samuel Saengers und Otto Landsbergs zu Gesandten in Prag bzw. Brüssel (vgl. Doß: Das deutsche Auswärtige Amt, S. 284f.).

86 Vgl. grundsätzlich Jochmann, Werner: Die Ausbreitung des Antisemitismus, in: Mosse, Werner E. (Hrsg.): Deutsches Judentum in Krieg und Revolution, Tübingen 1971, S. 409-510, besonders S. 421ff. u. 501ff., dort sind weitere Beispiele für die antisemitische Einstellung unter Offizieren, Diplomaten und Ministerialbeamten verzeichnet. Zum Antisemitismus im kaiserlichen AA vgl. auch Cecil: The German Diplomatic Service, S. 94-103

politik des AA im Übergang vom Kaiserreich zur Weimarer Republik abgehandelt wurden.[87] So verkannte Neurath die Notwendigkeit, bei der Neubesetzung der Botschafter- und Gesandtenposten auf die Wünsche der ehemaligen Feindmächte Rücksicht nehmen zu müssen, vor allem die Tatsache, daß in den ersten Jahren nach dem Weltkrieg die kaiserlichen Diplomaten in den Hauptstädten der Alliierten personae non gratae waren.[88] Neurath unterschätzte auch die zunehmende Bedeutung der Wirtschafts- und Finanzprobleme, die der deutschen Außenpolitik insbesondere aus den Reparationsforderungen der Alliierten erwuchsen. Zu deren Regelung mußten Wirtschafts- und Finanzsachverständige hinzugezogen werden, über die das AA nicht verfügte.[89]

Schließlich bleibt festzuhalten, daß Neuraths allgemeine Geringschätzung der »unliebsamen Neulinge« im Auswärtigen Dienst keineswegs gerechtfertigt erscheint. Vielmehr ist Doß zuzustimmen, der zu dem Ergebnis kommt, daß, abgesehen von der spektakulären Fehlbesetzung in Rom, Schülers Impuls, »diplomatische Spitzenposten auch mit Außenseitern zu besetzen, [...] im ganzen gesehen qualitativ für das Amt ein Erfolg« war.[90] Besondere Verdienste haben sich neben dem Botschafter Sthamer in London vor allem die Gesandten Rauscher und Müller auf ihren schwierigen Missionen in Warschau bzw. Bern erworben.[91]

---

87 Vgl. im einzelnen bei Doß: Das deutsche Auswärtige Amt im Übergang vom Kaiserreich zur Weimarer Republik

88 Vgl. ebda., S. 276f.

89 Vgl. dazu die aufschlußreiche Darstellung in den Erinnerungen von Zechlin: Pressechef bei Ebert, Hindenburg und Kopf. S. 26f.: »Unser neuer Minister [Rathenau] hatte sehr bald nach Übernahme seines Amtes [31.1.1922] aus seinem früheren Ministerium für Wiederaufbau, aber auch aus anderen, so dem Finanzministerium, sich eine Anzahl von Mitarbeitern mitgebracht. Gegen diese ›outsider‹ machte sich in der traditionsgemäß korporativ streng zusammengeschlossenen Beamtenschaft [...] eine gewisse Mißstimmung geltend, zumal man durch die Schaffung solcher Präzedenzfälle neue Einbrüche in die Karriere fürchtete. Es wurde also beschlossen, eine Delegation zum Minister zu senden, um diese Bedenken und Befürchtungen zum Ausdruck zu bringen. [...] Rathenau antwortete ruhig und ohne seine Stimme zu erheben: ›Meine Herren, Ihnen als Angehörige des Auswärtigen Amtes ist die überragende Bedeutung des Reparationsproblems für unsere und die internationale Politik klar. Das Auswärtige Amt besitzt keine Sachverständigen und Spezialisten auf diesem Gebiet. Ob es zu dumm oder zu faul war, solche heranzubilden, ist eine Frage, die ich Ihrem Urteil überlasse. Ich habe keine Zeit, die nötigen Kräfte auszubilden. Ich hole sie mir, wo ich sie finde, und ich muß mir vorbehalten, noch weitere heranzuziehen.‹ Nach dieser Ansprache erhob er sich und die Audienz war beendet.«

90 Doß: Das deutsche Auswärtige Amt, S. 285

91 Vgl. Doß: Zwischen Weimar und Warschau, Düsseldorf 1984, sowie »100 Jahre Auswärtiges Amt«, S. 39

## *Neuraths Verhältnis zu Hitler*

Neuraths Lebenslauf, der anläßlich seiner Ernennung zum SS-Gruppenführer im Herbst 1937 der SS-Personalkanzlei übersandt wurde, schloß mit der Feststellung, daß seine Beziehungen zu Adolf Hitler »schon längere Zeit vor Übernahme der Regierung durch den Führer« zurückreichten.[92] Obwohl in der zeitgeschichtlichen Forschungsliteratur schon verschiedentlich auf Neuraths SS-Personalunterlagen verwiesen wurde[93], ist der Schlußsatz in Neuraths Lebenslauf bislang nicht zum Anlaß genommen worden, den Ursprung seiner Beziehung zu Hitler aufzuhellen.[94]

Aufschluß über Zeitpunkt und Umstände der ersten Zusammenkunft Neuraths mit Hitler geben die »Notizen aus dem Leben des Reichsprotektors«. Nach der Jahreseintragung 1932 ist darin wörtlich vermerkt: »Vom 6. bis 12. Januar [1932] reist Neurath [von London] nach Berlin, um auf Wunsch des Reichskanzlers an der Lösung der deutschen Regierungsfragen mitzuarbeiten. Es findet eine Ministerratssitzung statt, zu der Botschafter von Hoesch aus Paris und Herr von Schubert aus Rom berufen werden. [...] In Berlin beginnt, dank des Faktums, daß die Regierung keinen Schritt mehr weiterkommt, der Nationalsozialismus unter Adolf Hitler eine Rolle zu spielen und weitere Anhänger zu gewinnen. Hitler wohnt im Hotel Kaiserhof, wo auch wir wohnen. Er will nun vor der Wiederwahl Hindenburgs Fühlung mit der Regierung nehmen und läßt deshalb bei Neurath anfragen, wo er ihn sprechen könne. In Gegenwart Görings hatte dann Neurath eine einstündige politische Unterhaltung mit Hitler. Eine Stunde später läßt dieser durch den Nationalsozialisten Prinzen zu Wied bei Neurath anfragen, ob er im Falle der Regierungsübernahme der Nationalsozialisten bereit wäre, bei Hitler [sic] das Außenministerium zu übernehmen. Neurath [erklärt sich prinzipiell bereit] behält sich die [definitive] Entscheidung bis zum Eintritt der Voraussetzungen vor.[95] Dann findet durch Neurath die Übermittlung des Wunsches der Reichsregierung an den Reichspräsidenten, sich zur Wiederwahl nochmals aufstellen zu lassen, statt. Sie wird bejahend beantwortet.«[96]

Warum bot Hitler für den Fall seiner Regierungsübernahme gerade dem Botschafter v. Neurath das Amt des Reichsaußenministers an? Weshalb bediente er sich bei der Übermittlung seiner Anfrage des Prinzen zu Wied?

---

92 BDC, SS-Pers.-Akte Constantin Frhr. v. Neurath

93 Vgl. Jacobsen: NS-Außenpolitik, S. 876, u. Heineman: Hitler's First Foreign Minister, S. 84

94 Ansätze zur Klärung liefert Heineman, ebda. S. 41f.; er vernachlässigt jedoch die aus persönlichen Interessen gespeiste Mittlerrolle des Prinzen zu Wied beim Zustandekommen der Begegnung Hitler – Neurath.

95 Die Satzteile in eckigen Klammern wurden von Frau v. Neurath handschriftlich eingefügt.

96 BA Koblenz, NL Neurath, 177, Notizen, S. XXIf.

Wessen Interessen vertrat der Prinz zu Wied im Beziehungsgeflecht zwischen Hitler, v. Neurath und v. Hindenburg? Den Schlüssel zum Verständnis der aufgeworfenen Fragen dürfte Prinz Wied liefern.

Viktor Prinz zu Wied wurde am 7. Dezember 1877 in Neuwied geboren.[97] Aus der Offizierslaufbahn, in der er bis zum Rittmeister im 3. Garde-Ulanen-Regiment avancierte, wechselte er noch vor dem Ersten Weltkrieg in den diplomatischen Dienst. Seine Karriere führte ihn unter anderem an die Botschaft Rom (Quirinal), an die Gesandtschaft Oslo und schließlich ins Auswärtige Amt, wo er gegen Ende des Ersten Weltkriegs als Personalreferent fungierte. In dieser Eigenschaft bat er, wie dargestellt, im August 1918 den Kabinettschef des Königs von Württemberg, Neurath, um Rückkehr in den Dienst des AA.

Prinz zu Wied war verschwägert mit der Tochter des Königs von Württemberg, Prinzessin Pauline. Spätestens seit 1917 dürften also Prinz Wied und v. Neurath als königlicher Kabinettschef Verbindung gehabt haben.

Nach dem Ersten Weltkrieg wurde Prinz zu Wied als Gesandtschaftsrat in Stockholm (1919-1922) und Geschäftsträger in Budapest (1922-1923) eingesetzt. Sein Missionschef in Stockholm, der Gesandte - spätere Botschafter in Moskau - Nadolny, beurteilte ihn in seinen Erinnerungen wie folgt: »Er war ein Bruder des ehemaligen Fürsten von Albanien und ein Neffe des Königs und der Königin von Schweden. Er war ein sehr netter und tadellos erzogener Mensch, allerdings nicht von sehr starken Geistesgaben. Das Auswärtige Amt wollte ihn mir fortnehmen und zur Disposition stellen. Ich war dagegen, schon mit Rücksicht auf sein Verwandtschaftsverhältnis zum schwedischen Königshaus. Ich schlug dem Auswärtigen Amt vor, Wied zum Gesandten in Luxemburg zu machen, mit dessen Großherzogin er verwandt war. Aber das Auswärtige Amt folgte nicht meinem Vorschlage, sondern schickte Wied als Geschäftsträger nach Budapest und stellte ihn zwei Monate später doch zur Disposition.«[98] Schließlich wurde er »wegen Unfähigkeit« aus dem Dienst entlassen.[99]

Prinz Wied bemühte sich dann frühzeitig um Kontakte zur NSDAP: Seit 1930 hatte er Verbindung mit Hitler[100], 1931 beantragten er und seine Frau die Aufnahme in die NSDAP.[101]

---

97 Diese und die folgenden Angaben sind entnommen dem Deutschen Führerlexikon 1934/35; BDC, Parteikanzlei-Korrespondenz Viktor Prinz zu Wied; Nadolny: Mein Beitrag, S. 87f.; Jacobsen: NS-Außenpolitik, S. 27, u. Heineman: Hitler's First Foreign Minister, S. 41f.

98 Nadolny: Mein Beitrag, S. 87f.

99 Vgl. die Aufzeichnung des Ministerialdirektors Köpke v. 4.11.1935, in: BA Koblenz, ZSg 133/6. Konkrete Gründe für die Entlassung waren nicht zu ermitteln. Nach Bülow-Schwantes Darstellung sei Prinz zu Wied »des Lesens und Schreibens unkundig« gewesen (IfZ München, ZS 1021). Hintergrund dieser Formulierung dürfte die Mißachtung dienstlicher Weisungen gewesen sein.

100 Lt. Aussage Bülow-Schwantes (in: IfZ München, ZS 1021) sind Hitler und Ribbentrop 1930 im Hause des Prinzen Wied zusammengetroffen.

101 Der Aufnahmeantrag blieb zunächst unberücksichtigt. Nach wiederholter Reklama-

Daß sich Hitler bei der Kontaktaufnahme mit Neurath des Prinzen zu Wied bediente, dürfte mehrere Gründe gehabt haben. Hitler wußte, daß zwischen dem Prinzen Wied und v. Neurath eine langjährige und vertrauensvolle Beziehung bestand, die vor allem getragen wurde durch die gemeinsame Verbundenheit mit dem Königshaus von Württemberg. Hitler konnte zu Recht erwarten, daß Prinz Wied als Übermittler seiner Anfrage nicht nur Zugang, sondern auch Gehör bei Neurath fand.

Hitler konnte sodann davon ausgehen, daß Prinz Wied seine Anfrage nicht nur auftragsgemäß, sondern auch interessiert übermittelte. Des Prinzen persönliches Interesse wurde sicherlich von der Hoffnung gespeist, daß er nach Bildung eines Kabinetts Hitler, dem v. Neurath als Außenminister angehörte, wieder in den Auswärtigen Dienst aufgenommen würde und seine Karriere doch noch ehrenvoll abschließen könnte. Daß diese Hoffnung nicht unbegründet war, beweist seine Karriere nach der nationalsozialistischen Machtübernahme: Im Oktober 1933 wurde Prinz Wied zum Gesandten in Stockholm berufen, wo er bis zu seiner Pensionierung im Frühjahr 1942 amtierte.[102]

Durch den Prinzen Wied hat Hitler auch mit großer Wahrscheinlichkeit erfahren, daß sich zwischen dem Botschafter v. Neurath und dem Reichspräsidenten v. Hindenburg in der zweiten Hälfte der zwanziger Jahre ein harmonisches und schließlich freundschaftliches Verhältnis entwickelt hatte.[103] Seit Frühjahr 1929 war v. Neurath der Favorit des Reichspräsidenten v. Hindenburg für die Nachfolge Stresemanns als Außenminister.[104] Noch vor dessen Tod am 3. Oktober 1929 empfing Hindenburg den Botschafter v. Neurath in privatem Kreise. Bei dieser Gelegenheit bat er ihn, »falls der kranke Stresemann mit dem Tode abgeht, dessen Amt zu übernehmen.«[105] Nach eigener Darstellung lehnte Neurath das Ersuchen ab, »weil er keine Partei hinter sich« wußte.[106] Statt seiner wurde Julius Curtius zum Reichsaußenminister berufen (1929-1931). Auf ausdrücklichen Wunsch Hindenburgs ging Neurath 1930 als Botschafter nach London. Im Herbst 1931 wurde Neurath zweimal »zu Besprechungen mit Hindenburg über wichtige politische Fragen« nach Berlin gerufen. Zu diesen wichtigen politischen Fragen gehörte neben der Wahrnehmung des Außenressorts

---

tion des Prinzen Wied, zuletzt v. 26.3.1934, und mit Unterstützung von Göring, Heß u. Bohle wurde die Aufnahme zum 1.1.1932 bestätigt (Nr. 856879); vgl. BDC, PK-Korrespondenz Viktor Prinz zu Wied

102 Vgl. den Bericht des Chefs Sipo u. SD, SS-Ogruf. Kaltenbrunner, v. 14.8.1944, geheime Reichssache, an den RFSS, in: PA des AA, Inland II g 16 (Personalia 1936-1944)

103 Vgl. Heineman: Hitler's First Foreign Minister, S. 36ff., u. die Darstellung v. Bülow-Schwantes (in: IfZ München, ZS 1021): »Dem aus dem Osten stammenden Reichspräsidenten gefiel der Süddeutsche Frhr. v. Neurath mit [. . .] seiner geraden, offenherzigen, warmen und vornehmen Art, fern von allen Intrigen [. . .].«

104 Vgl. Heineman: Hitler's First Foreign Minister, S. 38

105 BA Koblenz, NL Neurath, 177, Notizen, S. XVI

106 Ebda.

durch Reichskanzler Brüning vor allem die Frage der erneuten Kandidatur Hindenburgs für das Amt des Reichspräsidenten im März 1932.[107]

Im Januar 1932 übermittelte Neurath dann die Bitte des Kabinetts Brüning an Hindenburg, erneut zu kandidieren. Dieser Vorgang unterstreicht die exponierte Stellung Neuraths gegenüber allen anderen Botschaftern, ja selbst gegenüber den Mitgliedern der Reichsregierung. Zugleich offenbarte der Vorgang allen aufmerksamen politischen Beobachtern, so auch Hitler, das besondere Vertrauen, dessen sich v. Neurath beim Reichspräsidenten erfreute.

Als Fazit bleibt festzuhalten: Neuraths erste Begegnung mit Hitler fand Anfang Januar 1932 in Berlin statt. Auf Veranlassung Hitlers sondierte der seit 1930 mit der NSDAP sympathisierende ehemalige Diplomat Prinz zu Wied die Bereitschaft Neuraths, das Außenministerium in einer von den Nationalsozialisten gebildeten Regierung zu übernehmen. Diese Fühlungnahme entsprang dem Kalkül Hitlers, über v. Neurath die Zustimmung des Reichspräsidenten zu einer Regierungsübernahme der NSDAP zu gewinnen; Hitlers Taktik lag die Erkenntnis zugrunde, daß Neurath nicht nur das besondere Vertrauen Hindenburgs genoß, sondern seit 1929 auch dessen favorisierter Kandidat für das Amt des Außenministers war.

Auf die Frage, warum Hitlers Kalkül Anfang 1932 noch nicht aufging, kann im Rahmen dieser Untersuchung nicht näher eingegangen werden.[108] Festzuhalten bleibt an dieser Stelle, daß sich v. Neurath schon im Januar 1932 grundsätzlich bereit erklärte, als Außenminister in ein Kabinett Hitler einzutreten, dessen erklärtes Ziel es war, die Weimarer Demokratie endgültig zu beseitigen. In Anbetracht seiner Vertrauensstellung beim Reichspräsidenten dürfte Neuraths Bereitschaft zur Zusammenarbeit mit den Nationalsozialisten dazu beigetragen haben, die anfänglichen Bedenken Hindenburgs gegen eine Kanzlerschaft Hitlers zu mindern.

Am 2. Juni 1932, nach dem Sturz Brünings, wurde Neurath vom Reichspräsidenten nach Berlin gerufen, »um den Außenministerposten im neuen rechtsgesinnten Ministerium zu übernehmen.«[109] Die Zusammensetzung des »Kabinetts der nationalen Konzentration« und der Übergang zur reinen Präsidialregierung trugen vermutlich dazu bei, daß Neurath diesmal der Bitte Hindenburgs entsprach und am 10. Juni 1932 die Amtsgeschäfte in der Wilhelmstraße 76 übernahm. Die »Notizen aus dem Leben des Reichsprotektors« geben seine erste Amtshandlung folgendermaßen wieder: » In seinem Arbeitszimmer bemerkt er als erstes ein eingerahmtes Telegramm hinter dem Ministertisch hängend, das Stresemann über die Aufnahme Deutschlands in den Völkerbund benachrichtigt. Neurath ordnet als erstes die Entfernung dieses Telegramms an. Er selbst nimmt sich vor, für die Ent-

---

107 Ebda., S. XXI

108 Vgl. grundsätzlich Bracher, Karl Dietrich / Sauer, Wolfgang / Schulz, Gerhard: Die nationalsozialistische Machtergreifung. Studien zur Errichtung des totalitären Herrschaftssystems in Deutschland 1933 / 34, Köln u. Opladen 1960

109 BA Koblenz, NL Neurath, 177, Notizen, S. XXIII

fernung Deutschlands aus Genf selber Sorge zu tragen.«[110] Dieser an sich banale Vorgang illustriert nicht nur den Bruch mit der Außenpolitik Stresemanns, sondern gibt auch einen ersten Einblick in Neuraths künftige Politik gegenüber dem Völkerbund, die sich mit Hitlers Auffassung weitgehend deckte.

Eine Beteiligung Neuraths bei Hindenburgs Entscheidung, Hitler Ende Januar 1933 mit der Kabinettsbildung zu betrauen, ist den »Notizen aus dem Leben des Reichsprotektors« nicht zu entnehmen. Die Machtübernahme Hitlers am 30. Januar 1933 wurde lediglich kommentiert mit der Feststellung: »Nachdem Hindenburg den Nationalsozialisten die Beteiligung an der Regierung schon im vorigen Herbst angeboten hatte, die aber von Hitler zurückgewiesen wurde, entschloß sich nun der Reichspräsident, Hitler zum Reichskanzler zu ernennen, da die Nat. Soz. Partei die größte Partei im Reichstag war. Bedingung war, daß Papen als Vizekanzler, Neurath als Außenminister im Kabinett verblieben.«[111]

Das Verhältnis Neuraths zum Reichskanzler Hitler stellt sich in den »Notizen aus dem Leben des Reichsprotektors« wie folgt dar: Bereits am 3. Februar 1933 fand ein erstes Gespräch zwischen Neurath und den Spitzen der Reichswehr statt, bei dem »militärische und außenpolitische Fragen harmonisch zwischen dem Außenminister und den Militärs beraten wurden. Es war dies der Anfang zu der so sehr erwünschten Zusammenarbeit [...] was später durch Adolf Hitler noch besonders gepflegt wurde und gute Früchte trug.«[112] Die Zusammenarbeit mit dem neuen Reichskanzler entwickelte sich »von Anfang an sehr günstig.«[113]

Am 17. Mai 1933 hielt der Reichskanzler »seine erste Reichstagsrede über außenpolitische Fragen, die einen ausgezeichneten Eindruck macht und allgemeine Billigung auch im Auslande findet.«[114] Am 2. Februar 1934, dem 61. Geburtstag v. Neuraths, »kam Hitler persönlich, um seinem Außenmini-

---

110 BA Koblenz, NL Neurath, 177, Notizen, S. XXV; vgl. auch ebda., S. XXVI: Anläßlich der Reparationskonferenz in Lausanne machte Neurath am 22.6.1932 »einen Abstecher nach Genf, wo der Völkerbund tagte, der wie bisher bei schleppendem Geschäftsgang absolut ein Werkzeug der Feindmächte war und keinerlei Einsicht für Deutschlands Rechte zeigt. Wieder wird der deutsche Außenminister in seiner Ansicht bestärkt, daß Deutschlands Eintritt in den Völkerbund ein großer Fehler war, den er sobald als irgend möglich korrigieren will.«

111 Ebda., S. XXIX

112 BA Koblenz, NL Neurath, 177, Notizen, S. XXX. – Das Gespräch fand bei General v. Hammerstein statt. Daß auch Hitler daran teilnahm, wird in den »Notizen« nicht vermerkt. Die Quintessenz des Gesprächs (Kampf gegen Versailles, Ausrottung des Marxismus und Pazifismus, Beseitigung der Demokratie, allgemeine Wehrpflicht) ist dokumentiert als »Erste Besprechung Hitlers mit den Befehlshabern der Reichswehr«, in: VfZ 2/1954, S. 434ff., abgedruckt auch bei Jacobsen/Jochmann (Hrsg.): Ausgewählte Dokumente zur Geschichte des Nationalsozialismus 1933-1945, Bd. II

113 BA Koblenz, NL Neurath, 177, Notizen, S. XXXf.

114 Ebda., S. XXXII. Zur Rede Hitlers vgl. auch Domarus: Hitler, Reden und Proklamationen, Bd. I, S. 269-279, sowie Jacobsen/Jochmann, Ausgewählte Dokumente, Bd. II

ster zu gratulieren, und überreichte sein Bild mit der Versicherung seines herzlichen Dankes für die hervorragend geleistete Arbeit des Außenministers im ersten Jahr der Machtergreifung.«[115]

Hitlers Mordaktion gegen die unbotmäßige SA-Führung im Frühsommer 1934 kommentierte Neurath mit Respekt und Anerkennung: »Blitzartig wird von Hitler [...] eingegriffen und die schuldigen SA-Führer [werden] zum Teil erschossen, zum Teil verhaftet. Das im Schloß Charlottenburg im Auftrage des Reichskanzlers veranstaltete Staatsdiner für den König und die Königin von Siam muß unter diesen Umständen leider ohne Hitler und Göring stattfinden. [...] Am 13. Juli gibt der Kanzler in einer Reichstagsrede Aufschluß über die Vorgänge am 30. Juni.«[116]

»Am 21. Mai [1935] hält Hitler seine große außenpolitische Rede im Reichstag, die glänzend angelegt ist und allgemein Bewunderung erregt. Sein besonderer Dank gilt dem Außenminister mit einem kräftigen Händedruck, als er vom Rednerpult auf seinen Platz zurückkehrt.«[117]

»Am 30. Januar [1937] feiert Hitler in einer Kabinettssitzung den 4. Jahrestag der Machtergreifung. Dazu verleiht er allen Ministern das goldene Parteiabzeichen. Als Erstem überreicht der Führer dem Außenminister das Abzeichen mit den Worten: ›Sie, Herr von Neurath, waren der nervenstarke Mann, der mir in allen kritischen Situationen zur Seite stand und auf den ich mich stützen konnte.‹«[118]

Am 2. Februar 1938, dem 65. Geburtstag v. Neuraths, »verleiht ihm der Führer als erstem das Goldene Treuedienstabzeichen für 40-jährige Dienstzeit und gratuliert ihm persönlich aufs wärmste mit Überreichung eines Ölgemäldes vom Constantins-Bogen in Rom.«[119]

Zwei Tage später, am 4. Februar 1938, wurde Neurath von Hitler entlassen. Die »Notizen« referieren diesen Vorgang lediglich mit den Worten: »Am 4. Februar nachmittags meldet sich Neurath beim Führer zu einer der üblichen Besprechungen; dabei sagt er ihm, er bitte ihn, auf seinen Posten

---

115 BA Koblenz, NL Neurath, 177, Notizen, S. XXXVI

116 Ebda., S. XXXVIII. Zur Rede Hitlers vgl. Domarus, Bd. I, S. 410-425. – Bereits am 3.7.1934 wurde durch Beschluß der Reichsregierung das »Gesetz über Maßnahmen der Staatsnotwehr« verkündet (RGBl. I, S. 529), das die Morde als »Staatsnotwehr rechtens« erklärte.

117 BA Koblenz, NL Neurath, 177, Notizen, S. XLIII; vgl. auch Domarus: Hitler, Reden und Proklamationen, Bd. I., S. 505-515

118 Ebda., Notizen, S. L. – Hitlers Worte spielen an auf seine schwankende Haltung beim Einmarsch der deutschen Truppen 1936 in die entmilitarisierte Rheinlandzone. Kordt berichtet, Hitler sei »einem Nervenzusammenbruch nahe gewesen« (Nicht aus den Akten, S. 134). Nach übereinstimmender Darstellung verschiedener Beobachter soll Neurath die führenden Militärs und Hitler zum Durchhalten veranlaßt haben (Heineman, S. 115). – Zur Verleihung des goldenen Ehrenzeichens der NSDAP vgl. auch das Schreiben des Chefs der Kanzlei des Führers v. 9.2.1937 an den Reichsschatzmeister der NSDAP (in: BA Koblenz, NL Rheindorf, 468): »Diejenigen Kabinettsmitglieder, welche der NSDAP noch nicht angehörten, sind gleichzeitig mit diesem Akt vom Führer persönlich in die NSDAP aufgenommen worden.«

119 BA Koblenz, NL Neurath, 177, Notizen, S. LIV

*Hitler gratuliert v. Neurath zum 65. Geburtstag und zum 40jährigen Dienstjubiläum; zwei Tage später wurde der Reichsaußenminister entlassen*

als Außenminister zu verzichten. Zu des Führers Beratung in der Führung der Außenpolitik verfügt der Führer die Errichtung eines geheimen Kabinettsrats, zu dessen Präsidenten Neurath ernannt wird. Ribbentrop erhält das Amt des Außenministers.«[120]

Eine Bilanz der »Notizen aus dem Leben des Reichsprotektors« führt zu dem Ergebnis, daß Neuraths Verhältnis zu Hitler vor allem getragen wurde durch die Übereinstimmung im »Kampf« gegen das Versailler Vertragswerk; geprägt wurde es durch die Anerkennung, wenn nicht Bewunderung der bis 1938 erzielten außenpolitischen Erfolge.[121] So erklärt sich auch Neuraths Bereitschaft, alle Ehrungen und Auszeichnungen anzunehmen,

---

120 Ebda., S. LVf.

121 Auch die zwischen 1938 und 1940 erzielten außenpolitischen und militärischen Erfolge wurden zustimmend, z.T. mit Begeisterung vermerkt (ebda., S. LXVIIf.).

die ihm Hitler in nicht geringer Zahl zuteil werden ließ. Differenzen Neuraths mit Hitler sind seit 1935 bis zu seiner Entlassung am 4. Februar 1938 nur in Personalangelegenheiten des AA zu verzeichnen.[122]

Sieht man von den Vorgängen bei der Niederschlagung der sogenannten »Röhm-Revolte« ab, die der juristisch vorgebildete Diplomat v. Neurath mit bemerkenswerter Indolenz gegenüber den eklatanten Rechtsverstößen hinnahm, bleiben die repressiven Maßnahmen des Regimes gegen die innenpolitischen Gegner (Linksparteien, Gewerkschaften, Kirchen) sowie gegen die Juden in den »Notizen« unberücksichtigt. Obwohl die ausländischen Proteste gegen die Diskriminierung und Verfolgung der Juden den Außenminister von Amts wegen beschäftigten[123], vermerken die »Notizen« weder den »Judenboykott« von Ende März/Anfang April 1933 noch den Erlaß der »Nürnberger Gesetze« im September 1935. Selbst die Pogrome im November 1938, die unter der beschönigenden Bezeichnung »Reichskristallnacht« in die Geschichte eingingen, werden vernachlässigt.

Vergleicht man abschließend das aus den Nachlaßakten gewonnene Profil des Diplomaten v. Neurath mit der halbamtlichen Darstellung Sasses, ergibt sich Übereinstimmung nur in der Feststellung, »daß Neurath kein Nazi gewesen ist.«[124] Für Sasses Annahme, daß Neurath bei seiner konservativen Grundeinstellung »durchaus demokratisch empfunden hat«, fand sich in den vorliegenden Quellen keine Bestätigung. Vielmehr verdient das Bild Zustimmung, das Friedrich von Prittwitz und Gaffron, der langjährige Botschaftsrat in Rom (1921-1927) und nachmalige Botschafter in Washington, von v. Neurath zeichnete mit den durchaus zurückhaltenden Worten: »In der verstandesmäßigen Einordnung des nüchternen Württembergers in den republikanischen Staat erblickte der erste Reichspräsident [Ebert] eine genügende Garantie seiner Loyalität. Es war die Loyalität eines Deutschnationalen und Stahlhelmers. Sie hielt stand, solange es für eine ›nationale‹ Reaktion zu früh erschien. Er konnte aber der Versuchung nicht ganz widerstehen, politischen Aktionen in dieser Richtung Vorschub zu leisten. Die Duldung dabei angewandter, ihm selbst unheimlicher Methoden entschuldigte er mit der später so modern gewordenen Begründung: es müsse so sein, ›um Schlimmeres zu verhüten‹. Auf diese Weise ist auch Neurath wie so viele in die Abhängigkeit des Nationalsozialismus geraten, wiewohl er sich im Jahre 1933 noch sehr abfällig über die ›braunen Gestalten‹ äußerte, als ich mich von ihm verabschiedete.«[125]

---

122 Vgl. Notizen, S. XLVI u. S. XLVIII

123 Vgl. Die Lage der Juden in Deutschland 1933, hrsg. vom Comité des Délégations Juives, Paris 1934, wieder aufgelegt bei Ullstein, Frankfurt/M. - Berlin - Wien 1983, passim, bes. S. 10-20; Briefwechsel Bülow-Neurath v. 5.7.1933, in: BA Koblenz, NL Neurath, 20; PA des AA, Inland II A/B, 39/1

124 Sasse: 100 Jahre Botschaft in London, S. 57

125 Prittwitz: Zwischen Petersburg und Washington, S. 145. Ähnlich urteilte Riesser: Haben die deutschen Diplomaten versagt?, S. 51: »Niemand, der ihn [Neurath] gekannt hat, konnte an ihm etwa demokratische Gesinnung entdecken.«

# II
# Das Auswärtige Amt zwischen Selbstbehauptung und Anpassung (1933-1938)

»Das Auswärtige Amt hat schon manchen Umsturz überstanden, wir werden auch diesen überstehen.«

*Ministerialdirektor Dr. Köpke,* Leiter der Politischen Abteilung des AA, 1933[1]

## *Reaktionen auf die Machtübernahme der Nationalsozialisten*

Die Machtübernahme der Nationalsozialisten Anfang 1933 hatte fast keine unmittelbare Auswirkung auf die Personalstruktur des Auswärtigen Dienstes. Nur wenige Diplomaten wurden aus politischen oder »rassischen« Gründen abgelöst.[2] Allein Friedrich Wilhelm von Prittwitz und Gaffron, der Deutsche Botschafter in Washington, quittierte aus liberal-demokratischer Überzeugungstreue den Dienst. Vergebens hoffte Prittwitz, daß weitere Spitzendiplomaten seinem Beispiel folgen und dem neuen Regime die Mitarbeit verweigern würden.[3]

Das Verhältnis der höheren Beamten des Auswärtigen Dienstes zu den nationalsozialistischen Machthabern schwankte zwischen erwartungsvollem Verständnis, selbstbewußter Überlegenheit und verschämter Abneigung. Überwiegend dürfte es durch eine »Politik des Abwartens und Durchhaltens« bestimmt gewesen sein.[4] Getragen wurde diese »Politik des Abwartens« durch die Erfahrung instabiler und wechselnder Regierungskoalitionen in der Weimarer Republik, den Anspruch fachlicher Überlegen-

---

1 Zitiert nach Kroll, Hans: Lebenserinnerungen eines Botschafters, Köln-Berlin 1967, S. 71

2 Vgl. Jacobsen: NS-Außenpolitik, S. 25f.

3 Vgl. das Schreiben v. Prittwitz' v. 11.3. 1933 an RAM v. Neurath, in: ADAP C I, Nr. 75; Prittwitz: Zwischen Petersburg und Washington, S. 227f.; Krüger/Hahn: Der Loyalitätskonflikt des Staatssekretärs Bernhard Wilhelm v. Bülow im Frühjahr 1933, in: VfZ 20 (1972), S. 376-410, insbesondere S. 401ff. – Rudolf Nadolny, Botschafter in Moskau, schied 1934 aus dem Dienst, weil er die Neuorientierung der deutschen Außenpolitik gegenüber Polen und der UdSSR ablehnte. Sein Rücktritt war kein unmittelbares Votum gegen das NS-Regime wie im Falle des Botschafters v. Prittwitz. Vgl. dazu Nadolny: Mein Beitrag, S. 168f., sowie Jacobsen: NS-Außenpolitik, S. 25f. u. Wollstein, Günther: Rudolf Nadolny – Außenminister ohne Verwendung, in: VfZ 28 (1980), S. 47-93

4 Putlitz: Unterwegs nach Deutschland, Erinnerungen eines ehemaligen Diplomaten, S. 133; vgl. auch ebda., S. 66

heit und nicht zuletzt durch die über den 30. Januar 1933 hinaus bestehende Kontinuität in der Amtsführung v. Neuraths, die zugleich Kontinuität in der Außenpolitik und Abwehr personeller Einflußnahme durch die NSDAP versprach.

Die unter den jüngeren Diplomaten vorherrschende Grundstimmung hat der damalige Legationsrat und spätere Botschafter Hans Kroll folgendermaßen zusammengefaßt: »Wie so viele national eingestellte Deutsche, darunter auch meine engeren Kollegen und Freunde im Auswärtigen Amt, brachte ich dem neuen Regime zunächst Verständnis entgegen. Wir erwarteten von den neuen Männern vor allem energische Maßnahmen zur Bekämpfung der Arbeitslosigkeit und der katastrophalen Wirtschaftslage sowie ein entsprechendes Vorgehen gegenüber der kommunistischen Gefahr.«[5]

Folgt man den Erinnerungen des Edlen Herrn zu Putlitz, der 1932/33 als Legationssekretär und Referent in der Presseabteilung des AA tätig war, gab es unter den älteren Beamten verschiedene Einstellungen gegenüber dem nationalsozialistischen Regime, so die des späteren Staatssekretärs v. Weizsäcker, »die gewissermaßen jeden einzelnen am Schlips der Ehre faßten und erklärten, es sei sogar unsere patriotische Pflicht, gerade jetzt mit letzter Hartnäckigkeit unsere Stellungen zu verteidigen, um dadurch Schlimmeres zu verhüten. Andere, wie der [. . .] Ministerialdirektor Köpke, waren der Meinung, diese Nazis seien derartig kindische Dilettanten, daß sie in kurzer Zeit abwirtschaften würden. Selbst die Juden in unseren Reihen, wie der Ministerialdirektor Richard Meyer von der Ost-Abteilung, der Legationsrat Sobernheim und andere, nahmen die Angelegenheit ziemlich auf die leichte Schulter. Bisher waren sie ungeschoren geblieben, und sie taten ihren Dienst weiter im alten Stil. Letzten Endes wollte eben niemand seinen guten Posten verlieren.«[6] Die Darstellungen Krolls und Putlitzens

---

5 Kroll: Lebenserinnerungen eines Botschafters, S. 72; vgl. auch die gekürzte Taschenbuchausgabe: Botschafter in Belgrad, Tokio und Moskau 1953-1962, München 1969, S. 16

6 Putlitz: Unterwegs nach Deutschland, S. 134, vgl. auch ebda., S. 118. – Der Lebensweg des Autors ist bemerkenswert: Putlitz, geb. 1899, entstammt einem alten märkischen Adelsgeschlecht, legte 1916 das Notabitur an der Ritterakademie in Brandenburg ab, war im Ersten Weltkrieg Offizier bei den Garde-Ulanen, studierte anschließend Nationalökonomie und promovierte 1924 an der Universität Hamburg zum Dr.rer.pol.; Sprachstudien in England folgte 1925 der Eintritt ins AA als Attaché, 1927 diplom.-konsul. Examen u. Versetzung an die Botschaft Washington; 1931 Geschäftsträger auf Haiti, 1932 Einberufung ins AA, LS u. Referent in der Presseabteilung; 1934 Leiter der Konsulatsabteilung bei der Botschaft London, dort 1936 Eintritt in die NSDAP auf Druck des Landesgruppenleiters der Auslandsorganisation; 1938 GR bei der Gesandtschaft im Haag; am 14.9.1939 Flucht über England in die USA; 1946 Rückkehr nach Deutschland, ORR in der Präsidialkanzlei der Landesregierung in Kiel; 1948 Zeuge der Anklage im Wilhelmstraßen-Prozeß; nach erfolglosen Bemühungen um Zuerkennung einer Beamtenpension 1952 Übersiedelung in die DDR, dort 1975 verstorben. Vgl. auch Drenker, Alexander: Diplomaten ohne Nimbus. Beobachtungen und Meinungen eines deutschen Presseattachés, Zürich u. Freiburg i.Brsg. 1970, S. 178; DER SPIEGEL 1975, Nr. 39

decken sich weitgehend mit der übrigen Memoirenliteratur und im Tenor auch mit amtlichen Dokumenten.[7]

Die in der Memoirenliteratur weitverbreitete Auffassung, der zufolge am 30. Januar 1933 kein einziger höherer Beamter der NSDAP angehörte und danach nur ganz wenige Diplomaten »mit fliegenden Fahnen zum neuen Regime übergingen und Parteigenossen wurden«[8], hält indes quellenkritischer Überprüfung ebensowenig stand wie die Feststellung Seaburys, daß abgesehen von Gauleiter und Staatssekretär Bohle, »dem schwarzen Schaf«, im Frühjahr 1938 kein prominenter Diplomat der SS angehörte.[9]

Nach systematischer Auswertung der im Berlin Document Center überlieferten Personalunterlagen und auf Grund neuerschlossener Aktenbestände können hier erstmals genauere Angaben zur Mitgliedschaft der höheren Beamten des Auswärtigen Dienstes in der NSDAP und in der SS gemacht werden. Demnach sind vor dem 30. Januar 1933 mindestens zehn und bis Ende 1933 mindestens fünfzig weitere Beamte des höheren Dienstes der NSDAP beigetreten. Von den am 15. Oktober 1937 etwa 500 im höheren Dienst tätigen Beamten gehörten rund 200 der NSDAP oder einer ihrer Gliederungen an, darunter mindestens 50 der SS oder dem SD.[10]

Angesichts dieser Befunde stellt sich die Frage, inwieweit die nicht nur in der Memoirenliteratur, sondern auch in amtlichen Publikationen vertretene These noch aufrechtzuerhalten ist, nach der das AA als »Stätte der Opposition« von allen deutschen Reichsämtern »am zähesten den Verwüstungen durch die Partei widerstanden« habe, bis es 1938 von Ribbentrop »gereinigt« worden sei.[11] Wird die These einer relativ späten Nazifizie-

---

7 Vgl. Weizsäcker: Erinnerungen, S. 103 u. 106ff.; Hill, Leonidas E. (Hrsg.): Die Weizsäcker-Papiere 1933-1950, Frankfurt-Berlin-Wien 1974, S. 60 (Aufzeichnung v. 22.2.33), S. 61 (Aufz. v. 11.3.33) u. S. 70f. (Aufz. v. 23. u. 30.3.33); Blücher: Gesandter zwischen Diktatur und Demokratie, S. 287f.; Bräutigam: So hat es sich zugetragen, S. 216-234. – Vgl. auch den Runderlaß des StS v. Bülow v. 30.1.1933, in: ADAP C I, Dokument Nr. 1, u. das Schreiben v. Bülows an Botschafter v. Dirksen v. 6.2.1933, in: ADAP C I, Dokument Nr. 10

8 Putlitz: Unterwegs nach Deutschland, S. 133; vgl. auch Bräutigam: So hat es sich zugetragen, S. 223; Kordt: Nicht aus den Akten, S. 45f.; Kroll: Lebenserinnerungen, S. 72; Hentig: Mein Leben – eine Dienstreise, S. 290

9 Seabury: Die Wilhelmstraße, S. 102

10 Dieser Befund ergibt sich nach Auswertung der Personalbögen der höheren Beamten des Auswärtigen Dienstes von 1944 (in: NA Washington, T-120, roll 2537-2540) und Vergleich der Personalübersicht v. 15. Oktober 1937 (in: BA Koblenz, NL Neurath, 21) mit den NSDAP- u. SS-Personalunterlagen im BDC. Weitere Grundlage der Erhebung waren Akten des AA betr. »Tätigkeit der Angehörigen des Ausw. Dienstes im SD bzw. Abwehr« (in: NA Washington, T-120, roll 710). Lt. Mitteilung des PA des AA Bonn v. 28.9.1983 waren im höheren Auswärtigen Dienst beschäftigt am 1.4.1933: 431 planmäßig angestellte Beamte (ohne Attachés); am 1.4.1937: 421; am 1.4.1939: 491; am 1.4.1941: 568; am 1.4.1943: 580. Lt. amtl. Personalübersicht v. 15.10. 1937 (in: BA Koblenz, NL Neurath, 21) waren 506 höhere Beamte im Auswärtigen Dienst beschäftigt, und zwar 424 planmäßig angestellte Beamte und 82 Attachés.

11 »100 Jahre Auswärtiges Amt«, S. 40f. und »Auswärtige Politik heute«, Bonn [2]1979, S. 23. – Vgl. auch die vom AA unterstützte Publikation von Wilhelm Haas: Beitrag

rung des AA von außen nicht widerlegt durch die freiwilligen Parteibeitritte zahlreicher Diplomaten in den Jahren vor 1938?

Wenngleich den frühen Beitritten zur NSDAP freie Willensentscheidung zugrunde lag, bleiben quantitative Angaben über die Parteizugehörigkeit so lange unbefriedigend, wie die Beweggründe der Bewerber ungeklärt sind. Wie notwendig dieser Vorbehalt ist, läßt sich am Beispiel der Botschafter Ulrich v. Hassell und Friedrich Werner Graf v.d. Schulenburg nachweisen. Beide Diplomaten traten relativ frühzeitig der NSDAP bei: v. Hassell bereits im Herbst 1933, v.d. Schulenburg 1936.[12] Beide Diplomaten wurden nach dem 20. Juli 1944 hingerichtet.

So wenig aus der Zugehörigkeit zur NSDAP a priori weitreichende Schlußfolgerungen hinsichtlich der politischen Überzeugung gezogen werden dürfen, so wenig sind diese bei fehlender Mitgliedschaft angezeigt. Schlußfolgerungen verbieten sich um so mehr, als nicht wenige Diplomaten vergebens die Aufnahme in die NSDAP beantragt haben, teilweise mehrfach.[13] Müssen diese erfolglosen Bewerber nicht als heimliche Anhänger der NSDAP gelten, zumindest als deren willfährige, wenn auch ungeliebte Helfershelfer?

Auf diese von der Forschung bislang vernachlässigten Fragen muß auch deshalb hingewiesen werden, weil manche der bis zum Schluß erfolglosen Parteibewerber nach 1945 ihre »Nichtzugehörigkeit zur Partei« als Ausdruck politischer »Vorbehalte« oder gar der »Opposition« hinstellten.[14]

---

zur Geschichte der Entstehung des Auswärtigen Dienstes der Bundesrepublik Deutschland, Bremen 1969, passim, insbesondere S. 28f. Diese als Privatdruck erschienene Schrift des ehemaligen Botschafters Haas hat deutlich apologetischen Charakter.

12 BDC, NSDAP-Personalunterlagen; vgl. auch BA Koblenz, NL Rheindorf, 78, u. Jacobsen: NS-Außenpolitik, S. 631

13 Vgl. dazu die Aussage des persönlichen Referenten des Gauleiters Bohle, Dr. Emil Ehrich: »Damals drängten viele Beamte, in die Partei aufgenommen zu werden. [...] Wir mußten abwehren« (IfZ München, ZS 1997). Vgl. auch die Feststellung Ernst v. Weizsäckers v. 14.7.1933: »[...] die Wiedereröffnung der Parteitore für die Mitglieder des Außendienstes wirkt sich dahin aus, daß offenbar alle oder fast alle meiner Kollegen den Beitritt erklären oder richtiger um Aufnahme bitten« (Hill: Weizsäcker-Papiere 1933-1950, S. 74).

14 Vgl. Kroll: Botschafter in Belgrad, Tokio und Moskau, S. 16f.; vgl. auch Haas: Beitrag zur Geschichte der Entstehung des Auswärtigen Dienstes, S. 495f.: Die Diplomaten v. Grundherr und Heinburg seien keine Parteigenossen gewesen und hätten [daher] »der Beförderungssperre unterstanden«. Diese von Haas gewählte Formulierung insinuiert den Anspruch auf Wiedergutmachung für die »erlittene« Beförderungssperre. Der Gesandte und Skandinavien-Referent im AA, Dr. Werner von Grundherr zu Altenthann und Weyershaus, geb. 1888, stellte am 4.6.1940 den Antrag zur Aufnahme in die NSDAP. Mit Schreiben der Parteikanzlei, gez. M. Bormann, v. 13.9.1941 an den Reichsschatzmeister der NSDAP wurde das Aufnahmegesuch abgelehnt. Ausgeprägte Eitelkeit, Standesdünkel, früheres Desinteresse an der NSDAP und offensichtlicher Opportunismus des Bewerbers stünden seiner Aufnahme entgegen (BDC, Parteikanzlei-Korrespondenz Werner v. Grundherr). – Unter der ersten Regierung Adenauer wurde v. Grundherr Botschafter der Bundes-

In den folgenden Kapiteln werden vorrangig die Gründe zu untersuchen sein, die so viele Diplomaten bewogen haben, nicht nur der NSDAP, sondern auch der SS beizutreten, daß 1937 eine »Massenflucht« konstatiert wurde[15]. Anschließend ist die nicht minder bedeutsame Frage zu klären, welche Interessen Himmler mit der Aufnahme der Diplomaten in die SS beziehungsweise mit der Entsendung ausgewählter SS-Führer in den Auswärtigen Dienst verfolgte.

## *Tendenzen in der Personalpolitik des AA unter der Amtsführung v. Neuraths*

In seiner Studie »Nationalsozialistische Außenpolitik 1933-1938« konstatiert Jacobsen, daß der Reichsaußenminister v. Neurath die »weithin homogene, z.T. recht exklusive Beamtenschaft [des AA] während seiner Amtszeit gegen lästige Eingriffe der Partei geschickt abzuschirmen verstand.«[1] Für diesen allgemeinen Befund finden sich durchaus Belege in verschiedenen Quellenbeständen.[2] Gleichwohl bleibt zu fragen, ob Neuraths »Abschirmung« auch jenen Beamten zugute kam, die als Mitglieder republikanischer Parteien oder auf Grund ihrer jüdischen Herkunft den Anfeindungen durch die Nationalsozialisten in erhöhtem Maße ausgesetzt waren. Inwieweit konnte auch diese Gruppe auf die besondere Fürsorge ihres Ministers rechnen? Sodann ist zu fragen, ob Neuraths Personalpolitik über die Abwehr »lästiger Eingriffe« der NSDAP hinausging. Worin bestanden die positiven Akzente seiner Personalpolitik? Welchen Typus des deutschen Diplomaten, welche Karrieren förderte er stärker als andere?

---

republik Deutschland in Athen. Nach Überprüfung seiner Tätigkeit als Skandinavien-Referent im Zweiten Weltkrieg durch den Untersuchungsausschuß Nr. 47 des Deutschen Bundestages (gemäß Antrag der Fraktion der SPD betreffend Prüfung, ob durch die Personalpolitik Mißstände im Auswärtigen Dienst eingetreten sind, 1. Wahlperiode 1949, Drucksache Nr. 3465) wurde die Eignung v. Grundherrs zur weiteren Beschäftigung im Auswärtigen Dienst verneint. Grundherr bat daraufhin aus gesundheitlichen Gründen um die Versetzung in den Ruhestand.

15 Vgl. Schreiben des SS-Gruf. Werner Lorenz an den Chef des SS-Personalamtes v. 19.10.1937, in: BDC, SS-Pers.-Akte Edmund Frhr. v. Thermann

1 Jacobsen: NS-Außenpolitik, S. 25

2 Vgl. z.B. die Denunziation des Ministerialdirektors im AA, Köpke, durch den Gesandten Prinz zu Wied bei Hitler und Neuraths Zurückweisung, in: BA Koblenz, ZSg 133/6, Aufzeichnung Köpkes v. 4.11.1935. Vgl. ferner BA Koblenz, NL Neurath, 177, Notizen, S. XLVI: Im April »treten wieder Personalfragen des Auswärtigen Amts mit der Neubesetzung des Londoner Postens in den Vordergrund. Neurath konferiert viel mit dem Kanzler und verteidigt seine alten Beamten, während die neue Tendenz dahin geht, Outsider von Parteiseite einzustellen.« Vgl. auch ebda., S. XLVIII. Hintergrund der Differenzen war die von Hitler gewünschte Entsendung v. Ribbentrops nach London als Nachfolger des am 10.4.1936 verstorbenen Botschafters v. Hoesch.

Erste Tendenzen in der Personalpolitik Neuraths lassen sich bereits Ende 1932 erkennen. Vermutlich auf Empfehlung seines Staatssekretärs v. Bülow berief Neurath dessen Vetter, den »Stahlhelm«-Gauführer Vicco v. Bülow-Schwante, in das AA und betraute ihn Anfang 1933 als Vortragenden Legationsrat mit der Leitung des wichtigen Sonderreferats Deutschland.[3] Da Bülow-Schwante die 1932/33 geltenden Aufnahmebedingungen für den höheren Auswärtigen Dienst nicht erfüllte, muß seine Berufung als politische Entscheidung Neuraths gedeutet werden, die durch die verwandtschaftliche Beziehung zum StS v. Bülow begünstigt wurde.

Außerhalb des Rahmens der üblichen Aufnahmebedingungen trat auch Stephan Prinz zu Schaumburg-Lippe Anfang 1933 in den Auswärtigen Dienst. Nach eigener Darstellung wurde er »mit der Machtübernahme« der Nationalsozialisten eingestellt.[4] Wie Bülow-Schwante war auch Stephan Prinz zu Schaumburg-Lippe während des Ersten Weltkrieges als aktiver Offizier zur Dienstleistung in das AA kommandiert worden. Nach seiner Verabschiedung (1919) widmete er sich der Arbeit bei der Hofkammer in Bückeburg. Anders als Bülow-Schwante trat er mit seiner Ehefrau, der Herzogin Ingeborg-Alix von Oldenburg, schon 1930 der NSDAP bei.[5] Ohne den üblichen Vorbereitungsdienst zu absolvieren, legte Prinz Schaumburg-Lippe bereits im Sommer 1933 das diplomatisch-konsularische Examen ab. Anschließend wurde er der Gesandtschaft in Sofia als Legationssekretär zugeteilt.[6]

---

3 Bülow-Schwante, geb. 1891, Sohn des späteren Generalfeldmarschalls Karl v. Bülow, wurde nach dem Abitur zunächst aktiver Offizier, während des Ersten Weltkrieges zeitweise ins AA kommandiert, nahm 1920 seinen Abschied und widmete sich der Verwaltung mehrerer Güter; 1928 trat er dem »Stahlhelm« bei, dessen Gau Havelland er bis Herbst 1933 führte. Nach Auflösung des »Stahlhelms« 1935 wurde er als Standartenführer in die SA übernommen. Der NSDAP trat er am 1.4.1936 bei. Seit 1915 war er mit Neurath bekannt. Bis zu seiner Ernennung zum Botschafter in Brüssel (1938) stand Bülow-Schwante nach eigener Darstellung in »sehr nahen vertrauensvollen Beziehungen« zu Neurath (BDC, NSDAP-Personalunterlagen Vicco v. Bülow-Schwante; IfZ München, ZS 1021; Krüger/Hahn: Der Loyalitätskonflikt des Staatssekretärs Bernhard Wilhelm von Bülow im Frühjahr 1933, in: VfZ 20 (1972), S. 406f.; BA Koblenz, NL Rheindorf, 78). Zu den Aufgaben des Sonderreferats Deutschland vgl. unten, S. 120f.

4 Vgl. den eigenhändig ausgefüllten Personalbogen von 1944, in: NA Washington, T-120, roll 2539. Lt. Übersicht der Personalveränderungen im AA v. 11.2.1936 (in: BA Koblenz, NL Neurath, 21) wurde Prinz Schaumburg am 26.7. 1933 in den Dienst übernommen. – Geb. 1891 als Sohn des Fürsten Georg zu Schaumburg-Lippe, 1910 Abitur, 1911-1917 aktiver Offizier.

5 Außerdem gehörte er seit 1936 der SS an: 1936 SS-Hstuf. b. Stab SS-HA, 1937 SS-Stubaf., 1939 SS-Ostubaf. (BDC, SS-Pers.-Akte Stephan Prinz zu Schaumburg-Lippe)

6 1936 folgte seine Ernennung zum GR bei der Botschaft in Rom (Quirinal), 1938 GR I. Kl. bei der Botschaft in Rio de Janeiro, 1939 in Buenos Aires, 1941 GK in Valparaiso. 1943 schied er in Ehren aus dem Dienst (gem. Führererlaß zur Fernhaltung international gebundener Männer von maßgebenden Stellungen in Staat, Partei und Wehrmacht v. 19.5.1943), 1944 diente er der Fa. Thomsen als Abwehr- u. Werkschutzbeauftragter (NA Washington. T-120, roll 2539, Personalbogen Stephan Prinz zu Schaumburg-Lippe).

Während Anfang 1933 ehemalige Berufsoffiziere des Kaiserreiches eingestellt wurden, deren Qualifikationen für den Auswärtigen Dienst nicht erkennbar sind, verfügte Neurath wenig später die ersten Entlassungen qualifizierter und erfahrener Berufsdiplomaten: Im August 1933 wurde der Gesandtschaftsrat bei der Botschaft Paris, Hans E. Riesser, in den vorläufigen und im März 1934 in den dauernden Ruhestand versetzt.[7] Die Personalabteilung des AA begründete seine Entlassung mit dem Vorhalt, daß es ihm nicht gelungen sei, sich »in den Rahmen der Botschaft einzufügen, wie dies im Interesse des Dienstes erforderlich ist.«[8] Neben seinen angeblich freundschaftlichen Beziehungen zum ersten Präsidenten der Weimarer Republik, Friedrich Ebert, wurden Riesser unter anderem auch despektierliche Äußerungen über die Symbole des NS-Regimes vorgeworfen.[9]

Die generelle Begründung seiner Entlassung, er habe sich nicht »in den Rahmen der Botschaft« eingefügt, kann nicht überzeugen, da Riesser bereits seit 1926 der Botschaft in Paris angehörte. Hintergrund seiner Entlassung dürfte vielmehr die Tatsache gewesen sein, daß Riesser einer jüdischen Familie entstammte und seine – aus liberal-demokratischer Überzeugung gespeiste – ablehnende Haltung gegenüber dem NS-Regime nicht verhehlte.[10]

Nur wenige Monate nach seiner Akkreditierung als Gesandter in Mexiko wurde auch Walter Zechlin im Frühsommer 1933 zur Disposition gestellt.[11] Die Umstände der Entlassung stellt Zechlin in seinen Erinnerungen wie folgt dar: »Aber mein Aufenthalt [in Mexiko] war nur ein kurzes Intermezzo, denn schon nach wenigen Monaten erhielt ich ein persönlich zu entzifferndes Telegramm, in dem es hieß, daß die politischen Verhältnisse ein größeres Revirement nötig machten und daß ich daher bei voller Würdigung meiner geleisteten Dienste gebeten würde, mich zur Verfügung des Auswärtigen Amtes zu halten. Im Anschluß an diesen vom damaligen Außenminister v. Neurath unterzeichneten Erlaß [...] bekam ich nach wenigen Tagen ein weiteres Telegramm, das mir die Ernennung meines Nachfol-

---

7 Vgl. Riesser: Haben die deutschen Diplomaten versagt?, S. 51: »Sein [Neuraths] Name steht unter dem Erlaß, mit dem ich 1933 entlassen wurde.«

8 Riesser: Von Versailles zur UNO, S. 178

9 Riesser: Haben die deutschen Diplomaten versagt?, S. 50, ders.: Von Versailles zur UNO, S. 179

10 Vgl. Anm. 9. Zur Herkunft Riessers vgl. oben, S. 32f.

11 Walter Zechlin – nicht zu verwechseln mit seinem Bruder Erich Z., geb. 1883, der auch dem Auswärtigen Dienst angehörte – wurde 1879 geboren und trat nach dem Studium der türkischen Sprache und der Rechtswissenschaften 1903 in den Auswärtigen Dienst. Nach verschiedenen konsularischen Missionen vertrat er bei Kriegsausbruch 1914 die Interessen des Deutschen Reiches in Spanisch-Marokko. Seit 1919 in der Presseabteilung des AA, wurde er 1925 zum Ministerialdirektor und Pressechef der Reichsregierung berufen. Im Anschluß an die Entlassung des Reichskanzlers Brüning nahm auch Zechlin Anfang Juni 1932 seinen Abschied. Ende 1932 wurde er nach Mexiko entsandt (Zechlin: Pressechef bei Ebert, Hindenburg und Kopf; ders.: Fröhliche Lebensfahrt).

gers, eines Korpsbruders des Außenministers, und meine Versetzung in den einstweiligen Ruhestand mitteilte.«[12]

Politischer Hintergrund der Entlassung dürfte die Zugehörigkeit Zechlins zur SPD gewesen sein, außerdem seine langjährige Tätigkeit als Pressechef der Regierungen Luther, Marx, Müller und Brüning, die seine Gegnerschaft zum Nationalsozialismus erkennen ließ.[13]

Die Nachfolge Zechlins als Gesandter in Mexiko trat Frhr. Rüdt v. Collenberg an.[14] Begünstigt wurde seine Berufung wohl nicht allein durch die Mitgliedschaft im Studentenkorps des Reichsaußenministers v. Neurath (Tübinger Schwaben), sondern auch durch die Tatsache, daß Rüdt v. Collenberg als Generalkonsul in Shanghai schon vor dem 30. Januar 1933 »äußerst loyal und sogar wohlwollend« mit den Nationalsozialisten zusammengearbeitet hatte.[15]

Zu den Diplomaten, deren Karriere v. Neurath besonders förderte, gehörte auch Otto Fürst v. Bismarck, der Enkel des ersten Reichskanzlers und Sohn des Staatssekretärs Herbert v. Bismarck.[16] Nach mehrjähriger parlamentarischer Tätigkeit als deutschnationaler Reichstagsabgeordneter trat Fürst v. Bismarck am 2. Mai 1927 in den Auswärtigen Dienst. Bereits sieben Jahre später, am 3. März 1934, wurde er im Alter von 36 Jahren zum Botschaftsrat und damit Vertreter des Botschafters in London ernannt. Ende 1936 berief ihn Neurath zum Dirigenten der Politischen Abteilung im AA.[17] Langjährige Bekanntschaft, vertrauensvolle Zusammenarbeit in London zwischen 1930 und 1932 sowie politische Übereinstimmung bei konservativ-monarchistischer Grundhaltung dürften neben der prominenten Herkunft des Fürsten v. Bismarck die Gründe gewesen sein, die Neurath zu seiner Förderung bewogen haben. Nicht zuletzt wurde die Karriere v. Bismarcks begünstigt durch seine seit Mai 1933 bestehende Mitgliedschaft in der NSDAP.[18]

---

12 Zechlin: Pressechef bei Ebert, Hindenburg und Kopf, S. 147f.

13 Vgl. Zechlin: Pressechef bei Ebert, Hindenburg und Kopf, S. 105, 126f., 131 u. 143f. sowie das Jahrbuch der SPD 1960/61, Bonn 1962, S. 398

14 Vgl. Jacobsen: NS-Außenpolitik, S. 36. – Lt. amtlicher Personalübersicht v. 2.3. 1935 (in: BA Koblenz, NL Neurath, 21) gehörte der 1875 geborene Frhr. Rüdt v. Collenberg seit 1903 dem Ausw. Dienst an, am 26.8. 1933 wurde er zum Gesandten in Mexiko berufen.

15 PA des AA, Chef AO, 53, zitiert nach Jacobsen: NS-Außenpolitik, S. 36

16 Geb. 25.9. 1897 in Schönhausen/Elbe, 1918 Leutnant, 1921 Referendarexamen (ohne Prädikat), 1924-27 MdR (DNVP). Diese und die folgenden Angaben sind entnommen der amtl. Personalübersicht v. 15.10. 1937 (in: BA Koblenz, NL Neurath, 21) u. dem Personalbogen v. Bismarcks v. 18.7. 1944 (in: NA Washington, T-120, roll 2537).

17 Am 1.4. 1940 wurde er als Gesandter I.Kl. und Vertreter des Botschafters v. Mackensen (Schwiegersohn Neuraths) an die Quirinals-Botschaft in Rom versetzt und im Herbst 1943 zur Disposition gestellt (NA Washington, T-120, roll 2537, Personalbogen v. 18.7. 1944).

18 Vgl. ebda. u. BDC, NSDAP-Personalunterlagen Otto Fürst v. Bismarck sowie BA Koblenz, NL Rheindorf, 78. Der 1938 zur Disposition gestellte Botschafter v. Hassell bemerkt in seinen Erinnerungen (Vom andern Deutschland, S. 154, Eintragung v. 9.12.1940), daß Bismarcks »Nazifreundschaft« sich inzwischen »abgekühlt« habe.

Die besondere Förderung der Karrieren aristokratischer und deutschnational gesinnter Diplomaten war ein signifikantes Merkmal der Personalpolitik v. Neuraths. Sie stabilisierte nicht nur die schon gegen Ende der Weimarer Republik zu verzeichnende Dominanz ehemals kaiserlicher Berufsdiplomaten unter den Botschaftern[19], sondern führte auch in der Zentrale zu einer deutlichen Zunahme der höheren Beamten aristokratischer Herkunft und deutschnationaler Gesinnung, vor allem an der Spitze des AA.[20]

Ein anderes signifikantes Merkmal der Personalpolitik Neuraths war die Tendenz zum Nepotismus, der nach seiner zeitweisen Zurückdrängung während der Weimarer Republik eine bemerkenswerte Renaissance zwischen 1932 und 1937 erlebte.[21] Besonders deutlich wird diese Tendenz, wenn man die Karrieren des Sohnes und des Schwiegersohnes Neuraths betrachtet.

Konstantin Alexander Freiherr von Neurath, der 1902 geborene Sohn des Reichsaußenministers, wurde am 15. April 1933 als Attaché in das AA einberufen. Seine Bemühungen um Aufnahme in den höheren Auswärtigen Dienst der Weimarer Republik waren erfolglos geblieben, sieht man von einer Anstellung als wissenschaftlicher Hilfsarbeiter im AA (1931) ab.[22]

---

19 Vgl. die Personalübersicht v. 2.3.1935 (in: BA Koblenz, NL Neurath, 21). Sieht man von dem 1933 nach Washington entsandten ehemaligen Reichskanzler Luther ab, waren 1935 alle 9 Botschafter (bei den Großmächten), darunter 8 Aristokraten, vor dem 9.11. 1918 in das AA eingetreten. Das gleiche Bild vermittelt die Personalübersicht v. 11.2. 1936.

20 Vgl. die Zusammensetzung der Büros des RAM u. des StS, der Personalabteilung, der Politischen Abteilung und des Protokolls in den Geschäftsverteilungsplänen des AA von 1935 u. 1936, in: ADAP, C IV, 2 u. D III. – Symptomatisch für die Personalpolitik Neuraths war auch die Berufung des Deutschnationalen und »Stahlhelmers« Hasso v. Etzdorf zu seinem persönlichen Sekretär (1934-1936). Etzdorf, geb. 1900, Sohn eines Wirklichen Geheimen Rats, 1918 Leutnant d.R., 1919 Ordonnanzoffizier im Stabe des Freikorps Lüttich, 1919 DNVP, 1924 Mitbegründer der »Stahlhelm«-Ortsgruppe Königsberg/Ostpreußen, trat nach Ablegung der beiden juristischen Examina (»ausreichend«) 1928 als Attaché in den Ausw. Dienst; 1.6. 1933 NSDAP, 1934 LS, 1938 LR, 30.1.1938 SA-Stubaf. auf Antrag v. 14.12. 1937, 1941 SA-Ostubaf., 1939-44 VLR u. VAA beim OKH, 1944/45 GK in Genua. Nach dem Zweiten Weltkrieg setzte Etzdorf seine Karriere fort, die ihn über das Deutsche Büro für Friedensfragen bereits 1950 in das Bonner AA führte; 1954 Gesandter, 1956 Botschafter in Kanada, 1961 in Großbritannien (BDC, Parteikanzlei-Korrespondenz; IfZ München, ZS 322; BA Koblenz, NL Rheindorf, 78; Schriftl. Bericht des 47. Untersuchungsausschusses des Deutschen Bundestages, 1. Wahlperiode 1949, Drucksache Nr. 3465; Haas: Beitrag zur Geschichte der Entstehung des Auswärtigen Dienstes, S. 300ff.; Piontkowitz: Anfänge westdeutscher Außenpolitik, S. 176ff.; Drenker: Diplomaten ohne Nimbus, S. 123).

21 Vgl. oben, S. 25ff.

22 Lt. eigenhändig ausgefülltem Personalbogen Neuraths v. 19.7. 1944 (in: NA Washington, T-120, roll 2538) stellt sich seine Karriere wie folgt dar: 1919 Abitur, 1923 Referendarexamen (ohne Prädikat), 1924-27 Honorar-Attaché bei seinem Vater, dem Botschafter in Rom, 1928 Promotion zum Dr. iur. (cum laude) mit einer völkerrechtlichen Arbeit an der Universität Greifswald, 1927-31 kaufm. Angestellter bei der AEG, 1931-33 WHA im AA, Februar 1933 diplom.-konsul. Prüfung, 15.4. 1933 Attaché im

Dazu bemerkte der ehemalige Generalkonsul Gustav Strohm in seiner zum Jahreswechsel 1948/49 verfaßten Aufzeichnung über das »Auswärtige Amt der Weimarer Republik«: »Dem Minister von Neurath gelang es erst, nachdem er selbst die Leitung der Behörde übernommen hatte, seinen Sohn ins Auswärtige Amt zu bringen.«[23]

Hans-Georg Viktor von Mackensen, Sohn des Generalfeldmarschalls August von Mackensen, trat 1919 als Attaché in den Auswärtigen Dienst.[24] Seine Versetzung an die Gesandtschaft Kopenhagen brachte ihn 1920 mit der Familie des Gesandten v. Neurath in Verbindung. Als Neurath 1922 die Botschaft am Quirinal übernahm, folgte ihm der Gesandtschaftsrat v. Makkensen wenig später nach Rom. Dort heiratete er 1926 die Tochter seines Botschafters, Winifred Freiin v. Neurath. Nach der Berufung Neuraths zum Reichsaußenminister beschleunigte sich seine Karriere: 1933 avancierte Mackensen zum Gesandten in Budapest, 1937 zum Staatssekretär des AA.

Die Ernennung seines Schwiegersohnes zum Staatssekretär entsprang wohl auch dem Wunsch Neuraths nach stärkerer Fühlungnahme mit der NSDAP, um das AA und seine Beamten gegen die zunehmenden Kompetenzansprüche der mit Außen- und Personalpolitik befaßten Dienststellen der Partei (Auslandsorganisation und Außenpolitisches Amt der NSDAP sowie Dienststelle Ribbentrop) abzuschirmen.[25] Mackensen eignete sich für diese vertrauensbildende Fühlungnahme um so mehr, als er der

---

AA, 1.10. 1934 NSDAP, 1936-1940 LS in Brüssel und Gauhauptstellenleiter der AO/NSDAP Landesgruppe Belgien, 1940/41 beim Generalkonsulat Mailand, 1941-43 VAA beim Afrikakorps, 1944 Konsul in Lugano/Schweiz

23 BA Koblenz, Z 35, 13

24 Geb. 1883, 1901 Abitur, anschließend Fahnenjunker im 1. Garde-Regiment zu Fuß, 1903 Leutnant, 1904-10 Studium der Rechts- und Staatswissenschaften an den Universitäten Lausanne, Bonn, Straßburg u. Berlin; 1910 Referendarexamen (»gut«), 1911 Promotion zum Dr. iur. an der Universität Greifswald, 1915-19 Adjutant des Prinzen August Wilhelm v. Preußen, 1918 Assessorexamen (»gut«), 1919 Attaché, 1920-22 LS Gesandtschaft Kopenhagen, 1922 GR und persönlicher Sekretär des RAM v. Rosenberg. 1923-26 GR Botschaft Rom (Quirinal), 1926-28 GR Gesandtschaft Brüssel, 1929 GR I. Kl. u. Geschäftsträger in Tirana, 1930/31 AA, 1931-33 BR Botschaft Madrid, 1933-37 Gesandter in Budapest, 1937/38 StS des AA, 1938-44 Botschafter in Rom (Qurinal), 25.11. 1944 in den Wartestand versetzt, 28.9. 1947 in Konstanz verstorben (BDC, SS-Pers.-Akte v. Mackensen; Das Deutsche Führerlexikon 1934/35; Wer ist's 1935; NA Washington T-120, roll 2538, Personalbogen v. 30.8. 1944; schriftliche und mündliche Mitteilungen des VLR a.D. v. Schmieden an den Verf.).

25 Vgl. dazu auch die Darstellung Weizsäckers, des Nachfolgers v. Mackensens im Amt des StS: »Neurath sah Hitler wenig, viel zuwenig bei Hitlers Neigung zum Improvisieren. Wer nicht da war, zählte nicht. Das war einer der Gründe dafür, daß Neurath umgangen wurde, politisch, organisatorisch und personell. Die Parteikanzlei hatte sich in Personalien ein Vetorecht erworben. Neurath hatte also, um nicht ganz lahmgelegt zu werden, entschieden Anlaß, mit der Partei Fühlung zu suchen. In dieser Lage zog Neurath als Staatssekretär des Auswärtigen Amts seinen Schwiegersohn heran [...]. Herr v. Mackensen [...] galt allgemein als gewissenhaft, vertrauenswürdig, autoritätsgewohnt und loyal, allzu loyal für die Umstände, unter denen wir arbeiteten. Er drängte sich in keiner Weise zu dem Posten. Der Partei war er genehm;

NSDAP seit Mai 1934 angehörte, ein vergleichsweise überzeugter Anhänger Hitlers war und auch Kontakte zur Reichsführung-SS hatte, die ihn am 9. November 1937 mit dem Dienstgrad eines SS-Oberführers in die Schutzstaffel aufnahm.[26]

Hinsichtlich der Personalpolitik des Reichsaußenministers v. Neurath bleibt festzuhalten, daß bis 1937 ehemals kaiserliche Diplomaten und Offiziere sowie ihre deutschnationalen Epigonen Schlüsselpositionen an Haupt und Gliedern des Auswärtigen Dienstes besetzten. Zugleich wurde der relativ kleine Kreis jüdischer, liberal-demokratischer und sozialdemokratischer Diplomaten entlassen. Diese Koinzidenz stärkte nicht nur die Vorherrschaft der national-konservativen Berufsdiplomaten im Amt, sondern diente Neurath auch zur Abwehr außenpolitischer Kompetenzansprüche und personeller Infiltrationsversuche der verschiedenen mit Außenpolitik befaßten Dienststellen der NSDAP. So wie Neurath sich vor 1933 gegen die Einflußnahme des Reichstages und der Weimarer Parteien auf Politik und Personalentscheidungen des Auswärtigen Amtes gewandt hatte, suchte er das AA nach 1933 gegen die Einmischung der Nationalsozialisten abzuschirmen. Dabei förderte er besonders ehemalige Offiziere und Diplomaten aristokratisch-konservativer Provenienz, deren Anpassungsbereitschaft gegenüber dem neuen Regime die erforderlichen Qualifikationen bisweilen übertraf, wie zum Beispiel im Falle des Staatssekretärs v. Mackensen.

Ihr Aufstieg konnte indes nur schwerlich die Verluste ausgleichen, die zwischen 1930 und 1936 unter besonders befähigten Vertretern der deutschen Diplomatie zu verzeichnen waren, so durch den Tod der Gesandten Rauscher (Warschau, 1930) und Köster (Belgrad, 1930) sowie des Botschafters v. Hoesch (London, 1936) und des Staatssekretärs v. Bülow (1936), durch Rücktritt der Botschafter v. Prittwitz (Washington, 1933) und Nadolny (Moskau, 1934) sowie durch Abberufung der Gesandten Müller (Bern, 1933) und Zechlin (Mexico, 1933).

Ein pointiertes, im Kern aber treffendes Bild der Personalpolitik Neuraths zeichnete 1937 der französische Botschafter in Berlin, André François-Poncet, nach der Berufung Mackensens, Neuraths Schwiegersohn, zum Staatssekretär mit den Worten: »J'ai visité l'Auswärtiges Amt; j'ai vu le père et j'ai vu le fils, mais je n'ai pas vu le Saint-Esprit.«[27]

---

die liebte vaterländisch klingende Namen. Mit ihm als Staatssekretär mochte Neurath hoffen, von den an andere Instanzen im Reich verlorenen Positionen manche wieder einzuholen, Mackensen hat sich hierum und um die ›Parteifähigkeit‹ unseres Amtes redlich bemüht« (Weizsäcker: Erinnerungen, S. 132f.).

26 30.1. 1939 SS-Brif., 30.1. 1942 SS-Gruf., jeweils im Stab RFSS (BDC, SS-Pers.-Akte Hans-Georg v. Mackensen)

27 BA Koblenz, NL Haushofer, 833, Geschichts-Miniaturen. Vgl. auch François-Poncet: Als Botschafter im »Dritten Reich«, Mainz 1980, S. 57.

*Hitler und v. Neurath bei der Trauerfeier für Staatssekretär v. Bülow in der Kaiser-Wilhelm-Gedächtniskirche, Berlin*

# III
# Kritik der Nationalsozialisten am Auswärtigen Dienst – Entstehung und Ziele ihrer Reformvorstellungen

»Im AA ist der Geist Stresemanns und Rathenaus noch immer lebendiger als der Hitlers.«

*Harry Graf Kessler,* 1935[1]

»Diese Clique, innerhalb derer 20 bis 30 adelige Familien seit 1 bis 2 Jahrhunderten ständig Diplomaten stellen, deren Ämter praktisch zu Familienmonopolen geworden sind, muß verschwinden.«

*Heinrich Himmler,* 1941[2]

Eine geschlossene Darstellung zur Kritik der Nationalsozialisten am Auswärtigen Dienst liegt bislang nicht vor.[3] Die Kenntnis der Ursprünge und Ziele nationalsozialistischer Kritik am diplomatischen Dienst ist ein Schlüssel zum Verständnis der von den Nationalsozialisten intendierten personellen und organisatorischen Reformen im Auswärtigen Dienst. Sie ist der notwendige Hintergrund, vor dem Anspruch und Wirklichkeit der Reorganisation des Auswärtigen Dienstes im Dritten Reich zu bilanzieren sind.

## *Frühe Kritik der NSDAP*

Ein erstes Zeugnis nationalsozialistischer Kritik am Auswärtigen Amt ist in den Richtlinien der getarnten Parteileitung von 1924 enthalten. Im außenpolitischen Teil dieser Richtlinien wurde einleitend festgestellt, daß es angesichts der sich ändernden Machtverhältnisse unmöglich sei, »ein genaues außenpolitisches Programm aufzustellen«[4]. Eine Bündnispolitik könnte »erst dann recht getrieben [sic] werden, wenn Deutschland wieder eine

1 Tagebücher 1918-1937, Frankfurt a.M. 1961, S. 735, Eintragung v. 26.5. 1935
2 Über die deutschen Diplomaten, in: Totenkopf und Treue, aus den Tagebuchblättern des finnischen Medizinalrats Felix Kersten, Hamburg o.J. [1952/53], S. 115
3 Elemente dieser Kritik sind vereinzelt nachgewiesen bei Mommsen, Hans: Beamtentum im Dritten Reich, Stuttgart 1966, S. 130 u. 138, sowie bei Jacobsen: NS-Außenpolitik, S. 12, 24 u. 610ff.
4 Aus den Richtlinien der getarnten Parteileitung von 1924, abgedruckt in: Nationalsozialistische Monatshefte 9 (1938), H. 100, S. 647

bündnisfähige starke, nationale Regierung besitzt.«[5] Es ließen sich deshalb »nur einige wenige Grundlinien zeigen, die aber mit desto größerer Energie verfolgt werden« müßten.[6] Im ersten von insgesamt fünf Punkten wurde gefordert: »Säuberung des Auswärtigen Amtes von unfähigen reaktionären Elementen und anderen Persönlichkeiten, die ihre Posten ihrer parteipolitischen internationalen Einstellung verdanken.«[7] In den übrigen Programmpunkten wurde die Revision einzelner Bestimmungen des Versailler Vertrages verlangt.

Bemerkenswert sind die außenpolitischen Grundlinien vor allem insofern, als sie eine personalpolitische, das heißt innenpolitische Forderung enthielten, die den eigentlich außenpolitischen Zielsetzungen vorangestellt wurde. Diese Rangfolge markiert nicht nur den hohen Stellenwert, den die Nationalsozialisten der »Säuberung des Auswärtigen Amtes« frühzeitig beimaßen, sondern läßt auch vermuten, daß die NSDAP in der Personalstrukturreform des AA eine wichtige Voraussetzung für – in ihrem Sinne – erfolgreiche Außenpolitik sah.

Die Notwendigkeit eines personellen Revirements in den Spitzenstellungen des Auswärtigen Dienstes als Voraussetzung für eine neue deutsche Außenpolitik betonte auch ein Leitartikel im »Völkischen Beobachter« vom 11. März 1930: »Die Außenpolitik Stresemanns, seiner Epigonen und Nachbeter hat nichts mit Politik, welche Kampf mit allen nur möglichen Mitteln zwecks Erhaltung des deutschen Volkes in allen seinen Lebensäußerungen innerhalb der anderen Nationen zum Inhalte haben muß, zu tun.«[8] Die Außenpolitik der vorangegangenen zehn Jahre sei »eine sture Erfüllung aller Auslandsforderungen, eine bürokratische Tributzahlungsmaschinerie« gewesen. Die Träger dieser Außenpolitik hätten auf »die Auswertung welt- und kontinentalpolitischer Möglichkeiten zum Zwecke der Befreiung Deutschlands« verzichtet. Infolgedessen sei die Außenpolitik »zur öden Außenverwaltung herabgesunken.« Im »System« der Weimarer Republik sei »freilich vergeblich auf eine Außenpolitik« zu warten. »Dieses

---

5 Ebda.

6 Ebda.

7 Ebda. Wenngleich die politische Einstellung jener mißliebigen und aus dem Dienst zu entfernenden Beamten nicht konkretisiert wurde, ist doch anzunehmen, daß mit dem Kampfbegriff der »reaktionären Elemente« und dem Vorwurf »internationaler Einstellung« vor allem Angehörige des Geburts- u. Finanzadels, Mitglieder der DNVP sowie Anhänger des Zentrums und der SPD umschrieben werden sollten. Vgl. dazu auch Goebbels, Joseph: Das patriotische Bürgertum, in: NS-Monatshefte 1 (1930), H. 5; Darré, Walter R.: Adelserneuerung oder Neuadel, in: NS-Monatshefte 2 (1932), H. 17

8 Zinßer, Christian: Außenverwaltung oder Außenpolitik? In: VB v. 11.3.1930, S. 1. – Der Lebenslauf Zinßers, der sich auch Zinsser schrieb, ist bemerkenswert: Geb. 1907 in Dresden, 1927 NSDAP (Nr. 66 421), 1932 Referendar, 1935 Assessor, 1936 Attaché im AA, 1937 b.d. Botschaft Warschau, 1938 Buenos Aires, 1944 Nanking; 1958 Wiedereintritt in das AA Bonn, Konsul I.Kl. in Porto/Portugal (BA Koblenz, NL Rheindorf, 78; NL Neurath, 21). Zinßer dürfte eines der ältesten NSDAP-Mitglieder im Berliner wie im Bonner AA gewesen sein.

System, das nicht von Staatsmännern, sondern von Parteibonzen und Bürokraten gehalten wird, kann nur Außenverwaltung treiben, und die auch noch nicht einmal richtig. Auch hier harren Aufgaben, die nur durch den Nationalsozialismus gelöst werden können, wenn dieser zur Grundlage des deutschen Staates geworden ist. Es gilt dann, von der reinen Außenverwaltung wieder zu einer deutschen Außenpolitik überzugehen.«[9]

Deutlicher wurden die Konturen nationalsozialistischer Kritik und Reformvorstellungen in der 1932 von Hans Pfundtner verfaßten Denkschrift über beamtenpolitische Maßnahmen »bei Übernahme der Staatsgewalt«[10]. Pfundtner forderte zunächst, daß »der Übergang zu einer wirklich aktiven Außenpolitik auch durch ein umfassendes Revirement nach außen sichtbar gemacht werden« müsse.[11] Seine Denkschrift bestätigt insoweit die Vermutung, daß für die Nationalsozialisten die Personalstrukturreform des AA vorrangig war. Bei der Neubesetzung der Posten werde man, so Pfundtner, »von den bisherigen Grundsätzen der Personalpolitik des Auswärtigen Amtes, die zum Teil eine Nachahmung schlechtester Vorkriegsgrundsätze sind, bewußt abweichen müssen.«[12] Übereinstimmend mit den außenpolitischen Richtlinien der getarnten Parteileitung von 1924 verlangte Pfundtner die Entfernung »international eingestellter« Diplomaten aus dem Dienst.

Neuartig gegenüber den frühen Quellen war Pfundtners Forderung, »charakterfeste, ihr Deutschtum bewußt zur Schau tragende Männer« in den Auswärtigen Dienst zu berufen. Geeignete Bewerber seien »auch außerhalb des Auswärtigen Amtes, und zwar sowohl unter den jetzigen und früheren Beamten anderer Ressorts, wie unter den Angehörigen anderer Berufe« zu finden. Erstmals wurde in einer Denkschrift nationalsozialistischer Provenienz auch die Forderung erhoben, daß »mit der ausgesprochenen Protektions- und Vetternwirtschaft im Auswärtigen Amt schleunigst gebrochen werden« müsse.[13]

Bei der Durchführung des Revirements sei »besonderes Augenmerk« auf die politisch wichtigen Stellen zu richten. Hierzu gehörten neben dem Ministerposten die der Staatssekretäre, Ministerialdirektoren und Ministerialdirigenten sowie außerdem die leitenden Beamten im Auslandsdienst (Botschafter, Gesandte).[14] Darüber hinaus spielten in den jeweiligen Ministerien noch die Personalreferenten, die persönlichen Mitarbeiter des Ministers und die Ministerialbürodirektoren eine besondere Rolle, letztere als

---

9 Ebda., S. 1f.

10 GStA Berlin, Handakten Pfundtner, Rep. 320, Nr. 314, zitiert nach Mommsen: Beamtentum im Dritten Reich, S. 127-135. Die Denkschrift entstand im Frühjahr 1932. Pfundtner wurde nach der Machtübernahme 1933 StS im Reichs- und Preußischen Ministerium des Innern.

11 Ebda., S. 130

12 Ebda.

13 Ebda.

14 Ebda., S. 128

Leiter des gesamten Büropersonals. Nach Pfundtners Auffassung bedurfte es keiner Begründung, »daß auch diese Posten mit unbedingt zuverlässigen Beamten besetzt sein müssen, wenn der neue Regierungsapparat ordnungsmäßig funktionieren soll.«[15]

Mit größerer Weitsicht formulierte Fritz-Dietlof von der Schulenburg in seiner Denkschrift vom April 1933 die Ziele der nationalsozialistischen Beamtenpolitik.[16] Wenngleich seine Überlegungen zum »Neuaufbau des höheren Beamtentums« vorrangig die allgemeine und innere Verwaltung betrafen, waren die Reformvorstellungen im Kern auch auf den höheren Auswärtigen Dienst übertragbar. In einem kurzen historischen Überblick sah v.d. Schulenburg die Leistungen des preußischen Beamtentums vor allem »in seiner Durchdrungenheit mit einer einheitlichen politischen Staatsidee, in Geist und Zucht, kurz im Charakter des Beamtentums und in dem hohen Maß an sachlichem Wissen und Können« begründet.[17] Diese Staatsidee sei indes schon vor dem Ersten Weltkrieg verblaßt, da »Liberalismus, Demokratie und Materialismus in das Denken der Staatsführer eindrangen.«[18] Mit Ausrufung der Weimarer Republik sei die zuvor bestehende Staatsidee endgültig verlorengegangen: »Die Parteien herrschten und durch sie die hinter ihnen stehenden Mächte des Judentums, des Kapitals und der katholischen Kirche. Der Beamte wurde Werkzeug der Parteien. [...] Der Charakter des Beamtentums zerbrach. Charakter als Wert kannten die Parteien nicht. Die Auslese wertete nach Parteibuch, allenfalls nach entwurzelter Intelligenz. [...] Das sachliche Können und Wissen des Beamtentums ging immer mehr zurück, Parteibuch und großstädtische Intelligenz beherrschten die Verwaltung, vor allem in den Ministerien.«[19] In der Folge sei »das alte preußische Beamtentum mit seinen hervorragenden Eigenschaften in Geist, Charakter und Leistung« zerbrochen. Es müsse »völlig auf neuem Geiste wieder aufgebaut werden.«[20]

Die Bedeutung des Neuaufbaus konnte nach Meinung v.d. Schulenburgs nicht hoch genug bewertet werden. Wichtig sei vor allem die Auslese und Heranziehung des Nachwuchses. In einem nationalsozialistischen Staat werde es selbstverständlich sein, »daß der Staat sich seinen Führernachwuchs in der Verwaltung selber heranzieht. Es ist dies bitter notwendig, weil

---

15 Ebda., S. 130

16 Denkschrift v.d. Schulenburgs für das Preußische Ministerium des Innern, NL v.d. Schulenburg, Privatbesitz, abgedruckt bei Mommsen: Beamtentum im Dritten Reich, S. 137-142. Zur Person und Laufbahn Schulenburgs vgl. Krebs, Albert: Fritz-Dietlof von der Schulenburg. Zwischen Staatsraison und Hochverrat, Hamburg 1964, insbesondere die Kurzcharakteristik S. 8: »[...] aus altem Adel, Sohn eines Generals, Freikorpsmann, Korpsstudent, ›roter Graf‹, aktiver Nationalsozialist, Regierungspräsident im Dritten Reich, Offizier und schließlich am 10. August 1944 gehängter Widerstandskämpfer«.

17 Denkschrift Schulenburgs, zitiert nach Mommsen, S. 137

18 Ebda., S. 138

19 Ebda.

20 Ebda.

es, um die Ideen des Nationalsozialismus durchzusetzen, darauf ankommt, daß in jedem Staatsamt glühende Kämpfer und Bekenner für die Idee des Nationalsozialismus stehen. Es ist daher notwendig, sofort aus dem Menschentum der jungen Generation von Nationalsozialisten (SA, SS) die besten auszulesen und in 4 Jahren eine breite Schicht von nationalsozialistischen Beamten heranzuziehen, um den Führern [...] eine *Streitmacht von politischen Kämpfern* heranzubilden.«[21] Wichtig sei insbesondere, »daß die Auslese und Erziehung des Beamtennachwuchses in die Hände von Nationalsozialisten gelegt wird. [...] *Die Auslese* muß die *biologisch Besten aus allen Volksschichten* erfassen, sie darf kein Vorrecht der sogenannten gebildeten Volksschichten bleiben. Kämpfer aus der SA, SS und den Wehrverbänden sind vorzugsweise zu berücksichtigen.«[22]

Die Erziehung des Beamtennachwuchses mußte nach Auffassung v.d. Schulenburgs »ganz darauf eingestellt sein, Charakter und Willen zu stählen und den Mut zu erproben. Der junge Beamte muß Sportarten treiben, die an Kühnheit, Willen und Ausdauer hohe Anforderungen stellen [...]. In stetem Zusammenleben, in steter Formung muß ein neuer Beamtentyp von echtem Kämpfertum und vorbildlicher Haltung entstehen. Der Beamte der Zukunft muß sich von der Jetztzeit so unterscheiden, wie der Stoßtruppführer des Weltkrieges vom Wachtsoldaten der Duodezfürstenzeit.«[23]

Die »privatjuristische« Ausbildung der höheren Beamten dürfe auf keinen Fall beibehalten werden. »Die theoretische Schulung muß mit der Durchdringung des Beamten mit einem politischen Willen verbunden werden. Sie kann nicht auf der Universität erfolgen. Die politisch theoretische Schulung des jungen Beamten muß daher in Führerschulen erfolgen, in welchen die härtesten Kämpfer und die besten Köpfe des Staates und der Verwaltung lehren, erziehen und mit suggestiver Kraft politisches Ziel, Willen und Glauben auf die jungen Beamten übertragen.«[24] Voraussetzung für die Annahme des Bewerbers müsse ferner die Teilnahme an Wehrsport und Arbeitsdienst sein. »Die fähigsten Beamten sind hohen Führern als Adjutanten beizugeben und in Sonderkursen nach der Art der Ausbildung der Generalstabsanwärter in der Armee auszubilden.«[25] Für die Leistungen des Beamtentums sei entscheidend, »daß frische und brauchbare Kräfte in den Schlüsselstellungen stehen. Es muß daher eine wesentliche *Verjüngung des Beamtentums* eintreten.«[26]

Zusammenfassend läßt sich die frühe Kritik der Nationalsozialisten am Beamtentum im allgemeinen und am Auswärtigen Dienst im besonderen auf die folgenden Kernaussagen reduzieren:

---

21 Ebda., S. 139 (Hervorhebung d. Verf.)
22 Ebda. (Hervorhebung d. Verf.)
23 Ebda.
24 Ebda., S. 140
25 Ebda., S. 141
26 Ebda. (Hervorhebung im Original)

- »reaktionäre« Einstellung der höheren Beamten des Auswärtigen Dienstes,
- Verkörperung unpolitischer und volksfremder Bürokratie,
- »internationale« Einstellung der Beamten durch Bindung an »überstaatliche Mächte« (Marxismus, Gewerkschaften, Kirchen, Logen, Judentum, Kapital, internationale Aristokratie),
- Dominanz der großstädtischen Intelligenz und der Parteibuchbeamten in der Ministerialbürokratie sowie
- Protektion und Vetternwirtschaft in der Personalpolitik des Auswärtigen Dienstes.

Aus dieser Kritik resultierten die folgenden Zielsetzungen nationalsozialistischer Beamtenpolitik:
- Besetzung der Schlüsselpositionen in den Ministerien mit Vertrauensleuten der NSDAP und ihrer Gliederungen,
- Berufung bewußter Vertreter des Deutschtums in den Auswärtigen Dienst,
- Abkehr von der vorwiegend juristischen Ausbildung des (diplomatischen) Nachwuchses,
- Auslese des Beamtennachwuchses nach rassenideologischen Kriterien, nicht nach sozialer Herkunft und universitären Abschlüssen,
- Heranbildung eines Beamten neuen Typs »von echtem Kämpfertum« auf der Basis biologischer Auslese, politisch-theoretischer Schulung und wehrsportlicher Ausbildung sowie
- Verjüngung der Beamtenschaft.

## *Kritik und Zielsetzungen Hitlers*

Während die Nationalsozialisten sogleich nach der Machtübernahme 1933 ihre beamtenpolitischen Ziele in allen Bereichen der allgemeinen und inneren Verwaltung sukzessive zu verwirklichen suchten[27], enthielten sie sich bis 1937 weitgehend personalpolitischer Eingriffe in den Auswärtigen Dienst. Diese Zurückhaltung hatte verschiedene Ursachen. Zunächst war Hitler nach Bildung seines Kabinetts 1933 an die dem Reichspräsidenten gegebene Zusage gebunden, daß alle Angelegenheiten, die das Auswärtige Amt und die Besetzung der diplomatischen Missionen betrafen, ausschließlich der Entscheidung v. Hindenburgs vorbehalten blieben.[28]

---

27 Vgl. Mommsen: Beamtentum im Dritten Reich, S. 20-125; Diehl-Thiele, Peter: Partei und Staat im Dritten Reich, Untersuchungen zum Verhältnis von NSDAP und allgemeiner innerer Staatsverwaltung 1933-1945, München 1969; Matzerath, Horst: Nationalsozialismus und kommunale Selbstverwaltung, Stuttgart 1970

28 Vgl. Seraphim, Hans-Günther (Hrsg.): Das politische Tagebuch Alfred Rosenbergs, München 1964, S. 28, sowie Picker, Henry: Hitlers Tischgespräche im Führerhauptquartier 1941-1942, Stuttgart 1963, S. 238, 349f. u. 443

Sodann gab die vergleichsweise kleine Zahl der Sozialdemokraten, Demokraten und Zentrumsmitglieder sowie »nichtarischer« Beamter im Auswärtigen Dienst nur selten Anlaß zu personalpolitischen Eingriffen.[29] Überdies verstand es der Reichsaußenminister v. Neurath, die überwiegend konservativ geprägte und insoweit relativ homogene Beamtenschaft des Auswärtigen Dienstes bis 1937 gegen Interventionen der NSDAP weitgehend abzuschirmen.[30]

Wenngleich Hitler seine Aversion gegen die traditionelle Diplomatie wiederholt zum Ausdruck brachte, dem AA gar »Verschwörung« gegen seine außenpolitischen Zielsetzungen unterstellte und im Frühjahr 1934 drohte, nach dem zu erwartenden Ableben v. Hindenburgs ein »paar Dutzend dieser ›Verschwörer‹ hinter Schloß und Riegel« zu setzen[31], blieb die Personalstruktur des Auswärtigen Dienstes bis 1937 nahezu unverändert.[32]

Sucht man nach den Gründen für die über den Tod des Reichspräsidenten am 2. August 1934 hinaus bestehende personelle Kontinuität im Auswärtigen Dienst, so ist wohl zunächst die Einsicht Hitlers festzuhalten, daß keine der anderen mit Außenpolitik befaßten Stellen in Staat und Partei personell und sachlich in der Lage war, die Funktionen des Auswärtigen Amtes kurzfristig zu übernehmen. Insbesondere mangelte es der NSDAP in den ersten Jahren des Dritten Reiches an qualifizierten, außenpolitisch geschulten Fachleuten, die die erfahrenen Vertreter der deutschen Diplomatie hätten ersetzen können.[33] Trotz des fehlenden Vertrauensverhältnisses zum AA gab es überdies für Hitler keinen unmittelbar zwingenden Grund für ein Revirement, solange er gewiß sein konnte, daß das Auswärtige Amt seine Politik der Revision des Versailler Vertrages unterstützte.[34]

Diese Einsicht verband sich in Hitlers Überlegungen schon frühzeitig mit der Erkenntnis, daß die institutionelle und personelle Kontinuität des Auswärtigen Amtes nicht nur innenpolitisch notwendig, sondern auch außenpolitisch zweckmäßig war. Letzteres dürfte dem Kalkül Hitlers entsprungen sein, das Ausland mittels der Kontinuität der traditionell konservativen deutschen Diplomatie und ihrer revisionistischen Außenpolitik über seine langfristig revolutionären Zielsetzungen hinwegzutäuschen. Dieser Schluß ergibt sich zwingend aus der Kritik Hitlers an der deutschen Diplomatie in

---

29 Vgl. Jacobsen: NS-Außenpolitik, S. 24f.

30 Vgl. ebda., S. 25 u. 466f.

31 Seraphim (Hrsg.): Das politische Tagebuch Alfred Rosenbergs, S. 28

32 Vgl. Jacobsen: NS-Außenpolitik, S. 24f., 466 u. 602f.

33 Vgl. Putlitz: Unterwegs nach Deutschland, S. 134: »Die Nazis selbst besaßen nicht einen einzigen Kopf, der für die komplizierten und delikaten Fragen der internationalen Diplomatie vorgebildet war.« Vgl. auch Nadolny: Mein Beitrag, S. 130f.: »[Hitler sagte], daß er von Außenpolitik nichts verstehe, auch niemand in der Partei habe, der darin Sachverständiger sei. Zunächst müsse er ganz Deutschland nationalsozialistisch machen, und das würde etwa vier Jahre dauern. [...] Außerdem sei das Auswärtige Amt eine Behörde, die nach alten Regeln verwaltet werde, und schließlich müßte er nach obenhin Rücksicht nehmen.«

34 Vgl. Jacobsen: NS-Außenpolitik, S. 466

der Ära v. Neurath: Bei verschiedenen Gelegenheiten verurteilte Hitler die »altjüngferlichen Methoden« in der deutschen Diplomatie und ihrer Außenpolitik. Das Auswärtige Amt habe nicht einmal einen Apparat zur Nachrichtenbeschaffung. Die »ledernen Gesandtschaftsberichte«, Feuilletons oder wissenschaftlichen Abhandlungen interessierten ihn nicht. Damit machten sich die Diplomaten nur wichtig. Das ganze Auswärtige Amt ersticke »in Bürokratie und Formalismus«. Er habe diesen »Weihnachtsmännern in der Wilhelmstraße« gesagt, mit ihrer Berichtstätigkeit könnte man in ruhigen Zeiten »weiter schlafen«, aber kein »neues Reich schaffen«. Neurath sei schwerfällig, »verschmitzt wie ein Bauer, aber ohne Einfälle«. Vorläufig nütze sein wohlwollendes Gesicht mehr als alles andere: Neurath werde man in England keine »revolutionäre Politik« zutrauen.[35]

Er, Hitler, bediene sich der alten Klasse, indem er sie in Furcht und Abhängigkeit halte. Er sei überzeugt, daß er keine willigeren Helfer haben werde. Und würden sie aufsässig, dann stünde ihm das alte klassische Mittel, nämlich ihre physische Beseitigung, immer noch zu Gebote.[36] Es sei nicht seine Schuld, wenn ihn die Vertreter der herrschenden Klasse, insbesondere die Deutschnationalen, für einfältig hielten und nachher feststellten, daß sie selbst die Dummen seien.[37] Diese »geschichtsbefugten Oberschichten« hätten nur noch die eine Aufgabe, »in Schönheit zu sterben«.[38]

Kurz vor und während des Zweiten Weltkrieges konkretisierte Hitler seine Kritik in vertrautem Kreis: Die adligen Familien »seien international und besonders im Krieg ideale Nachrichtenträger zur Gegenseite auf Grund internationaler Versippung.«[39] Das »Schlimmste« seien solche Diplomaten, »die der Mentalität des Gastlandes erlägen, dort alles wunderschön fänden und nach Möglichkeit noch im Ausland ihr eigenes Volk kritisierten. Etwas, was bei den Berufsdiplomaten nicht herauszukriegen sei.

35 Rauschning, Hermann: Gespräche mit Hitler, New York - Zürich 1940, S. 249f. - Die hier indirekt zitierten Passagen sind im Gegensatz zu anderen Berichtsteilen der »Gespräche« Rauschnings, z.B. über den Reichstagsbrand, nicht umstritten; vgl. Schieder, Theodor: Hermann Rauschnings »Gespräche mit Hitler« als Geschichtsquelle, Opladen 1972. - Zur Politik der Camouflage vgl. auch Nadolny: Mein Beitrag, S. 130f.

36 Rauschning: Gespräche mit Hitler, S. 257

37 Rauschning: Gespräche mit Hitler, S. 255. RAM v. Neurath gehörte der DNVP zwar nicht an, stand ihr jedoch nahe. Vgl. die Aussage des ehem. Ministerialdirektors im AA, Dr. Gerhard Köpke, v. 26. Juni 1946, in: IMT XVII, S. 122, sowie Prittwitz: Zwischen Petersburg und Washington, S. 145

38 Rauschning: Gespräche mit Hitler, S. 44. Rauschnings Darstellung wird im Tenor bestätigt durch die dem Verf. vorliegende Aufzeichnung des früheren VLR Dr. Werner v. Schmieden v. 19.4.1966, der zufolge Hitler die »Geheimräte des AA« später, d.h. wenn er ihrer nicht mehr bedurfte, »wie alte Droschkengäule ausrangieren« wollte.

39 Heeresadjutant bei Hitler 1938-1943, Aufzeichnungen des Majors Engel, hrsg. von Hildegard v. Kotze, Stuttgart 1974, S. 77, Aufzeichnung v. 14.3.1940

*Empfang des diplomatischen Korps: Hitler im Gespräch mit dem britischen Botschafter Neville Henderson; zwischen ihnen der Chefdolmetscher des AA, P.O. Schmidt; hinten links der Chef des Protokolls, Frhr. v. Dörnberg*

Das sei auch einer der Gründe, weswegen er Zug um Zug Gesandten- und Botschafterposten mit befähigten, vor allem aber weltanschaulich sicheren Parteigenossen besetzen wolle.«[40]

Im Zusammenhang damit steht auch die zu verschiedenen Zeiten und in mehreren Variationen wiederholte Kritik Hitlers an den deutschen Diplomaten, die »gute Frühstücker und Salonlöwen, aber keine Spione« seien.[41]

---

40 Ebda., S. 47, Aufzeichnung v. Juni 1939

41 Ebda., S. 101 (Aufzeichnung v. 24.4.1941), ähnlich S. 88 (Aufzeichnung v. 28.10.1940); vgl. auch Jochmann (Hrsg.): Adolf Hitler, Monologe im Führerhauptquartier, S. 254f. (Aufzeichnung v. 2.2.1942)

Nach Hitlers Auffassung bewegten sich die Diplomaten nur in ihren Kreisen. »So erfahren sie auch nur, was in diesen Kreisen zirkuliert.«[42] Das Deutsche Reich unterhalte »einen großen Nachrichten-Apparat, genannt Auswärtiges Amt, und man erfährt nichts. [...] Warum hat man nur diese großen diplomatischen Vertretungen? Was sie bei uns tun, weiß ich: Sie schneiden Zeitungsartikel aus und kleben sie auf. Als ich in die Reichskanzlei kam, erhielt ich jede Woche eine Mappe mit Zeitungsausschnitten vorgelegt, alles veraltet, von vierzehn Tagen vorher. Durch [Reichspressechef] Dietrich erfuhr ich am 2. Juli, was vom Auswärtigen Amt am 15. kam!«[43]

Vernachlässigt man die pejorativen Elemente in den Auslassungen Hitlers, sind folgende Schwerpunkte seiner Kritik am Auswärtigen Dienst festzuhalten:

- Schwerfälligkeit und Ineffizienz der diplomatischen Berichterstattung;
- Weltfremdheit, Wichtigtuerei, Überheblichkeit und Dünkel der Diplomaten;
- Dominanz adliger Geschlechter sowie
- »internationale Versippung« der aristokratischen Diplomaten.

Im Vergleich zur frühen Kritik der Nationalsozialisten am Auswärtigen Dienst zielte die Kritik Hitlers nicht nur auf die Sozialstruktur, die er in deutlich schärferer Sprache als Anachronismus sowie als Unsicherheitsfaktor hinstellte, sondern auch auf die nach seiner Auffassung spezifische Funktionsunfähigkeit des diplomatischen Dienstes als »Nachrichtenbeschaffungsapparat«.

Vor dem Hintergrund dieser Kritik sind die Zielvorstellungen Hitlers für den Neuaufbau des Auswärtigen Dienstes zu sehen, die er bei verschiedenen Gelegenheiten im vertrauten Kreis entwickelte. Ausgangspunkt war die Forderung, daß das Auswärtige Amt »von Grund auf erneuert werden« müsse.[44] Im personellen Bereich sei sicherzustellen, daß »der rassisch und intelligenzmäßig bestmögliche Nachwuchs für das Amt aus dem ganzen deutschen Volke« rekrutiert werde.[45] Die Gesandten und Botschafter »alten Stils« sollten »baldmöglichst durch hochqualifizierte Nationalsozialisten ersetzt werden«.[46] In der Erkenntnis, daß jedes Mitglied des Auswärtigen Dienstes Repräsentant des Deutschen Reiches sei, forderte Hitler, daß

---

42 Jochmann (Hrsg.): Adolf Hitler, Monologe, S. 117 (Aufzeichnung v. 30.10.1941)

43 Jochmann (Hrsg.): Adolf Hitler, Monologe, S. 117 (Aufzeichnung v. 30.10. 1941). Hitler stand mit seiner Kritik nicht allein. Karl Haushofer stellte schon 1935 fest: »Das Auswärtige Amt mit seinen diplomatischen Vertretungen ist die größte Sammelstelle von Sachkenntnis und Nachrichten im außenpolitischen Bereich. Leider wird das gewonnene Material nur in unzureichender Weise nutzbar gemacht« (Anlage zum Schreiben Haushofers v. 3.4. 1935 an den Stellvertreter des Führers, Heß; in: BA Koblenz, NL Haushofer, Nr. 833).

44 Jochmann (Hrsg.): Adolf Hitler, Monologe, S. 254 (Aufzeichnung v. 2.2. 1942); vgl. auch Picker: Hitlers Tischgespräche, 1963, S. 443 (Aufzeichnung v. 6.7. 1942)

45 Brief v. Ribbentrops an Rosenberg v. 31.5. 1939, in: PA des AA, RAM-Film-Nr. 4, Bd. 6

46 Schreiben des Chefs Pers. Stab RFSS, SS-Gruf. Wolff, v. 5.11.1941 an SS-Brif. Best, in: BDC, SS-Pers.-Akte Werner Best. – Der frühere Amtschef I im RSHA, nachmalige

nur die nach seiner Einschätzung »besten Deutschen, die sich beruflich bewährt hätten und auch über ein entsprechendes Auftreten verfügten«, künftig als Diplomaten Verwendung finden sollten.[47]

Die wichtigste Funktion des Auswärtigen Dienstes sah Hitler in der schnellen Beschaffung und Auswertung politisch-gesellschaftlicher Hintergrundinformationen - ohne Rücksichtnahme auf diplomatische Konventionen. Er könne keine Politik machen, ohne die führenden Persönlichkeiten des Auslands zu kennen. Die umfassende Kenntnis der Schwächen und Laster seiner einzelnen Gegner sei die Voraussetzung jeder erfolgreichen Politik.[48] Nach Überzeugung Hitlers hätten (Militär-)Attachés »nichts anderes als sanktionierte Spione zu sein, die mit dem Diplomatenpaß besser als die Abwehr arbeiten müßten.«[49] Darüber hinaus sollten neben den offiziellen diplomatischen Vertretungen möglichst viele Agenten eingesetzt werden, die über sämtliche Vorgänge und Stimmungen in Regierungs- und Oppositionskreisen der jeweiligen Fremdstaaten zu berichten hätten.[50]

Während die Vorschläge Pfundtners zur Reform des Auswärtigen Amtes weitgehend im Rahmen traditionell bürokratischer Behördenorganisation befangen blieben, liefen Hitlers Zielvorstellungen auf eine unkonventionelle Instrumentalisierung des Auswärtigen Dienstes als Nachrichtenbeschaffungsapparat hinaus, dessen er sich jederzeit als Hilfsorgan seiner Außenpolitik bedienen konnte.

Ribbentrops Vorstellungen zur Reform des Auswärtigen Dienstes entsprachen weitgehend denen Hitlers.[51] Nach Ribbentrops eigener Darstellung sei er »ja gerade vom Führer in dieses Amt hineingesetzt worden, um die Reorganisation unseres auswärtigen Apparates im nationalsozialistischen Sinne durchzuführen.«[52] Daher gehe sein ganzes »Streben seit Übernahme des Auswärtigen Amtes« im Februar 1938 dahin, »dasselbe in ein schlagkräftiges Instrument des Führers umzugestalten. [...] Daß dies nicht von einem Tag zum anderen geht, ist einleuchtend [...]. Endgültig wird dieses Problem erst gelöst werden durch den Nachwuchs, und gerade darum kommt dieser Frage eine ganz besondere Bedeutung zu. [...] Der rassisch und intelligenzmäßig bestmögliche Nachwuchs für das Amt aus dem ganzen deutschen Volke [sollte] sichergestellt werden.«[53]

---

Kriegsverwaltungschef beim Militärbefehlshaber in Frankreich, Dr. Werner Best, wurde 1942 zum Reichsbevollmächtigten in Dänemark berufen.

47 Picker: Hitlers Tischgespräche, 1963, S. 443f.

48 Vgl. Rauschning: Gespräche mit Hitler, S. 249

49 Heeresadjutant bei Hitler, Aufzeichnungen des Majors Engel, S. 46 (Aufzeichnung v. Juni 1939)

50 Vgl. Jochmann (Hrsg.): Adolf Hitler, Monologe, S. 254f.

51 Die von Wolfgang Michalka (Ribbentrop und die deutsche Weltpolitik 1933-1940. Außenpolitische Konzeptionen und Entscheidungsprozesse im Dritten Reich, München 1980) postulierte relative Selbständigkeit Ribbentrops gegenüber Hitler läßt sich insofern nicht bestätigen.

52 Brief Ribbentrops an Rosenberg v. 31.5. 1939, in: PA des AA, RAM-Film-Nr. 4, Bd. 6

53 Ebda.

Nach Auffassung Hitlers war in erster Linie die SS prädestiniert, die sich vor allem aus den traditionellen Oberschichten rekrutierende Funktionselite des diplomatischen Dienstes abzulösen. Anfang November 1941 bemerkte er in vertrautem Kreis: »Ich zweifle keinen Augenblick – viele begreifen das jetzt nicht –, daß in hundert Jahren die ganze deutsche Führerschaft aus der SS hervorgeht. Sie treibt die rassische Auslese.«[54]

Hitlers Postulat unterstreicht das rassenideologische Dogma seiner Weltanschauung; es bestätigt zugleich die »rassische Auslese« als Axiom der SS-Ideologie. Bezogen auf den Auswärtigen Dienst stellt sich jedoch die Frage, ob die »rassische Auslese« ein notwendiges oder hinreichendes Kriterium war. Welche Anforderungen waren darüber hinaus an den diplomatischen Nachwuchs zu stellen? Wie und nach welchen Methoden sollte »rassisch« ausgelesen werden?

## *Zur Kritik der SS*

Für die SS und Himmler im besonderen stellte sich die Frage, wie das langfristige Ziel einer »blutlichen Auslese«[55] der neuen deutschen Führungselite mit dem kurzfristigen machtpolitischen Ziel zu vereinbaren war, »sämtliche Führungsstellen des Reiches« mit SS-Führern zu besetzen[56]. Figurierte Machtpolitik in Himmlers Weltbild als Vehikel zur Erreichung rassenideologischer Ziele, oder war umgekehrt die konsequente Anwendung der nationalsozialistischen Rassengesetze eine hinreichende Voraussetzung für Machtgewinn? Welchen Stellenwert maß Himmler der »rassischen Auslese« beziehungsweise der machtpolitischen Zielsetzung in konkreten Entscheidungssituationen bei, wenn sich beide Axiome im Widerstreit befanden? Vor diesem allgemeinen Problemhintergrund stellen sich folgende Fragen: Welche persönlichen und beruflichen Merkmale sollten nach Himmlers Auffassung die Diplomaten neuen Typs auszeichnen? Welche Kritik am traditionellen Auswärtigen Dienst lag den personalpolitischen Zielsetzungen der SS zugrunde?

Die erste publizierte Kritik der SS an den im Staatsapparat verbliebenen traditionellen Eliten findet sich in der 1935 von SS-Gruf. Reinhard Heydrich, dem Chef des Sicherheitshauptamtes, verfaßten Schrift »Wandlungen unseres Kampfes«[57]. Ohne das Auswärtige Amt explizit zu nennen, bezog sich Heydrichs Darstellung auch auf den diplomatischen Dienst, der sich ja gerade durch seine Exklusivität und Kontinuität von den meisten

54 Jochmann (Hrsg.): Adolf Hitler, Monologe, S. 121

55 Rede Himmlers vor den SS-Gruppenführern v. 8.11.1938, zitiert nach Smith/Peterson (Hrsg.): Heinrich Himmler, Geheimreden, S. 39

56 Vgl. Schellenberg: Memoiren, S. 263

57 München-Berlin o.J. [1935]. Die Schrift ist eine Zusammenfassung einzelner Artikel, die Heydrich im Mai 1935 unter dem Titel »Der politische Soldat« im »Schwarzen Korps« veröffentlicht hat.

Reichsressorts unterschied, Justiz und Reichswehr vielleicht ausgenommen.

Im Gegensatz zum sichtbaren Gegner[58] sei, so Heydrich, der getarnte Gegner organisatorisch nicht faßbar. »Sein Ziel ist, die Einheit der Führung in Staat und Partei zu zerstören, um die Erreichung der weltanschaulichen Aufgaben des Nationalsozialismus unmöglich zu machen. [...] Zu diesem Zwecke besteht ein Netz von Querverbindungen zu fast allen Stellen des Staatsapparates, des öffentlichen Lebens und der Bewegung. [...] Die Hauptstützen dieser gegnerischen bewußt verräterischen Arbeit sind einige im Staatsapparat verbliebene feindliche Elemente, die sich, einhundertzehnprozentig gebärdend, sofort gleichschalteten. An ihnen ging das Beamtengesetz vorüber. Im Glauben an die Echtheit ihrer im Brustton der Überzeugung abgegebenen Treueerklärungen wurden sie als Fachleute in ihren Stellungen belassen.«[59]

Damit wurde einem Teil der im Staatsapparat verbliebenen Eliten erstmals bewußte (Selbst-)Gleichschaltung und überkompensatorische Anpassung mit dem Ziel camouflierter Opposition unterstellt.[60] In welchem Umfang läßt sich die unterstellte Anpassungsbereitschaft, etwa durch Eintritt in die NSDAP oder eine ihrer Gliederungen, für den Auswärtigen Dienst aus den Akten bestätigen? Inwieweit deckt sich der Vorwurf Heydrichs mit dem nach 1945 vertretenen Anspruch mancher Diplomaten, nur im Amt verblieben zu sein, um »Schlimmeres zu verhüten«?[61] Die Nationalsozialisten und insbesondere Hitler schienen dieses »diplomatische« Täuschungsmanöver frühzeitig konstatiert zu haben.[62] Erklärt sich daraus auch ihre haßerfüllte Ablehnung der Berufsdiplomaten? Ist unter diesen Umständen die These von der »Verschwörergesellschaft« im Auswärtigen Amt und die daraus abgeleitete Oppositionsrolle des AA noch aufrechtzuerhalten?[63] Verkehrte sich nicht vielmehr die Täuschungsabsicht in Selbsttäuschung? Trat nicht ein, was Hitler prophezeit hatte: Es sei nicht seine Schuld, wenn ihn die Vertreter der traditionellen Eliten für einfältig hielten und nachher feststellten, daß sie selbst die Dummen seien?[64]

---

58 Dazu zählten nach Heydrich »Marxismus, Judentum und politisierende Kirchen«.

59 Heydrich: Wandlungen unseres Kampfes, S. 14f.; zum »Beamtengesetz« vgl. Gesetz zur Wiederherstellung des Berufsbeamtentums v. 7.4.1933, in: RGBl. I, S. 175

60 Vgl. Heydrich: Wandlungen unseres Kampfes, S. 15ff.

61 Vgl. insbesondere Kordt: Nicht aus den Akten, S. 179f.; ders.: Wahn und Wirklichkeit, passim; Weizsäcker: Erinnerungen, S. 143-147; Blücher: Gesandter zwischen Diktatur und Demokratie, S. 287ff.

62 Vgl. Putlitz: Unterwegs nach Deutschland, S. 135: »Die Nazis ahnten sehr wohl, daß wir mit ihnen kein ehrliches Spiel trieben, und sie liebten uns nicht.«

63 Auf Grund der These von der »Verschwörergesellschaft« (vgl. Das politische Tagebuch Alfred Rosenbergs, S. 28) wurde dem AA von Anfang an und in toto eine Oppositionsrolle zugeschrieben (vgl. die amtlichen Schriften »100 Jahre Auswärtiges Amt«, S. 40f., u. »Auswärtige Politik heute«, Bonn ²1979, S. 23, sowie Deutsch: Verschwörung gegen den Krieg, S. 14f., u. Kosthorst: Die deutsche Opposition gegen Hitler, S. 14ff.).

64 Rauschning: Gespräche mit Hitler, S. 255

Die Kritik Himmlers konzentrierte sich – ähnlich wie die Hitlers – auf die herkömmliche Arbeitsweise und Sozialstruktur des diplomatischen Dienstes. Sie wurde schriftlich überliefert vor allem durch die Tagebuchaufzeichnungen seines finnischen Masseurs Felix Kersten.[65] Folgt man der Darstellung Kerstens, so entzündete sich die Kritik Himmlers am Auswärtigen Dienst an der Ineffizienz der diplomatischen Berichterstattung. Die Unzulänglichkeiten seien zurückzuführen auf die Einfältigkeit der Nachrichtenbeschaffung, mangelnde Urteilsfähigkeit und vor allem auf die Tendenz zur Berichterstattung pro domo, das heißt im Interesse der eigenen Karriere.

Eine Ursache für diese Unzulänglichkeiten sah Himmler im Beamtenstatus des Diplomaten. Damit hafteten ihm alle Schwächen eines Beamten an: »Als Beamter will er Karriere machen, hat den Ehrgeiz, befördert zu werden, ihn verlangt es nach dem Ordensbändchen. Der Attaché will Legationssekretär, dieser wieder Legationsrat, am besten I. Klasse werden. Der Wunschtraum des Letzteren ist der Gesandte, und diesen bewegt nur eines, nämlich Botschafter zu werden und damit im Range eines Ministers zu stehen. Das alles läßt sich nur durchführen, wenn man seinen Vorgesetzten genehm ist. Während das der gewöhnliche Beamte durch wirklich ernsthafte Arbeit zu erreichen versucht, erbringen diese Herren ihren Fähigkeitsnachweis dadurch, daß sie Berichte über das Land schreiben, in dem sie ihre Tätigkeit entfalten. Wenn diese Berichte der Karriere dienlich sein sollen, müssen sie der Meinung des Vorgesetzten entsprechen, und das ist der Herr Gesandte oder der Herr Botschafter oder die Bürokratie des Auswärtigen Amtes.«[66] Die Berichterstattung sei der bequemste Weg, »um auf die unauffälligste und objektivste Art und Weise an den Vorgesetzten heranzukommen und sich selbst in das richtige Licht zu setzen. Wenn man so in etwa die Grundeinstellung seines Chefs kennt und dazu eine geschickte Feder hat, dann braucht man nicht viel, jedes Ereignis so zu drehen, daß es als Markstein in der Entwicklung angesehen werden kann.«[67]

Weitere Ursachen für die mangelnde Objektivität diplomatischer

---

65 Totenkopf und Treue, Heinrich Himmler ohne Uniform, aus den Tagebuchblättern des finnischen Medizinalrats Felix Kersten, Hamburg o.J. [1952]. – Die Aufzeichnungen, die dem Kapitel »Außenpolitik ohne Diplomaten« zugrunde liegen, datieren vom Januar 1941. Frühere Kritik Himmlers am diplomatischen Dienst liegt in vergleichbarer Dichte und Offenheit nicht vor.
Die quellenkritischen Einwendungen Louis de Jongs gegen Kerstens Aufzeichnungen (Hat Felix Kersten das Niederländische Volk gerettet? In: Zwei Legenden aus dem Dritten Reich. Quellenkritische Studien von Hans-Heinrich Wilhelm und Louis de Jong, Stuttgart 1974) betreffen vor allem dessen Berichte über die Deportation der niederländischen Juden während des Zweiten Weltkrieges. Sie berühren nicht das Kapitel »Außenpolitik ohne Diplomaten« (S. 105-117). Die Glaubwürdigkeit der Äußerungen Himmlers in diesem Kapitel steht nach quellenkritischem Vergleich mit Akten des Pers. Stabs RFSS u. des AA außer Frage.

66 Kersten: Totenkopf und Treue, S. 107

67 Ebda., S. 109

Berichterstattung sah Himmler in deren weitgehender Beschränkung auf das diplomatische Milieu sowie in der Assimilationsneigung mancher Diplomaten, die sich bei langjährigem Auslandsaufenthalt vom Berichterstatter *über* das fremde Land zum Berichterstatter *für* dieses Land entwickelten.[68]

Besonders heftige Kritik übte Himmler an den traditionellen Methoden diplomatischer Nachrichtenbeschaffung. Wiederholt klagte er über die kümmerlichen Nachrichten, die aus den »verkalkten Botschaften« flössen. »Was an Nachrichtenmaterial wirklich wesentlich ist, erhalten wir auf ganz anderen Wegen aus ganz anderen Kanälen. Die Nachrichtenwaffe der Botschaften ist in der Zeit des Vorderladers steckengeblieben, während wir schon ganz anständig mit Maschinengewehren zu schießen verstehen.«[69] Mussolini befinde sich in einer vergleichbaren Situation. »Er hat, um sich zu helfen, das System der ›slight boys‹ eingerichtet, das sind versierte fixe Jungens, die den Botschaften unter irgend einem Vorwand beigeordnet sind, laufend berichten und dem Staatschef die Möglichkeit bieten, die Vorgänge, die der Botschafter berichtet, doppelt geschildert zu erhalten. Dadurch kommt er der Wahrheit schon ein Stück näher. [...] Der Führer trägt sich im übrigen mit ähnlichen Gedanken, jedenfalls für die Übergangszeit.«[70]

Aufschlußreich ist die Begründung Himmlers für die Verzögerung der geplanten Maßnahmen zur Reorganisation des Auswärtigen Dienstes: »Wir wären auf diesem Gebiet schon viel weiter, wenn nicht Ribbentrop ständig dazwischenfunkte und den Führer beeinflußte, die gesamte Angelegenheit bis nach dem Krieg aufzuschieben mit dem Hintergedanken, bis dahin seinen eigenen Apparat reorganisiert zu haben. So sehr ihm die alte Diplomatie zuwider ist, die ihn im Grunde nicht für voll nimmt, was er fühlt und mit Haßausbrüchen quittiert, so hat er doch eine Riesenangst, daß ihm seine Position beschnitten wird. Nur aus diesem Grunde sucht er die bisherigen Institutionen aufrechtzuerhalten und frisches Blut hineinzupumpen, insbesondere den Nachrichtendienst der Botschaften neu aufzuziehen. Da er im Grunde nichts davon versteht, muß er sich der alten Leute bedienen, mit dem Erfolg, daß alles schief läuft. Auf der anderen Seite haben wir die Leute und auch die Erfahrungen im Nachrichtendienst, was könnten wir machen, wenn Ribbentrop vernünftiger wäre!«[71] So müsse er, Himmler, sich darauf beschränken, nur in entscheidenden Situationen durch seine Berichterstattung einzugreifen.[72]

---

68 Vgl. ebda., S. 108-112 (Hervorhebungen im Original)

69 Ebda., S. 114. – Hintergrund des Vergleichs ist die nachrichtendienstliche Tätigkeit des RSHA, Amt VI (SD-Ausland), in und neben den diplomatischen Missionen.

70 Ebda. – Himmler verschwieg an dieser Stelle, daß die Doppelgleisigkeit in der Nachrichtenbeschaffung (durch AA u. SD-Ausland) 1941 bereits Praxis war.

71 Ebda., S. 115

72 Die Glaubwürdigkeit dieser Darstellung läßt sich aus den Akten erhärten. Vgl. das Fernschreiben Himmlers an SS-Staf. Schellenberg v. 5.12. 1942: »[...] Es sei Auf-

Gleichwohl sei er »in dem entscheidenden Punkt, dem Kampf gegen die alte Diplomatie«, mit Ribbentrop »absolut einig«. »Diese Clique, innerhalb derer 20 bis 30 adelige Familien seit 1 bis 2 Jahrhunderten ständig Diplomaten stellen, deren Ämter praktisch zu Familienmonopolen geworden sind, muß verschwinden.«[73] Die aristokratischen Diplomaten hätten es bisher »in wirklich meisterhafter Weise verstanden, sich durch alle Fährnisse der verschiedenen Regierungen hindurch zu lavieren. [...] Da der ganze Adel versippt und verschwägert ist, zieht einer den anderen nach sich und im Ergebnis ist alles wie einst im Mai. Das ist eine Versicherungsgesellschaft auf Gegenseitigkeit, die man bewundern könnte, wenn sie nicht in so eindeutiger Form gegen unsere Interessen stünde.«[74]

Dieser Konflikt zwischen alter und neuer Elite hatte eine innenpolitische, ursächlich ideologische, und eine außenpolitische Komponente. Nach Himmlers ideologischem Verständnis gehörte der »vielfach degenerierte« Adel »zurück aufs Land, dahin, wo er hergekommen ist und neue Wurzeln schlagen muß, um sich blutsmäßig aufzufrischen, zu erholen und neu zu vererben.«[75] Diese alte »Führerschaft« müsse indes nicht untergehen, wenn sie sich nur an die »biologischen Gesetze« halte.[76] Den »neuen Adel des deutschen Volkes« bestimme künftig nicht mehr die soziale Herkunft, sondern die »blutliche Auslese« der rassisch Besten aller Schichten.[77] So habe auch das Führerprinzip nichts zu tun »mit einer Restauration überalterter Privilegien oder gar eines bevorrechtigten Standes. [...] Vielmehr griff man bewußt auf die eigentlichen Wurzeln staatsbildender Kräfte zurück, indem man gleichmäßig alle diejenigen Schichten des deutschen Volkes zur Herrschaft berief, deren Blut rassisch intakt war und so die Neuentstehung der eine künftig gesunde Staatsführung gewährleistenden Führerschicht verbürgte.«[78]

Die außenpolitischen Interessen sah Himmler - übereinstimmend mit Hitler - vor allem dadurch gefährdet, daß die internationale »Versippung« der Diplomaten aristokratischer Herkunft einen »geradezu idealen Ansatzpunkt« für feindliche Nachrichtendienste bildete.[79] Deshalb müsse, so die Schlußfolgerung Himmlers, »der Adel restlos aus allen führenden Positio-

---

gabe des Auswärtigen Amtes, dafür zu sorgen, daß die Berichte des Auswärtigen Amtes an den Führer herankommen. Bei allen eiligen Dingen behalte ich es mir vor, den Führer zu unterrichten, da ich dem Führer Adolf Hitler zur Treue verpflichtet bin, nicht dem Reichsaußenminister Joachim von Ribbentrop« (BA Koblenz, NS 19 neu/2032).

73 Kersten: Totenkopf und Treue, S. 115

74 Ebda., S. 115f.

75 Ebda., S. 116

76 Ebda.

77 Rede Himmlers vor den SS-Gruppenführern v. 8.11.1938, in: Smith/Peterson (Hrsg.): Heinrich Himmler, Geheimreden, S. 39. Vgl. auch Kersten: Totenkopf und Treue, S. 61, 79-91 u. 100

78 Der politische Soldat, das Führerprinzip, in: Das Schwarze Korps v. 27.2.1936

79 Kersten: Totenkopf und Treue, S. 117

nen, an denen der Feind Interesse hat, entfernt werden, als erstes aber aus solchen, in denen er selbst innerhalb und z.T. an der Spitze von Nachrichtenapparaten steht, wie dies im auswärtigen Dienst der Fall ist.«[80]

Die weiteren Vorstellungen Himmlers zur personellen und institutionellen Reform des Auswärtigen Dienstes lassen sich auf folgende Kernforderungen reduzieren:

- Beschränkung der Funktionen des Auswärtigen Dienstes auf Paß- und Visaangelegenheiten[81];
- Entsendung ausgewählter Spezialisten zur Intensivierung der wirtschaftlichen und kulturellen Beziehungen mit dem Ausland[82];
- Austausch der Botschafter und Gesandten »alten Typs« gegen weisungsgebundene Sonderbeauftragte für im engeren Sinn diplomatische Angelegenheiten[83] und
- Einstellung des diplomatischen Informationsdienstes wegen Ineffizienz, Ausbau des geheimen politischen Nachrichtendienstes (SD-Ausland).[84]

Im Ergebnis liefen Himmlers Forderungen auf das Ziel hinaus, die traditionelle Berufsdiplomatie mittelfristig »stark abzubauen« und letztlich »ganz abzuschaffen«.[85]

## *Personalpolitische Zielsetzungen Himmlers*

Welche persönlichen und beruflichen Bedingungen sollte der Diplomat neuen Typs in der Vorstellung Himmlers erfüllen? Gegenüber Kersten hat sich Himmler zu dieser Frage positiv nicht geäußert. Seine Kritik an der traditionellen Berufsdiplomatie impliziert gleichwohl die grundsätzliche Forderung, daß der Diplomat neuen Typs sich weder als Beamter verstehen noch Aristokrat sein sollte. Mehr Aufschluß geben die von Himmler 1942

---

80 Ebda. Vgl. dazu auch den »Erlaß des Führers über die Fernhaltung international gebundener Männer von maßgebenden Stellen in Staat, Partei und Wehrmacht« v. 19.5.1943, in: BDC, Ordner Verschiedenes.

81 Vgl. Kersten: Totenkopf und Treue, S. 106

82 Das wären »nicht typische Aufgaben der Diplomaten, dieser Aufgabenbereich ist vielmehr hinzugekommen und könnte durch entsprechende Fachleute viel besser wahrgenommen werden als durch die Berufsdiplomaten.« Kersten: Totenkopf und Treue, S. 109; vgl. auch ebda., S. 108f. u. 114

83 Vgl. ebda., S. 114

84 Vgl. ebda., S. 107ff. u. 114f.

85 Vgl. ebda., S. 106 u. 114. – Dieser Plan muß auch vor folgendem Hintergrund gesehen werden: Hitler hatte sich Anfang 1941 die Berichte deutscher Diplomaten aus den Jahren 1935-1939 über das Kräfteverhältnis der Westmächte zu Deutschland noch einmal vorlegen lassen. Die darin aufgezeigten Gefahren einer militärischen Auseinandersetzung mit dem Westen seien nach Hitlers Auffassung durch die zwischenzeitlich eingetretenen deutschen Siege widerlegt worden. In den Augen Hitlers demonstrierten die Berichte nicht nur die »Unfähigkeit«, sondern auch die »Gefährlichkeit der Diplomaten« (Kersten, S. 106).

und 1943 erlassenen Richtlinien zur Aufnahme bzw. Beförderung in der Allgemeinen SS.[86] Die Bedeutung dieser Richtlinien für den Auswärtigen Dienst wurde unterstrichen durch die Tatsache, daß Himmler die Modalitäten ihrer Anwendung auf Diplomaten seinem Verbindungsführer im AA, SS-Oberf. Likus, mündlich erläuterte und dieser sie zur Ministervorlage machte.

Grundsätzlich forderte Himmler, daß »nur über dem Durchschnitt stehende Männer deutschen oder artverwandten Blutes, die in jeder Hinsicht einen *wertvollen* Zuwachs bedeuten und gute Führereigenschaften besitzen«, in die SS aufgenommen werden sollten.[87] Im einzelnen verlangten die Richtlinien:

- Lösung von konfessionellen Bindungen[88];
- charakterliche, weltanschauliche und politische Eignung;
- Fronteinsatz und Befähigung zum Reserveoffizier[89] sowie
- Verheiratung und Kinderreichtum[90].

Für Angehörige des Auswärtigen Dienstes, die bereits SS-Führer waren, machte Himmler jede Beförderung von der »Bewährung an der Front« und der »Erreichung eines Führerdienstgrades der Reserve in der Waffen-SS oder in der Wehrmacht« abhängig. Von diesen Voraussetzungen wurde abgesehen, »wenn dem SS-Führer infolge Alters oder Krankheit ein Fronteinsatz nicht möglich war, oder wenn sich der SS-Führer in einer wichtigen beruflichen Schlüsselstellung« befand. Außerdem ließ der Reichsführer-SS bevorzugte Beförderungen zu, »wenn die Vorgeschlagenen auf Grund hervorragender Leistungen auf ihren dienstlichen Aufgabengebieten höhere Dienstgrade wahrnehmen können.«[91]

---

86 Richtlinien zur Einreichung von Beförderungsvorschlägen für Führer der Allgemeinen SS und der Waffen-SS für die Dauer des Krieges, hrsg. am 15. November 1942 vom SS-Personalhauptamt, gez. H. Himmler (in: NA Washington, T-120, roll 30); Verfahren und Richtlinien zur Aufnahme mit einem Führerdienstgrad in die Schutzstaffel (Allgemeine SS), hrsg. am 6. Juli 1943 vom SS-Personalhauptamt, gez. H. Himmler (in: PA des AA, Inland II A/B 349/2). – Beide Richtlinien wurden den Verbindungsführern der SS im AA (VLR SS-Oberf. Likus bzw. LR SS-Hstuf. v. Thadden, i.V. des VLR SS-Ostubaf. Wagner) übersandt. Likus trug die Richtlinien am 25.3. 1943 dem RAM v. Ribbentrop vor, der ihnen lt. Randvermerk zustimmte (Vortragsnotiz Likus v. 25.3. 1943, in: NA Washington, T-120, roll 30).

87 Aufnahmerichtlinien v. 6. Juli 1943, S. 3 (Hervorhebung im Original), in: PA des AA, Inland II A/B 349/2. – Vor Einleitung des Aufnahmeverfahrens mußten u.a. folgende Grundvoraussetzungen erfüllt sein: positive SD-Beurteilung, Erbgesundheit u. Ahnennachweis.

88 Ebda.; in den Richtlinien v. 15. November 1942 lautete die entsprechende Forderung: »weltanschaulich von allen volksfremden Bindungen frei«. Hinter beiden Formulierungen stand die Forderung des Kirchenaustritts.

89 Ausnahmen hiervon bedurften besonderer Begründung.

90 Im Originaltext lautete die Forderung: Es durften nur solche Bewerber aufgenommen werden, die »bei einem Lebensalter über 25 Jahre verheiratet sind und durch Kinderreichtum bewiesen haben, daß sie sich ihrer Pflichten dem Volk gegenüber bewußt sind« (Aufnahmerichtlinien, S. 2).

91 Vortragsnotiz Likus v. 25.3.1943, in: NA Washington, T-120, roll 30

Himmlers Forderungen liefen letztlich auf die Schaffung eines Diplomaten neuen Typs hinaus, den man als »politischen Kämpfer an der diplomatischen Front« charakterisieren könnte. Seine konstitutiven Elemente - rassenbiologische Auslese, politisches Kämpfertum und weltanschauliche Überzeugungstreue - sind indes nicht erst während des Zweiten Weltkriegs entstanden, sondern bereits seit 1933 als Ziele nationalsozialistischer Beamtenpolitik nachweisbar.[92] Die SS verlieh diesen Zielvorstellungen eine spezifische Qualität, indem sie sie unter biologisch-materialistischem Vorzeichen zusammenfaßte und auf die Rekrutierung der neuen Führungseliten anwandte: In einem 1937 veröffentlichten Beitrag über »Aufgaben und Aufbau der Sicherheitspolizei im Dritten Reich« postulierte SS-Gruf. Heydrich, durch »rassische und charakterlich-menschliche Auslese« den Typus des »soldatischen Beamten« zu schaffen, »der allein die stets im Weltanschaulichen begründeten Aufgaben der Staatspolizei und der Kriminalpolizei erfüllen kann.«[93] Ebenfalls 1937 forderte der Reichsstudentenführer, SS-Staf. Dr. Scheel, daß sich der Wissenschaftler neuen Typs »als politischer Soldat an der Hochschule« verstehen müßte.[94]

Genese, Struktur und Funktion des »politischen Soldatentums« wurden während des Zweiten Weltkrieges in den Schulungs- und Propagandaanweisungen der SS konkretisiert: »Die Stahlgewitter des Stellungskrieges und die sozialen Erschütterungen nach 1918 bilden den Hintergrund, aus dem der neue politische und soldatische Führertyp hervorgetreten ist. Die anschließende innerpolitische Kampfzeit hat die Spreu vom Weizen geschieden. Das war ein einzigartiger Ausleseprozeß.«[95] Aufgabe der SS sei es, »durch Erziehung und Auslese einen neuen Menschen- und Führertyp zu schaffen, der in der Lage ist, auch alle großen Aufgaben der Zukunft zu meistern: *den politischen Soldaten.*«[96] Dieser neue Führertyp habe seinen

92 Vgl. insbesondere die Denkschrift Fritz-Dietlof v.d. Schulenburgs v. April 1933, im einzelnen oben, S. 82f.

93 Dr. Wilhelm Frick und sein Ministerium, aus Anlaß des 60. Geburtstages des Reichs- und Preußischen Ministers des Innern Dr. Wilhelm Frick am 12. März 1937 hrsg. von Hans Pfundtner, München 1937, S. 153

94 Über den Neuaufbau des deutschen Studententums, in: SS-Leitheft 7, 3. Jg., v. 1.11. 1937, S. 77

95 Führertum aus Berufung, in: SS-Leitheft, Ausgabe S, Jg. 1944, Heft 3, S. 3

96 SS-Handblätter für den weltanschaulichen Unterricht, Thema 22, hrsg. vom SS-Hauptamt, o.O., o.J. [Berlin 1944] (Hervorhebung im Original). Zu Himmlers Ausleseprinzipien vgl. auch Kersten: Totenkopf und Treue, S. 298-306, vor allem S. 302: »In den Schlachten des Krieges werde die Auslese für den Orden der SS getroffen. [...] Der Unteroffizier und Offizier alten Typs werde [...] nicht wiedererstehen«, sowie S. 304f.: »Jeder Staat brauche eine Elite. Im nationalsozialistischen Staat solle die SS zur Elite der staatsaufbauenden Kräfte werden. Das könne sie nur, wenn sich in ihren Angehörigen die Traditionen echten Soldatentums, die vornehme Gesinnung, Haltung und Wohlerzogenheit des deutschen Adels, das Wissen und Können sowie die schöpferische Tatkraft der Industriellen und die Tiefe deutschen Gelehrtentums auf dem Boden rassischer Auslese mit den sozialen Forderungen der Zeit verbinde. [...] Es gelte die Tradition mit der Revolution zu verbinden und alles, was

sichtbaren Ausdruck bereits in der Waffen-SS gefunden.[97] Doch nicht nur die Waffen-SS, sondern die ganze Schutzstaffel sollte nach dem Willen Himmlers »neben den selbstverständlich soldatischen Aufgaben besonders ein Kampftrupp sein für die weltanschaulichen Ziele des neuen Reiches. Der SS-Mann ist daher Kämpfer mit Weltanschauung *und* Waffe und weiß ganz genau, daß für die dauernde Sicherung des Reiches beide Elemente - Idee und Waffe - von grundlegender Bedeutung sind.«[98]

Welche »großen Aufgaben der Zukunft« sollte der »politische Soldat« meistern? Und lassen die »weltanschaulichen Ziele des neuen Reiches« Rückschlüsse zu auf eine außenpolitische Konzeption der SS?

## *Außenpolitische Zielvorstellungen der SS*

Im außenpolitischen Teil seiner Rede vor den SS-Gruppenführern am 8. November 1938 bemerkte Himmler: »[...] das, was Deutschland in der Zukunft vor sich hat, ist entweder das großgermanische Imperium oder das Nichts. Ich habe den Glauben, wenn wir in dieser Schutzstaffel unsere Pflicht tun, daß dann der Führer dieses großgermanische Imperium, das großgermanische Reich schaffen wird, das größte Reich, das von dieser Menschheit errichtet wurde und das die Erde je gesehen hat.«[99]

Nach den ersten deutschen Siegen im Zweiten Weltkrieg schien das »Germanische Reich Deutscher Nation« greifbar geworden.[100] Substanz dieses neuen Reiches bilde das geeinte Deutschtum Europas: »Das Volk als die gottgewollte Einheit blutsgleicher Menschen ist zugleich die lebendige, natürliche und damit schöpfungsgerechte Grundlage des Reiches.«[101] Künftig gehe es darum, »die geistigen und seelischen Prinzipien der letzten

---

an Echtem aus der Vergangenheit noch vorhanden sei und an Zukunftsweisendem sich zeige, hier einmünden zu lassen.«

97 SS-Handblätter für den weltanschaulichen Unterricht, Thema 22, hrsg. vom SS-Hauptamt, [Berlin 1944]. - Vgl. dazu auch die grundlegende Untersuchung von Bernd Wegner: Hitlers politische Soldaten: Die Waffen-SS 1933-1945. Studien zu Leitbild, Struktur und Funktion einer nationalsozialistischen Elite, Paderborn 1982

98 Der Weg zum Reich, hrsg. vom SS-Hauptamt, [Berlin, nach 1941], S. 115 (Hervorhebung im Original). Vgl. dazu auch Faltz, Walter: Politisches Soldatentum, in: Germanische Gemeinschaft, Folge 1, hrsg. von Franz Riedweg im Auftrag des SS-Hauptamtes, Berlin - Leipzig [nach 1941]: »Weltanschauung und Waffe, Idee und Macht, haben ihre lebendige Verkörperung und Vereinigung im politischen Soldatentum des neuen Deutschland gefunden.«

99 Zitiert nach Smith/Peterson (Hrsg.): Heinrich Himmler, Geheimreden, S. 49. Vgl. auch Ackermann: Heinrich Himmler als Ideologe, S. 180ff.

100 So Friedrich Schmidt im Vorwort seiner Schrift »Das Reich als Aufgabe«, Berlin $^{2}$1940, S. 5. - Die Herausgabe dieser Schrift durch den SS-eigenen Nordland-Verlag läßt vermuten, daß Himmler ihrer Grundaussage zugestimmt hat. In kurzer Folge erschienen 1940 vier Auflagen mit 900000 Exemplaren. Vgl. dazu auch Ackermann: Heinrich Himmler als Ideologe, S. 172

101 Schmidt: Das Reich als Aufgabe, S. 77

Persönlicher Stab Reichsführer-SS
Schriftgutverwaltung
Akt. Nr. 106

**Der Reichsführer SS**

Berlin SW 11, den 28. 12.39
Prinz-Albrecht-Straße 8

83

Tgb.Nr.
RF/Scho.

Mein lieber Parteigenosse G e r l a c h !

Erst heute, auf einer Reise nach Rom, komme ich dazu, Ihre beiden Briefe vom 19.1o. und 3.12.39 zu beantworten.

Die letzten Wochen und Monate waren von unendlich viel Arbeit erfüllt. Das können Sie sich ja selbst vorstellen. Insgesamt bin ich aber sehr zufrieden.

Über Ihren Brief habe ich mich sehr gefreut. Ich bin sehr froh, dass Sie als Vertreter des Deutschen Reiches in Island sind, von dem ich allerdings den Eindruck habe, als hätte es seine germanische Herkunft und Art völlig vergessen. Irgendwie ist es doch traurig, dass ein germanisches Volk von 100 000 Menschen völlig gleichgültig danebensteht, wenn das grösste germanische Brudervolk von 82 Millionen Menschen seinen schweren Schicksalskampf besteht. Wir werden bestimmt siegen und wir brauchen auch die geistige Unterstützung der anderen Länder nicht. Aber irgendwie ist für diese Völker selbst - nicht für uns - die Haltung eine betrübliche.

Sehr habe ich mich über Ihre Tätigkeit gefreut. Schreiben Sie mir doch einmal, wie dieser deutsche Kommunist und Emigrant heisst, dem die Staatsbürgerschaft aberkannt werden soll.

- 2 -

Für das neue Jahr wünsche ich Ihnen und Ihrer lieben Familie sowie den Deutschen in Island von Herzen alles Gute.

H e i l H i t l e r !

I h r

gez. H. Himmler

zwei Jahrtausende zu überwinden und den europäischen Kontinent als germanisch-deutschen Kontinent zu revolutionieren und als Bollwerk der neuen Idee des Nationalsozialismus zu festigen und zu vollenden.«[102]

Nach dem Angriff der deutschen Streitkräfte auf die UdSSR im Juni 1941 konkretisierte Himmler in vertrautem Kreis die Umrisse der »großgermanischen« Reichsidee: »Gewaltig sei, was innerhalb eines Menschenalters praktisch vom Führer bisher erreicht worden sei und noch wahrscheinlich erreicht werden wird, unser nach dem Versailler Schmachfrieden verkleinertes Reich auf den Vorweltkriegsstand zu bringen und dann wieder zu vergrößern und das Großdeutsche Reich zu schaffen. Nach dem Großdeutschen Reich kommt das germanische Reich, dann das germanisch-gotische Reich bis zum Ural, und vielleicht dann auch noch das gotisch-fränkisch-karolingische Reich.«[103] SS-Stubaf. Dr. Rudolf Brandt, der persönliche Referent des Reichsführers-SS und Protokollant seiner Tischgespräche, schloß die Aufzeichnung mit der Feststellung Himmlers, »daß wir darauf ja auch einen Anspruch hätten, die anderen hätten das nur noch nicht gemerkt.«[104]

In seiner Rede vor den Reichs- und Gauleitern in Posen am 6. Oktober 1943 rechtfertigte Himmler diesen Anspruch: »Die Stärke unserer deutschen Soldaten und unseres ganzen deutschen Volkes beruht im Glauben, im Herzen und in der Überzeugung, daß wir gemäß unserer Rasse und gemäß unserem Volkstum mehr wert sind als die anderen. Das ist [...] das Fundament, die Voraussetzung unserer geschichtlichen Existenz. Ein Volk, das in der Mitte Europas liegt, von allen Seiten vom Feind umgeben ist, einen Dreißigjährigen Krieg überlebt hat, aus dem es mit dreieinhalb bis vier Millionen Menschen herauskam und sich dann zur geschichtlichen Größe eines Großdeutschland und eines werdenden Germanischen Reiches durchschlägt, ein solches Volk hat seine Existenz nur aufgrund seiner Qualität, seines rassischen Wertes. In dem Augenblick, wo wir an unserem Glauben, an diesem rassischen Wert selbst zu zweifeln beginnen, ist Deutschland, ist der germanische Mensch verloren. Denn die anderen sind mehr als wir. Wir aber sind mehr wert als sie. Unsere Aufgabe in den nächsten Generationen, in den nächsten Jahrhunderten ist, wie es ehedem in grauer Vorzeit war, daß dieser nordische Mensch wieder die Führungsschicht für ganze Erdteile stellen wird und damit die Welt regiert.«[105]

Aus dieser langfristigen Zielsetzung leitete Himmler auch den »Sinn des Krieges« ab. In seiner Rede vom 21. Juli 1944 postulierte er folgende Ziele:

---

102 Ebda., S. 75

103 BA Koblenz, NS 19 neu/1446 (Tischgespräche Himmlers [undatiert, vermutlich 1942]), Bl. 17

104 Ebda.

105 Smith/Peterson (Hrsg.): Heinrich Himmler, Geheimreden, S. 165. – Ähnlich äußerte sich Himmler in seiner Rede v. 25. Juli 1944: »Der Wert unseres Volkes, der Wert unserer Rasse, der Wert unseres Blutes ist höher und qualitativ besser als der unserer Gegner« (ebda., S. 244).

»1. die Bestätigung Großdeutschlands als Weltmacht, so wie der 7-jährige Krieg das ausgeblutete Preußen als europäische Macht bestätigte.
2. der Zusammenschluß und die Bildung eines germanischen Reiches, das sich rein politisch von 90 auf 120 Mill.[ionen] erweitern wird.
3. die Neuordnung unseres Lebens im Raum dieses großgermanischen Reiches in wehr-, wirtschafts- und volksmäßiger Hinsicht.«[106]

Letztlich sah Himmler den »Sinn des Krieges« in der notwendigen »Auseinandersetzung zwischen Europa und Asien [...], zwischen einem germanischen Reich und dem Untermenschen«, verkörpert durch Judentum und Bolschewismus.[107] Deren Zurückdrängung und Vernichtung waren nach dem ideologischen Verständnis Himmlers Voraussetzung für die Neuordnung Europas unter deutscher Führung.

Wegbereiter und Garant dieser neuen Ordnung sollte nach dem Willen Himmlers die SS sein. So wie sich die SS nach der Machtübernahme Hitlers als »innerpolitisches Schutzkorps des nationalsozialistischen Staates« verstand[108], beanspruchte sie während des Krieges, »die Schutzstaffel des germanischen Reichs« zu sein.[109]

Im Ergebnis lag den außenpolitischen Zielvorstellungen Himmlers der Wille zugrunde, die historisch gewachsenen Grundlagen der europäischen Staaten- und Gesellschaftsordnung zu zerstören und ein »germanisches Reich deutscher Nation« auf biologisch-materialistischer Basis zu errichten.[110] Dieses Endziel entsprach voll und ganz der erklärten Absicht Hitlers,

---

106 Rede Himmlers vor Offizieren des Chefs Heeresrüstung und des Befehlshabers des Ersatzheeres sowie des Allgemeinen Heeresamtes v. 21. Juli 1944, in: NA Washington, T-175, roll 93, zitiert nach Smith/Peterson (Hrsg.): Heinrich Himmler, Geheimreden, S. 245. – Diese außenpolitische Zielkonzeption der SS-Führung wurde nach dem Zweiten Weltkrieg von hohen Vertretern des AA bestätigt. Vgl. die Vernehmung des Leiters des Ministerbüros im AA u. Dolmetschers Hitlers, P.O. Schmidt (in: IfZ, ZS 1433), und des Leiters der Nachrichten- u. Presseabteilung im AA, P.K. Schmidt (in: IfZ, ZS 1491).

107 Rede Himmlers vor den Oberabschnittsführern und Hauptamtschefs der SS in Berlin am 9. Juni 1942, zitiert nach Smith/Peterson (Hrsg.): Heinrich Himmler, Geheimreden S. 149; vgl. auch ebda., S. 150, 159, 165-169 u. 200ff. – Vgl. auch die vom SS-Hauptamt herausgegebene Broschüre »Der Untermensch«, Berlin 1942, sowie die Darstellung von Ackermann: Heinrich Himmler als Ideologe, S. 210-222

108 Heydrich: Wandlungen unseres Kampfes, S. 20

109 Vgl. die Rede Himmlers vor SS-Führern in Charkow am 24. April 1943, Nürnberger Dokument 1919-PS, abgedruckt bei Smith/Peterson (Hrsg.): Heinrich Himmler, Geheimreden, S. 189. – Zur Funktion der Schutzstaffel als »Vortruppe des germanischen Reiches« vgl. auch die Rede des Chefs SS-Hauptamt, SS-Gruf. Berger, von 1944 »Auf dem Weg zum germanischen Reich«, in: BDC, Ordner 440 SS (Fremdvölkische Verbände der Waffen-SS), sowie die SS-Handblätter für den weltanschaulichen Unterricht, Thema 23: »Die SS, Stoßtrupp für das neue Europa«, hrsg. vom SS-Hauptamt, [Berlin 1944]. Vgl. ferner die SS-Leithefte von 1943 und 1944, passim, insbesondere SS-Leitheft 10 (1944), H. 2, S. 9f., sowie den Lehrplan für die weltanschauliche Erziehung in der SS und Polizei, hrsg. vom SS-Hauptamt, [Berlin 1934/44], S. 20f.

110 Vgl. Schmidt: Das Reich als Aufgabe, passim, vor allem S. 21 u. 63; vgl. auch Joch-

die Geschichte Europas neu zu schreiben, und zwar »vom Rassestandpunkt aus«.[111] Hitlers rassenideologisches Dogma ist mit bemerkenswerter Konstanz in allen seinen außenpolitischen Grundvorstellungen nachweisbar.[112] Diese ließen zwar bei ihrer Realisierung opportunistische Abweichungen zu, blieben aber letztlich in einem bis zum Fanatismus starren Neodarwinismus mit allen seinen Folgen befangen.[113] Ausgangspunkt und Zielsetzung der außenpolitischen Vorstellungen Hitlers und Himmlers unterschieden sich damit fundamental von der traditionellen deutschen Außenpolitik.[114]

In der Einsicht, daß mit den in der traditionellen Außenpolitik befangenen Berufsdiplomaten eine »revolutionäre Politik« nicht zu verwirklichen war, verfolgten die Nationalsozialisten das notwendig »revolutionäre« Ziel, für die Durchsetzung ihrer neuen Außenpolitik einen Diplomaten neuen Typs zu schaffen: den rassenideologisch ausgelesenen politischen Kämpfer an der diplomatischen Front.

---

mann, Werner: Die permanente Revolution, in: Jacobsen/Jochmann (Hrsg.): Ausgewählte Dokumente zur Geschichte des Nationalsozialismus 1933-1945, Kommentar, S. 71, und Ackermann: Heinrich Himmler als Ideologe, S. 178-194

111 Jochmann (Hrsg.): Adolf Hitler, Monologe, S. 106

112 Vgl. die Denkschrift Hitlers v. 1.1. 1921 »Der völkische Gedanke und die Partei«, abgedruckt bei Jacobsen/Jochmann (Hrsg.): Ausgewählte Dokumente, Bd. I; Hitler: Mein Kampf, passim, vor allem das 14. Kapitel, S. 726-758 sowie S. 782; Hitlers Zweites Buch, passim, insbesondere Kapitel V (Die Politik der NSDAP), S. 78f.; Jochmann (Hrsg.): Adolf Hitler, Monologe, passim; Das politische Testament Adolf Hitlers, abgedruckt bei Jacobsen/Jochmann (Hrsg.): Ausgewählte Dokumente, Bd. IV; vgl. auch Hitler, Sämtliche Aufzeichnungen 1905-1924, hrsg. von Eberhard Jäckel zusammen mit Axel Kuhn, Stuttgart 1980, passim. – Aus der Vielzahl der Darstellungen können hier nur die wichtigsten genannt werden: Jäckel, Eberhard: Hitlers Weltanschauung. Entwurf einer Herrschaft, Tübingen 1969; Kuhn, Axel: Hitlers außenpolitisches Programm, Entstehung und Entwicklung 1919-1939, Stuttgart 1970; Hillgruber, Andreas: Die »Endlösung« und das deutsche Ostimperium als Kernstück des rassenideologischen Programms des Nationalsozialismus, in: VfZ 20 (1972), S. 133-153

113 Geleitwort von Hans Rothfels, in: Hitlers Zweites Buch, S. 10

114 Vgl. Anm. 112 u. insbesondere Hitlers Zweites Buch, S. 78f.: »Die Außenpolitik der nationalen bürgerlichen Welt ist in Wahrheit stets nur eine Grenzpolitik gewesen, die der nationalsozialistischen Bewegung wird demgegenüber immer eine Raumpolitik sein. [. . .] ihre Nationalauffassung wird nicht bestimmt von bisherigen patriotischen Staatsgedanken, als vielmehr von völkischen, rassischen Erkenntnissen. Damit ist der Ausgangspunkt ihres Denkens ein ganz anderer als der der bürgerlichen Welt.«

# IV
# Anfänge personeller und institutioneller Einflußnahme der SS-Führung auf den Auswärtigen Dienst (1933-1938)

»Himmler verlieh SS-Führerränge, um die Empfänger an die SS zu binden; die Diplomaten traten der SS bei, um Karriere zu machen - ein Geschäft auf Gegenseitigkeit. Niemand wurde genötigt, der SS beizutreten.«

Mitteilung des LR a.D. *Günter Schweimer,* Adjutant des RAM v. Ribbentrop, v. 13. März 1974 an den Verf.

»Bei der Parteiführung und im verstärkten Maße bei Himmler herrschte Mißtrauen gegenüber der Beamtenschaft des AA, die als reaktionär, snobistisch, dem Nationalsozialismus reserviert gegenüberstehend galt, deswegen sollten die Angehörigen der SS nicht nur eine Überwachungstätigkeit ausüben, sondern auch dem Amt ›Korsettstangen‹ einziehen. Man wollte eben das Amt mit jungen, dem Nationalsozialismus ergebenen Männern durchsetzen.«

Mitteilung des Botschafters *Dr. Hans Schwarzmann* v. 2. April 1974 an den Verf.

## *Nationalsozialisten im Auswärtigen Dienst vor 1933*

Erstes und vor dem 30. Januar 1933 einziges Mitglied der SS im Auswärtigen Dienst war Walter Lierau, dessen Karriere 1921 als diplomatischer Kurier begann und dank der Förderung durch NSDAP und SS als Generalkonsul bei der Referatsgruppe Inland II des AA endete.[1] Lierau wurde 1875 als Sohn eines Rittergutsbesitzers in Westpreußen geboren, legte 1894 das Abitur am Königlichen Gymnasium in Danzig ab und trat anschließend in das Fußartillerie-Regiment Nr. 2 ein. Während des Ersten Weltkrieges fand Lierau im Großen Generalstab, dann als Bataillonskommandeur an der

1 Diese und die folgenden Angaben stammen aus der SS-Pers.-Akte Lieraus (in: BDC) und dem Personalbogen, den Lierau als höherer Beamter des AA am 17.10. 1944 ausgefüllt hat (in: NA Washington, T-120, roll 2528). Walter Lierau ist nicht zu verwechseln mit Wolf-Dieter Lierau, seinem Sohn, der ebenfalls SS-Führer war und dem Auswärtigen Dienst angehörte: geb. 22.2. 1911, 1931 NSDAP u. SS, 1935 Referendarexamen und Promotion zum Dr. iur., 1939 Attaché, 1940/41 LS bei der Botschaft Paris, 1941 SS-Hstuf. (BDC, SS-Pers.-Akte Wolf-Dieter Lierau; ADAP D VIII, S. 771)

Westfront und schließlich im Stab des Generals Liman von Sanders Verwendung. Von 1918 bis 1920 führte er das nach ihm benannte Freikorps, das vorwiegend in den Provinzen Schlesien und Westpreußen zum Einsatz kam. Nach Auflösung seines Freikorps trat Lierau am 1. Januar 1921 als diplomatischer Kurier in den Dienst des Auswärtigen Amts. Nebenberufliche Studien der Rechts- und Staatswissenschaften schloß er 1923 mit der Promotion zum Dr. rer. pol. an der Universität Berlin ab.

Im Februar 1932 trat Lierau der NSDAP, im Juli 1932 der SS bei. Nach Ablegung des diplomatisch-konsularischen Examens (1933) wurde er am 1. April 1935 dank der Fürsprache des Gauleiters der Auslandsorganisation, Bohle, zum Konsul in Reichenberg (CSR) ernannt. Auf Grund der Mitteilung Lieraus an den Reichsführer-SS über die in Aussicht stehende Ernennung zum Konsul beförderte dieser ihn mit Wirkung vom 27. März 1935 zum SS-Untersturmführer zur besonderen Verwendung (z. b. V.) RFSS. In den Jahren 1936 bis 1938 wurde Lierau dann sukzessive bis zum SS-Obersturmbannführer befördert. Als Konsul in Reichenberg unterstützte Lierau zunächst die nachrichtendienstliche Tätigkeit der Abwehr im Sudetenland, schließlich die des SD[2]. Nach Auflösung des Konsulats wurde Lierau Anfang 1939 auf Fürsprache Himmlers zum Generalkonsul in Windhuk (Südwestafrika) ernannt, wo er bis Kriegsbeginn amtierte. Lieraus Beförderung zum SS-Standartenführer am 20. April 1940 dürfte im Zusammenhang stehen mit seiner Berufung zum Vertreter des Auswärtigen Amts (VAA) beim Armee-Oberkommando 1 (1940-1942). Von 1943 bis Kriegsende war Lierau als Generalkonsul und Leiter des Arbeitsstabes Krummhübel der Referatsgruppe Inland II zugeteilt.

In den Dienstleistungszeugnissen seiner militärischen Vorgesetzten wurde Lierau als besonders tapferer und ideenreicher Offizier sowie als vorbildlicher Ausbilder und Erzieher beurteilt. In der SS galt er als ebenso bescheidener wie vorbildlicher Kamerad, der in seinem »ganzen Tun und Handeln SS-Mann« sei. Als Konsul in Reichenberg habe er sich große Ver-

---

2 Die nachrichtendienstlichen Rivalitäten zwischen Abwehr u. SD im Sudetenland führten im Frühjahr 1936 zu einem Konflikt zwischen dem Sicherheitshauptamt der SS und Konsul Lierau, weil dieser lt. Meldung eines SD-Agenten trotz seiner Zugehörigkeit zur SS in stärkerem Maße die Tätigkeit der Abwehr unterstützte. Auf Grund dieser Meldung schlug der Chef des SD-Hauptamtes, SS-Gruf. Heydrich, mit Schreiben v. 2.4. 1936 an den RFSS vor, »Lierau wegen seines Verhaltens aus der SS auszuschließen«. Himmler hat daraufhin zunächst die Entlassung Lieraus verfügt, diese dann aber wieder zurückgenommen. Auf Anordnung Himmlers wurde Lierau vom Personalreferenten beim RFSS, SS-Brif. Schmitt, zur Anhörung am 12.6. 1936 in die SS-Personalkanzlei nach Berlin geladen. Inhalt und Ergebnis der Anhörung sind aus den Personalakten Lieraus nicht zu entnehmen. Die schnelle Abfolge der weiteren Beförderungen (13.9.36 Ostuf., 12.9.37 Hstuf., 30.1.38 Stubaf. u. 11.9.38 Ostubaf.), die Förderung seiner Karriere im Auswärtigen Dienst durch Himmler, Hinweise auf Verbindungen zum SD in Lieraus Personalakte und nicht zuletzt ein Bericht Lieraus über die kritische Einstellung mancher Heeresoffiziere zur Reichsführung-SS lassen vermuten, daß Lierau seit 1936 für den SD tätig war (vgl. BDC, SS-Pers.-Akte Walter Lierau).

dienste um das »Sudetendeutschtum« erworben.[3] In der Bilanz der Beurteilungen erscheint Lierau schon frühzeitig als »politischer Kämpfer«, wie er von Himmler für den diplomatischen Dienst gefordert wurde.

Die Beweggründe für den relativ frühen Eintritt Lieraus in die NSDAP und SS dürften in seiner Abkehr vom traditionellen Esprit de corps der Heeresoffiziere zu suchen sein, sodann in seinen politisch-militärischen Erfahrungen als Freikorpsführer und den daraus erwachsenen, wenngleich nur losen Verbindungen zur Hitler-Bewegung.[4]

In seinen privatdienstlichen Schreiben an die SS-Personalkanzlei übte Lierau heftige Kritik an der sturen Personalpolitik der »Weihnachtsmänner« im AA, die ihn trotz seines Offiziersexamens, späterer Promotion und nachgeholter diplomatisch-konsularischer Prüfung erst 1935 und dann auch nur auf Druck der Auslandsorganisation der NSDAP mit einer konsularischen Mission betrauten. Gegenüber anderen Berufsoffizieren, die ohne Promotion und diplomatisch-konsularisches Examen frühzeitig Karriere im Auswärtigen Dienst machten, fühlte sich Lierau wahrscheinlich zurückgesetzt.[5] Diese – tatsächliche oder vermeintliche – Benachteiligung erklärt nicht nur die Schärfe seiner Kritik an der Personalpolitik des AA, sondern vermutlich auch seinen Beitritt zur NSDAP und SS im Jahre 1932, als die Partei Hitlers zunehmend für regierungsfähig erachtet wurde. Durch die von der NSDAP in Aussicht gestellten beamtenpolitischen Maßnahmen dürfte sich Lierau eine Revision der Personalpolitik im Auswärtigen Dienst und eine Förderung seiner Karriere erhofft haben.

Als erster Berufsdiplomat trat der Legationssekretär Dr. Karl Resenberger am 1. Januar 1932 der NSDAP bei.[6] Resenberger wurde 1900 in München geboren, »dem altbayrischen Bauernadelsgeschlecht Resenber-

---

3 Vgl. das Schreiben des MdR, späteren Regierungspräsidenten u. SS-Brif. Hans Krebs v. 1.7.1937 an Himmler, in: BDC, SS-Pers.-Akte Walter Lierau

4 Vgl. den Bericht Lieraus v. 9.4.1940 an das SS-Personalamt über seine »Unterredung mit dem Führer« am 6.4.1940, in: BDC, SS-Pers.-Akte Walter Lierau

5 Bis etwa 1923 war der Eintritt in den höheren Ausw. Dienst ohne Hochschulabschluß möglich (vgl. Doß: Das deutsche Auswärtige Amt, S. 220). – Zu diesen Offizieren gehörten z.B. der 1919 zur Politischen Nachrichtenstelle des AA kommandierte Hauptmann Curt Selchow, späterer langjähriger Leiter des Chiffrier- u. Nachrichtenwesens im AA, u. der Korvettenkapitän Ernst Frhr. v. Weizsäcker, 1921-25 Konsul in Basel, 1925-27 GR in Kopenhagen, 1927-31 VLR im AA, 1931-33 Gesandter in Oslo, 1933-36 Gesandter in Bern, 1937/38 Direktor der Politischen Abteilung im AA, 1938-43 StS des AA, 1943-45 Botschafter beim Hl. Stuhl. Beide zeichneten sich indes durch Qualifikationen gegenüber Lierau aus, die für den Auswärtigen Dienst förderlich waren: Selchow, Offizier der Nachrichtentruppe, leitete während des Ersten Weltkrieges die Dolmetscherschule in Berlin und war zuletzt Referent für Dolmetscher- und Chiffrierwesen im Großen Hauptquartier (vgl. Personalbogen Selchows v. 20.7. 1944, in: NA Washington, T-120, roll 2539); Weizsäcker war gegen Ende des Krieges Marineattaché bei der Gesandtschaft im Haag. Ernst v. Weizsäkkers Bruder Karl war vor dem Krieg im AA tätig gewesen. Weizsäcker räumte ein, daß er ohne den Vortritt seines Bruders »wohl nie in dieses Haus [AA] gekommen wäre« (Hill: Weizsäcker-Papiere 1933-1950, S. 125).

6 Mitglied Nr. 775446; der Aufnahmeantrag datiert vom November 1931. Diese und

ger von Resenberg entstammend«.[7] Mit 17 Jahren trat er als Kriegsfreiwilliger in das 7. bayrische Feldartillerie-Regiment ein und beteiligte sich nach der Entlassung aus dem Heeresdienst an der »Niederwerfung der Spartakistenaufstände« im Rahmen des Freikorps Epp.[8] Während seines folgenden Studiums der Rechts- und Staatswissenschaften schloß er sich dem Sondershäuser Verband der schlagenden Sängerschaften an. 1923 wurde Resenberger zum Dr. oec. publ. promoviert und legte im gleichen Jahr das Referendarexamen ab. Im Verlauf des juristischen Vorbereitungsdienstes begab sich Resenberger – nach eigener Darstellung – »im Kampf gegen die Kriegsschuldlüge wiederholt nach England und in die Schweiz.«[9] Dadurch kam er mit dem Auswärtigen Dienst in Berührung. Im Juni 1925 wurde er als Attaché in das AA einberufen. Nach dem diplomatisch-konsularischen Examen war er als Vizekonsul bei den Generalkonsulaten in Kattowitz und Genua sowie als Legationssekretär bei den Gesandtschaften in Wien und Brüssel tätig.

Seit 1931 Mitglied des Bundes Nationalsozialistischer Juristen, wurde Resenberger 1933 im Reichsführerstab dieser Organisation zum Beauftragten für sämtliche organisatorischen und sachlichen Fragen berufen, die mit dem Auswärtigen Dienst zusammenhingen. Wenngleich politisch nicht sehr bedeutend, dürfte diese Funktion Resenbergers doch der Grund für seine Erwähnung im Deutschen Führerlexikon 1934/35 gewesen sein.[10] 1937 wurde Resenberg zum Legationsrat und Referenten für allgemeine Fragen der Kulturpolitik im AA ernannt.[11] Gleichzeitig übernahm er auf Wunsch des Gauleiters und Staatssekretärs Bohle die Leitung der Ortsgruppe Auswärtiges Amt der NSDAP.[12] Nach der Berufung v. Ribbentrops zum Reichsaußenminister im Februar 1938 avancierte Resenberg – vermutlich auch auf Empfehlung Bohles – zum Legationsrat I. Klasse und stellvertretenden Leiter des einflußreichen Personalreferats für den höheren Dienst.[13]

---

die folgenden Angaben sind, soweit keine andere Quelle genannt wird, der SS-Pers.-Akte Resenbergs (in: BDC) entnommen.

7 Lebenslauf des GR I. Kl. SS-Staf. Karl Resenberg(er)s v. 22.7. 1939; Resenberger nannte sich von 1936 an Resenberg, wohl um den möglichen Eindruck »jüdischer« Herkunft auszuschließen.

8 Lt. SS-Führerstammkarte u. -Personalbogen v. 19.5. 1938 gehörte Resenberg(er) als Mitglied der Münchener Bürgerwehr dem Freikorps Epp an.

9 Lebenslauf Resenbergs v. 22.7. 1939

10 Ebda., S. 381. Joachim v. Ribbentrop dagegen wurde der Aufnahme nicht für würdig befunden. Dies zeigt, wie unbedeutend seine Stellung 1934 noch gewesen sein muß.

11 Vgl. den GVPl. des AA v. 1.12. 1937, in: ADAP D I, S. 966. Als Referatsleiter Kult Gen war Resenberg auch zuständig für Angelegenheiten der Zwischenstaatlichen Gesellschaften, um deren politische Kontrolle sich der SD seit 1937 zunehmend bemühte. Referent »Zwischenstaatliche Gesellschaften« wurde 1941 der seit 1937 als WHA in der Kulturpolitischen Abteilung des AA beschäftigte SS-Ustuf. im SD Walter Lohmann; vgl. BDC, SS-Pers.-Akte Walter Lohmann, u. den GVPl. des AA v. Dezember 1941, in: ADAP E II, S. 539.

12 Vgl. das Schreiben Bohles v. 19.1. 1938, in: BA Koblenz, ZSg 133/6

13 Vgl. den GVPl. des AA v. 1.6. 1938, in: ADAP D II, S. 826. In die Zuständigkeit des

In dieser Schlüsselposition wurde Resenberg im April 1938 von Himmler mit dem Dienstgrad eines Standartenführers in die SS übernommen.[14] Die Umstände seiner Aufnahme in die SS und die Verleihung eines im Vergleich zu Resenbergs Beamtenrang hohen SS-Dienstgrades lassen vermuten, daß Himmler besonders interessiert war, Resenberg für die SS zu verpflichten, um über ihn unmittelbaren Einfluß auf die Personalpolitik des AA auszuüben.

Im September 1938 wurde Resenberg aus nicht klar ersichtlichen Gründen als Gesandtschaftsrat I. Klasse an die Botschaft Washington versetzt.[15] Wahrscheinlich fiel er als Protegé Bohles beim RAM v. Ribbentrop in Ungnade, als sich dessen Beziehungen zum Gauleiter der Auslandsorganisation verschlechterten.[16] Die Annahme, daß Resenberg nicht mehr das Vertrauen v. Ribbentrops besaß, wird bestätigt durch dessen Empfehlung an die SS-Führung, Resenberg von jeder weiteren Beförderung in der SS auszuschließen.[17] Resenberg blieb SS-Standartenführer.[18] Nach Abbruch der diplomatischen Beziehungen zu den USA kehrte Resenberg im Sommer 1942 mit dem Diplomatentransport nach Deutschland zurück und wurde 1943 als Konsul I. Klasse an das Generalkonsulat in Barcelona versetzt.[19]

Außer Resenberg trat auch der Berufsdiplomat Erich von Luckwald im Januar 1932 der NSDAP bei, im Gegensatz zu Resenberg unter Decknamen.[20] Luckwald wurde als Sohn des damaligen Leutnants, späteren Generals Erich v. Luckwald 1884 in Goslar/Harz geboren, bestand 1902 das Abitur am Gymnasium Fridericianum in Schwerin und trat anschließend als Fahnenjunker in das 1. Garde-Feldartillerie-Regiment ein. Seit 1903 Offizier, studierte Luckwald von 1905 bis 1908 als Hospitant an der Universität Berlin Rechtswissenschaften. Nach dem Referendarexamen und der Promotion zum Dr. iur. wurde er 1910 zur Dienstleistung beim Auswärtigen

---

Referates Pers. H. gehörten u.a. Ausbildung der Anwärter des höheren Dienstes, Personalien der höheren Beamten, Aufbau des Auswärtigen Dienstes im Ausland und die Auskunftei.

14 Vgl. BDC, SS-Pers.-Akte Karl Resenberg

15 Vgl. die Notiz des Leiters der Personalabteilung im SS-HA, SS-Stubaf. Wunder, v. 21.9. 1938: »Der SS-Standartenführer Karl Resenberg [...] meldete heute mündlich, daß er ab sofort auf unbestimmte Zeit an die Deutsche Botschaft in Washington abgestellt ist« (BDC, SS-Pers.-Akte Karl Resenberg).

16 Vgl. im einzelnen den Konflikt zwischen Heß und v. Ribbentrop über die Neuorganisation der Parteigenossen im Auswärtigen Dienst, in: BA Koblenz, NS 19 neu/256; vgl. allgemein auch Jacobsen: NS-Außenpolitik, S. 118

17 Vgl. das Schreiben des Verbindungsführers Ribbentrops zum RFSS, VLR SS-Oberf. Likus, v. 1.11. 1940 an das SS-Personalhauptamt, in: NA Washington, T-120, roll 30

18 Vgl. den Schriftwechsel Resenbergs mit dem SS-Personalhauptamt, in: BDC, SS-Pers.-Akte Karl Resenberg

19 Vgl. PA des AA, Inland II g 16 (Personalia) und die Veränderungsmeldung v. 10.5. 1943, in: BDC, SS-Pers.-Akte Karl Resenberg

20 Diese und die folgenden Angaben stammen aus dem Personalbogen Luckwalds v. 16.7. 1944 (in: NA Washington, T-120, roll 2538), seiner SS-Pers.-Akte und der Parteikanzlei-Korrespondenz (in: BDC).

Amt kommandiert. Im Frühjahr 1914 legte er das diplomatische Schlußexamen ab und trat anschließend als dritter Sekretär bei der Botschaft St. Petersburg in den diplomatischen Dienst über. Von 1915 bis 1917 leitete Luckwald als Angehöriger des mobilen AA die Reichskanzlei im Großen Hauptquartier West. Nach dem Ersten Weltkrieg schied er aus dem Dienst. Bis 1925 war er in der Direktion der Disconto-Gesellschaft Berlin tätig. 1926 wurde Luckwald wieder in den Auswärtigen Dienst übernommen und als Konsul nach Lodz (Polen) entsandt, wo er bis 1932 amtierte. Am 29. Januar 1932 trat er der NSDAP bei.

Von 1932 bis 1936 fungierte Luckwald als Konsul und Geschäftsträger, schließlich als Gesandter in Tirana (Albanien). Dort gründete er die Ortsgruppe Tirana der NSDAP, deren Leitung er bis 1936 innehatte. Diese Doppelfunktion ist insofern bemerkenswert, als Luckwald zu den wenigen Reichsvertretern gehörte, die zugleich Politische Leiter der NSDAP im Ausland waren.

Aufschluß über die Beweggründe Luckwalds zum Eintritt in die NSDAP gibt sein Briefwechsel von 1933 mit der Abteilung für Deutsche im Ausland in der Reichsleitung der NSDAP, der späteren Auslandsorganisation. Luckwald legte darin größten Wert auf die Feststellung, daß er mit seiner Frau bereits am 29. Januar 1932 in die Partei eingetreten sei, »wenn auch damals aus naheliegenden Gründen und auf Rat der Partei selbst unter angenommenem Namen.«[21] Unter seinem richtigen Namen sei ihm der Aufnahmeschein am 2. Februar 1933 ausgestellt worden. Er habe jedoch das Recht, als Tag des Eintritts den 29. Januar 1932 bestätigt zu bekommen. Wörtlich erklärte Luckwald: »Um so mehr wäre mir und meiner Frau dies erwünscht, als wir keinesfalls zu den letzten Zuläufern gezählt werden wollen, weil wir seit 1926 auf wenig angenehmem Posten mitten in Polen, wie ich nachweisen kann, im Sinne der Partei gearbeitet haben – trotz des Sozialisten Rauscher als Chef in Warschau! [...] Es wäre mir auch deswegen lieb, weil ich durch Bestallungsurkunde vom 25.4. d.J. [1933] zum Leiter des hiesigen Stützpunktes [der NSDAP] ernannt worden bin, den ich selber gegründet habe.«[22]

Obschon die Auslandsorganisation Luckwalds Angaben uneingeschränkt bestätigte und seine Bitte um Rückdatierung der Mitgliedschaft unterstützte, lehnte die Kartei-Abteilung beim Reichsschatzmeister der NSDAP das Gesuch mit der Begründung ab, daß Luckwald bei der »Reichsleitung vor dem 1. April 1933 nicht zur Anmeldung gelangt [ist], auch nicht unter einem Decknamen.«[23]

---

21 Schreiben der Obersten Leitung der Politischen Organisation der NSDAP, Abteilung für Deutsche im Ausland, v. 11.7. 1933 an den Reichsschatzmeister der NSDAP, in: BDC, Parteikanzlei-Korrespondenz Erich v. Luckwald

22 Vgl. Anm. 21; Ulrich Rauscher, 1919/20 Pressechef der Reichsregierung, Mitglied der SPD, war seit 1921 Gesandter in Warschau; vgl. Doß: Das deutsche Auswärtige Amt, S. 284 u. 298, sowie dessen Biographie über Rauscher: Zwischen Weimar und Warschau, Düsseldorf 1984

23 Schreiben der Kartei-Abt. v. 3.8. 1933 an die Abteilung für Deutsche im Ausland, in:

Luckwalds Darstellung, der zufolge er als Konsul in Lodz »im Sinne der Partei« gearbeitet habe, »trotz des Sozialisten Rauscher als Chef in Warschau«, wird aus unabhängiger Quelle bestätigt. Demnach soll der Gesandte Rauscher mehrfach Luckwalds enge Beziehungen zu den extremen Rechtskreisen der deutschen Minderheit moniert haben, zumal der Konsul deren aggressive Volkstumspolitik auch durch Öffnung innerdeutscher Geldquellen unterstützte. Die Förderung dieser Volkstumspolitik habe der auf Ausgleich bedachten Polenpolitik Rauschers geschadet.[24]

Von der unter Diplomaten wenig beliebten Mission in Tirana wurde Luckwald 1936 abberufen und als Generalkonsul I. Klasse nach Danzig entsandt, wo er bis 1938 amtierte. Wenngleich die Gründe für die Berufung Luckwalds nach Danzig aus den vorliegenden Personalunterlagen nicht direkt nachzuweisen sind, ist doch mit großer Wahrscheinlichkeit anzunehmen, daß seine Betrauung mit dieser vergleichsweise bedeutsamen Mission auf seine frühe Verbindung zur NSDAP, insbesondere zur Auslandsorganisation, und auf seine als Konsul in Lodz erworbenen Verdienste in der »Volkstumsarbeit« für die deutsche Minderheit zurückzuführen ist.

1938 wurde Luckwald in die Politische Abteilung des AA einberufen und mit der Leitung des Referats Pol I a (Sonderaufgaben) betraut. Die Geschäftsverteilungspläne des AA von 1939 enthalten keinerlei Konkretion dieser Sonderaufgaben.[25] Aufschluß gibt der sehr detaillierte Personalbogen Luckwalds vom 16. Juli 1944: Luckwald war 1938 und 1939 Mobilmachungsreferent im AA.[26] Das Referat Pol I a ist bis Ende 1938 aus dem Referat Pol I hervorgegangen, dessen Leiter, VLR v. Kamphoevener, zur Wahrnehmung dieser delikaten Sonderaufgaben aus vermutlich politischen Gründen nicht geeignet schien[27]; Luckwald dagegen um so mehr, als er nicht nur bis 1914 Berufsoffizier war, sondern auch seit dem 30. Januar 1939 der SS als Sturmbannführer angehörte.[28]

Nach Abschluß der Mobilmachung wurde das Referat Pol I a im Frühjahr 1940 aufgelöst.[29] Luckwald nahm dann als Hauptmann d.R. und Vertreter des Auswärtigen Amts (VAA) beim Armeeoberkommando 7 am Frankreichfeldzug teil; 1941 wurde er wieder in das AA einberufen, wo er bis 1942

---

BDC, Parteikanzlei-Korrespondenz Erich v. Luckwald. Luckwald erhielt die Mitglieds-Nr. 1370712 (Eintrittsdatum: 1.4. 1933), gab aber dennoch in seinen NSDAP- u. SS-Personalunterlagen stets das frühere Eintrittsdatum v. 29.1. 1932 an.

24 Mündliche Mitteilung des Herrn Immanuel Birnbaum v. 21.5. 1978. Birnbaum war zur fraglichen Zeit Korrespondent der Frankfurter Zeitung in Warschau. Vgl. auch Doß: Zwischen Weimar und Warschau, Einleitung

25 Vgl. ADAP D IV, S. 629, u. D VIII, S. 743

26 NA Washington, T-120, roll 2538

27 Kamphoevener, geb. 1888, seit 1911 im AA, war 1919 Mitglied des Demokratischen Clubs und trat nach eigenen Angaben 1930 der SPD bei; vgl. Prittwitz: Zwischen Petersburg und Washington, S. 238, u. IfZ, ZS 2066.

28 Vgl. BDC, SS-Führerstammkarte Erich v. Luckwald. Die Verleihung des im Vergleich zu seinem Beamtenrang niedrigen SS-Dienstgrades läßt vermuten, daß sich Luckwald selbst um die Aufnahme in die SS bemüht hat, wahrscheinlich schon 1938.

29 Im GVPl. des AA v. August 1940 (in: ADAP D XI) wird das Referat Pol I a nicht mehr genannt.

eine leitende Funktion in der Kontrollstelle für den Telegrammverkehr ausübte.[30] Von 1943 an bis zum Kriegsende fungierte er als Gesandter und VAA beim Reichsprotektor für Böhmen und Mähren in Prag. Am 9. November 1943 wurde er - nicht ohne eigenes Betreiben - zum SS-Obersturmbannführer befördert.[31]

Vergleicht man die Karriere Luckwalds mit jener Lieraus und Resenbergs, sind unbeschadet ihrer verschiedenen Herkunft mehrere gemeinsame, zumindest ähnliche Erfahrungen und Entwicklungen feststellbar: die schulische und militärische Ausbildung im Kaiserreich, der Zusammenbruch der Monarchie, die sozialen Erschütterungen nach 1918, in ihrem Gefolge die Unterbrechung der beruflichen Laufbahn, militärische und politische Betätigung im Grenzland zwischen Polen und Deutschland, die Verbindung zu rechtsextremen Kreisen in der Weimarer Republik und, daraus resultierend, der Anschluß an die nationalsozialistische Bewegung. Der Entschluß zum Eintritt in die NSDAP vor 1933 mag politischer Überzeugung entsprungen sein, nach 1933 wurde die vergleichsweise frühe Parteimitgliedschaft als Vehikel zur Förderung der eigenen Karriere benutzt, insbesondere von Lierau und Luckwald. Luckwald zumal war darauf um so mehr angewiesen, als seine beruflichen Ambitionen offenbar in umgekehrtem Verhältnis zu seinen Qualifikationen standen.[32]

## *Edmund Frhr. v. Thermann – vom Diplomaten zum SS-Führer*

Als erstes prominentes Mitglied des diplomatischen Dienstes bemühte sich im Mai 1933 der Generalkonsul I. Kl. in Danzig, Edmund Freiherr v. Thermann, um Aufnahme in die SS, nachdem er bereits am 1. April 1933 der NSDAP beigetreten war.[33] Thermanns Ernennung zum Deutschen Gesandten in Buenos Aires (Argentinien) im Herbst 1933 wurde vermutlich durch seine vergleichsweise frühe Partei- und SS-Zugehörigkeit begünstigt.

---

30 Vgl. GVPl. des AA v. Dezember 1941, in: ADAP E II, S. 535

31 Vgl. die Aufzeichnung des LR v. Thadden v. 21.6. 1943, in: PA des AA, Inland II g 16; BDC, SS-Personalunterlagen Erich v. Luckwald

32 Mündliche Mitteilung des früheren Referenten Pol XI (Kriegsschuldfrage) in der Politischen Abteilung des AA, VLR Dr. v. Schmieden, v. 29.1. 1974 an den Verf. - Luckwald soll demnach der SS beigetreten sein, um seine fehlende Qualifikation durch parteipolitische Überzeugungstreue und Willfährigkeit zu ersetzen. Für diese Darstellung sprechen auch die Aufnahme Luckwalds mit einem vergleichsweise niedrigen Dienstgrad (Stubaf.) in die SS und eine einzige Beförderung nach mehr als drei Jahren zum SS-Ostubaf. Sein Vorgänger im Amt des VAA beim Reichsprotektor in Böhmen und Mähren, Generalkonsul Gerlach, war dagegen SS-Brigadeführer (vgl. BDC, SS-Personalunterlagen Werner Gerlach).

33 Diese und die folgenden Angaben stammen, sofern keine andere Quelle genannt wird, aus der Parteikanzlei-Korrespondenz und den SS-Personalunterlagen v. Thermanns (in: BDC).

Thermann, geboren 1884 in Köln als Sohn eines Richters, trat nach dem 1902 bestandenen Abitur als Einjährig-Freiwilliger in das Leibhusaren-Regiment Nr. 1 (Danzig-Langfuhr) ein. Das anschließende Studium der Rechtswissenschaften an den Universitäten Lausanne, Heidelberg und Berlin schloß er 1906 mit dem Referendarexamen ab. Nach Ableistung des juristischen Vorbereitungsdienstes und im Anschluß an eine Weltreise wurde Thermann 1913 als Attaché in den diplomatischen Dienst eingestellt. Der Erste Weltkrieg unterbrach seine Karriere. Anfang August 1914 wurde er als Leutnant d.R. in das Leibhusaren-Regiment Nr. 1 eingezogen. Im November 1914 geriet Thermann in russische Gefangenschaft, aus der er 1918 entfliehen und nach Deutschland zurückkehren konnte. Anschließend fand er Verwendung in der Rußland-Abteilung des AA. Nach vorübergehender Tätigkeit bei der Gesandtschaft in Budapest wurde Thermann 1921 als Botschaftsrat und erster deutscher Diplomat nach Washington berufen. Ein persönlicher Konflikt mit dem später entsandten Botschafter Wiedfeldt führte jedoch schon 1923 zu seiner Abberufung und Rückkehr ins AA.[34]

Im Frühjahr 1925 übernahm Thermann das politisch bedeutsame Generalkonsulat in Danzig, dessen Leitung er bis Mitte 1933 innehatte. Dort stellte er im März 1933 den Antrag zur Aufnahme in die NSDAP. Der Gauleiter der NSDAP in Danzig, SS-Staf. Albert Forster, befürwortete das Aufnahmegesuch. Mit Wirkung vom 1. April 1933 wurde Thermann Mitglied Nr. 1 508 059 der NSDAP.

Am 22. Juli 1933 wandte sich Thermann an die 36. SS-Standarte in Danzig mit der Bitte, ihn »in den Reitersturm [...] einreihen zu wollen.« Wörtlich erklärte er: »Es würde mir als altem Leibhusaren eine besondere Ehre und Freude sein, gerade in diesem Sturm unserer großen Bewegung dienen zu dürfen.«[35] Einen SS-Aufnahme- und Verpflichtungsschein fügte er seinem Gesuch bei. Da er die für die Aufnahme in die SS gezogene Altersgrenze bereits überschritten hatte, wies er darauf hin, daß er auf Grund eingehender ärztlicher Untersuchung voll diensttauglich erklärt worden sei. Die Erfahrungen des Weltkrieges hätten ja gezeigt, »daß ein Mann in reiferen Jahren u.U. die Strapazen des Krieges leichter erträgt wie der junge Kriegsfreiwillige.« Abschließend bat er nochmals dringend darum, seine »Einstellung in die SS gleichwohl genehmigen beziehungsweise an maßgebender Stelle befürworten zu wollen.«[36] Am 3. September 1933, anläßlich des Reichsparteitages in Nürnberg, wurde der SS-Anwärter Thermann von Himmler persönlich zum SS-Sturmführer befördert.[37]

Zwischenzeitlich, Ende Juli 1933, war Thermann, wohl auf Vorschlag des

34 Vgl. Riesser: Von Versailles zur UNO, S. 89
35 BDC, SS-Pers.-Akte Edmund Frhr. v. Thermann
36 Ebda.
37 Vgl. das Schreiben des SS-Gruf. Lorenz v. 13.11.1933 an die Reichsführung-SS, München, in: BDC, SS-Pers.-Akte Edmund Frhr. v. Thermann. Thermann wurde als Rangführer, d.h. als nicht hauptamtlicher SS-Führer, beim SS-Oberabschnitt Nord-Ost geführt.

Staatssekretärs v.Bülow, zum Gesandten in Buenos Aires designiert und wenig später ernannt worden.[38] Vor seiner Ausreise im November 1933 stattete Thermann dem Leiter der Abteilung für Deutsche im Ausland, Bohle, einen Besuch ab. Darüber berichtete Bohle am 27. November 1933 dem Stellvertreter des Führers, Heß: Thermann sei erfreulicherweise Parteigenosse und habe bei seinem Besuch die Uniform eines SS-Sturmführers getragen; er sei ein eifriger und energischer Verfechter der nationalsozialistischen Weltanschauung. Wörtlich fügte Bohle hinzu: »Unsere ganze Arbeit im Ausland würde eine wesentlich einfachere sein, wenn alle Reichsvertreter so positiv zum neuen Staat eingestellt wären wie Herr v. Thermann.«[39]

Bei seiner Ankunft in Buenos Aires Mitte Dezember 1933 wurde Thermann von der nationalsozialistisch orientierten Presse »als Parteigenosse und SS-Sturmführer aufs herzlichste begrüßt«.[40] Daß sich Thermann nicht nur als Angehöriger der SS präsentierte, sondern sich auch mit deren Grundsätzen identifizierte, beweisen seine Dank- und Ergebenheitsschreiben, die er zwischen 1933 und 1944 an Himmler richtete.[41] Thermanns politische Überzeugungstreue beeinflußte auch seine amtliche Tätigkeit. Am 30. Januar 1934 wandte sich der Gesandte mit folgendem Appell an die Deutschen in Argentinien: »Am Ende des ersten Jahres der nationalsozialistischen Revolution und am Anfang des Aufbaujahres 1934 möchte ich allen deutschen Volksgenossen in Argentinien die Mahnung zurufen, die der oberste Führer der S.S., Reichsführer Himmler [,] seiner S.S. als Wahlspruch gegeben hat: *Deine Ehre heißt Treue*!«[42] Der Appell des Gesandten erschien mit seinem Bild, das ihn als SS-Führer zeigte, am 30. Januar 1934 in der »Deutschen La Plata Zeitung«.[43]

Wie sehr sich Thermann dem Treuepostulat der SS verpflichtet fühlte, unterstreicht auch seine Reaktion auf die Beförderung zum SS-Obersturmführer mit Wirkung vom 9. September 1934. Am 20. September 1934 sandte er dem Reichsführer-SS folgendes Brieftelegramm aus Buenos Aires: »Tief beglückt durch große Auszeichnung bitte mit aufrichtigstem Dank Gelöbnis unverbrüchlicher Treue aussprechen zu dürfen.«[44]

In den folgenden Jahren wurde Thermann, seit 1936 im Range eines Botschafters, sukzessive bis zum SS-Brigadeführer befördert.[45] Einen einfluß-

---

38 Vgl. Ebel, Arnold: Das Dritte Reich und Argentinien, Köln-Wien 1971, S. 82

39 PA des AA, Chef AO 53, zitiert nach Jacobsen: NS-Außenpolitik, S. 37

40 Mitteilungsblatt f. Argentinien v. 15.12. 1933, zitiert nach Ebel: Das Dritte Reich und Argentinien, S. 82

41 In: BDC, SS-Pers.-Akte Edmund Frhr. v. Thermann

42 Hervorhebung im Original

43 Appell und Bild wurden in Thermanns SS-Pers.-Akte aufgenommen (in: BDC).

44 Das Brieftelegramm trägt das Handzeichen Himmlers und wurde auf dessen Anordnung zur SS-Pers.-Akte Thermanns genommen.

45 30.1.1936 SS-Hstuf., 20.4.1936 SS-Stubaf., 30.12.1937 SS-Ostubaf., 20.4.1938 SS-Staf., 30.1.1939 SS-Oberf., 20.4.1942 SS-Brif. – Die Gesandtschaft Buenos Aires wurde 1936 in den Rang einer Botschaft gehoben.

reichen Fürsprecher bei Himmler besaß Thermann in SS-Ogruf. Werner Lorenz, dem Leiter der Volksdeutschen Mittelstelle (VOMI).[46] Lorenz, wie Thermann Husaren-Offizier im Ersten Weltkrieg, seit 1919 Gutsbesitzer im Freistaat Danzig, führte von 1931 an den SS-Abschnitt VII (seit November 1933 Oberabschnitt Nord-Ost) mit Sitz in Danzig.[47] Lorenz unterstützte nicht nur die Bemühungen des damaligen Generalkonsuls Thermann um Aufnahme in die SS, sondern förderte auch dessen weitere Karriere nach seiner Berufung zum Gesandten in Buenos Aires. In einem persönlich gehaltenen Schreiben vom 19. Oktober 1937 bat Lorenz den Chef des SS-Personalamtes, SS-Gruf. Schmitt, den »Botschafter Dr. Freiherr von Thermann [...] zur Beförderung am 9. November d. Js. zum SS-Obersturmbannführer dem Reichsführer-SS« vorzuschlagen. Sehr bemerkenswert ist die Begründung des Beförderungsvorschlags: Thermann sei zwar erst vor einem Jahr befördert worden, dafür aber seit 1933 in der SS, »und bei der jetzt einsetzenden *Massenflucht in die SS* muß er als Botschafter einen höheren Dienstgrad erhalten als Sturmbannführer, zumal der Generalkonsul I. Kl. Lorenz im Range eines Oberst jetzt gleich als Sturmbannführer anfängt.«[48]

Die von Lorenz mit Schreiben vom 19. Oktober 1937 vorgeschlagene Beförderung Thermanns zum 9. November konnte wegen der Kürze der Vorbereitungszeit nicht ausgesprochen werden. Der nach den Beförderungsregeln der SS nächstfolgende Termin wäre der 30. Januar 1938 gewesen.[49] Die Tatsache, daß Botschafter v. Thermann indes schon mit Wirkung vom 30. Dezember 1937 zum SS-Obersturmbannführer befördert wurde, ist nicht nur als zügige Rangangleichung, sondern auch als Zeichen besonderer Wertschätzung zu deuten, deren sich Thermann beim Reichsführer-SS erfreute. Gefördert wurde diese Wertschätzung wohl auch durch die Eheschließung der Tochter v. Thermanns mit dem persönlichen Adjutan-

46 Wichtigste Aufgabe der VOMI war es, die deutschen Volksgruppen im Ausland »zum Nationalsozialismus hinüberzuführen«, vgl. im einzelnen bei Jacobsen: NS-Außenpolitik, S. 234-246.

47 Lorenz wurde 1891 in Pommern als Sohn eines Landwirts geboren, Kadettenkorps, Fahnenjunker, 1914 Leutnant, 1919 Eskadron-Führer im Grenzschutz, 1930 SS, 1931 NSDAP; vgl. IfZ München, ZS 1181 (Werner Lorenz); Jacobsen: NS-Außenpolitik, S. 236f.

48 BDC: SS-Pers.-Akte Edmund Frhr. v. Thermann (Hervorhebung d. Verf.); Max Lorenz, geb. 1885, Regimentskamerad von Werner Lorenz, 1911 Leutnant d.R., 1913 Assessor (jur.), 1918 Rittmeister d.R., 1919 AA

49 In der Regel wurden SS-Führer befördert am 30. Januar (Gründungstag des Dritten Reiches), 20. April (Hitlers Geburtstag), im September anläßlich der Reichsparteitage (bis 1938) oder am 9. November (»Gedenktag für die Gefallenen der Bewegung«). Nach Kriegsbeginn entfiel der Beförderungstermin im September, statt dessen wurde der 21. Juni gewählt (vgl. die Richtlinien zur Einreichung von Beförderungsvorschlägen für Führer der Allgemeinen SS und der Waffen-SS für die Dauer des Krieges, SS-Befehl vom 15. November 1942). Die Beförderungsvorschläge mußten jeweils bis zum 15. Dezember, 15. März, 15. Mai oder 1. Oktober vorliegen (vgl. ebda.).

ten Himmlers, SS-Obersturmführer Hajo Frhr. v. Hadeln.[50] Folgt man dem durchaus glaubwürdigen Bericht eines kritischen Zeitgenossen, konnten das soldatische Auftreten und der propagandistische Eifer Thermanns für das Dritte Reich im allgemeinen, für die SS im besonderen, dennoch nicht über ein geringes Maß diplomatischer Begabung hinwegtäuschen.[51]

Nach Abkühlung der diplomatischen Beziehungen mit Argentinien und Rückkehr nach Deutschland bat der inzwischen zum SS-Brigadeführer avancierte Botschafter v. Thermann 1942 um Beurlaubung aus dem diplomatischen Dienst und Übernahme in die Waffen-SS. Anfang 1943 wurde Thermann auf Anordnung Himmlers als SS-Sturmbannführer d.R. der Waffen-SS zum Stab des Höheren SS- und Polizeiführers »Rußland-Süd« kommandiert, wo er mit allen »Sparten und Aufgabengebieten« der SS und Polizei vertraut gemacht werden sollte.[52]

Thermanns Karriere endete als SS-Standartenführer d.R. bei einer Kampfgruppe der Waffen-SS. Die von Himmler Ende 1944 vorgesehene Funktion »bei der Führung der Kosaken« im Bereich des HSSPF »Adriatisches Küstenland« konnte Thermann nicht mehr übernehmen.[53]

In der Bilanz seiner wechselvollen Laufbahn erscheint Thermann als einer der wenigen Vertreter der traditionellen Berufsdiplomatie, die den Vorstellungen Himmlers vom politischen Kämpfer an diplomatisch-militärischer Front entsprachen.

## *»Massenflucht in die SS«*

Die Feststellung des SS-Ogruf. Lorenz, daß 1937 eine »Massenflucht in die SS« einsetzte, ist um so bemerkenswerter, als sie der in amtlichen Publikationen vertretenen These entschieden widerspricht, der zufolge das AA politischer Einflußnahme seitens der NSDAP bis Anfang 1938 widerstanden hätte.[54]

Wenngleich das Urteilsvermögen des SS-Ogruf. Lorenz außer Frage

50 Vgl. die Verlobungsanzeige v. 20.3. 1938, in: BDC, SS-Pers.-Akte Edmund Frhr. v. Thermann. Hajo v. Hadeln fiel am 13.1. 1943 als Stubaf.; seine Witwe, Renate Freifrau v. Hadeln, geb. Freiin v. Thermann, heiratete 1944 den persönlichen Adjutanten Hitlers, SS-Ostubaf. Fritz Darges (vgl. Tagebuchnotiz Himmlers v. 13.1. 1943, in: BA Koblenz, NS 19 neu/1444; Sippenakte Darges, in: BDC)

51 Bericht Albrecht Haushofers v. 2.3. 1938 an v. Ribbentrop zum Personalstand des Auswärtigen Dienstes, in: BA Koblenz, NL Haushofer, Nr. 833, Bl. 150, inzwischen veröffentlicht von Jacobsen (Hrsg.): Karl Haushofer – Leben und Werk –, Bd. II, Nr. 184, S. 343

52 FS des SS-Ogruf. Prützmann an das SS-PHA v. 26.5. 1943 und das Dankschreiben Thermanns an Himmler v. 10.3. 1943, in: BDC, SS-Pers.-Akte Edmund Frhr. v. Thermann

53 Vgl. das Schreiben des Chefs SS-PHA, SS-Ogruf. v. Herff, v. 27.10. 1944 an Thermann, in: BDC, SS-Pers.-Akte Edmund Frhr. v. Thermann

54 Vgl. oben, S. 69f.

steht[55], ist doch zu untersuchen, inwieweit seine Aussage quellenkritischer Prüfung standhält. Zunächst ist zu fragen, ob zwischen 1936 und 1938 eine signifikante Zunahme der Gesuche um Aufnahme in die SS zu verzeichnen war, im besonderen aus dem Bereich des diplomatischen Dienstes. Impliziert das Wort von der »Massenflucht« mehr als die zugespitzte, dem militärischen Sprachgebrauch entlehnte Umschreibung für eine relative Zunahme der Aufnahmeanträge? Welche Beweggründe lassen sich nachweisen für das seit 1936 zunehmende Interesse der Diplomaten, vornehmlich der SS beizutreten?

Folgt man der Dienstaltersliste der SS vom 1. Dezember 1938, so ist seit Anfang 1937 eine relativ starke Zunahme des SS-Führerkorps feststellbar.[56] Einer detaillierten Trendanalyse steht als Hindernis entgegen, daß die Dienstalterslisten zwischen hauptamtlichen und nebenamtlichen SS-Führern nicht unterscheiden. Die nebenamtlichen SS-Führer, auch Führer beim Stabe (ihrer jeweiligen Stammeinheit) genannt, rekrutierten sich vornehmlich aus Schlüsselpositionen fast aller Bereiche des öffentlichen Lebens.[57]

Für den Bereich des diplomatischen Dienstes ist ebenfalls seit 1936 eine deutlich steigende Zahl nebenamtlicher SS-Führer zu verzeichnen. Bis zur Übernahme des AA durch Joachim v. Ribbentrop im Februar 1938 sind etwa 50 höhere Beamte des Auswärtigen Dienstes – von insgesamt etwa 500 – als SS-Führer nachweisbar. Nahezu die Hälfte dieser Diplomaten ist der SS zwischen September 1936 und Februar 1938 beigetreten. Dieser Kreis umfaßt alle Ränge des diplomatischen Dienstes, vom Attaché bis zum Reichsminister.

Beim diplomatischen Nachwuchs war die Zunahme der SS-Bewerber bzw. -Mitglieder besonders deutlich: Während von den 21 im Jahre 1935 eingestellten Attachés nur 4 der SS angehörten oder ihr noch im gleichen Jahr beitraten, befanden sich unter den 25 im Jahre 1937 einberufenen Attachés bereits 8 SS-Angehörige bzw. -Bewerber. Von den 20 Attachés des Jahrgangs 1939 gehörten zur Zeit ihrer Übernahme in den Auswärtigen Dienst 12 der SS an.[58]

---

55 Lorenz war nicht nur Leiter der Volksdeutschen Mittelstelle (VOMI), sondern auch Bevollmächtigter Leiter der »Dienststelle des Beauftragten der NSDAP für außenpolitische Fragen im Stabe des Stellvertreters des Führers« (= Dienststelle Ribbentrop). Durch seine Hände gingen zahlreiche Gesuche und Empfehlungen zur Aufnahme bzw. Beförderung in der SS; vgl. NA Washington, T-120, roll 30 (Dienststelle Ribbentrop, Beförderungs-Angelegenheiten 1938-1944)

56 Vgl. die zahlenmäßige Entwicklung des Führerkorps vom 1.1. 1932 bis 1.12. 1938, in: Dienstaltersliste der Schutzstaffel der NSDAP v. 1. Dezember 1938, S. 526

57 Darunter befanden sich Professoren ebenso wie Unternehmer und Spitzenbeamte aller Ressorts sowie Funktionsträger der NSDAP und ihrer angeschlossenen Verbände. Nach einem 1941/42 angelegten Verzeichnis gehörten 23 Regierungspräsidenten und 44 Oberbürgermeister der SS oder dem SD an; vgl. BDC, SS-Sammelliste 38 (Mitglieder der SS in den Ministerien).

58 Vgl. die Listen der SS-Angehörigen im AA, in: NA Washington, T-120, roll 30, sowie

Stammeinheit der meisten SS-Führer unter den Attachés war die in Berlin-Lichterfelde stationierte 7. SS-Reiterstandarte. In deren 1. SS-Reitersturm (Berlin-Zehlendorf) lassen sich vergleichsweise viele Vertreter der führenden Gesellschaftskreise Berlins feststellen: neben Diplomaten höhere Ministerialbeamte fast aller Ressorts sowie Angehörige des Geburts- und Finanzadels. Ein nicht untypischer Vertreter des 1. SS-Reitersturms war der Attaché und SS-Ustuf. Frhr. v. Sch., Sohn eines Bankiers. Den Konnex zwischen Finanz- und Geburtsadel sowie Diplomatie und SS illustrierte beispielhaft seine Vermählung mit Eleonore Renata Gräfin v. Pückler, der Tochter des SA-Brigadeführers und Rittmeisters d.R. Carl Friedrich Graf v. Pückler-Burghaus und dessen Ehefrau Olga Elisabeth, geb. Prinzessin v. Sachsen-Altenburg. »Atmosphäre, Ton und Ansichten [in den SS-Reiterstürmen] glichen eher den Kavallerie-Regimentern des Heeres als einer Parteiformation«, wie sich dieser ehemalige Diplomat erinnert, »die Reiterstürme hatten eben einen gewissen ›Snob-Appeal‹«.[59]

Aus dem Kreis der mittleren Diplomatengeneration gehörte unter anderen der stellvertretende Chef des Protokolls im AA (1938/39), Legationsrat Gustav Adolph v. Halem (geb. 1899), dem 1. Sturm der 7. SS-Reiterstandarte an. Seine von Himmler geförderte Karriere endete mit der Berufung zum Gesandten in Lissabon Anfang 1945.[60]

Aus dem Kreis der älteren Beamten, deren Karriere noch im kaiserlichen AA begonnen hatte, ist die Übernahme des Generalkonsuls I. Kl. Max Lorenz in die SS besonders aufschlußreich. Dieser Vorgang, der auch Anlaß für das Schreiben des Leiters der Volksdeutschen Mittelstelle, SS-Ogruf. Werner Lorenz, vom 19. Oktober 1937 an das SS-Personalamt war, dokumentiert die spezifischen Interessen, die die SS bei der Aufnahme höherer Beamter des AA verfolgte. Im zweiten Teil seines Schreibens an den Chef des SS-Personalamtes unterstützte Lorenz die Übernahme des Generalkonsuls Max Lorenz mit folgenden Argumenten: »Lorenz ist Regiments-

---

Curtius/v. Haeften: Die Nachwuchsausbildung für den höheren Auswärtigen Dienst, S. 186. Vgl. auch Ball-Kaduri, Kurt-Jacob: Vor der Katastrophe, Juden in Deutschland 1934-1939, Tel Aviv 1967, S. 179-183

59 Schriftliche Mitteilung des Frhr. v. Sch., der ungenannt bleiben möchte, v. 10.7. 1975 an den Verf.; vgl. dazu auch die Darstellung des ehemaligen Adjutanten v. Ribbentrops, SS-Hstuf. Richard Schulze: »Die SS galt als ›feiner Verein‹, ein hoher Prozentsatz des deutschen Hochadels hatte hohe SS-Ränge inne und ein Berliner SS-Reitersturm wurde damals [1936-1938] schon zur Begleitung und Betreuung ausländischer Staatsbesucher eingesetzt« (Mitteilung des Herrn Schulze-Kossens v. 17.6. 1974 an den Verf.). Vgl. auch Kardorff, Ursula v.: Berliner Aufzeichnungen 1942-1945, München 1981, S. 314: »Meine Verehrer gehörten zum Teil zur Reiter-SS, weil die schwarze Uniform so kleidsam war.«

60 Geb. in Bremen als Sohn eines Verlagsbuchhändlers, 1918 Leutnant, 1920/21 Freikorps, 1923 Referendarexamen, 1926 Attaché im AA, 1932 LS beim Generalkonsulat Memel, vertrauliche Berichterstattung für die NSDAP, 1934 Antrag zur Aufnahme in die NSDAP, 1935 SS, 1937 NSDAP, 1939 SS-Stubaf., 1942 GK in Mailand, 1943 SS-Ostubaf. u. Gesandter beim Bevollmächtigten des Reiches in Italien, 1944 SS-Staf. (BDC, SS-Pers.-Akte G.A. v. Halem).

kamerad von mir. Der Reichsführer-SS hat mir bereits vor Jahresfrist seine Aufnahme genehmigt; es wurde aber davon Abstand genommen, da Lorenz als Generalkonsul nach Addis-Abeba versetzt wurde. Aus gesundheitlichen Gründen ist er von dort jetzt wieder zurückgekehrt. Er arbeitet jetzt im Auswärtigen Amt, und zwar ist er ausschließlich mit der Minderheitenfrage betraut worden. Als ein sehr ordentlicher und anständiger Mann tut er dort stets das, was ich von ihm verlange [,] d.h. daß er in seiner Arbeit ganz auf unserer Linie liegt.«[61]

Max Lorenz, geb. 1885 in Gumbinnen/Ostpreußen, trat nach Ablegung der juristischen Examina im Mai 1914 als Assessor in den Auswärtigen Dienst ein.[62] In seiner Laufbahn, die durch Teilnahme am Ersten Weltkrieg unterbrochen wurde, avancierte er während der Weimarer Republik lediglich bis zum Konsul, zuletzt in Lüttich (1930-1934). Vorbehalte gegen die traditionelle Personalpolitik des AA, gespeist durch die Enttäuschung über seine nicht gerade glänzende Karriere, mögen ihn bewogen haben, sich bei der Gründung des Stützpunktes Lüttich der NSDAP Anfang 1933 zu beteiligen und am 1. April 1933 der Partei beizutreten. Die frühzeitige Unterstützung der NSDAP dürfte seine Berufung zum Leiter des Referats »Italien, Griechenland, Albanien« im AA (1934) begünstigt haben. In dieser Position bat LR Lorenz 1936 um Aufnahme in die SS. Die Bedeutung dieses – wegen der Beziehungen zum faschistischen Italien – wichtigen Referates dürfte dann auch das Interesse Himmlers an der Übernahme des Referenten Lorenz in die SS begründet haben.

Nach Rückkehr aus Addis Abeba (1937) und Betrauung mit dem politisch mindestens ebenso bedeutsamen Referat »Deutsche Volksgruppen im Ausland«[63] in der kulturpolitischen Abteilung des AA wuchs Lorenz noch in der Wertschätzung der SS-Führung. Dieses gesteigerte Interesse entsprang der Erwartung, über den offenbar willfährigen Referatsleiter Einfluß auf die Volkstumspolitik des AA nehmen zu können, womöglich diese zu steuern.

Auf den besonderen Stellenwert der Volkstumspolitik im Rahmen der außenpolitischen Zielsetzungen der SS wurde in anderem Zusammenhang bereits hingewiesen.[64] Herzstück dieser Volkstumspolitik war die Vereinigung des Deutschtums in Europa als substantielle Voraussetzung für das langfristige Ziel der Schaffung eines »Germanischen Reiches deutscher Nation«. Bemerkenswert ist in diesem Zusammenhang die Konsequenz,

---

61 BDC, SS-Pers.-Akte Edmund Frhr. v. Thermann

62 Diese und die folgenden Angaben sind der SS-Pers.-Akte Max Lorenz (in: BDC) entnommen.

63 Lt. GVPl. des AA v. 1.12.1937 (in: ADAP D I, S. 966) ressortierten vor allem folgende Angelegenheiten im Referat Kult A: Lage der deutschen Volksgruppen im Ausland und der Minderheiten im Reich, Presse und Schrifttum der deutschen Volksgruppen im Ausland; volkspolitische Auslandsarbeit reichsdeutscher Stellen; wissenschaftliche Volkstumsarbeit.

64 Vgl. oben, S. 98ff.

mit der die SS-Führung frühzeitig personalpolitische Voraussetzungen schuf, um die Volkstumspolitik des AA kurzfristig in ihrem Sinne zu beeinflussen und langfristig zu monopolisieren. Diese Monopolisierung ist ihr insoweit gelungen, als die Leitung des für Volkstumspolitik zuständigen Referats bis 1945 stets in den Händen ausgewählter SS-Führer verblieb, unbeschadet aller personellen und organisatorischen Veränderungen im AA.

Lorenz, der am 30. Januar 1938 mit dem Dienstgrad eines Sturmbannführers in die SS aufgenommen und am 9. November 1940 zum SS-Obersturmbannführer befördert wurde, leitete das Referat bis 1940.[65] Nach einer teilweisen Reorganisation des AA übernahm der ehemalige Gaubeauftragte der Volksdeutschen Mittelstelle in Wien, SS-Hstuf. Triska, als Legationsrat die Bearbeitung der »deutschen und fremden Volkstumsfragen« innerhalb der 1940 geschaffenen Deutschland-Abteilung.[66] Nach einer weiteren Reorganisation Anfang 1943, in deren Verlauf die Deutschland-Abteilung zugunsten der Referatsgruppen Inland I und II aufgelöst wurde, ressortierten Volkstumsangelegenheiten im Referat Inland II C, das Legationsrat Reichel, SS-Stubaf. im SD, bis 1945 leitete.[67]

In der Bilanz ist allen Karrieren das mehr oder minder ausgeprägte Interesse gemeinsam, in die SS aufgenommen zu werden. Mit besonderem Nachdruck hat Generalkonsul I. Kl. Frhr. v. Thermann als einer der ersten prominenten Diplomaten um Aufnahme in die SS nachgesucht. Daß die Initiative auch von Himmler oder nachgeordneten SS-Führern ausgehen konnte und sich deren Interesse dabei mit dem der Diplomaten traf, ließ die Darstellung der Karrieren Resenbergs und Lorenz' erkennen.

---

65 Vgl. BDC, SS-Pers.-Akte Max Lorenz, u. PA des AA, Inland II g 16. – Lorenz wurde 1941 in die Personal- u. Verwaltungsabteilung (Kontrollstelle für den Telegrammverkehr) versetzt (vgl. die GVPl. des AA v. Dezember 1941, September 1943 u. 1.4. 1944).

66 Helmut Triska, geb. 1912 in Österreich, 1929 NSDAP, 1931 Matura, anschließend Studium der Rechtswissenschaften (ohne Abschluß), 1934-36 Landesstudentenführer Österreich des NSDStB, 1935/36 Polizeistrafe in Wien, 1936 von allen österreichischen Hochschulen verwiesen, anschließend Leiter der Abt. Ostmark im Außenamt der Reichsstudentenführung Berlin, Verbindungsführer zur VOMI, 1938-40 Gaubeauftragter der VOMI in Wien, 1940 SS-Hstuf., 1.12.1940-1.5.1941 Referatsleiter Kult A, seit 1.5.1941 Referatsleiter D VIII, 1943 Wehrdienst bei der Leibstandarte-SS »Adolf Hitler«, 1944 GR bei der Dt. Gesandtschaft in Budapest, Referent für Kultur- u. Volkstumsfragen, 1944 SS-Stubaf. im SD (NA Washington, T-120, roll 2539, Personalbogen v. 16.7.1944; BDC, SS-Pers.-Akte; BA Koblenz, NS 19 neu/2680).

67 Zur Karriere Reichels u. zu den weiteren Aufgaben des Referates Inland II C vgl. unten, S. 281ff.

## *Legationsrat Emil Schumburg, Judenreferent des AA (1936-1940)*

Die mit der Übernahme ausgewählter Diplomaten in die SS von Himmler verfolgten Ziele lassen sich besonders deutlich am Beispiel des ersten Judenreferenten im AA, des Legationsrats Schumburg, nachweisen.

Emil Schumburg wurde am 14. Mai 1898 als Sohn des späteren Generalarztes Prof. Dr. med. Wilhelm Schumburg, der mit einer Schwester Emil v. Behrings verheiratet war, in Berlin geboren. Nach der Notreifeprüfung, die er 1916 am Kaiser-Wilhelm-Gymnasium in Hannover ablegte, trat Schumburg als Fahnenjunker in das hannoversche Ulanenregiment 14 ein. Folgt man seinem Lebenslauf in der SS-Personalakte, machte er den »Krieg im Osten und Westen mit« und erwarb das Eiserne Kreuz II. und I. Klasse.[68] Anfang 1918 wurde er zum Leutnant befördert. Im Juni 1919 nahm er seinen Abschied, um Rechtswissenschaften an den Universitäten Marburg und Göttingen zu studieren. Als cand. iur. veröffentlichte er 1921 einen Aufsatz über »Die politische Macht der deutschen Hochschule«.[69] Darin forderte er unter anderem, daß sich Studenten und Arbeiter mit dem Ziel nationaler Einheit in der Volksgemeinschaft zusammenfinden sollten: »Das Ungestüm und die Treue des germanischen Blutes läßt sich beim Arbeiter wie beim Studenten nicht verleugnen!« Der »deutsche Arbeiter« sei »viel zu intelligent, um nicht selbst einzusehen, daß im modernen Staatensystem das ausschlaggebende Recht die Kraft des Volkes ist. Die Logik wird auch den Arbeiter folgern lassen, daß der Klassenkampf der Individuen im Rassenkampf der Nationen sein unvermeidliches Gegenspiel findet. [...] Den Kampf der Nationen wird nie ein Völkerbund beenden, solange die Völker sich durch so ausgeprägte Charakteranlagen unterscheiden. Darum ist es Pflicht aller Volksgenossen, ihr Volk stark zu machen an sittlicher Kraft und wirtschaftlicher Leistungsfähigkeit, damit es in der Konkurrenz der Nationen nicht unterliegt. [...] In Versailles wurde Deutschlands Niederlage auf dem Papier besiegelt. Aber die Weltgeschichte hat noch nicht ihr letztes Wort gesprochen!«

Schumburgs Aufsatz, der vor dem Hintergrund der im Frühjahr 1920 durch Marburger Studenten verübten Morde an Arbeitern gesehen werden muß[70], ist vor allem deshalb bemerkenswert, weil er wesentliche Elemente

---

68 Diese und die folgenden Angaben stammen aus der SS-Pers.-Akte Emil Schumburg, in: BDC, sowie dem Personalbogen v. 14.7.1944, in: NA Washington, T-120, roll 2539

69 In: Die Studentenschaft, Wochenschrift für akad. Leben u. student. Arbeit, 6. Jg., Nr. 3 u. 4, v. 14. u. 21.11.1921. Diesen Aufsatz fügte Schumburg seinem Lebenslauf bei, den er 1936 anläßlich seiner Übernahme als SS-Ustuf. in den SD des RFSS verfaßte (in: BDC, SS-Pers.-Akte Emil Schumburg).

70 Vgl. Hübinger, Paul Egon: Thomas Mann, die Universität Bonn und die Zeitgeschichte, München u. Wien 1974, S. 407f., Anm. 1

der nationalsozialistischen Ideologie propagierte.[71] Trotz dieser frühen Bekenntnisse stieß Schumburg erst relativ spät, 1936, zum Nationalsozialismus.

Im August 1922 schloß Schumburg das Jurastudium mit dem Referendarexamen ab, wurde anschließend mit einer Arbeit über »Kaiser und Reichspräsident« zum Dr. iur. an der Universität Göttingen promoviert und absolvierte bis 1925 als Regierungsreferendar den Vorbereitungsdienst für die höhere Beamtenlaufbahn in Preußen. Nach dem Assessorexamen begab er sich zur Vorbereitung auf den fremdsprachlichen Teil der Aufnahmeprüfung für den diplomatischen Dienst nach London, Oxford und Paris. Am 1. Januar 1926 wurde er als Attaché in das Auswärtige Amt einberufen. Im Anschluß an die diplomatisch-konsularische Prüfung (1928) war Schumburg als Legationssekretär bei der Botschaft Paris (1928/29), der Gesandtschaft Stockholm (1929-31) und der Gesandtschaft Oslo (1931-33) tätig.[72] Im April 1933 meldete sich Schumburg nach eigener Darstellung »zurück nach Deutschland, um den Umschwung mitzuerleben.«[73] Bis 1940 arbeitete er dann ununterbrochen im Referat Deutschland des AA, zunächst unter der Leitung des Gesandten v. Bülow-Schwante, seit 1939 als Referatsleiter.[74]

Das Anfang 1931 aufgehobene Sonderreferat Deutschland, dessen Aufgabenbereich Angelegenheiten der inneren Politik, des Reichstags und des Reichsrats umfaßte[75], wurde durch Erlaß vom 20. März 1933 wieder eingerichtet und dem Staatssekretär unmittelbar unterstellt.[76]

Mit der Wiedereinrichtung dieses Referats ist eine in qualitativer Hinsicht bemerkenswerte Veränderung des Aufgabenbereichs zu verzeichnen. Laut »Übersicht über das Arbeitsgebiet« vom 24. Januar 1934 ressortierten nunmehr folgende Angelegenheiten im Referat Deutschland: »Beobachtung für die Außenpolitik wichtiger innerpolitischer Vorgänge in Deutschland; Beobachtung der Einwirkung des Auslandes auf innerpolitische Verhältnisse in Deutschland; Unterstützung des Staatssekretärs bei seinen Kontakten mit den Inlandsstellen; *die Judenfrage* usw.«[77]

Daß die »Judenfrage« bereits in der Amtszeit v. Neuraths und seines

---

71 Mit Hinweis auf diesen Aufsatz betonte Schumburg in seinem Lebenslauf, daß er sich seit 1920 »schriftstellerisch und in Versammlungen im nationalsozialistischen Sinne« betätigt hätte (vgl. Anm. 69).

72 Schumburg hatte beide Examina mit nur »ausreichendem« Erfolg absolviert (Personalbogen Emil Schumburgs v. 14.7.1944, in: NA Washington, T-120, roll 2539). Die Qualität seiner Examenszeugnisse wirft die Frage auf, wie er dennoch in den höheren Auswärtigen Dienst berufen werden konnte. Protektion war, obgleich wahrscheinlich, nicht nachzuweisen. Für Protektion spricht die Tatsache, daß Schumburg nach dem diplom.-konsul. Examen an die Botschaft Paris entsandt wurde, eine der beliebtesten Auslandsmissionen.

73 Lebenslauf Schumburgs, in: BDC, SS-Pers.-Akte Emil Schumburg

74 Vgl. die GVPle. des AA, in: ADAP, Serien C u. D

75 Vgl. die GVPle. des AA v. 1925-1930, in: ADAP, Serie B

76 Vgl. GVPl. v. Juni 1934 – März 1935, in: ADAP C III, 2, Anhang II, S. 1105, Anm. 2

77 Ebda. (Hervorhebung d. Verf.)

Staatssekretärs v. Bülow nicht nur zum erklärten, sondern auch zum tatsächlichen Faktor deutscher Außenpolitik wurde, läßt sich aus den Sachakten des AA nachweisen: Am 28. Februar 1934 übersandte das AA sämtlichen Missionen und Berufskonsulaten eine Aufzeichnung über die »Entwicklung der Judenfrage in Deutschland und ihre Rückwirkungen im Ausland«. Darin wurde festgestellt: »Der Kampf um Deutschlands Gleichberechtigung wird [. . .] aus der Sphäre machtpolitischer Interessen herausgehoben auf eine ideologische Ebene, in der sich nationalsozialistische Weltanschauung und jüdisch-marxistische Lehre unversöhnlich gegenüberstehen. Das zunächst rein innerdeutsche *Judenproblem* biologischen und rassischen Ursprungs gewinnt damit die Bedeutung einer *außenpolitischen Frage ersten Ranges.* [. . .] Die häufig gestellte Frage, welche endgültige Stellung die deutsche Innenpolitik dem Judentum zuweisen werde, ist selbstverständlich so lange nicht zu beantworten, als jüdische Emigranten einen unerhörten Lügen- und Boykottfeldzug gegen ihre frühere deutsche Heimat führen und damit die Stellung ihrer Rassegenossen in Deutschland in schwerster Weise belasten. Welche Haltung der Nationalsozialismus in der weltanschaulichen Auseinandersetzung mit dem Weltjudentum unveränderlich einnehmen wird, dürfte der von Adolf Hitler geprägte Satz unzweideutig feststellen: ›Politische Parteien sind zu Kompromissen geneigt, Weltanschauungen niemals!‹«[78]

Der Runderlaß wurde von Schumburg entworfen, vom Leiter des Referats Deutschland, v. Bülow-Schwante, gezeichnet, über den Staatssekretär v. Bülow dem Reichsminister v. Neurath vorgelegt und von diesem genehmigt.[79]

Die Aufzeichnung ist in verschiedener Hinsicht aufschlußreich. Zunächst ist festzustellen, daß die amtliche Darstellung zur »Entwicklung der Judenfrage« dem rassenideologischen Axiom der nationalsozialistischen Weltanschauung ebenso folgt wie der propagandistischen Diktion. Daß die frühzeitige Übernahme nationalsozialistischer Ideologie in den amtlichen Schriftverkehr kein Einzelfall war, läßt sich an Hand verschiedener Sachakten des AA nachweisen.[80] Die amtliche Darstellung zur »Juden-

78 Runderlaß des AA, v. 28.2.1934, in: PA des AA, Inland II A/B 39/1 (Hervorhebung d. Verf.)

79 Der Entwurf zum Runderlaß trägt neben den Handzeichen Schumburgs u. Bülow-Schwantes auch die des StS v. Bülow u. des LR v. Kotze, der zur fraglichen Zeit das Büro Reichsminister leitete. Ein Anhalte- oder Korrekturvermerk v. Neuraths ist nicht vorhanden. Daraus sowie aus der Marginalie »Über den Herrn Staatssekretär dem Herrn Reichsminister gehorsamst vorgelegt« ist zu schließen, daß der Entwurf vom RAM v. Neurath zur Kenntnis genommen und genehmigt worden ist. Sieht man von wenigen redaktionellen Veränderungen ab, die Schumburg und Bülow-Schwante handschriftlich vorgenommen haben, ist der Entwurf im wesentlichen unverändert als Erlaß an sämtliche Missionen und Berufskonsulate herausgegeben worden. Nach Abgang wurde der Erlaß überdies bei sämtlichen Abteilungen des AA in Umlauf gegeben.

80 Vgl. PA des AA, Inland II A/B 39/1; BA Koblenz, ZSg. 133/104 u. 105

frage« wurde von Berufsdiplomaten verfaßt bzw. genehmigt, von denen zu dieser Zeit, das heißt Anfang 1934, keiner der NSDAP oder einer ihrer Gliederungen angehörte.[81] Diese Tatsache offenbart die antisemitische Grundstimmung, zumindest Disposition, auch unter jenen Diplomaten, die der NSDAP ablehnend oder indifferent gegenüberstanden, wie etwa der Staatssekretär v. Bülow und sein Vetter, der Referatsleiter v. Bülow-Schwante.[82]

Neben der »Judenfrage« bearbeitete Schumburg seit 1934 auch Ausbürgerungsangelegenheiten deutscher Emigranten[83] und internationale Polizeiangelegenheiten. Seit Anfang 1935 bemühte sich Schumburg in enger Zusammenarbeit mit dem Geheimen Staatspolizeiamt in Berlin, durch zwischenstaatliche Polizeiabkommen mit Finnland, Polen, Ungarn, Jugoslawien, Bulgarien, Griechenland und Italien eine »Staatenfront« zur »aktiven Bekämpfung des Bolschewismus« zu schaffen. Dabei stand »die deutsch-italienische polizeiliche Zusammenarbeit [...] an erster Stelle.«[84]

Von 1936 an tauschten die Spitzen der italienischen und deutschen politischen Polizei unter Mitwirkung der Außenministerien regelmäßig ihre Erkenntnisse und Erfahrungen im gemeinsamen Kampf gegen Bolschewismus und Judentum aus. Im Rahmen dieser Zusammenarbeit traf Ende März 1936 eine italienische Delegation unter Führung des Chefs der italienischen Polizei, Bocchini, zu Besprechungen in Berlin ein, an denen neben Himmler und Heydrich unter anderen auch v. Bülow-Schwante und Schumburg teilnahmen.[85]

Im Oktober 1936 erwiderte Himmler, seit Juni 1936 Chef der deutschen Polizei, den Besuch. In seiner Begleitung befanden sich SS-Ogruf. Daluege (Chef der Ordnungspolizei), SS-Gruf. Heydrich (Chef der Sicherheitspolizei und des SD) und SS-Stubaf. Müller (Referent im Gestapa) sowie Legationsrat Schumburg als Vertreter des AA.[86]

---

81 Schumburg wurde am 20.10.1936 als SS-Ustuf. in den SD des RFSS u. am 1.7.1938 in die NSDAP aufgenommen; v. Bülow-Schwante, seit 1928 im »Stahlhelm«, zuletzt Gauführer Havelland, trat der NSDAP am 1.4.1936 bei; v. Neurath wurde durch Verleihung des goldenen Ehrenzeichens der NSDAP von Hitler persönlich am 30.1.1937 in die Partei aufgenommen (BDC, SS- u. NSDAP-Personalunterlagen Emil Schumburg, Vicco v. Bülow-Schwante u. Constantin Frhr. v. Neurath; BA Koblenz, NL Rheindorf, 468).

82 Vgl. Krüger/Hahn: Der Loyalitätskonflikt des Staatssekretärs Bernhard Wilhelm von Bülow im Frühjahr 1933, in: VfZ 20 (1972), S. 376-410; IfZ München, ZS 1021 (v. Bülow-Schwante); Hübinger: Thomas Mann, die Universität Bonn und die Zeitgeschichte, S. 405, Anm. 1

83 Darunter auch die Ausbürgerung Thomas Manns und Willy Brandts (vgl. Lehmann: In Acht und Bann, S. 126, 130 u. 295); vgl. auch Hübinger: Thomas Mann, die Universität Bonn und die Zeitgeschichte, S. 324f., 407ff., 536ff. u. 540-550

84 Aufzeichnung Schumburgs v. 25.1.1937 (geheime Reichssache) für SS-Ostubaf. Müller, Geheimes Staatspolizeiamt, in: PA des AA, Inland II g 7

85 Vgl. Jacobsen: NS-Außenpolitik, S. 462

86 Vgl. ebda., S. 462 u. 823

- 4 -

tionalsozialistischen Regierung praktisch gefördert. Insbesondere werden auswanderungslustigen Juden bestimmte Geldbeträge zur Transferierung ins Ausland freigegeben. Zu diesem Zwecke arbeiten amtliche deutsche Stellen sine ira et studio mit jüdischen Organisationen in loyaler Weise zusammen, um insbesondere die Auswanderung nach Palästina zu fördern.

So hat das Reichswirtschaftsministerium auf Anregung des Deutschen Generalkonsulats in Jerusalem im August 1933 mit einer von der Anglo-Palestine Bank geführten Gruppe Abmachungen getroffen, durch die der Transfer von Geldern jüdischer Auswanderer von Deutschland nach Palästina erleichtert und gleichzeitig dem Boykott deutscher Waren in Palästina entgegengewirkt werden soll. (Hoofin-Abkommen.) Unter bestimmten Voraussetzungen erhalten jüdische Auswanderer im Rahmen dieser Vereinbarungen die Genehmigung, Gelder auf Sonderkonten in Deutschland einzuzahlen unter der Bedingung, daß die Verwendung dieser Gelder auf die Bezahlung deutscher Ausfuhrwaren nach Palästina beschränkt bleibt.

Während in Deutschland das Judenproblem zielsicher und ruhig der gesetzlich bestimmten Lösung zugeführt wurde, entwickelte sich im Ausland beim Bekanntwerden der Arier-Gesetzgebung eine seit der Kriegspropaganda der Alliierten nicht dagewesene Greuel- und Lügenhetze der ausländischen Juden und der deutschen jüdischen Emigranten gegen das nationalsozialistische Deutschland. Diese Hetze

führte

*Seiten 4-6 aus der 13seitigen Aufzeichnung über die »Entwicklung der Judenfrage in Deutschland und ihre Rückwirkungen im Ausland« vom 28. Februar 1934. Der Runderlaß ging an sämtliche diplomatischen Missionen und Berufskonsulate und wurde nach Abgang auch bei allen Abteilungen des AA in Umlauf gegeben*

führte schließlich zu einem Boykott deutscher Waren in einem großen Teil des Auslands. Die von den Juden selbst stets abgestrittene internationale Solidarität des Judentums wurde damit zum ersten Mal mit voller Deutlichkeit bewiesen. Fast prophetisch klingen die Worte, die Adolf Hitler bereits im Jahre 1924 in seinem Werke "Mein Kampf" schrieb:

"So ist der Jude heute der große Hetzer zur restlosen Zerstörung Deutschlands. Wo immer wir in der Welt Angriffe gegen Deutschland lesen, sind Juden ihre Fabrikanten, gleichwie ja auch im Frieden und während des Krieges die jüdische Börsen- und Marxisten-Presse den Hass gegen Deutschland planmäßig schürte, so lange bis Staat um Staat die Neutralität aufgab und mit Verzicht auf die wahren Interessen der Völker in den Dienst der Weltkriegskoalition eintrat".

Die Hetze des Judentums wurde umsomehr erleichtert, als sich die ausländische liberale und marxistische Presse nur zu gern in den Dienst einer Propaganda gegen den deutschen Nationalsozialismus stellte. Mit allen Mitteln mußten ja die marxistischen Parteien der westlichen Demokratien ein Übergreifen der nationalsozialistischen Idee auf die von ihnen beherrschten Staaten verhindern. Denn diese Idee hatte sich in Deutschland stark genug erwiesen, um die marxistisch-liberale Weltanschauung zu überwinden. Juden und marxistische Regierungen waren daher die

na-

natürlichen Verbündeten gegen das nationalsozialistische Deutschland. Es ergab sich das lehrreiche Schauspiel, daß diejenigen Staaten, in denen diese Koalition an der Macht war, sich - häufig selbst gegen die wirklichen politischen Interessen der Völker - unter die Gegner des Deutschen Reichs in dem Augenblick einreihten, wo der Nationalsozialismus zur Regierung kam.

Ähnlich wie sich Ende des 18.Jahrhunderts die absoluten Fürsten zur Koalition gegen Frankreich als den Träger der Revolutionsidee zusammenfanden, wie sich vor einem Jahrhundert die Königreiche der heiligen Allianz von der Freiheitsidee der Völker bedroht fühlten, ebenso kann die deutsche Außenpolitik heute mit der instinktiven Gegnerschaft derjenigen Staaten rechnen, deren Regierungen in Deutschland den Träger der für ihren Bestand gefährliche nationalsozialistischen Weltanschauung sehen. Der Kampf um Deutschlands Gleichberechtigung wird damit aus der Sphäre machtpolitischer Interessen herausgehoben auf eine ideologische Ebene, in der sich nationalsozialistische Weltanschauung und jüdisch-marxistische Lehre unversöhnlich gegenüberstehen. Das zunächst rein innerdeutsche Judenproblem biologischen und rassischen Ursprungs gewinnt damit die Bedeutung einer außenpolitischen Frage ersten Ranges.

Der Verlauf des Lügen- und Boykottfeldzugs gegen das nationalsozialistische Deutschland hat den Beweis für die Identität machtpolitischer und weltanschaulicher Geg-

ner-

Am 20. Oktober 1936, gelegentlich des gemeinsamen Aufenthalts in Rom, wurde Schumburg von Himmler persönlich in die Schutzstaffel aufgenommen, zum SS-Untersturmführer ernannt und dem SD-Hauptamt zugeteilt.[87] Die Akten erlauben den Schluß, daß die Initiative zur Aufnahme Schumburgs in die SS von Himmler oder Heydrich ausgegangen ist.[88] Für diese Annahme spricht auch die zügige Beförderung Schumburgs innerhalb der SS.[89]

Schumburg, seit August 1936 Legationsrat, avancierte bereits im Oktober 1937 zum Legationsrat I. Klasse. Der Beförderungsvorschlag des Reichsaußenministers wurde im April 1937 dem Stellvertreter des Führers mit der Bitte um Stellungnahme zugeleitet. Auf dessen Anfrage vom 24. April 1937, ob »gegen die beabsichtigte Ernennung Bedenken erhoben werden«, stellte der Stabsführer des Sicherheitshauptamtes am 13. Mai 1937 folgendes Dienstleistungszeugnis aus: »Schumburg ist charakterlich einwandfrei, weltanschaulich kann er als gefestigt angesehen werden. Sein Wissen und seine Bildung liegen über dem Durchschnitt. Nachteiliges ist über Schumburg nicht bekannt geworden.«[90]

Das Vertrauen der Reichsführung-SS zu Schumburg war offenbar so groß, seine Zusammenarbeit mit Dienststellen der SS und Polizei, insbesondere mit dem SD-Hauptamt und dem Geheimen Staatspolizeiamt so eng, daß Schumburg nach der Berufung v. Ribbentrops zum Reichsaußenminister (4. Februar 1938) allmählich in die Rolle eines Verbindungsführers zwischen der Reichsführung-SS und dem AA hineinwuchs. Der Terminus »Verbindungsführer« läßt sich im Dezember 1938 erstmals aus den Akten nachweisen: Mit Schreiben vom 30. Dezember 1938 übersandte Schumburg dem Chef des Persönlichen Stabes Reichsführer-SS, SS-Gruf. Wolff, »zur persönlichen und vertraulichen Kenntnisnahme« ein Hauszirkular des AA über die Zuständigkeit des neu eingerichteten Referats Partei und des Referats Deutschland.[91] Von Bedeutung sind in diesem Zusammenhang folgende organisatorische und personelle Veränderungen: »Zur einheitlichen Bearbeitung des Verkehrs zwischen dem Auswärtigen Amt und den Dienststellen der NSDAP, ihren Gliederungen und angeschlossenen Ver-

---

87 Vgl. das Schreiben des Chefs des Sicherheitshauptamtes v. 17.12.1936 an die SS-Personalkanzlei, in: BDC, SS-Pers.-Akte Emil Schumburg. Schumburgs Angabe in seinem handschriftlichen Lebenslauf (ebda.), der zufolge er vom RFSS »zum Untersturmführer in seinem Stabe« ernannt worden sei, ist nicht korrekt.

88 Vgl. BDC, SS-Pers.-Akte Emil Schumburg. Für diese Annahme spricht auch der Umstand, daß kein Aufnahmeantrag in der Personalakte vorliegt, sowie die Tatsache, daß sich Schumburg in der Folgezeit der besonderen Wertschätzung Heydrichs und Himmlers erfreute.

89 SS-Ostuf. (9.11.1937), SS-Hstuf. (30.1.1938), SS-Stubaf. (2.5.1938), jeweils unter Zuteilung zum SD-Hauptamt (vgl. BDC, SS-Pers.-Akte Emil Schumburg).

90 BDC, SS-Pers.-Akte Emil Schumburg

91 BA Koblenz, NS 19 neu/256. Das Zirkular war vom Leiter der Personal- und Haushaltsabteilung, Min.Dir. Prüfer, gezeichnet und an alle Abteilungen des AA gerichtet.

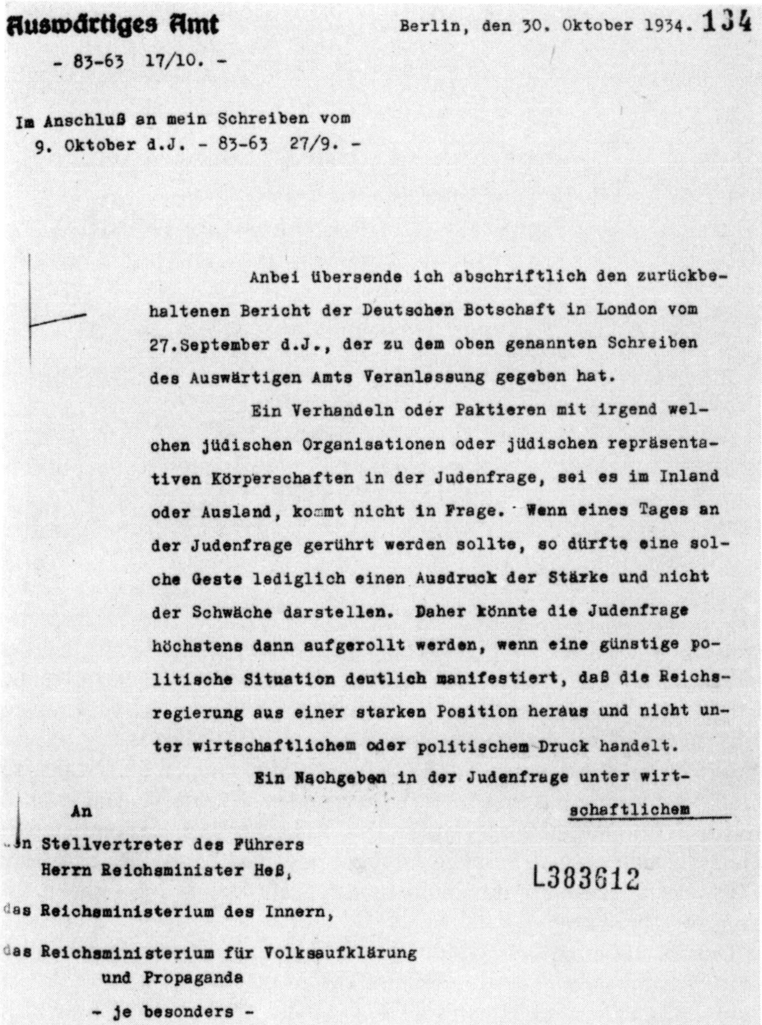

**Auswärtiges Amt** Berlin, den 30. Oktober 1934. 134

- 83-63 17/10. -

Im Anschluß an mein Schreiben vom
9. Oktober d.J. - 83-63 27/9. -

Anbei übersende ich abschriftlich den zurückbehaltenen Bericht der Deutschen Botschaft in London vom 27.September d.J., der zu dem oben genannten Schreiben des Auswärtigen Amts Veranlassung gegeben hat.

Ein Verhandeln oder Paktieren mit irgend welchen jüdischen Organisationen oder jüdischen repräsentativen Körperschaften in der Judenfrage, sei es im Inland oder Ausland, kommt nicht in Frage. Wenn eines Tages an der Judenfrage gerührt werden sollte, so dürfte eine solche Geste lediglich einen Ausdruck der Stärke und nicht der Schwäche darstellen. Daher könnte die Judenfrage höchstens dann aufgerollt werden, wenn eine günstige politische Situation deutlich manifestiert, daß die Reichsregierung aus einer starken Position heraus und nicht unter wirtschaftlichem oder politischem Druck handelt.

Ein Nachgeben in der Judenfrage unter wirt-

An schaftlichem

den Stellvertreter des Führers
Herrn Reichsminister Heß,

das Reichsministerium des Innern,

das Reichsministerium für Volksaufklärung
und Propaganda

- je besonders -

L383612

*Von Anfang an war die »Judenfrage« ein tatsächlicher Faktor deutscher Außenpolitik; Schreiben v. Neuraths vom 30. Oktober 1934*

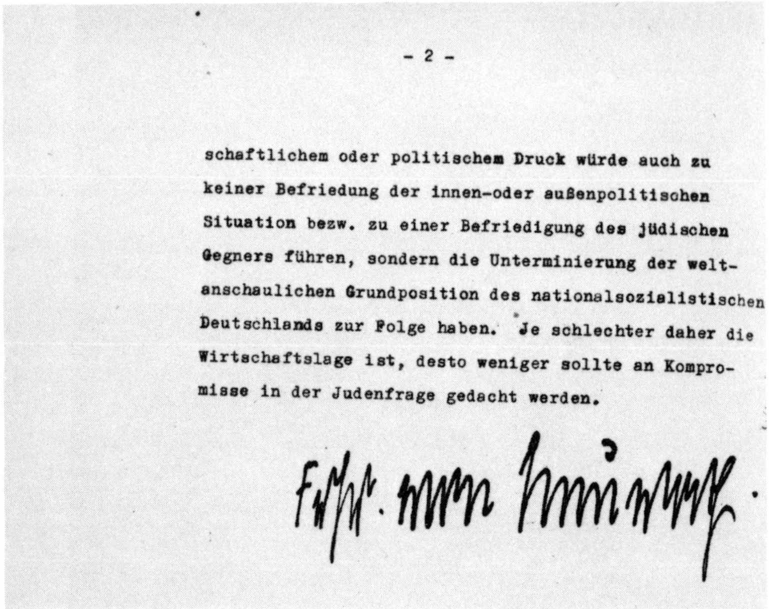

- 2 -

schaftlichem oder politischem Druck würde auch zu keiner Befriedung der innen-oder außenpolitischen Situation bezw. zu einer Befriedigung des jüdischen Gegners führen, sondern die Unterminierung der weltanschaulichen Grundposition des nationalsozialistischen Deutschlands zur Folge haben. Je schlechter daher die Wirtschaftslage ist, desto weniger sollte an Kompromisse in der Judenfrage gedacht werden.

bänden« wurde »mit sofortiger Wirkung das Sonderreferat Partei (Ref. Partei) gebildet.« Zum Leiter dieses Sonderreferats berief Ribbentrop seinen langjährigen Vertrauten aus der »Dienststelle Ribbentrop«, Legationsrat I. Kl. Luther.[92] Ausgenommen von der Zuständigkeit des Referats Partei wurde die Auslandsorganisation (AO) der NSDAP, deren Chef, Staatssekretär Bohle, für alle Fragen des Auslandsdeutschtums zuständig blieb, sowie die Verbindung zur SS und Polizei, die nach wie vor im Sonderreferat Deutschland ressortierte: »Verbindungsführer des Reichsführers-SS und Chefs der deutschen Polizei zum Auswärtigen Amt ist wie bisher Legationsrat Schumburg.«[93]

Das Hauszirkular bestätigt die Vermutung, daß Schumburg schon vor dem Dezember 1938 als Verbindungsführer fungierte. Sodann ist bemerkenswert, daß Schumburg, obwohl Beamter des Auswärtigen Amtes, nicht als Verbindungs*beamter* des AA zu Himmler, sondern als Verbindungs*führer* Himmlers zum AA figurierte. Wenn auch nicht explizit aus den Akten nachweisbar, so erlaubt diese Formulierung doch den Schluß, daß Schumburgs Berufung zum Verbindungsführer von Himmler ausgegangen war und dann nach Zustimmung v. Ribbentrops vollzogen wurde.[94]

---

92 Zur Herkunft und Karriere Luthers vgl. unten, S. 154, Anm. 43, u. 203ff.

93 BA Koblenz, NS 19 neu/256

94 Diese Annahme wird erhärtet durch die vom Amtschef IV (Gestapo) des RSHA, SS-Gruf. Müller, am 19.7.1944 verfaßte Beurteilung Schumburgs, in: BDC, SS-Pers.-Akte Emil Schumburg

Gesandter v. Bülow-Schwante, der das Referat Deutschland bis 1938 leitete und seit 1936 zugleich Chef des Protokolls war, ging nach einer Auseinandersetzung mit dem RAM v. Ribbentrop im Oktober 1938 als Botschafter nach Brüssel.[95] Die Leitung des zwischenzeitlich umkonstruierten Referats Deutschland übernahm im Dezember 1938 VLR Walther Hinrichs.[96] Schon im Oktober 1939 wurde Hinrichs von seinem Stellvertreter, LR I. Kl. Schumburg, abgelöst.[97]

Das nunmehr von Schumburg geleitete Referat Deutschland war zuständig für folgende Angelegenheiten:

»- Informationen der Auslandsvertretungen über wichtige innerpolitische Vorgänge.
- Die *gesamte Judenpolitik*, Interventionen fremder Mächte zugunsten ihrer jüdischen Staatsangehörigen, Rassenpolitik, Antikominternfragen.
- Internationale polizeiliche Zusammenarbeit, Emigrantenangelegenheiten.
- Ausbürgerungen, Flaggen und Hoheitszeichen, Nationalhymnen.«[98]

Unerwähnt blieb in dieser Übersicht ein weiterer Aufgabenbereich, für den das Referat D federführend zuständig war: die Zusammenarbeit mit dem SD-Hauptamt und dem Geheimen Staatspolizeiamt in allen nachrichtendienstlichen und sicherheitspolizeilichen Angelegenheiten. Dazu zählten zum Beispiel die Entsendung der Polizeiverbindungsführer und Polizeiattachés ebenso wie der getarnte Einbau weiterer Agenten des SD bzw. der Gestapo bei den deutschen Auslandsmissionen und die illegale Übermittlung ihrer Berichte.[99] Diese Zusammenarbeit läßt sich aus den Akten des AA erstmals 1936 nachweisen: Auf ausdrücklichen Wunsch Himmlers

---

95 Der Streit mit Ribbentrop dürfte seine Ursache in einer protokollarischen Entscheidung Bülow-Schwantes gehabt haben, der es hinnahm, daß Hitler anläßlich seines Staatsbesuchs in Rom im Mai 1938 barhäuptig und im Frack eine militärische Ehrenformation abschreiten mußte, während der italienische König in voller Uniform daran teilnahm. Hitler soll daraufhin »getobt« und die Absetzung des Protokollchefs v. Bülow-Schwante gefordert haben. Vgl. im einzelnen bei Kordt: Nicht aus den Akten, S. 215-219, sowie Schmidt: Statist auf diplomatischer Bühne, S. 386. Bülow-Schwante schied 1940 freiwillig aus dem Dienst. Nach eigener Darstellung sei er der einzige Diplomat gewesen, »der Ribbentrop die Sache vor die Füße geschmissen hat« (Vernehmung Bülow-Schwantes v. 13.10.1947 durch Robert M.W. Kempner, in: IfZ München, ZS 1021).

96 Geb. 1882, 1909 Dr. ing., Assistent der Berliner Museen bei den Ausgrabungen in Mesopotamien, 1918 Hptm. d.R., 1919 Attaché im AA, 1922 diplom.-konsul. Prüfung, 1934 Konsul in Cleveland, 1.8.1935 NSDAP, 1937 VLR im Referat Deutschland, von Juli 1939 bis 1945 in der Präsidialkanzlei (Personalbogen Walther Hinrichs v. 20.7.1944, in: NA Washington, T-120, roll 2538; BDC, NSDAP-Personalunterlagen Walther Hinrichs).

97 Vgl. das Schreiben des Chefs Pers. Stab RFSS v. 7.10.1939 an den Chef des SS-PHA, in: BDC, SS-Pers.-Akte Emil Schumburg. Die Gründe für die Ablösung Hinrichs' waren aus den Akten nicht zu ermitteln.

98 GVPl. des AA v. 1.12.1939, in: ADAP D VIII, S. 747 (Hervorhebung d. Verf.)

99 Vgl. PA des AA, Inland II g 61, 62, 70, 71, 82 u. 101; Inland II A/B 347/3 sowie BA Koblenz, R 58/859

und Heydrichs wurde der Kriminalkommissar Paul Winzer mit Unterstützung des Referats D und der Personalabteilung sowie mit Billigung des Staatssekretärs v. Bülow im Mai 1936 an die Botschaft Madrid entsandt zur Beobachtung des Kommunismus und Anarchismus in Spanien.[100]

Schon im November 1936, nach der Ernennung des Generals Faupel zum Geschäftsträger bei der Regierung Franco, wurde die Stellung Winzers institutionalisiert und seine Funktion erweitert: Im Auftrag des Reichsführers-SS und Chefs der deutschen Polizei übernahm Winzer die Tätigkeit eines offiziellen Verbindungsmannes zur politischen Polizei Spaniens. Seine Aufgabe war es vor allem, »in engster Fühlungnahme mit der Deutschen Vertretung in Spanien die spanischen zuständigen Behörden in ihrem Abwehrkampfe gegen den Kommunismus und Anarchismus zu unterstützen, insbesondere bei der Bekämpfung der deutschen emigrierten Marxisten die Erfahrungen der Geheimen Staatspolizei zur Verfügung zu stellen und weiterhin als Verbindungsmann zwischen den Politischen Polizeien der beiden Länder am Austausch von allen, für die gemeinsame Bekämpfung wichtigen Beobachtungen mitzuarbeiten.«[101] Winzer, der seit 1933 der SS angehörte und 1940 zum SS-Sturmbannführer (im RSHA) befördert wurde, fungierte bis 1944 als Polizeiattaché bei der Botschaft Madrid.[102] Das Institut des Polizeiattachés, ein Novum in der Diplomatiegeschichte, ist zwischen 1939 und 1944 in fast allen Staaten nachzuweisen, die mit dem Dritten Reich verbündet oder von diesem abhängig waren. Seine Genese, Struktur und Funktion rechtfertigen eine besondere Untersuchung.[103]

Im thematischen Zusammenhang dieses Kapitels bleibt festzuhalten, daß das Referat Deutschland federführend, das heißt unter Mitwirkung anderer Referate des AA, die Entsendung von Polizeiverbindungsführern an die deutschen diplomatischen Missionen vor allem in Süd- und Südosteuropa gefördert und deren Institutionalisierung zu Polizeiattachés auf Drängen des RSHA ermöglicht hat. Stieß die geplante Entsendung eines Polizeiattachés auf Bedenken des Missionschefs, war es Schumburg, der diese Widerstände ganz im Sinne des RSHA beseitigte. Anfang 1940 schlug er vor, »der Einrichtung der Polizeiattachés im Ausland weiterhin grundsätzlich zuzustimmen und dem Wunsch des Reichsführers-SS und Chefs der Deutschen Polizei auf Entsendung weiterer Polizeiattachés nach Bukarest, Budapest und Preßburg zu entsprechen.«[104]

---

100 Geheimer Schnellbrief Heydrichs v. 4.5.1936 an das AA, z.H. des Ges. v. Bülow-Schwante; Aufzeichnung v. Bülow-Schwantes v. 4.5.1936 für Abt. I, jeweils in: PA des AA Inland II g 101

101 Schreiben des RFSSuChdDtPol, gez. Müller, v. 24.11.1936 an das AA, z.H. des Ges. v. Bülow-Schwante, in: PA des AA, Inland II g 101

102 BDC, SS-Pers.-Akte Paul Winzer

103 S. die demnächst erscheinende Studie des Verfassers »Der Sicherheitsdienst (SD) des Reichsführers-SS im Auswärtigen Amt«

104 Geheime Aufzeichnung Schumburgs v. 23.2. 1940, in: PA des AA, Inland II g 61. Vgl.

Seit Kriegsausbruch koordinierte Schumburg außerdem in seinem Referat den gesamten geheimen Nachrichtenverkehr der Sicherheitspolizei und des SD mit ihren offiziellen oder getarnten Dienststellen und Agenten im Ausland.[105] In diesem Zusammenhang sorgte Schumburg beispielsweise dafür, daß die mit diplomatischem Kurier überbrachten Geheimberichte des Beauftragten der Sipo und des SD (späteren Polizeiattachés) bei der Botschaft in Rom (Quirinal), SS-Hstuf. Kappler, dem SS-Oberf. Müller (Gestapa Berlin) persönlich zugeleitet wurden[106], mit anderen Worten: Schumburg unterstützte die Benutzung der diplomatischen Kurierverbindung für illegale Zwecke. Bis zum Jahr 1940 koordinierte Schumburg überdies auch die »gesamte Judenpolitik« des AA.[107]

Bilanziert man die Tätigkeit Schumburgs als Verbindungsführer zwischen dem AA und der Reichsführung-SS, so kommt man zu dem Schluß, daß Schumburg sich weniger als Mittler zwischen den Ressortinteressen verstand denn als Vertreter der SS, vornehmlich des RSHA, im Auswärtigen Amt. Bestätigt wird dieser Eindruck durch die Beurteilung des Amtschefs IV (Gestapo) im RSHA, SS-Gruf. Müller, vom 19. Juli 1944, die sich in Schumburgs SS-Personal-Akte fand: »SS-Obersturmbannführer Botschaftsrat Dr. Emil Schumburg ist mir aus seiner Tätigkeit im Auswärtigen Amt persönlich bekannt. Als Leiter des Referats Deutschland hatte er engste Berührung mit unseren Sachgebieten und war längere Zeit eine Art Verbindungsführer zum Reichssicherheitshauptamt. In dieser Zeit hat sich Dr. Schumburg als ein außerordentlich gewandter, uns gegenüber aufrichtiger Diplomat erwiesen, dessen gefühlsmäßige Ausrichtung eher bei uns als im Rahmen des AA lag. [...]«[108]

Schumburg war nicht nur ein Anhänger, sondern auch ein früher Verfechter nationalsozialistischen Gedankenguts, vor allem der Rassenideologie. Die Tatsache, daß der Berufsdiplomat Schumburg erst 1938 der NSDAP

---

auch das Schreiben des Chefs der Sicherheitspolizei, gez. Heydrich, v. 28.4. 1939 an das Auswärtige Amt, z.H. des SS-Sturmbannführers Legationsrats Dr. Schumburg, in: PA des AA, Inland II g 61. Dieses Schreiben Heydrichs ist auch wegen seines imperativischen Tenors bemerkenswert: »Die neue politische Entwicklung auf dem Balkan läßt es geboten erscheinen, nach Rumänien einen Polizei-Attaché zu entsenden. Die Gründe, die bisher die Aufnahme offizieller Beziehungen zur rumänischen Polizei abrieten [sic], sind dort bekannt. Ich bitte daher, zunächst die deutsche Vertretung in Bukarest zu beauftragen, zu dem vorstehenden Antrag alsbald Stellung zu nehmen.«

105 Vgl. die geheime Aufzeichnung Schumburgs v. 29.2. 1940, in: PA des AA, Inland II A/B 347/3

106 Vgl. die Schreiben Kapplers an Schumburg v. 13.10. u. 31.12. 1939, 9.1. u. 13.1. 1940, in: PA des AA, Inland II g 82 u. 83

107 Vgl. den an alle diplomatischen und konsularischen Vertretungen gerichteten Erlaß Schumburgs v. 25.1. 1939 betr. »Die Judenfrage als Faktor der Außenpolitik im Jahre 1938«, in: PA des AA, Inland II g 177 (Endlösung der Judenfrage 1939-1943). – In seiner Eigenschaft als Judenreferent war Schumburg auch Vertreter des AA in der von Heydrich geleiteten Reichszentrale für die jüdische Auswanderung (vgl. ebda.).

108 BDC, SS-Pers.-Akte Emil Schumburg

234

Auswärtiges Amt

Berlin, den 25. Januar 1939.

83-26 19/1.

Inhaltsangabe.

Die Judenfrage als Faktor der Außenpolitik im Jahre 1938.

1. Die deutsche Judenpolitik als Voraussetzung und Konsequenz der außenpolitischen Entschlüsse des Jahres 1938
2. Ziel der deutschen Judenpolitik: Auswanderung
3. Mittel, Wege und Ziel der jüdischen Auswanderung
4. Der ausgewanderte Jude als beste Propaganda für die deutsche Judenpolitik.

Es ist wohl kein Zufall, daß das Schicksalsjahr 1938 zugleich mit der Verwirklichung des großdeutschen Gedankens die Judenfrage ihrer Lösung nahegebracht hat. Denn die Judenpolitik war sowohl Voraussetzung wie Konsequenz der Ereignisse des Jahres 1938. Mehr vielleicht als die machtpolitische Gegnerschaft der ehemaligen Feindbundmächte des Weltkriegs hat das Vordringen jüdischen Einflusses und der zersetzenden jüdischen Geisteshaltung in Politik, Wirtschaft und Kultur die Kraft und den Willen des deutschen Volkes zum Wiederaufstieg gelähmt. Die Heilung dieser Krankheit des Volkskörpers war daher wohl eine der wichtigsten Voraussetzungen für die Kraftanstrengung, die im Jahre 1938 gegen den Willen einer Welt den Zusammenschluß des großdeutschen Reiches erzwang.

Die

An

alle diplomatischen und berufskonsularischen Vertretungen im Ausland

K210483

372115

*»Die Judenfrage als Faktor der Außenpolitik im Jahre 1938«; Seite 1 des 14seitigen Runderlasses vom 25. Januar 1939*

beigetreten ist, relativiert erneut den Zusammenhang von politischer Gesinnung und früher Parteizugehörigkeit und läßt überdies vermuten, daß manch andere Diplomaten nationalsozialistisches Gedankengut vertraten, bevor sie sich der NSDAP oder einer ihrer Gliederungen anschlossen.

Mit der Übernahme Schumburgs in die SS war es Himmler und Heydrich gelungen, sich die Loyalität des Referenten für Emigrantenfragen, Polizei- und Geheimdienstangelegenheiten sowie für »Judenfragen« im AA zu sichern - mithin Einfluß zu gewinnen auf eine Schlüsselposition, deren Inhaber sich bereit und befähigt zeigte, die spezifischen Interessen der SS im Auswärtigen Amt zu vertreten, auch und vor allem dann, wenn diese den Zielsetzungen anderer Referate des AA zuwiderliefen.[109]

Schumburgs Karriere wurde durch die Zusammenlegung der Sonderreferate Deutschland und Partei zur Abteilung Deutschland im Mai 1940 sowie durch den Aufstieg des vormaligen Referatsleiters Partei, LR I. Kl. Luther, zum Unterstaatssekretär und Leiter der Abteilung Deutschland nicht unwesentlich beeinflußt. Der weitere Verlauf der Karriere Schumburgs wird deshalb im Zusammenhang mit der Entstehung und Entwicklung der Abteilung Deutschland darzustellen sein.[110]

## *Möglichkeiten der Ablehnung angebotener SS-Führerränge*

Auch der Gesandtschaftsrat Günther Altenburg gehörte zu jenen Diplomaten, denen Himmler die Aufnahme in die SS unter Verleihung eines Führerdienstgrades angeboten hatte.[111] Bei einer gesellschaftlichen Veranstaltung im Jahre 1935 soll der Reichsführer-SS Altenburg gefragt haben, ob er nicht der SS beitreten wolle. Nach eigener, durchaus glaubwürdiger Darstellung habe er, Altenburg, für das Angebot gedankt und um Bedenkzeit gebeten. Darauf habe er sich nicht mehr gemeldet, sei aber dann Ende 1935 der NSDAP beigetreten, um sich gegen den Vorwurf der Parteifeindlichkeit abzusichern.[112]

---

109 Vgl. z.B. die Berichte der Gesandtschaften Bukarest und Belgrad vom Januar und Februar 1940 an das AA sowie die Aufzeichnungen E. Kordts v. 22.2. 1940 und Schumburgs v. 23.2. 1940, in: PA des AA, Inland II g 61

110 Vgl. unten, S. 203 ff.

111 Günther Altenburg, geb. 1894 in Königsberg/Preußen, 1919 Referendar, 1920 Attaché im AA, 1925 LS in Rom, 1933 GR im AA, 1938 VLR, 1939 Gesandter I. Kl. u. Leiter der Informationsabteilung des AA, 1941-43 Bevollmächtigter des Reiches in Athen, 1944/45 Beauftragter für die Betreuung der bulgarischen und rumänischen Diplomaten in Wien (BDC, NSDAP-Personalunterlagen Günther Altenburg; IfZ München, ZS 360; GVPl. des AA v. 15.2. 1939, in: ADAP D IV, S. 629)

112 Schriftliche und mündliche Mitteilungen v. 4.1. u. 11.10. 1974 an den Verf. Diese Darstellung deckt sich mit dem Protokoll der Vernehmung Altenburgs v. 16.4. 1947 durch Robert M.W. Kempner (in: IfZ München, ZS 360) und hinsichtlich der Parteizugehörigkeit mit den NSDAP-Personalunterlagen (in: BDC).

Auf Befragen des stellvertretenden US-Hauptanklägers im Wilhelmstraßen-Prozeß, Robert M.W. Kempner, warum er das Angebot Himmlers dilatorisch behandelt habe, erklärte Altenburg: »Ich wußte zu der Zeit eines, daß die SS eine scharfe Disziplin hat, von der ich fürchtete, es könnte mich irgendwie in Konflikt bringen [...] mit meinem Dienstverhältnis im Auswärtigen Amt.«[113]

Altenburg war einer der wenigen Diplomaten, die den ihnen angetragenen SS-Führerdienstgrad abgelehnt haben in der richtigen Erkenntnis, daß aus dem Treuepostulat der SS und dem gleichzeitig bestehenden Dienstverhältnis im AA eine doppelte Loyalität erwachse, die im Zweifel zu einem Loyalitätskonflikt führen würde.[114]

---

113 IfZ München, ZS 360 (Altenburg). Die Vernehmung Altenburgs durch Kempner zur Frage der Partei- und SS-Zugehörigkeit hat lt. Protokoll v. 16.4.1947 folgenden Wortlaut: »F[rage]: Sie haben Antrag auf Aufnahme in die Partei gestellt? A[ntwort]: Dezember 1935. F: Haben Sie irgend einen Rang in der Partei gehabt? A: Nein. F: In der SS? A: Bin ich nicht gewesen, ich bin einmal aufgefordert worden, das habe ich dilatorisch behandelt. F: Warum? A: Weil es mir nicht gepaßt hat. F: Warum nicht gepaßt? A: Ich wußte zu der Zeit eines, daß die SS eine scharfe Disziplin hat, von der ich fürchtete, es könnte mich irgendwie in Konflikt bringen. F: Mit was? A: Zum Beispiel mit meinem Dienstverhältnis im Auswärtigen Amt. F: Ihr Staatssekretär war doch SS-Mann. A: Der [StS v. Weizsäcker] war damals doch nicht SS. F: Aber danach. A: Dann später ja, ich mochte mit der SS nichts zu tun haben. F: Warum? War das etwas schlechtes? A: Nein, mir lag das nicht. [...] F: War ihre Ehre nicht Treue? Treue zum Führer? A: Es genügte mir, durch meine Zugehörigkeit zur Partei die Sicherung zu haben, die ich für meine Tätigkeit als Beamter brauchte. F: Sind Sie nur beigetreten, weil Sie Sicherung wollten. Nur aus persönlichen Karrieregründen? A: War jedenfalls wichtig. F: Nur Karriere wollten Sie? Nicht aus idealen Beweggründen? A: Ich glaube, daß ich da gegenüber den anderen Beamten des Auswärtigen Amtes kaum eine Ausnahme gemacht habe. F: Ich frage Sie. A: Ja. F: Aus Karrieregründen oder idealen Gründen? A: Ja – nein – ich habe es nicht für richtig gehalten, dieser Aufforderung nachzukommen. F: Also aus Zweckmäßigkeitsgründen? A: Kann man sagen, ja.«

114 Lt. schriftlicher Mitteilung des früheren Botschafters der Bundesrepublik Deutschland in Wien, Dr. Hans Heinrich Schirmer, v. 7.6.1974 an den Verf. sei auch ihm als LR im AA zwischen 1939 und 1941 zweimal von »guten Freunden« ein Aufnahmeantrag der SS übersandt worden. Wörtlich teilte Dr. Schirmer dem Verf. mit: »Mir selbst ist es dadurch gelungen, dieser Aufforderung nicht nachzukommen, daß ich meinem Vorgesetzten, Herrn Gesandten Rühle, offen sagte, daß ich keinerlei Wert darauf legte, in die SS aufgenommen zu werden, mir genüge es völlig, daß ich Mitglied der Partei geworden sei, und ich wolle auf jeden Fall einen engeren Kontakt mit einer ihrer Gliederungen vermeiden. – Gesandter Rühle hat daraufhin irgendeinen ihm bekannten SS-Obergruppenführer angerufen und auf meinen Wunsch erklärt, daß ich dienstlich durch meine Tätigkeit im Amt so in Anspruch genommen wäre, daß es mir als verantwortlich denkender Persönlichkeit nicht möglich wäre, bei Übernahme eines SS-Amtes den damit verbundenen zusätzlichen Aufgaben gerecht zu werden. Er bäte daher, mir keine weiteren Aufforderungen zur Übernahme in die SS zu übersenden.« Nachteile sind Schirmer daraus nicht erwachsen (schriftl. Mitteilung v. 16.5.1974 an den Verf.). Hans Heinrich Schirmer, geb. 9.1.1911 in Berlin, 1933 Dr.phil., 1.5.1933 NSDAP, Referent im Propagandaministerium, seit 1939 im AA, 1941 LR u. stellv. Leiter der Rundfunkpolitischen Abt. (unter dem Gesandten SS-Staf. Rühle), 1942 freiwillige Meldung zum Kriegsdienst, 1943-46

Die auf Ablehnung hinauslaufende dilatorische Behandlung des Angebots Himmlers hat Altenburgs Karriere im übrigen nicht beeinträchtigt: 1939 avancierte er zum Gesandten I. Klasse und Leiter der Informationsabteilung im AA, 1941 zum Bevollmächtigten des Reiches in Athen.[115] Diese Tatsache verdient um so mehr Beachtung, als sie die von manchen Diplomaten im Wilhelmstraßen-Prozeß (1947) vorgebrachte Behauptung widerlegt, die Annahme eines von der SS verliehenen »Ehrenranges« sei zwingend gewesen, wenn man persönliche oder berufliche Nachteile habe vermeiden wollen.[116] Auf die Bedeutung der sogenannten SS-Ehrenführerränge wird in anderem Zusammenhang einzugehen sein[117], ebenso auf die im Wilhelmstraßen-Prozeß zu beobachtende Argumentation mancher Diplomaten, die Annahme der SS-Ränge sei die notwendige Begleiterscheinung, ja das Opfer gewesen für die höhere Zielsetzung, im Amt zu verbleiben, um »Schlimmeres zu verhüten«.[118]

## *Vergebliche Bemühungen um Aufnahme in die SS*

Es bleibt festzuhalten, daß kein Diplomat zur Annahme eines SS-Führerranges gezwungen wurde. Das Prinzip der Freiwilligkeit wird unterstrichen durch die Tatsache, daß Aufnahmeanträge verschiedener Diplomaten von der SS, das heißt zumeist vom SS-Personalhauptamt oder vom Reichssicherheitshauptamt abgelehnt oder erst nach Ausräumung der ursprünglichen Bedenken gebilligt wurden.[119] Insoweit ist die Aussage des Chefs der

---

Kriegsdienst u. -gefangenschaft, 1950-55 Leiter der Auslandsabteilung beim Presse- u. Informationsamt der Bundesregierung, 1955-62 GK in Kairo und Hongkong, 1962-66 AA, 1966-68 Ministerialdirigent im Presse- u. Informationsamt der Bundesregierung, 1968-70 Botschafter in Canberra, anschließend in Wien (BDC, NSDAP-Personalunterlagen Hans Heinrich Schirmer; GVPl. des AA v. Dezember 1941, in: ADAP E II, S. 540; Handbuch der Bundesregierung, 7.Wahlperiode, Bonn 1973, AA, S. 114; Diplomatischer Kurier 17 (1968), H. 6, S. 222; schriftl. Mitteilungen an den Verf. v. 16.5. u. 7.6.1974). Schirmer wurde in verschiedenen Schriften als SS-Ostuf. und SD-Mitarbeiter hingestellt (vgl. Koppel, Wolfgang/Sauer, Karl: Führer durch das braune Bonn, Frankfurt/M. 1969, S. 109; Stern Nr. 13/1968 mit Bezugnahme auf das in Ost-Berlin erschienene »Braunbuch«, korrigiert in Stern Nr. 17/1968). Schirmers SS-Zugehörigkeit läßt sich aus den Personalunterlagen des BDC *nicht* bestätigen. Vermutlich liegt eine Personenverwechslung vor mit dem Kriminalrat im RSHA, Hans Schirmer, geb. 10.5.1906, 1939 SS-Ostuf., 1942 SS-Hstuf. (BDC, SS-Führerstammkarte Hans Schirmer).

115 Vgl. Anm. 111

116 Vgl. Kempner: SS im Kreuzverhör, S. 247

117 Vgl. unten, S. 181ff.

118 Vgl. Weizsäcker: Erinnerungen, S. 152f., 172, 177

119 Vgl. das Schreiben des Chefs der SS-Personalkanzlei v. 28.2.1939 an den Leiter des Pers. Stabes des RAM, SS-Staf. Hewel, betr. den Aufnahmeantrag des LR Max Schaefer-Ruemelin, in: BDC, SS-Pers.-Akte Carltheo Zeitschel, sowie das Schreiben des Chefs des SS-PHA v. 4.2.1942 an den Pers. Referenten des RFSS, SS-Ostubaf. Brandt, betr. Aufnahme des GR Heribert v. Strempel, in: BDC, SS-Pers.-Akte Wilhelm Tannenberg.

Auslandsorganisation der NSDAP, SS-Ogruf. Bohle, im Wilhelmstraßen-Prozeß zu bestätigen, der in seinen Vernehmungen durch Kempner auf die Unwahrhaftigkeit jener Diplomaten hinwies, »die behauptet hatten, ihnen seien SS-Ränge aufgezwungen worden. In zahlreichen Fällen seien vielmehr Petenten an ihn herangetreten, er möge für ihre Aufnahme in die NSDAP oder SS intervenieren, weil sie aus irgendeinem Grunde einen Fürsprecher brauchten.«[120]

Aufnahmeanträge lassen sich aus den Akten von 1933 bis 1944 nachweisen, verstärkt in den Jahren 1936 bis 1942. Die letzte nachweisbare Bewerbung um Aufnahme in die SS datiert vom 23. Mai 1944: Durch Telegramm bat der Presseattaché bei der Botschaft in Nanking (China), Fritz Cordt, um Aufnahme in die SS. Die Bewerbung wurde vom Polizeiattaché, SS-Stubaf. Huber, und vom Botschafter, SS-Oberf. Woermann, »wärmstens« befürwortet.[121] Das SS-Personalhauptamt lehnte indes mit Schreiben vom 5. Dezember 1944 die Aufnahme Cordts ab, da er »als 43-Jähriger noch unverheiratet« sei und weil die »Abstammungs- und Untersuchungsunterlagen, die vom Reichsführer bei jeder Aufnahme verlangt werden, im Hinblick auf mangelnde Kurierverbindung nicht beschaffbar« seien.[122] Wenngleich die Motive für das relativ späte Bemühen des Presseattachés um Aufnahme in die SS aus den Akten nicht zu ermitteln waren, ist der Vorgang doch insofern bemerkenswert, als er die Beachtung der 1943 von Himmler erlassenen Richtlinien zur Aufnahme in die Schutzstaffel erkennen läßt.[123]

## *Die Aufnahme v. Neuraths in die SS*

Die Ernennung des Reichsaußenministers v. Neurath zum SS-Gruppenführer im September 1937 verdient besondere Beachtung, weil sie aus dem Rahmen der für die SS sonst üblichen Aufnahmebedingungen fiel und in der bisher vorliegenden Literatur teils verkürzt, teils mißverständlich dargestellt wurde. Jacobsen kommentierte diesen Vorgang lediglich mit der folgenden Feststellung: »Wenn die SS-Rangliste von 1938 Neurath als SS-Gruppenführer, Staatssekretär v. Weizsäcker als SS-Oberführer, Botschafter v. Mackensen und Dr. Woermann als Standartenführer ausweist, so waren dies sog. Ehrendienstränge ohne praktische Bedeutung oder Füh-

---

120 Kempner: SS im Kreuzverhör, S. 247. Bohles Darstellung läßt sich aus den Akten bestätigen, vgl. etwa das befürwortende Schreiben Bohles v. 1.7.1943 an den Reichsschatzmeister der NSDAP betr. den neuerlichen Aufnahmeantrag Heribert v. Strempels v. 9.8.1939, in: BDC, Parteikanzlei-Korrespondenz Heribert v. Strempel.

121 Telegramm Nr. 199 der Botschaft Nanking v. 23.5.1944 an das AA für Reichssicherheitshauptamt, in: PA des AA, Inland II A/B 349/2

122 Telegramm Nr. 403 des AA, gez. Wagner [VLR, Leiter der Referatsgruppe Inland II, SS-Staf.], v. 16.12.1944 an die Botschaft Nanking, in: PA des AA, Inland II A/B 349/2

123 Vgl. oben, S. 95ff.

rungsaufgaben.«[124] Dieser Darstellung kann nur insoweit zugestimmt werden, als aus der Rangübertragung sicherlich keine Führungsaufgaben innerhalb der SS resultierten. Will man indes die wesentliche Bedeutung dieses Vorgangs ermessen, sind die Gründe zu berücksichtigen, die Hitler und Himmler bewogen, Neurath in die Schutzstaffel aufzunehmen.

Anekdotenhaft wirkt die Schilderung Heinemans: »In september 1937, returning from a vacation for Mussolini's first official visit, he [v. Neurath] found his tailor waiting at his office with a complete SS uniform; thus he learned of Hitler's arbitrary enrollment of all cabinet members in the SS.«[125] Daß Neuraths Schneider bereits eine vollständige SS-Uniform angefertigt hatte, als dieser aus dem Urlaub zurückkehrte, läßt sich aus den Akten ebensowenig bestätigen wie die angebliche Entscheidung Hitlers, *alle* Kabinettsmitglieder in die SS aufzunehmen. Selbst wenn Hitler diese - ungewöhnliche - Absicht geäußert haben sollte, Tatsache ist, daß Neurath im September 1937 als einziger Reichsminister mit einem SS-Führerdienstgrad ausgezeichnet wurde.[126]

Die Umstände seiner Aufnahme in die SS lassen sich aus den vorliegenden Quellen rekonstruieren. Am 18. September 1937 wurde Neurath - offenbar ohne sein vorheriges Wissen - von Hitler zum SS-Gruppenführer ernannt.[127] Wie Neurath in seinen »Notizen aus dem Leben des Reichsprotektors« berichtet, erhielt er Kenntnis von dieser Entscheidung Hitlers »während eines kurzen Jagdurlaubs in den Bergen«. Daraufhin wurde »mit großer Eile [...] die schwarze Uniform beschafft, die zum Besuch Mussolinis in Berlin fertig sein muß.«[128] Hitler wünschte, daß alle Personen, die dem Empfang Mussolinis beiwohnten, in Uniform erschienen.[129] Mit der Ernennung zum »Ehrengruppenführer der SS« wollte Hitler seinem Außenminister zugleich Dank und Anerkennung ausdrücken »für die Durchführung einer klaren und zielbewußten Außenpolitik, die in von Neurath den besten Sachwalter gefunden hat.«[130] Zum Empfang Mussoli-

---

124 Jacobsen: NS-Außenpolitik, S. 28.
125 Heineman: Hitler's First Foreign Minister, S. 84
126 Vgl. die Dienstalterslisten der SS v. 1.12.1938 u. 30.1.1944
127 BDC, SS-Pers.-Akte Constantin Frhr. v. Neurath
128 BA Koblenz, NL Neurath, 177, Notizen aus dem Leben des Reichsprotektors, S. LIIf.
129 Aufzeichnung Neuraths v. April 1950 »Die Ziele meiner Politik waren«, in: BA Koblenz, NL Neurath
130 Meldung der Westfälischen Landeszeitung Nr. 255 v. 20.9. 1937 (in: BDC, SS-Pers.-Akte Constantin Frhr. v. Neurath). Die in diesem Zusammenhang wichtigsten Passagen der Meldung lauteten: »Der Führer und Reichskanzler hat den Reichsminister des Auswärtigen, Freiherrn von Neurath, zum Ehrengruppenführer der SS ernannt. Als der Führer am Tage der nationalsozialistischen Revolution dieses Jahres [30.1.1937] neben den anderen Reichsministern auch dem Reichsminister des Auswärtigen [...] das goldene Ehrenzeichen der Partei verlieh, wurde diese Ehrung allgemein als äußeres Zeichen des Vertrauens angesehen. Denn Freiherr von Neurath ist nach der Machtübernahme dem Führer ein zuverlässiger Mitarbeiter und sachverständiger Berater in der Außenpolitik gewesen. Wenn nunmehr der Reichsaußenminister zum Ehrengruppenführer der SS ernannt worden ist, dann bedeutet

nis in Berlin am 27./28. September 1937 trat Neurath dem Wunsch Hitlers entsprechend in der Uniform eines SS-Gruppenführers vor die Öffentlichkeit.[131]

Während Hitler - nach Darstellung Neuraths - erklärt haben soll, daß die Verleihung eines SS-Führerranges keinerlei Verpflichtung gegenüber der Partei bzw. SS involviere[132], fertigte Himmler, wie bei SS-Gruppenführern üblich, am 9. November 1937 ein Protokoll über die Vereidigung Neuraths »als Hüter des Bluts- und Lebensgesetzes der Schutzstaffel« an.[133] Eine Unterscheidung zwischen »Ehrenführern« und hauptamtlichen Führern der SS wurde bei diesem Vorgang ebensowenig erkennbar wie bei der Beförderung Neuraths zum SS-Obergruppenführer am 21. Juni 1943.[134]

Neuraths SS-Personalakte spiegelt nicht nur die Bereitschaft wider, Ehrungen und Auszeichnungen des Regimes entgegenzunehmen[135], sondern auch die Beachtung der in der SS üblichen Regularien: Am 19. April 1944, sechs Jahre nach seiner Entlassung als Außenminister und fast neun Monate nach seiner Enthebung vom Posten des Reichsprotektors, bat Neu-

---

das eine erneute Anerkennung für die Durchführung einer klaren und zielbewußten Außenpolitik, die in von Neurath den besten Sachwalter gefunden hat. [...] Er hat mit Entschiedenheit und ruhiger Haltung den durch den Nationalsozialismus erneuerten Lebenswillen der deutschen Nation stets bewußt vor der Welt vertreten. [...]«

131 Bei dieser Gelegenheit dürfte das erste Bild entstanden sein, das Neurath in SS-Uniform zeigt.

132 BA Koblenz, NL Neurath, Aufzeichnung »Die Ziele meiner Politik waren« v. April 1950. - Eine kritische Prüfung dieser Darstellung war aus den vorliegenden Quellen nicht möglich.

133 BDC, SS-Pers.-Akte Constantin Frhr. v. Neurath. - Der Eid lautete: »Ich verpflichte mich als Gruppenführer der SS, mit allen meinen Kräften dafür zu sorgen, daß ohne Rücksicht auf die Person des Einzelnen, auf die Verdienste seiner Eltern und Vorfahren nur solche Bewerber in die Schutzstaffel aufgenommen werden, die den schärfsten jeweiligen Anforderungen der SS voll und ganz entsprechen. Ich werde dafür eintreten, auch wenn es sich um die Zurückweisung meiner eigenen Kinder oder der Kinder meiner Sippe handelt. Ich verpflichte mich ferner, darüber zu wachen, daß in jedem Jahr der vierte Teil der SS-Bewerber aus Männern besteht, die nicht Söhne von SS-Männern sind. Ich beschwöre diese Verpflichtungen bei meiner Treue zu unserem Führer *Adolf Hitler* und bei der Ehre meiner Ahnen - so wahr mir Got [sic] helfe. Der Reichsführer-SS [handschriftlich:] H. Himmler« (Hervorhebung im Original). Der geleistete Eid wurde durch Handschlag bekräftigt.

134 BA Koblenz, NS 19 neu, 1447 (Notizen Himmlers zu Vorträgen bei Hitler, Vortrag am 17.VI. 1943 Obersalzberg, Beförderungen); BDC, SS-Pers.-Akte Constantin Frhr. v. Neurath. - Gemäß Verfügung der Personalkanzlei des RFSS v. 23.1.1936 über die Neueinteilung des SS-Führerkorps wurde der Titel »Ehrenführer« durch die Bezeichnung »Führer beim Stabe« abgelöst. - Neurath war SS-Ogruf. beim Stab RFSS, vgl. Dienstaltersliste der Schutzstaffel der NSDAP (SS-Oberstgruppenführer - SS-Standartenführer) v. 30.1. 1944.

135 Neben dem goldenen Parteiabzeichen und SS-Führerrang auch den Totenkopfring und Ehrendegen der SS. Letztere haben allerdings kaum mehr als akzessorische Bedeutung. Vom Standartenführer an aufwärts besaßen fast alle SS-Führer sowohl den Totenkopfring als auch den Ehrendegen (vgl. BDC, Ordner 428, SS-Uniformen, Abzeichen, Symbole; DAL v. 30.1.1944).

rath mit amtlichem Schreiben als Präsident des Geheimen Kabinettsrats und Obergruppenführer den Chef des SS-Personalamts um Ergänzung seines SS-Führerausweises.[136]

Bemerkenswert ist der zeitliche Zusammenhang zwischen der Ernennung Neuraths zum SS-Gruppenführer im September 1937 und seiner Verabschiedung als Reichsaußenminister im Februar 1938 sowie zwischen der Beförderung zum SS-Obergruppenführer im Juni 1943 und seiner Amtsenthebung als Reichsprotektor im August 1943. In beiden Fällen gingen Angebote Neuraths zur Demission voraus, 1936 ebenso wie 1941/42. In beiden Fällen lehnte Hitler die Rücktrittsangebote ab.[137] Wenngleich nicht explizit aus den Akten zu belegen, liegt doch die Vermutung nahe, daß sich Hitler mit der Ernennung Neuraths zum SS-Gruppenführer und seiner Beförderung zum SS-Obergruppenführer dessen Loyalität erhalten wollte. Nachdem sich Hitler des konservativen Diplomaten über Jahre zur Camouflage seiner langfristig revolutionären Außenpolitik bedient hatte, ließ er ihn, als er nicht mehr auf ihn angewiesen war, »in Ehren« fallen.

Die Verpflichtungen, die Neurath nolens volens gegenüber der SS eingegangen war, trugen schließlich dazu bei, daß er dem Regime bis zum 8. Mai 1945 treu blieb, zumindest äußerlich: als - inaktiver - Reichsminister, Präsident des - nie zusammengetretenen - Geheimen Kabinettsrats und Obergruppenführer der SS. Durchaus treffend erscheint vor diesem Hintergrund das Bild, das Goebbels im April 1942 von Neurath zeichnete: Seine »Stellung zum Führer ist eine denkbar positive. Überhaupt ist Herr von Neurath ein Gentleman, der sich niemals eine Unkorrektheit oder Illoyalität dem Führer gegenüber hat zuschulden kommen lassen.«[138]

Die Gründe für die Loyalität Neuraths gegenüber Hitler und seinem Regime liegen in der
- Verkennung der Außenpolitik Hitlers als Variante konservativer Politik;
- Bewunderung der außenpolitischen Erfolge und militärischen Siege des Regimes;[139]
- Unterschätzung der Dynamik und Konsequenz nationalsozialistischer Herrschaft im Inland wie im Ausland;
- Indolenz gegenüber den repressiven Herrschaftspraktiken der Nationalsozialisten;[140]

---

136 BDC, SS-Pers.-Akte Constantin Frhr. v. Neurath. - SS-Führer mußten jährlich und nach Beförderung ihren SS-Ausweis erneuern bzw. ergänzen lassen.

137 BA Koblenz, NL Neurath, 177, Notizen aus dem Leben des Reichsprotektors

138 Goebbels Tagebücher, hrsg. von Louis P. Lochner, S. 162

139 Vgl. Hassell: Vom andern Deutschland, S. 152: Neurath habe 1940 »ganz naiv in Siegesträumen geschwelgt« (Eintragung v. 23.11.1940). Diese Darstellung deckt sich mit Neuraths »Notizen aus dem Leben des Reichsprotektors« (in: BA Koblenz, NL Neurath, 177), S. LXVIII.

140 Vgl. Hassell: Vom andern Deutschland, passim, besonders S. 33: Gürtner, Schwerin-Krosigk und Neurath als »Reichsminister« hätten nach den Pogromen im November 1938 »wieder schmählich versagt«. Neurath sei »einfach faul und indolent«. - Die »Notizen« enthalten keinen Vermerk zur »Reichskristallnacht«.

- überkommenen Auffassung vom Dienst für das Vaterland, die zur Dienstideologie degenerierte, weil sie den »Dienst am Vaterland blindlings auch als Dienst an einem rechts- und wortbrüchigen Mordregime akzeptierte«[141];
- intellektuellen Schwerfälligkeit und politischen Unbeweglichkeit, die durch Bonhomie und Bauernschläue verdeckt wurde;
- Furcht vor Macht- und Prestigeverlust der traditionellen Oberschichten;
- Bereitschaft zur Annahme öffentlicher Auszeichnungen und finanzieller Zuwendungen[142].

## *SS-Führer als Außenseiter im Auswärtigen Dienst*

Mit der Übernahme ausgewählter Diplomaten in die SS verfolgten Hitler und Himmler vor allem das Ziel, persönliche und politische Loyalitäten zu schaffen, um so auf die Personalstruktur und Politik des traditionell konservativen Auswärtigen Amts in ihrem Sinne Einfluß zu nehmen. Dabei konnten sie das verbreitete Karrieredenken und Prestigebedürfnis unter den Diplomaten ebenso für ihre Zwecke nutzen wie deren antisemitische Grundeinstellung.

Trotz der bemerkenswerten Anpassungsbereitschaft und Willfährigkeit vieler Diplomaten begnügten sich Hitler und Himmler indes nicht mit Loyalitätsbekundungen. Sei es, daß sie diese mißtrauisch in Zweifel zogen oder als unzureichend empfanden, Tatsache ist, daß ihre Bemühungen um Einflußnahme auf das AA auch den Versuch einschlossen, hauptamtliche SS-Führer in den Auswärtigen Dienst zu entsenden. Diese Doppelgleisigkeit ist besonders nach der Berufung v. Ribbentrops zum Reichsaußenminister im Februar 1938 zu beobachten. Anfänge der Einflußnahme durch nationalsozialistische Außenseiter lassen sich indes schon 1933 nachweisen.

Auf Wunsch Hitlers und Himmlers sowie durch Vermittlung des Preußischen Ministerpräsidenten Göring ernannte Neurath im Juni 1933 den SS-Gruppenführer Josias Erbprinz zu Waldeck und Pyrmont zum Legationsrat.[143] Nach Darstellung v. Bülow-Schwantes legte der Erbprinz Wert darauf, in die Personalabteilung oder in die Politische Abteilung des AA zu kommen.[144]

141 Fest, Joachim: Das Gesicht des Dritten Reiches, Profile einer totalitären Herrschaft, München 1964, S. 221

142 Am 2.2.1943, seinem 70. Geburtstag, erhielt Neurath von Hitler neben einem Gemälde auch eine Dotation in Höhe von 250000 Reichsmark; vgl. BA Koblenz, Kl. Erwerbungen, 544 (steuerliche Korruptionsfälle von Reichsministern, Reichsleitern usw.) sowie Heineman: Hitler's First Foreign Minister, S. 214

143 Vgl. Jacobsen: NS-Außenpolitik, S. 467. – Erbprinz zu Waldeck und Pyrmont, geb. 13.5.1896, 1.11.1929 NSDAP (Nr. 160025) u. SS (Nr. 2139), einer der wenigen Duzfreunde Himmlers, 30.1.1936 SS-Ogruf., Führer des OA Fulda-Werra der Allg. SS, während des Zweiten Weltkrieges HSSPF im Wehrkreis IX (BDC, O. 400; BA Koblenz, NS 19 neu/865; DAL der SS v. 30.1.1944).

144 IfZ München, ZS 1021, Aufzeichnung Nr. 18, S. 64

Neurath, der in der Weimarer Republik die Berufung von Außenseitern in den Auswärtigen Dienst stets entschieden abgelehnt hatte, entsprach dem Wunsch Hitlers ohne erkennbaren Widerspruch und betraute den Erbprinzen zu Waldeck mit der stellvertretenden Leitung des einflußreichen Referats »Personalien der höheren Beamten«.[145] Referatsleiter war der Berufsdiplomat Johann v. Wühlisch, der der NSDAP erst 1936 beitrat.[146]

Nach Meinung des Gesandten Ernst v. Weizsäcker, der im Herbst 1933 über zwei Monate die Personalabteilung des AA leitete, war Erbprinz Waldeck »einer jener deutschen Fürsten, die in der nationalsozialistischen Partei eine Zukunft sahen. Ich hatte lange Debatten mit ihm. Er und die Partei hielten nicht viel von unserem Personal. Der Beamtenkörper sollte gesichtet werden. Wenn das geschah, forderte ich dafür volle Anerkennung der Übrigbleibenden. Meine Rechnung war zu optimistisch. Die Partei verlangte zwar zunächst nicht viele Eingriffe in unseren Personalstand, andererseits schenkte sie dem Rest auch kein Vertrauen.«[147]

Wenngleich Erbprinz Waldeck bereits im Juni 1934 wieder aus dem Amt schied, da ihm Erfahrung und Qualifikation für seine Aufgabe fehlten[148], blieb seine Personalpolitik dennoch nicht ohne Wirkung auf die politische Zusammensetzung des diplomatischen Nachwuchses: Unter den zehn Attachés, die während seiner einjährigen Tätigkeit im Personalreferat eingestellt wurden, befanden sich sieben Nationalsozialisten, darunter fünf SS-Angehörige.[149]

Im Juli 1934, unmittelbar nach der Entlassung des Erbprinzen Waldeck, wurde der außenpolitische Referent im Verbindungsstab der NSDAP, SS-Standartenführer Herbert Scholz, in das AA berufen und wenig später zum Gesandtschaftsrat ernannt.[150] Die vorliegenden Quellen enthalten keiner-

---

145 Vgl. GVPl. des AA vom April 1934, in: ADAP C II, 2, S. 892. – Die »Notizen aus dem Leben des Reichsprotektors« (BA Koblenz, NL Neurath, 177) vermerken die Berufung des Erbprinzen zu Waldeck nicht. Sofern Neurath überhaupt Bedenken gegen dessen Ernennung hatte, wurden diese vermutlich gedämpft durch die Tatsache, daß Waldeck Neffe der Königin von Württemberg war. Vgl. auch Hill (Hrsg.): Die Weizsäcker-Papiere 1933-1950, S. 74, Brief v. 16.VII.1933

146 Geb. 27.2.1889, 1919 AA, 28.6.1934 VLR, 1.12.1936 NSDAP, 1940-43 VAA beim Generalgouverneur für die besetzten polnischen Gebiete, verstorben am 27.1.1943 (BDC, NSDAP-Zentralkartei; ADAP D IX, S. 614; PA des AA, Inland II g 199; BA Koblenz, NL Neurath, 21).

147 Weizsäcker: Erinnerungen, S. 107

148 Vgl. Jacobsen: NS-Außenpolitik, S. 467. – Vgl. auch Dirksen: Moskau-Tokio-London, S. 120: »Die Partei setzte einen völlig unerfahrenen Mann in die Personalabteilung; aber da er keine Exekutive hatte, mit Akten erdrückt wurde und keine Informationen erhielt, [...] zog er sich nach einigen Monaten mit Abscheu zurück.«

149 Lt. amtlicher Personalübersicht v. 2.3.1935 (in: BA Koblenz, NL Neurath, 21) wurden zwischen dem 15.2. und 1.6.1934 zehn Attachés in das AA einberufen, u.a. Karl Berger (1931 SS u. NSDAP), Henrik Klugkist (1933 NSDAP u. SS), Hans-Otto Meissner (1933 SS), Henning Thomsen (1933 SS), Ernst-Ludwig Ostermann v. Roth (1933 SS); vgl. BDC, SS- u. NSDAP-Personalunterlagen.

150 Geb. 29.1.1906 in Karlsruhe, 1923 Freikorps Oberland, 1925 Abitur, 1925-31 Studium der Rechtswissenschaft u. Philosophie, Promotion zum Dr.phil., 1.8.1931 NSDAP, 1932/33 SA-Stubaf., 25.6.1933 SS-Stubaf. z.b.V. Verbindungsstab der NSDAP,

lei Hinweise auf die Umstände seiner – vergleichsweise wenig spektakulären – Übernahme in den Auswärtigen Dienst. Dennoch lassen sich die Hintergründe wie folgt rekonstruieren: In einer Denkschrift vom September 1933 forderte Scholz, Geist und Weltanschauung der Partei in die auswärtige Politik und den Beamtenkörper des AA hineinzutragen und dort zu verankern. Um zwischen der nationalsozialistischen Bewegung und den Trägern der Außenpolitik eine »lebendige immer gegenwärtige Verbindung und Übereinstimmung« herzustellen, empfahl er die Berufung eines führenden Nationalsozialisten zum Unterstaatssekretär im AA.[151]

Wenn es auch zu dieser Berufung vorläufig nicht kam, so mag doch die Denkschrift dazu beigetragen haben, daß Scholz als einer der wenigen außenpolitischen »Experten« der NSDAP von der Parteiführung zur Übernahme ins AA empfohlen wurde. Die schnelle Abfolge seiner Beförderungen innerhalb der SS und seine Zuteilung zum »Kommando Auswärtiges Amt«[152] lassen vermuten, daß Himmler in Scholz einen potentiellen Repräsentanten der SS im Auswärtigen Dienst sah, dessen Karriere es um so mehr zu fördern galt, als die SS in ihren Reihen über keinen außenpolitisch versierten Vertreter verfügte.

Im November 1934 wurde Scholz als Gesandtschaftsrat an die Botschaft Washington versetzt. Dort vertrat er die Interessen der Partei und der SS: Scholz schlug ihm geeignet erscheinende Missionsmitglieder zur Aufnahme in die NSDAP und SS vor[153], fungierte als Bürge bei Heiratsgesuchen von SS-Angehörigen[154] und war nachrichtendienstlich für den SD tätig[155].

Wie sehr sich Scholz trotz seiner Zugehörigkeit zum Auswärtigen Dienst vor allem als Vertreter der SS verstand, läßt sich mit Hilfe mehrerer Dokumente unterschiedlicher Provenienz nachweisen. Am 7. Oktober 1939 sandte Scholz aus Boston (USA), wo er zwischenzeitlich als Konsul amtierte, folgendes Telegramm an den Reichsführer-SS: »Als Dienstältester der in den Vereinigten Staaten von Amerika tätigen SS-Führer übermittle ich zu Ihrem heutigen Geburtstag gehorsamst unsere Glückwünsche. Durch unsere Dienstverpflichtungen gezwungen, Deutschlands große Zeit nicht in der Heimat oder an der Front miterleben zu dürfen, ver-

---

außenpolitischer Referent, 9.11.1933 SS-Ostubaf., 20.4.1934 SS-Staf. z.b.V. RFSS Ministeramt, 16.7.1934 AA, 23.11.1934 GR (BDC, SS-Pers.-Akte Herbert Scholz; BA Koblenz, NL Neurath, 21)

151 Deutsches Zentralarchiv Potsdam (DZA), 60974, zitiert nach Jacobsen: NS-Außenpolitik, S. 465

152 BDC, SS-Pers.-Akte Herbert Scholz, Personalverfügung v. 5.10.1934

153 Vgl. BDC, SS-Pers.-Akte Wilhelm Tannenberg; Schriftlicher Bericht des Untersuchungsausschusses (47. Ausschuß) gemäß Antrag der Fraktion der SPD betreffend Prüfung, ob durch die Personalpolitik Mißstände im Auswärtigen Dienst eingetreten sind, Deutscher Bundestag, 1. Wahlperiode 1949, Drucksache Nr. 3465, S. 7 (Aufnahme des LS Blankenhorn in die NSDAP auf Vorschlag von Scholz)

154 Vgl. BDC, Sippenakte (RuSHA) Helmut Heerling

155 Seit 1936 war Scholz »SS-Führer im Sicherheitshauptamt«, 1942 »SS-Führer im Reichssicherheitshauptamt« (BDC, SS-Pers.-Akte Herbert Scholz).

sichern wir Ihnen aufs neue unsere unerschütterliche Zusammenarbeit mit Ihnen.«[156]

Am 28. Januar 1940 wandte sich Scholz erneut an Himmler. Das Schreiben ist besonders aufschlußreich, weil es die parteipolitische Tätigkeit von Scholz ebenso offenbart wie die personalpolitischen Intentionen Himmlers: »Bei meiner letzten Meldung im Februar 1939 im Hotel ›Vierjahreszeiten‹ in München hatten Sie angeordnet, daß ich geeignete Persönlichkeiten des Auswärtigen Dienstes in den Vereinigten Staaten Ihnen zwecks eventueller Aufnahme in die SS namhaft machen solle. Demgemäß darf ich gehorsamst melden, daß nach meinen eingehenden Feststellungen zwei Mitglieder der Deutschen Botschaft in Washington meiner Auffassung nach hierzu geeignet sind: Gesandtschaftsrat Wilhelm Tannenberg und Gesandtschaftsrat Heribert von Strempel. Wegen des Ersteren hatten Sie bereits angeordnet, daß er mit dem Rang eines Hauptsturmführers in die SS aufgenommen werden sollte.[157] Den gleichen Dienstgrad möchte ich auch für Strempel in Vorschlag bringen. [...] Strempel, mit dem ich seit seiner Versetzung an die Botschaft in Washington in ständiger Fühlung war, halte ich gemäß meiner Feststellungen charakterlich wie weltanschaulich für würdig, in die SS aufgenommen zu werden. Strempel ist am 8. März 1902 in Berlin geboren als Sohn des späteren Militär-Attachés in Konstantinopel, General Walter von Strempel [...]. 1922 Referendar, seit 1923 im Auswärtigen Amt, seit 1. Januar 1939 Gesandtschaftsrat an der Botschaft in Washington. [...] Ich lege diesen doppelten Antrag deswegen vor, da ich es besonders in der Kriegszeit für notwendig erachte, daß in den Vereinigten Staaten von Nordamerika die Zusammenarbeit zwischen der SS und den Beamten des Auswärtigen Dienstes aus naheliegenden Gründen besonders eng ausgestaltet wird. [...] Mit der Versicherung, daß die Angehörigen Ihrer Formation mit besonderer Treue und Gewissenhaftigkeit den Geist der SS auch im Auslande hochhalten, bin ich mit Heil Hitler Ihr in Gehorsam ergebener [handschriftlich:] Scholz, SS-Standartenführer.«[158] Unter den »naheliegenden Gründen« für eine besonders enge Zusammenarbeit zwischen der SS und den Beamten des Auswärtigen Dienstes in den USA dürften

---

156 PA des AA, Dienststelle Ribbentrop (DR) 8/2

157 Tannenberg, geb. 23.10.1895 in Bremen, 1913 Abitur, 1914-18 Teilnahme am Ersten Weltkrieg, Lt. d.R., 1919-1921 Freikorps Caspari u. Oberland, 1921 jur. Referendarexamen, 1924 WHA im AA, 1925 Referent b.d. deutsch-amerikanischen Gem. Kommission in Washington, 1930 Attaché im AA, 1931 diplom.-konsul. Prüfung, anschließend LS in Washington, 1933 VK beim Generalkonsulat in Chikago, 1.1.1936 NSDAP, Vertrauensmann der AO, 1938-41 GR b.d. Botschaft Washington, 20.4.1940 SS-Hstuf. b. Stab SS-HA, 1942-45 VLR u. stellv. Dirigent der Handelspolitischen Abt. im AA (BDC, SS-Pers.-Akte Wilhelm Tannenberg; PA des AA, Inland II g 16). – Vor der Übernahme Tannenbergs in die SS wurde eine politische Beurteilung des RSHA eingeholt, die positiv ausfiel.

158 BDC, SS-Pers.-Akte Wilhelm Tannenberg. – Nach Rückkehr ins AA (1942) war Strempel bis 1945 GR I.Kl. u. USA-Referent in der Presseabteilung des AA (vgl. GVPl. des AA v. 15.3.1945, in: BDC, Akte »Diplomaten«). Wie Tannenberg mußte auch Strempel einen Aufnahme- und Verpflichtungsschein der SS ausfüllen (vgl.

geheimdienstliche Aufgaben im weiteren Sinne eine vorrangige Rolle gespielt haben.[159]

Nach Rückkehr aus den USA wurde Scholz 1941 an die Gesandtschaft in Budapest versetzt. Dort arbeitete er ebenso mit den Dienststellen der Sicherheitspolizei und des SD zusammen wie auf seinen folgenden Posten als Konsul I. Kl. in Mailand (1943) und Generalkonsul in Turin (1944).[160]

Auf Vorschlag des Höchsten SS- und Polizeiführers in Italien, SS-Ogruf. Wolff, wurde Scholz 1944 zum SS-Oberführer befördert. Die Begründung für diesen Vorschlag, Scholz habe sich »bei der Bekämpfung und Niederschlagung des oberitalienischen Streiks als Verbindungsmann des Reichsbevollmächtigten unter SS-Brigadeführer Zimmermann ausgezeichnet bewährt«[161], ist insofern bemerkenswert, als sie schlaglichtartig einen ersten Eindruck vermittelt von der Tätigkeit deutscher Diplomaten neuen Typs in den besetzten Gebieten während des Zweiten Weltkriegs.

---

Schreiben des AA, Pers. H. 3430, gez. Bergmann, v. 27.4.1940, in: NA Washington, T-120, roll 30). Anders als bei Tannenberg fiel die Beurteilung Strempels durch das RSHA negativ aus. Darauf teilte der persönliche Referent Himmlers, SS-Stubaf. Brandt, durch Schreiben v. 31.3.1942 dem SS-Staf. Scholz, der inzwischen zur Gesandtschaft Budapest versetzt worden war, mit, »daß die Beurteilung des Gesandtschaftsrats Heribert von Strempel [...] seine Aufnahme in die SS nicht rechtfertigt« (BDC, SS-Pers.-Akte Wilhelm Tannenberg). Zugunsten Strempels intervenierte schließlich der Chef des SS-Personalhauptamtes, SS-Ogruf. Schmitt, durch Schreiben v. 4.6.1942 an Brandt mit den Worten: »Wenn ich nunmehr auf die Beurteilung des Reichssicherheitshauptamtes eingehe, möchte ich folgendes sagen: Soweit ich feststellen konnte, beruht der Einspruch der Auslandsorganisation auf einer Angelegenheit aus dem Jahre vor der Machtergreifung des Führers. Strempel war damals Angehöriger der Gesandtschaft in Santiago, Chile. Der Gesandte war ein Herr v. Reiswitz. Dieser gehörte zum Kreise des Herrn v. Papen und soll damals ungewandte Äußerungen in Bezug auf den Führer gemacht haben. Hierfür kann man aber nicht einen jungen Mann verantwortlich machen, der damals noch nicht 30 Jahre alt und dem Gesandten unterstellt war. [...] Wenn in der Beurteilung erwähnt wird, St. [Strempel] hätte gesellschaftlich mit der Familie Stresemann verkehrt, so darf ich dazu bemerken, daß die jungen Attachés einfach von der Gnädigen dazu gezwungen wurden, im Hause Stresemann zu verkehren, oder ihre Karriere an den Nagel hängen konnten. Ich weiß das von sehr vielen jungen deutschen Diplomaten, die damals ihre Karriere im diplomatischen Dienst begannen. [...]« – Strempel wurde daraufhin vorläufig als Hstuf. in die SS aufgenommen mit Wirkung v. 20.4.1940. Der Vorläufigkeitsvermerk entfiel Anfang 1944 (vgl. Schreiben des SS-HA v. 28.2.1944 an SS-Ostubaf. Wagner, Inland II des AA, betr. SS-Führerausweis v. Strempels, in: PA des AA, Inland II A/B 349/1).

159 Dem Rechenschaftsbericht über nachrichtendienstliche Arbeit des Referates VI G 2 im RSHA für das Jahr 1940 (in: BA Koblenz, R 58/1231) ist zu entnehmen, daß mindestens ein Angehöriger der Dt. Botschaft Washington Vertrauensmann (VM) des SD-Ausland war. Wie in Berichten dieser Art üblich, figuriert der VM anonym, hier unter dem Kürzel US/7 354. Im übrigen konnten SS-Angehörige, auch wenn sie nicht dem SD zugeteilt waren, jederzeit zur geheimen Berichterstattung herangezogen werden. Strempel soll den Propagandisten des Dritten Reiches in den USA, Sylvester Viereck, durch geheime Mittelzuweisungen unterstützt haben (vgl. Mansfeld, Michael: Bonn, Koblenzer Straße, München 1967, S. 347).

160 Vgl. BDC, SS-Pers.-Akte Herbert Scholz

161 FS des SS-Ogruf. Wolff v. 10.4.1944 an den Chef des SS-PHA, SS-Gruf. v. Herff, und Schreiben v. Herffs v. 20.4.1944 an das RSHA, in: BDC, SS-Pers.-Akte Herbert Scholz

# V
# Die Berufung Joachim v. Ribbentrops zum Reichsaußenminister

»Ribbentrop war jung, voller Kraft, besaß die Gunst und das Vertrauen des Führers, war ein Freund Himmlers. Er sollte Neurath in vorteilhafter Weise ersetzen. Er bekleidete einen hohen Posten in der SS; er war ›scharf‹. Bei der Säuberung des zweiten reaktionären Herdes, jenes der Wilhelmstraße, konnte man auf ihn zählen. Er sollte dort junge Nazi einführen. In Wirklichkeit war er nur der Keil der Diplomatie, weniger Außenminister als Chef des Diplomatischen Kabinetts des Beherrschers des Deutschen Reiches.«

*André François-Poncet*[1]

## *Zum Verhältnis Himmler – Ribbentrop*

Während über Heinrich Himmler und Joachim v. Ribbentrop verschiedene Biographien, zumindest aber biographische Notizen vorliegen[2], ist ihr Verhältnis zueinander bislang nicht kritisch untersucht worden. Ursprung und Entwicklung der Beziehungen zwischen Himmler und Ribbentrop bedürfen auch deshalb der Klärung, weil sie in der vorliegenden Literatur kontrovers dargestellt sind. In der frühen Darstellung von Orb erscheint Ribbentrop als »Exponent der SS« in der Außenpolitik, der »allzeit ein ebenso willfähriges wie ›würdiges‹ Instrument der SS-Führung« war und blieb.[3] Folgt man dagegen der Memoirenliteratur, so ist das Auswärtige Amt im Zweiten Weltkrieg der allmählichen Durchdringung und zunehmenden Kontrolle durch SS und SD erlegen – sehr gegen den Willen des Außenministers v. Ribbentrop.[4]

---

1 Als Botschafter im »Dritten Reich«. Die Erinnerungen des französischen Botschafters in Berlin September 1931 bis Oktober 1938, Mainz-Berlin ²1980, S. 334. – Unter dem ersten »reaktionären Herd« verstand François-Poncet die Heeresleitung.

2 Vgl. Frischauer, Willi: Himmler. The Evil Genius of the Third Reich, London 1953; Wulf, Josef: Heinrich Himmler. Eine biographische Studie, Berlin 1960; Fraenkel, Heinrich / Manvell, Roger: Himmler, Kleinbürger und Massenmörder, Berlin 1965; Fest, Joachim C.: Heinrich Himmler, Kleinbürger und Großinquisitor, in ders.: Das Gesicht des Dritten Reiches, Profile einer totalitären Herrschaft, S. 156-174; ders.: Joachim von Ribbentrop und die Degradierung der Diplomatie, in: ebda., S. 241-256; Jacobsen: NS-Außenpolitik, S. 255-263, sowie die sehr detaillierte Darstellung von Michalka, Wolfgang: Ribbentrop und die deutsche Weltpolitik 1933-1940, München 1980, insbesondere S. 24-49

3 Orb [d.i. Pfeifer]: Nationalsozialismus, 13 Jahre Machtrausch, S. 389f.; vgl. auch Höhne: Der Orden unter dem Totenkopf, 1969, Bd. I, S. 273

4 Vgl. Schellenberg: Memoiren, S. 211: Er, Ribbentrop, müsse feststellen, daß SS und

Ribbentrop selbst stellte seine Beziehungen zur Reichsführung-SS wie folgt dar: »Ich hatte anfangs ein gutes Verhältnis zu Himmler gehabt, weil ich seinen Gedanken der Führerauslese bejahte. Aber durch die immer stärkeren Übergriffe seiner Dienststelle auf außenpolitische Gebiete entstand zwischen Himmler und mir eine sehr ernste latente Gegnerschaft. [...] Seine mächtiger werdende Stellung führte dazu, daß er immer stärkeren Einfluß auf die Außenpolitik zu erlangen versuchte. Eine Aussöhnung mit Himmler gelang bis zuletzt nicht; seine Haltung mir gegenüber wurde im Gegenteil nur feindlicher.«[5]

Hält diese Darstellung quellenkritischer Prüfung stand? Inwieweit ist ein Wandel in den Beziehungen zwischen Ribbentrop und Himmler aus den Quellen zu bestätigen? Wo liegen die Ursprünge ihrer Beziehung? Darf man Himmlers Aussage Glauben schenken, daß er bei der Einführung Ribbentrops »in die Politik« beteiligt gewesen war?[6]

Joachim (von) Ribbentrop, geb. 1893, Sohn eines Offiziers, Oberleutnant im Ersten Weltkrieg, anschließend Wein- und Spirituosenimporteur, gelangte nach seiner Heirat mit Annelies Henkell, der Tochter des gleichnamigen Sektfabrikanten, zu ansehnlichem Wohlstand. Seine Villa in Berlin-Dahlem, Lentzeallee 9, war seit 1925 Treffpunkt illustrer Gäste aus Wirtschaft, Politik, Kultur und Presse.[7]

---

SD nicht mehr gewillt seien, »sein Ministerium überhaupt noch als selbständiges Ressort anzuerkennen.« – Vgl. auch Ribbentrop, Joachim v.: Zwischen London und Moskau. Erinnerungen und letzte Aufzeichnungen. Aus dem Nachlaß hrsg. von Annelies von Ribbentrop, Leoni am Starnberger See 1953, S. 128ff.

5 Ribbentrop: Zwischen London und Moskau, S. 128

6 Vgl. Tischgespräch Himmlers v. 30.1.1938, in: BA Koblenz, NS 19 neu/1446, Bl. 5

7 Der nachstehende Lebenslauf folgt den biographischen Angaben bei Jacobsen: NS-Außenpolitik, S. 255ff., und Michalka: Ribbentrop und die deutsche Weltpolitik, S. 24-39: Ribbentrop, geb. 30.4. 1893 in Wesel/Rhein, schloß seine Schulzeit mit der Obersekundareife am Lyzeum in Metz ab, wo sein Vater als Oberstleutnant eines Artillerieregiments in den Ruhestand trat. Im Jahre 1908 übersiedelte die Familie in die Schweiz. Von dort begab sich Joachim Ribbentrop 1909 zu Sprachstudien nach England. Die Jahre 1910 bis 1914 verbrachte er in Kanada, wo er verschiedene Berufe ausübte, u.a. leitete er in Ottawa ein Import-Export-Geschäft. Nach Kriegsausbruch 1914 brach er alle Geschäftsverbindungen ab, kehrte nach Deutschland zurück und meldete sich als Kriegsfreiwilliger zu den Torgauer Husaren. Von 1915 bis 1917 nahm er an den Kämpfen der West- und Ostfront teil. Nach zweimaliger Verwundung und Auszeichnung mit dem Eisernen Kreuz I. Klasse wurde er im April 1918 als Oberleutnant und Adjutant zum Bevollmächtigten des preußischen Kriegsministeriums nach Konstantinopel abkommandiert. Dort lernte er Franz v. Papen kennen. Nach dem Waffenstillstand 1918 wurde er als Adjutant des Generals v. Seeckt der deutschen Friedensdelegation in Versailles zugeordnet. Im Jahre 1919 nahm Ribbentrop seinen Abschied vom Militär. Anschließend betätigte er sich im Baumwoll- und Weinimport. Dadurch kam er mit Otto Henkell, dem Besitzer der gleichnamigen Sektkellerei, in geschäftliche Verbindung. Am 5.7.1920 heiratete er dessen Tochter Anna Elisabeth, genannt Annelies. Bis 1924 leitete er die Niederlassung der Firma Henkell in Berlin, dann wurde er Teilhaber, schließlich Eigentümer der Firma »Schönberg & Ribbentrop: Impegroma«, d.h. Import und Export großer Marken, darunter Pommery et Gréno Champagner sowie Johnnie Walker und Black and

*Ribbentrop in der Uniform eines SS-Gruppenführers, Aufnahme vom 30. April 1938*

Ribbentrop, der sich selbst als Anhänger der Deutschen Volkspartei bezeichnete und sich der Bekanntschaft Gustav Stresemanns rühmte, enthielt sich bis 1930 jeder aktiven politischen Betätigung. Als er indes - nach eigener Darstellung - sah, »daß Deutschland 1931/32 dem Abgrund zusteuerte«, war er bereit, die Bildung einer Koalition zwischen den bürgerlichen Parteien und den Nationalsozialisten zu unterstützen.[8]

Durch Vermittlung des Grafen Helldorf, eines Regimentskameraden aus dem Ersten Weltkrieg, kam Ribbentrop 1930 in Kontakt zur NSDAP und zu Hitler.[9] Im Hause des Prinzen Wied fanden des öfteren sogenannte Herrenessen statt, an denen neben dem Grafen Helldorf der »Stahlhelm«-Führer Vicco v. Bülow-Schwante und gelegentlich auch Adolf Hitler teilnahmen. Nach Darstellung Bülow-Schwantes soll der Nationalsozialist Graf Helldorf seinen Regimentskameraden Ribbentrop aufgefordert haben, »doch einmal mitzukommen, dort würde er auch Hitler treffen. 1930 kam es

White Whisky. - 1925 ließ er sich von seiner Tante, Gertrud von Ribbentrop, adoptieren. Fortan schmückte das Adelsprädikat »von« seinen Namen. Für diese »Nobilitierung« zahlte er der Tante bis zu ihrem Tode 1940 eine monatliche Rente in Höhe von 450,- RM.

8 Vgl. Ribbentrop: Zwischen London und Moskau, S. 35; Michalka: Ribbentrop und die deutsche Weltpolitik, S. 29

9 Vgl. IMT X, S. 257, u. IfZ München, ZS 1021 (v. Bülow-Schwante)

zu einem solchen Essen mit Hitler und Ribbentrop.«[10] Bei dieser Gelegenheit habe Hitler Ribbentrop »betrunken« geredet mit seinen Ideen und Thesen. Ribbentrop soll daraufhin Hitlers Bewegung mit 6000 Reichsmark unterstützt haben.[11]

Hitler verkehrte dann auch im Hause Ribbentrop, wo er viele Ausländer traf, darunter französische und britische Geschäftsleute. Er genoß die exklusive Atmosphäre um so mehr, als er dort einen interessierten Zuhörerkreis fand, vor dem er seine außenpolitischen Vorstellungen entwickeln konnte. »Meistens offerierte Ribbentrop Hitlers Ideen drei Monate später in noch viel kühneren Varianten. [...] Offenbar entstand so bei Hitler auch der Eindruck: Ribbentrop ist der einzige Mann, der meine Ideen versteht.«[12] Am 1. Mai 1932 trat Ribbentrop als Mitglied Nr. 1199927 der NSDAP bei.[13] Ab August 1932 vermittelte er zwischen Hitler und Papen, dessen Bekanntschaft er 1918 in Konstantinopel gemacht hatte[14], mit dem Ziel der Bildung einer »nationalen« Regierung.[15]

Anläßlich der Zusammenkunft Hitlers mit Papen im Hause des Kölner Bankiers Kurt v. Schröder am 4. Januar 1933 – jener Zusammenkunft, die in einem Großteil der Literatur als »Geburtsstunde des Dritten Reiches« gilt – fand die erste nachweisbare Begegnung Ribbentrops mit Himmler statt.[16] Am 10. Januar 1933 fragte Himmler bei Ribbentrop an, ob er ein weiteres Zusammentreffen zwischen Hitler und Papen vermitteln könne.[17] Ribbentrop entsprach dieser Bitte und stellte seine Villa in Berlin-Dahlem für Gespräche zwischen Hitler und Papen zur Verfügung.[18] Am Abend des 10. Januar 1933 begannen dann in der Ribbentropschen Villa die entscheidenden Koalitionsverhandlungen, die schließlich am 30. Januar 1933 zur Bildung des Kabinetts Hitler führten.[19]

---

10 IfZ München, ZS 1021 (v. Bülow-Schwante). – Michalka datiert die erste Zusammenkunft Ribbentrops mit Hitler auf Mitte August 1932 (Ribbentrop und die deutsche Weltpolitik, S. 33), ähnlich Jacobsen (NS-Außenpolitik, S. 256). Unter Berufung auf Ribbentrops Erinnerungen stellt Michalka fest, daß Ribbentrop »aufgrund dieses Zusammentreffens [im August 1932] und des daraus gewonnenen Eindrucks von Hitler« der NSDAP beigetreten sei. Dem steht entgegen, daß Ribbentrop bereits am 1.5. 1932 Mitglied der NSDAP war (BDC, SS-Pers.-Akte Joachim v. Ribbentrop). Es ist zwar nicht auszuschließen, daß Ribbentrop erst nach dem August 1932 der Partei beigetreten ist und der Eintritt rückdatiert wurde, weitere Belege aus dem Bestand der PK-Korrespondenz (in: BDC) lassen indes bereits 1931 eine Betätigung Ribbentrops zugunsten der NSDAP erkennen. Demnach gewinnt die Darstellung Bülow-Schwantes an Glaubwürdigkeit, die im übrigen von Jacobsen und Michalka vernachlässigt wurde.

11 Vgl. IfZ München, ZS 1021 (v. Bülow-Schwante)

12 Ebda.

13 BDC, SS-Pers.-Akte Joachim v. Ribbentrop

14 Vgl. Papen, Franz v.: Der Wahrheit eine Gasse, München 1952, S. 265

15 Vgl. Michalka: Ribbentrop und die deutsche Weltpolitik, S. 34

16 Vgl. ebda., S. 34f.

17 Ribbentrop: Zwischen London und Moskau, S. 37

18 Ebda.

19 Vgl. ebda., S. 37f.; Jacobsen: NS-Außenpolitik, S. 256f.; Michalka: Ribbentrop und die deutsche Weltpolitik, S. 35-39

Der Vorschlag, die Verhandlungen im Hause Ribbentrops stattfinden zu lassen, ging vermutlich auf Heinrich Himmler zurück. Am 30. Januar 1938, fünf Jahre nach der nationalsozialistischen Machtübernahme, rühmte sich Himmler in vertrautem Kreise, »daß er dem Führer seinerzeit vorgeschlagen habe, bei Ribbentrop eine Zusammenkunft abzuhalten. Auf diese Weise wäre Ribbentrop in die Politik hereingekommen.«[20] Die Tatsache, daß Himmler sich am 30. Januar 1938 die Einführung Ribbentrops »in die Politik« als persönliches Verdienst anrechnet, ist insofern bemerkenswert, als Ribbentrop wenige Tage später, am 4. Februar 1938, von Hitler zum Reichsaußenminister berufen wurde. Obschon Himmler zu dem bevorstehenden Wechsel an der Spitze des AA keinerlei Aussage macht, ist auf Grund der unvermittelten Erwähnung Ribbentrops in einem Tischgespräch vier Tage vor dessen Amtsübernahme doch anzunehmen, daß Himmler am 30. Januar 1938 bereits Kenntnis hatte von der geplanten Ablösung Neuraths durch Ribbentrop im Amt des Außenministers.

Vor diesem Hintergrund gewinnt Himmlers Äußerung an Aussagekraft, offenbart sich doch darin sein Interesse an der Karriere Ribbentrops. Worin bestand dieses Interesse, und welche Erwartungen verband der Reichsführer-SS mit der Förderung von Ribbentrops politischer Karriere?

Ribbentrops ehrgeiziger Wunsch, nach Bildung des Kabinetts Hitler/Papen zum Staatssekretär des AA berufen zu werden - wohl auch als Anerkennung für seine vermittelnde Tätigkeit bei den Koalitionsverhandlungen im Januar 1933 - ging nicht in Erfüllung.[21] Hitler hatte weder die Möglichkeit, noch sah er die Notwendigkeit zu einem Revirement an der Spitze des AA.

Seit Beginn seiner politischen Karriere hatte Ribbentrop darunter gelitten, daß er in der Partei weder Rang noch Namen besaß.[22] Nach seinem relativ späten Parteibeitritt (1932) schloß er sich deshalb frühzeitig der SS an: Auf sein Gesuch hin übernahm ihn Himmler Ende Mai 1933 als Standartenführer in die SS.[23] Die schnelle Abfolge seiner Beförderungen - 20.4.1935 Oberführer, 18.6.1935 Brigadeführer, 13.9.1936 Gruppenführer

---

20 BA Koblenz, NS 19 neu/1446, Tischgespräche Himmlers 1938-1943, Bl. 5. - Die Tischgespräche wurden vom persönlichen Referenten Himmlers, SS-Stubaf. Dr. Brandt, protokolliert. Die meisten Blätter tragen sein Handzeichen und sind datiert. Blatt 5 ist weder signiert noch datiert. Die erste Zeile des Blattes (»Der Reichsführer-SS erzählte beim Mittagessen am 30. Januar«), die zeitlichen Zusammenhänge und die folgenden Blätter lassen unzweifelhaft auf das Jahr 1938 schließen.

21 Vgl. dazu Papen: Der Wahrheit eine Gasse, S. 421: »Schon unmittelbar nach dem 30. Januar 1933 hatte Ribbentrop mich gebeten, dafür zu sorgen, daß er Staatssekretär des Auswärtigen Amtes werde. Er schien der Meinung, seine Verdienste um die Partei rechtfertigten eine solche Ernennung. Vergeblich suchte ich ihm zu erklären, der Staatssekretär sei der ruhende Pol des Ministeriums, dessen Minister nach parlamentarischen Regeln häufig wechselten. Daher müsse gerade er ein Mann von breitem Wissen und erprobten Fähigkeiten sein. Ein Außenseiter käme also dafür am wenigsten in Betracht.«

22 Vgl. Jacobsen: NS-Außenpolitik, S. 261

23 BDC, SS-Pers.-Akte Joachim v. Ribbentrop; vgl. auch Ribbentrops Aussage v. 1.4. 1946 in Nürnberg vor dem IMT (IMT X, S. 436f.)

und 20.4.1940 Obergruppenführer - deutet darauf hin, daß sich Ribbentrop uneingeschränkt der Gunst Himmlers und Hitlers erfreute.[24] Den Beförderungen zum Brigadeführer und Gruppenführer der SS gingen die Ernennungen Ribbentrops zum Außerordentlichen und Bevollmächtigten Botschafter (1.6.1935) beziehungsweise zum Botschafter in London (26.7.1936) voraus, so daß ein ursächlicher Zusammenhang in beiden Fällen gegeben scheint. Hieraus läßt sich ablesen, daß Ribbentrops diplomatische Karriere von Himmler aufmerksam verfolgt und honoriert wurde.

Welches Vertrauen das Sicherheitshauptamt der SS in den Botschafter v. Ribbentrop und seine Dienststelle setzte, zeigt eine vertrauliche Notiz, die der Hauptreferent in der Dienststelle Ribbentrop, SS-Staf. Rudolf Likus, am 19. Dezember 1936 fertigte: »Bei einer Unterredung mit dem SS-Standartenführer Albert vom Sicherheitshauptamt wurde mir [...] mitgeteilt, daß die Arbeit des SD [...] zwangsläufig auch auf das Gebiet der Außenpolitik führe, daß aber da, wo das SD-mäßige Interesse aufhöre, gewisse Möglichkeiten der Fortführung der Arbeit in außenpolitischem Sinne ungenutzt blieben. Der Sicherheitsdienst befasse sich nicht mit Außenpolitik, doch ergäben sich aus der Arbeitspraxis oft Möglichkeiten, die für die mit der Führung der Außenpolitik beauftragte Stelle wertvoll sein könnten. Für den Sicherheitsdienst des RFSS komme aus weltanschaulichen Gründen in außenpolitischer Hinsicht nur die Dienststelle des Botschafters und SS-Gruppenführers von Ribbentrop in Frage, zumal der SD zu den außenpolitischen Praktiken des Auswärtigen Amtes kein Vertrauen habe.«[25]

Im Anschluß an diese Unterredung entwickelte sich zwischen dem SD-Hauptamt und der Dienststelle des Botschafters v. Ribbentrop ein zunächst sporadischer, dann regelmäßiger Austausch vertraulicher Berichte und Notizen zu außenpolitischen, aber auch innenpolitischen Vorgängen. Das Spektrum der darin behandelten Themen reicht von der Lage der Kirchen in Deutschland und England über die politische Zuverlässigkeit deutscher Auslandskorrespondenten und Diplomaten bis zur nachrichtendienstlichen Tätigkeit deutscher und ausländischer Journalisten.[26]

Wenngleich die Berichte zumeist nur geringen Aussagewert hatten, bleibt doch als Erkenntnis festzuhalten, daß nicht das für Außenpolitik zuständige AA von der außenpolitischen Berichterstattung des SD profitierte, sondern ausschließlich die Dienststelle des Botschafters v. Ribbentrop, hingegen Politik und Personal des AA Objekte argwöhnischer Beobachtung durch SD und Dienststelle Ribbentrop waren.[27] Beide Dienststel-

24 Himmler schlug die Beförderungen Hitler vor, dieser genehmigte sie; vgl. BA Koblenz, NS 19 neu/1447, Notizen Himmlers zu Vorträgen bei Hitler, Bl. 7 u. 51; vgl. auch BDC, SS-Pers.-Akte Joachim v. Ribbentrop

25 PA des AA, Dienststelle Ribbentrop 8/1, Teil 2, betr. S.D. 1936-1943

26 Vgl. ebda. sowie NA Washington, T-120, roll 754, SS Files (S.D.) 1936-1944. - Beide Bestände sind teilweise identisch, der in den NA Washington überlieferte Bestand ist aber umfassender.

27 Vgl. Anm. 26. - Berufsdiplomaten, deren politische Einstellung als »reaktionär« galt, wurden auch nach der Berufung v. Ribbentrops zum RAM im Februar 1938 vom SD

len waren sich nicht nur in der Ablehnung des AA einig, sondern - unausgesprochen - auch in der Zielsetzung, daß zur Übernahme des AA nur der Botschafter und SS-Gruppenführer v. Ribbentrop in Frage komme.[28]

Diese aus den Akten gewonnene Erkenntnis deckt sich im wesentlichen mit den Ergebnissen der Befragung engerer Mitarbeiter Ribbentrops durch den Verfasser. Ernst Woermann, 1936-1938 Botschaftsrat und Vertreter Ribbentrops in London, der im März 1938 von Ribbentrop zum Unterstaatssekretär und Leiter der Politischen Abteilung des AA berufen wurde, bestätigte die Darstellung, der zufolge Ribbentrop vor Kriegsbeginn »Exponent der SS« in der Außenpolitik war. Die Tätigkeit der Polizeiattachés und SD-Agenten in den Auslandsmissionen habe zwar während des Zweiten Weltkrieges zu einer gewissen Entfremdung geführt, von einem endgültigen Bruch der Beziehungen zwischen Ribbentrop und Himmler, wie er in den postum erschienenen Erinnerungen Ribbentrops zum Ausdruck kommt, könne aber »überhaupt nicht die Rede sein«.[29] Diese Auffassung vertrat auch der ehemalige Referent in der Dienststelle Ribbentrop und langjährige Adjutant des Reichsaußenministers, Bernd Gottfriedsen: »Zwischen Himmler und v. Ribbentrop bestand ein gutes Verhältnis, von Anfang an und bis zum Ende. Kompetenzstreitigkeiten während des Krieges - hervorgerufen durch die Einsetzung der Polizeiattachés - störten zwar die Beziehung zeitweise, dennoch blieb das Verhältnis ohne ernsthafte Spannungen, fast freundschaftlich.«[30] Es herzlich zu nennen, ginge zu weit, da dies eine gleiche Ebene voraussetze. Aber nach der Berufung v. Ribbentrops zum Reichsaußenminister seien Ansätze eines freundschaftlichen Verhältnisses sichtbar geworden. Ribbentrop gehörte zu den wenigen Duzfreunden Himmlers.[31]

---

in Zusammenarbeit mit der weiterhin bestehenden Dienststelle Ribbentrop beobachtet; vgl. dazu das Schreiben des Chefs Persönlicher Stab RFSS, Wolff, an Likus v. 13.9. 1939, in dem die Abberufung des Gesandten im Haag, Graf Zech, gefordert wurde (in: PA des AA, Dienststelle Ribbentrop 8/2)

28 Vgl. auch die Instruktion des SS-Ustuf. (im SD) Kühne (Dienststelle Ribbentrop) durch Heydrich v. 26.2.1937, in: BDC, SS-Pers.-Akte Otto Abetz, Vernehmungsniederschrift v. 2.12.1937, Bl. 786

29 Mitteilung v. 30.3. 1974 an den Verf.

30 Mitteilung v. 24.6. 1976 an den Verf. - Gottfriedsen wurde am 2.3. 1911 als Sohn eines Pastors geboren, 1930 Abitur, anschließend Studium der Geschichte an den Universitäten Wien, Marburg, Berlin und Kiel, Staatsexamen für das höhere Lehramt an Gymnasien, 1931 NSDAP in Wien, 1931-36 SA, 1933-35 Schulungsleiter des NSDStB in Kiel, 1936 Hilfsreferent in der Dienststelle Ribbentrop, 1937 auf Empfehlung Ribbentrops Übertritt von der SA in die SS, 30.1. 1938 SS-Ustuf. b. Stab SS-HA, 20.4.1938 SS-Ostuf. und Adjutant des RAM, 30.1. 1939 SS-Hstuf. und LS im AA, 1941 LR, 30.1. 1942 SS-Stubaf., 1943 LR I. Kl. im Pers. Stab RAM, Verwalter des Gold- und Devisenfonds des RAM, 1945 automatischer Arrest, nach 1950 bis 1976 Studienrat, zuletzt Oberstudienrat (Geschichte, Erdkunde, Religion) am Gymnasium Hermannsburg b. Celle/Niedersachsen (BDC, SS-Pers.-Akte Bernd Gottfriedsen; ADAP E II, S. 531 u. 563; Kempner: Das Dritte Reich im Kreuzverhör, S. 279f.; Philologen-Jahrbuch, 1976, Landesausgabe Niedersachsen und Bremen).

31 Vgl. auch den Briefwechsel zwischen Ribbentrop und Himmler (1938-1944) in: BA Koblenz, NS 19 neu/2654 u. 2457, sowie PA des AA, Inland II g 6a u. 7

Nach Auffassung Gottfriedsens war Himmler für Ribbentrop »ein wichtiger Mann mit starker Stellung in der Partei und Einfluß bei Hitler, an ihn glaubte er sich anlehnen zu müssen, um sich Rückhalt in der Partei zu verschaffen und so seine Position zu stärken.«[32] Gottfriedsens Darstellung läßt sich aus dem Briefwechsel zwischen Himmler und Ribbentrop im wesentlichen bestätigen.[33]

Welche Bewunderung Ribbentrop noch zu Beginn des Krieges für die SS empfand und wie sehr er sich mit deren Zielen identifizierte, kommt in einem Dankschreiben zum Ausdruck, das er Himmler am 12. Juli 1940 nach seiner Beförderung zum SS-Obergruppenführer sandte: »Mein lieber Himmler! Meine Ernennung durch den Führer zum Obergruppenführer der S.S. hat mich sehr herzlich gefreut. Du weißt, wie ich zu Deiner S.S. stehe und wie ich ihren Aufbau, der Dein ureigenstes Werk ist, bewundere. Ich werde es immer als eine besondere Ehre empfinden, diesem stolzen Führerkorps, das für die Zukunft unseres Großdeutschen Reiches von entscheidender Bedeutung ist, anzugehören. In treuer Freundschaft, Dein Joachim Ribbentrop.«[34]

## *Von der Dienststelle Ribbentrop ins Auswärtige Amt*

Seit 1934 verfügte Joachim v. Ribbentrop, der außenpolitische Berater Hitlers und »Beauftragte der Reichsregierung für Abrüstungsfragen«, über ein »Büro«, seit seiner Ernennung zum »Außerordentlichen und Bevollmächtigten Botschafter des Deutschen Reiches« am 1. Juni 1935 über eine »Dienststelle«, in der Ende 1937 etwa 70 Mitarbeiter unterschiedlicher Vorbildung beschäftigt waren.[35]

Die Dienststelle Ribbentrop zählte mit dem Außenpolitischen Amt Rosenbergs, der Auslandsorganisation unter ihrem Gauleiter Bohle und diversen Führungsgremien für die Volkstumspolitik zu den Parteiinstitutionen, die neben dem AA, bisweilen auch gegen das AA, außenpolitische Aktivitäten entfalteten. Die konkurrierende Tätigkeit der Parteidienststellen untereinander wie gegenüber dem AA, der Kampf um Kompetenzen und Machtpositionen sind auch im außenpolitischen Bereich charakteristische Strukturmerkmale des NS-Herrschaftssystems.[36]

---

32 Vgl. Anm. 30

33 Vgl. Anm. 31

34 IMT XXXIX, S. 553 f. – Weitere Belege für die enge Bindung Ribbentrops an die SS sind sein Kirchenaustritt, die Ausbildung seines Sohnes Rudolf in einer Nationalpolitischen Erziehungsanstalt und dessen von Ribbentrop befürwortete Einberufung zur Waffen-SS; 1942 war Rudolf v. Ribbentrop, geb. 11.5. 1921, SS-Ustuf. (BDC, SS-Pers.-Akte Joachim v. Ribbentrop).

35 Vgl. Jacobsen: NS-Außenpolitik, S. 262 ff. u. 702 f.

36 Vgl. Hüttenberger, Peter: Nationalsozialistische Polykratie, in: Geschichte und Gesellschaft 2 (1976), H. 4, S. 417-442, sowie grundsätzlich Broszat, Martin: Der Staat Hitlers, München (8) 1979

Seine enge persönliche Bindung an die SS übertrug Ribbentrop auch auf die Mitarbeiter der Dienststelle. Seit 1936 bekleideten die meisten seiner Referenten SS-Ränge.[37] Himmlers Intention, den Einfluß der Schutzstaffel auszudehnen, traf sich mit dem Anliegen Ribbentrops, durch möglichst viele SS-Führer in seiner Umgebung die Dienststelle gegenüber anderen Parteiinstitutionen aufzuwerten und sich selbst Rückhalt in der Partei zu verschaffen. Nicht zu vernachlässigen ist schließlich der Wunsch mancher Amateurdiplomaten in der Dienststelle Ribbentrop, mittels der Zugehörigkeit zur immer einflußreicheren SS Karriere zu machen.

Als Joachim v. Ribbentrop am 4. Februar 1938 Constantin Frhr. v. Neurath im Amt des Reichsaußenministers ablöste, gestützt auf das Vertrauen Hitlers und die Zusammenarbeit mit Himmler, folgten ihm 28 seiner 74 Referenten aus der Dienststelle ins Auswärtige Amt.[38] Unter diesen 28 auserwählten »Diplomaten« befanden sich 20 SS-Angehörige[39], von denen mehrere während des Krieges Schlüsselpositionen im AA besetzten, u.a. Walther Hewel, zunächst Leiter des Persönlichen Stabes v. Ribbentrops, schließlich Botschafter und Beauftragter des Reichsaußenministers im Führerhauptquartier[40], Paul Karl Schmidt, Leiter der Nachrichten- und

---

37 Vgl. Jacobsen: NS-Außenpolitik, S. 284 u. 701ff. – Bernd Gottfriedsen, der spätere Adjutant v. Ribbentrops, hat sich z.B. auf »Veranlassung der Dienststelle des Botschafters v. Ribbentrop um Aufnahme in die SS beworben« (Schreiben der Dienststelle v. 20.8. 1937 an das RuSHA, in: BDC, SS-Pers.-Akte Gottfriedsen). Vgl. dazu auch die Mitteilung des früheren Adjutanten Ribbentrops (1934/35), Heinz Thorner, v. 17.4. 1974 an den Verf.: »Mein Eintritt bzw. Übernahme in die SS im Jahre 1935 erfolgte ausschließlich auf Veranlassung und Betreiben Ribbentrops (schon aus optischen Gründen, weil ich als sein damaliger Adjutant mich von seiner eigenen Uniform wohl nicht unterscheiden sollte).« – Thorner, geb. 1912 in Berlin als Sohn eines Offiziers, 1931 Abitur, anschließend Studium der Rechtswissenschaften (ohne Abschluß), 1.6. 1931 NSDAP, Bannführer im Stab des Reichsjugendführers, 1.9. 1934 Adjutant des Beauftragten der Reichsregierung für Abrüstungsfragen, 8.5. 1935 SS-Ostuf., 9.11. 1935 SS-Hstuf., 7.12. 1936 Attaché im AA, zugeteilt dem Botschafter v. Ribbentrop in London, 30.1. 1937 SS-Stubaf., Ende 1937 wegen »nichtarischer« Abstammung vom RFSS in Ehren aus der SS entlassen. Durch »Führerentscheid« auf dem Gnadenwege v. 17.12. 1937 durfte Thorner weiterhin der NSDAP angehören. 1938-41 VK beim GK New York, 1941-45 GR b.d. Gesandtschaft in Stockholm; 1950 Referendarexamen, 1953 Dr.jur., 1954 Assessorexamen, seit 1956 Rechtsanwalt in Düsseldorf (BDC, PK-Korrespondenz, SS-Sippenakte Thorner; NA Washington, T-120, roll 2539; schriftl. Mitteilungen v. 27.3. u. 17.4. 1974 an den Verf.).

38 Nach Jacobsen (NS-Außenpolitik, S. 703) seien 24 der 74 Referenten in den Auswärtigen Dienst übernommen worden. Dagegen ist festzustellen, daß auch die von Jacobsen (ebda., S. 702f.) genannten Mitarbeiter v. Steengracht, Grosche, Leithe-Jasper und Prinzing nach 1938 als Beamte oder Angestellte in den Dienst des AA traten (vgl. deren NSDAP-, SS- bzw. SA-Personalunterlagen im BDC sowie NA Washington, T-120, roll 30).

39 Vgl. Jacobsen: NS-Außenpolitik, S. 701ff. Der von Jacobsen (ebda., S. 702) unter Nr. 35 aufgeführte Leithe-Jasper gehörte ebenfalls der SS an.

40 Geb. 1904 in Köln, 1923 Abitur, anschließend Studium an der TH München (ohne Abschluß), Fahnenträger des Stoßtrupps Hitler beim Marsch auf die Feldherrnhalle am 9.11. 1923, Blutordensträger, im »kleinen Hitlerprozeß« zu 15 Monaten Festungs-

Presseabteilung[41], sowie Horst Wagner, Leiter der Referatsgruppe Inland II[42].

Vier der in den Auswärtigen Dienst übernommenen Mitarbeiter der Diensstelle Ribbentrop gehörten der SA an, darunter Martin Luther, der spätere Leiter der Abteilung Deutschland[43], und Gustav Adolf Baron Steengracht v. Moyland, der 1943 die Nachfolge Ernst v. Weizsäckers als Staatssekretär des AA antrat[44].

---

haft verurteilt, Ende 1924 begnadigt, 1925/26 Volontär bei einer Import-Exportfirma in Hamburg, 1926 in England, 1927-34 Pflanzer auf Java (Niederländisch-Indien), 1933 AO der NSDAP, 1936 Hauptstellenleiter im Ostasienreferat der AO, 1937 England-Referent in der Dienststelle Ribbentrop, 12.9. 1937 SS-Stubaf., 31.12. 1937 SS-Ostubaf., 1938-42 Leiter des Pers. Stabes RAM, 1938 LR I. Kl., 1939 VLR, 1940 Gesandter I. Kl., 9.11. 1940 SS-Oberf., 9.11. 1942 SS-Brif., 1943 Botschafter z.b.V. und Beauftragter des RAM im Führerhauptquartier (BDC, SS-Pers.-Akte und RuSHA-Akte Hewel, NA Washington, T-120, roll 2538).

41 Geb. 1911, 1931 NSDAP, 1935 Gaustudentenführer in Schleswig-Holstein, 1936 Promotion zum Dr.phil. in Völkerpsychologie, 1937 Leiter des Informationsdienstes der Dienststelle Ribbentrop, 1938 SS-Hstuf., LR im AA, 1939 VLR u. Pressereferent des RAM, 1940 SS-Stubaf., Gesandter I. Kl. u. Leiter der Nachrichten- und Presseabteilung, Ende 1940 SS-Ostubaf., 1946 Zeuge der Anklage im Wilhelmstraßen-Prozeß, unter Pseudonym Paul Carell Autor des Buches »Unternehmen Barbarossa«, Frankfurt/M. u. Berlin 1963 (BDC, SS-Pers.-Akte Paul Karl Schmidt, IfZ München, ZS 1491).

42 Geb. 1906, 1929 Diplom an der Dt. Hochschule für Leibesübungen, anschließend Sportjournalist, 1933 SA, 1936 Mitarbeiter im England-Referat der Dienststelle Ribbentrop, 15.8. 1936 SS, 1.5. 1937 NSDAP, 1938 WHA im Protokoll des AA, 1939 LS im Pers. Stab RAM, SS-Ostuf., 1940 LR u. SS-Hstuf., 1942 SS-Stubaf., 1943 VLR u. Leiter der Referatsgruppe Inland II, SS-Ostubaf., 1944 SS-Staf. (BDC, SS-Pers.-Akte Horst Wagner; NA Washington, T-120, roll 2539). Zur weiteren Karriere Wagners vgl. unten, S. 264ff.

43 Geb. 1895 in Berlin, Abitur, 1918 Leutnant, dann Exportkaufmann, 1.9. 1932 NSDAP, 1933 Leiter der Wirtschaftsberatungsstelle beim Bezirksamt Berlin-Zehlendorf, 1935 stellv. Ortsgruppenleiter der NSDAP, 1936 Hauptreferent in der Dienststelle Ribbentrop, 1938 SA, Leiter des Partei-Referats im AA, LR I.Kl., 1939 VLR, 1940 Gesandter I. Kl. als Ministerialdirigent u. Leiter der Deutschland-Abteilung, 9.11. 1940 SA-Oberf., 1941 Ministerialdirektor mit der Amtsbezeichnung UStS, 9.11. 1942 SA-Brif., 11.2. 1943 Entfernung aus dem Dienst, Einlieferung in das KL Sachsenhausen als privilegierter Häftling, nach dem 8.5. 1945 vermutlich umgekommen in sowjetischem Gewahrsam (BDC, SA- u. NSDAP-Personalunterlagen Martin Luther; BA Koblenz, NS 19 neu/2172; BA Koblenz, NL Rheindorf, 78; Kempner: Eichmann und Komplizen, S. 278; Jacobsen: NS-Außenpolitik, S. 279ff.).

44 Geb. 1902 in Moyland, Kreis Kleve, 1919 Abitur, anschließend Studium der Rechtswissenschaften in Bonn, Lausanne u. Köln, 1922-1935 Kösener SC, 1926 Referendar, 1929 Dr. jur., 1930-33 wegen Betätigung für die NSDAP aus dem Justizdienst beurlaubt, Landwirt, 1933 Assessor, 1925-33 Stahlhelm, 1.5. 1933 NSDAP, 1.9. 1933 SA, 20.4. 1934 SA-Stuf., 1934-36 Kreisbauernführer, 1.10. 1936 Dienststelle Ribbentrop, Landwirtschafts-Attaché b.d. Botschaft London (unter Ribbentrop), 1938 LS, 1939 LR im Pers. Stab RAM, 1940 LR I.Kl., 9.11. 1940 SA-Staf., 1941 Gesandter I.Kl. als Ministerialdirigent, 31.3.1943-8.5.1945 StS des AA, 1949 wegen Teilnahme an Kriegsverbrechen und Verbrechen gegen die Menschlichkeit im Wilhelmstraßen-Prozeß zu 5 Jahren Freiheitsstrafe verurteilt (BDC, NSDAP- u. SA-Personalunterlagen v. Steengracht; BA Koblenz, NL Rheindorf, 78; Das Urteil im Wilhelmstraßen-Prozeß, Schwäbisch-Gmünd 1950, S. XXV; Kempner: Eichmann und Komplizen, S. 280).

*Der neuernannte Reichsaußenminister, SS-Gruppenführer v. Ribbentrop, begrüßt die Mitarbeiter des Auswärtigen Amts*

Gemeinsam sind den ehemaligen Referenten der Dienststelle Ribbentrop gewisse, in ihrem Wert für den höheren Auswärtigen Dienst allerdings kaum erkennbare Qualifikationen, frühe Zugehörigkeit zur NSDAP oder einer ihrer Gliederungen, niedriges Lebensalter und insbesondere Loyalität gegenüber Ribbentrop, dem sie ihre Karriere im Auswärtigen Dienst verdankten. Zu fragen ist aber, inwieweit sich Ribbentrop ihre Loyalität bis 1945 zu erhalten vermochte. Kam es zu Loyalitätskonflikten unter den SS-Führern bei Friktionen zwischen dem AA und den SS-Hauptämtern? Wie erklärt sich der Wandel des einstigen Vertrauten Ribbentrops und SA-Führers Martin Luther zum Konfidenten des SD, der Anfang 1943 mit Hilfe Walter Schellenbergs, Amtschef VI im Reichssicherheitshauptamt, den Sturz des Reichsaußenministers v. Ribbentrop versuchte?[45]

Eine quellenkritische Prüfung verlangt schließlich die offiziöse Darstellung, daß »fast alle Amtsangehörigen, die in der Folge den guten Namen des Auswärtigen Dienstes kompromittiert haben, indem sie sich an verbrecherischen Maßnahmen des nationalsozialistischen Regimes, z.B. gegenüber der jüdischen Bevölkerung, aktiv beteiligten«, über die Dienststelle Ribbentrop und andere Parteistellen in das Auswärtige Amt gekommen seien.[46]

---

45 Vgl. dazu unten, S. 256ff.
46 »100 Jahre Auswärtiges Amt«, S. 44

*Der Sieg über Frankreich bringt Hitler auf den Höhepunkt seiner Macht. In der Nacht vom 22. Juni 1940 wird im Führerhauptquartier im belgischen Brûly-de-Pesche der offizielle Beginn des Waffenstillstands verkündet. Zu den Probeaufnahmen für die Wochenschau entbieten führende Beamte des Auswärtigen Amts Hitler ihren Gruß; von links: Walther Hewel, Baron Steengracht v. Moyland, Franz v. Sonnleithner, v. Ribbentrop, Bormann (verdeckt), Hitler*

# VI
# Progressive Einflußnahme der SS auf Personalstruktur und Politik des Auswärtigen Amtes (1938-1945)

»Da sind die verderblichen Mitläufer, die sehen, aber nicht sehen wollen, die Mitverantwortlichen, die Hehler dieses Systems; kein Stand ist davon ausgenommen, aber je höher hinauf, desto größer wäre die Verpflichtung, desto größer wird infolgedessen die Schuld; sie durchschauen alles, sie wissen alles, aber sie sagen nichts. Sie schwänzeln heute in Uniform bei Aufmärschen herum und liefern dem Nationalsozialismus das Relief, morgen sitzen sie zu Hause in einem anderen Kreise und schimpfen auf alles, was sie gestern noch mitgemacht haben und übermorgen wieder mitmachen werden. Sie tragen stolz das Parteiabzeichen und bäumen sich nicht dagegen auf, daß man in der SS die deutsche Jugend zum Mord erzieht.«

*Hans Schlange-Schöningen*[1]

Die Übernahme vertrauter Mitarbeiter aus der Dienststelle Ribbentrop in den Auswärtigen Dienst kennzeichnet sowohl das Mißtrauen des neuen Außenministers gegenüber den Berufsdiplomaten als auch sein Bemühen, Schlüsselpositionen des AA sukzessive mit Altparteigenossen und SS-Führern zu besetzen, um auf diese Weise politische Konformität zu demonstrieren. Daß die Kritik aus den Reihen der NSDAP am »reaktionären« Beamtenkörper und der Politik des AA auch nach der Berufung Ribbentrops zum Reichsaußenminister nicht verstummte, zeigen verschiedene Äußerungen Rosenbergs, Goebbels', Görings und nicht zuletzt Himmlers.[2]

---

1 Am Tage danach, Hamburg 1946, S. 109. – Schlange-Schöningen, geb. 1886, Sohn eines Großgrundbesitzers in Pommern (Rittergut Schöningen), wurde nach dem Studium der Agrarwissenschaften aktiver Offizier, 1919 Rittmeister d.R., 1920 Abgeordneter der DNVP im Preußischen Landtag, 1924 im Reichstag. Nach Meinungsverschiedenheiten mit dem alldeutschen Flügel der DNVP gründete er 1928 die Volkskonservative Vereinigung; 1931 Reichskommissar für die Osthilfe, 1932-1945 Bewirtschaftung des Rittergutes Schöningen, 1948 Verwaltungsdirektor für Ernährung im Wirtschaftsrat Frankfurt/M., 1950 Generalkonsul in London, 1953 Botschafter (Sasse: 100 Jahre Botschaft in London, S. 87f.).

2 Vgl. das Schreiben Ribbentrops v. 31.5.1939 an Rosenberg, in: PA des AA, RAM-Film Nr. 4, Bd. 6; Das politische Tagebuch Alfred Rosenbergs, hrsg. von Hans-Günther

Während Ribbentrop unter den »Alten Kämpfern« der NSDAP als arroganter Außenseiter und Opportunist galt[3], sahen viele Berufsdiplomaten in ihm den Parvenu und Gefolgsmann Hitlers, dem sie gehorchten in der Hoffnung, ihn zu überleben. Ribbentrop selbst fühlte sich zwischen diesen beiden Polen hin und her gerissen.[4]

Um der Kritik aus den Reihen der NSDAP zu begegnen, empfahl Ribbentrop nicht allein die Aufnahme ausgewählter Berufsdiplomaten in die SS, sondern bat Himmler auch um die Freistellung hauptamtlicher SS-Führer für den Auswärtigen Dienst.[5] Ribbentrops Anliegen traf sich insoweit mit der erklärten Zielsetzung Himmlers, auf Personal und Politik des AA Einfluß zu nehmen. Beide Intentionen korrespondierten wiederum mit dem Interesse der Berufsdiplomaten, SS-Ränge entgegenzunehmen, um im Auswärtigen Dienst des Dritten Reiches Karriere zu machen und ihren Einfluß zu behaupten.

## 1. Staatssekretäre und SS-Führer

> »Wenn Ribbentrop und Führer mich haben wollen, so folge ich als Soldat.«
>
> *Ernst Frhr. v. Weizsäcker,* 1938[1]

Als Constantin Frhr. v. Neurath am 4. Februar 1938 aus dem Amt schied, bat sein Staatssekretär und Schwiegersohn, Hans-Georg v. Mackensen, um Verwendung im Ausland.[2] Zum Nachfolger v. Mackensens, der als Bot-

---

Seraphim, München 1964, S. 86ff., 127f., 131f., 134f.; Goebbels Tagebücher, hrsg. von Louis P. Lochner, Zürich 1948, S. 242, 247, 274f., 469, 479f., 503

3 Symptomatisch dafür war die maliziöse Sentenz von Goebbels: »Seinen Namen hat er gekauft, sein Geld hat er geheiratet, und sein Amt hat er sich erschwindelt« (Semmler, Rudolf: Goebbels - the Man next to Hitler, London 1947, S. 18f.). Ribbentrops Snobismus hat ihm den Spottnamen »Ribbensnob« eingetragen (Schwarz, Paul: This Man Ribbentrop, New York 1943, S. 27).

4 Mitteilung des früheren Adjutanten Ribbentrops, H. Thorner, v. 27.3.1974 an den Verf.; vgl. auch Studnitz, Hans-Georg v.: Als Berlin brannte, Diarium der Jahre 1943-1945, Stuttgart 1963, S. 167

5 Vgl. das Schreiben Ribbentrops v. 6.6.1942 an Himmler (in: StA Nürnberg, KV-Anklage, NG 3648) und die Antwort Himmlers v. 24.6.1942 (in: BA Koblenz, NS 19 neu/2457); vgl. auch Blücher, Wipert v.: Gesandter zwischen Diktatur und Demokratie, Erinnerungen aus den Jahren 1935-1944, Wiesbaden 1951, S. 288

1 Weizsäcker-Papiere 1933-1950, Tagebucheintragung v. 5.3.1938, S. 122. – Mit Wirkung v. 19.3.1938 wurde v. Weizsäcker zum StS des AA berufen (vgl. Anm. 3).

2 Vgl. Kordt: Nicht aus den Akten, S. 180. – Mackensen, der lt. Darstellung Gottfriedsens ein gutes Verhältnis zu Ribbentrop hatte, empfand das Revirement keineswegs als »Schock« (Mitteilung des Herrn Gottfriedsen v. 24.6.1976 an den Verf.).

*Hans-Georg v. Mackensen, 1937-1938 Staatssekretär des AA, 1938-1944 Botschafter in Rom (Quirinal); zu Herkunft und Karriere v. Mackensens vgl. den Personalbogen auf den folgenden Seiten*

schafter nach Rom (Quirinal) ging, wählte Ribbentrop den bisherigen Leiter der Politischen Abteilung im AA, Ministerialdirektor Ernst Frhr. v. Weizsäcker.[3] Zusätzlich berief Ribbentrop den »Beauftragten des Führers und Reichskanzlers für Wirtschaftsfragen«, Wilhelm Keppler, zum Staatssekretär z.b.V. im Auswärtigen Amt.[4] Mit dem schon seit 1937 im Amt tätigen Staatssekretär und Chef der Auslandsorganisation der NSDAP, Ernst Wilhelm Bohle, verfügte das AA von 1938 an über drei Staatssekretäre. Ihnen gemeinsam war - bei aller Verschiedenheit der Herkunft und Ausbildung - die Zugehörigkeit zur SS.

3 Vgl. Weizsäcker-Papiere 1933-1950, Tagebucheintragung v. 5.3.1938, S. 121f. - Weizsäcker wurde Anfang April 1938 (mit Wirkung v. 19.3.1938) zum StS berufen (vgl. Weizsäckers undatierten Lebenslauf, in: BDC, SS-Pers.-Akte Ernst Frhr. v. Weizsäkker; »100 Jahre Auswärtiges Amt«, S. 213). Die Feststellung Jacobsens (NS-Außenpolitik, S. 34), daß Weizsäcker am 4.2.1938 ernannt worden sei, ist nicht korrekt.

4 Mit Wirkung v. 19.3.1938 (vgl. »100 Jahre Auswärtiges Amt«, S. 214; BA Koblenz, NS 19 neu/809)

## *Ernst Wilhelm Bohle, Staatssekretär und Chef der Auslandsorganisation im Auswärtigen Amt (1937-1941)*

Ernst Wilhelm Bohle wurde am 28. Juli 1903 als Sohn eines Universitätsprofessors in Bradford (Großbritannien) geboren.[5] Nach dem Besuch des englischen Gymnasiums in Kapstadt (Südafrika) und dem Studium der Staats- und Handelswissenschaften in Köln und Berlin, das er 1923 als Diplom-Kaufmann abschloß, arbeitete Bohle für verschiedene britische und amerikanische Firmen, unter anderem in der Hamburger Filiale des US-Automobilkonzerns Chrysler.

Seit November 1931 hatte er Verbindung zur NSDAP, am 1. März 1932 wurde er deren Mitglied.[6] Zunächst stellte er sich ehrenamtlich der Auslandsabteilung der NSDAP zur Verfügung; 1932 wurde er (hauptamtlicher) Gauinspekteur, 1933 Gauleiter der Auslandsabteilung, die 1934 in Auslandsorganisation umbenannt wurde. Seinen Aufstieg verdankte Bohle vor allem der Protektion durch Rudolf Heß, den »Stellvertreter des Führers«, der als ehemaliger Auslandsdeutscher die ideologische Gleichschaltung der Deutschen im Ausland besonders förderte.[7]

Durch Erlaß Hitlers vom 30. Januar 1937 wurde Bohle als »Chef der Auslands-Organisation im Auswärtigen Amt« mit dem Rang eines Staatssekretärs eingesetzt »zur einheitlichen Betreuung der Reichsdeutschen im Ausland«.[8] Neben der »Leitung und Bearbeitung aller Angelegenheiten der Reichsdeutschen im Ausland« hatte Bohle in seiner Eigenschaft als Gauleiter und »Hoheitsträger« der Partei auch die Befugnis, zu Einstellungs- und Beförderungsvorschlägen im Bereich des Auswärtigen Amts Stellung zu nehmen. Die Personalabteilung des AA mußte vor Einstellungen und Beförderungen stets das Plazet der Auslandsorganisation, das heißt Bohles, einholen.[9] »Damit war das generelle Einspruchsrecht der Partei gegenüber unliebsamen und parteipolitisch nicht zuverlässigen Diplomaten verankert«[10] – und der Einfluß der NSDAP, aber auch der SS, auf die Personalpolitik des AA gesichert.

5 Diese und die folgenden Angaben sind entnommen der SS-Pers.-Akte E.W. Bohle (in: BDC), dem Deutschen Führerlexikon 1934/35, Degeners Wer ist's? 1935 und Jacobsen: NS-Außenpolitik, S. 116ff..

6 Lt. Jacobsen (NS-Außenpolitik, S. 117) datiert der Parteieintritt Bohles v. 27.11.1931. Lt. Fragebogen v. 9.8.1937 (in: BDC, SS-Pers.-Akte E.W. Bohle), den Bohle zur Ergänzung der Führerkartei und der Dienstaltersliste der SS ausfüllte, gehörte er dagegen erst seit dem 1.3.1932 der NSDAP an.

7 Vgl. Jacobsen: NS-Außenpolitik, S. 117

8 RGBl. I, 1937, S. 187

9 Vgl. Jacobsen: NS-Außenpolitik, S. 469ff.; Sasse, Heinz Günther: Das Problem des diplomatischen Nachwuchses im Dritten Reich, in: Forschungen zu Staat und Verwaltung, Festgabe für Fritz Hartung, Berlin 1958, S. 374

10 Jacobsen, ebda., S. 469

Abschrift

**Personalbogen**

| | |
|---|---|
| 1. Name und Vornamen (Rufname unterstreichen): | von M a c k e n s e n<br>Hans-Georg, Viktor |
| 2. Geburtsdatum: | 26. Januar 1883 |
| 3. Geburtsort (in welchem Staat gelegen?): | Berlin |
| 4. a) gegenwärtige Staatsangehörigkeit (bei mehrfacher Staatsangehörigkeit Angabe sämtlicher Staatsangehörigkeiten):<br>b) frühere Staatsangehörigkeiten außer der deutschen, preußischen usw. (Gründe des Staatsangehörigkeitswechsels?): | deutsch |
| 5 Glaubensrichtung: | evangelisch |
| 6. a) Namen und Vornamen der Eltern:<br>b) Stellung des Vaters:<br>c) Staatsangehörigkeit der Eltern (auch frühere Staatsangehörigkeit) | August v. Mackensen<br>Doris v. Mackensen, geb. v. Horn<br>Generalfeldmarschall<br>deutsch |

| 7. ledig, verheiratet, geschieden, verwitwet | 1. Ehe | 2. Ehe | 3. Ehe |
|---|---|---|---|
| verheiratet | Ort und Tag der Eheschließung:<br>Leinfelden/Württ. | Ort und Tag d. Eheschließung: | Ort und Tag d. Eheschließung |
| | Rufname der Ehefrau:<br>Winifred | Rufname der Ehefrau: | Rufname der Ehefrau: |
| | Geburtsname der Ehefrau:<br>Freiin v.Neurath | Geburtsname der Ehefrau: | Geburtsname der Ehefrau: |
| | Geburtsdatum und -ort der Ehefrau:<br>23.9.1904<br>London | Geburtsdatum u.-ort d.Ehefrau: | Geburtsdatum u.-ort d.Ehefrau: |

E309513

| | 1. Ehe | 2. Ehe | 3. Ehe |
|---|---|---|---|
| | Staatsangehörigkeit der Ehefrau bis zur Eheschließung: deutsch | Staatsangehörigkeit der Ehefrau bis zur Eheschließung: | Staatsangehörigkeit der Ehefrau bis zur Eheschließung: |
| | Ableben der Ehefrau am: | Ableben der Ehefrau am: | Ableben der Ehefrau am: |
| | Geschieden am: | Geschieden am: | Geschieden am: |
| | aus der 1. Ehe | aus der 2. Ehe | aus der 3. Ehe |
| Name, Geburtsdatum und -ort der Kinder aus der jetzigen und evtl. früheren Ehen: | | | |

| | |
|---|---|
| 8. Schulbesuch (wo und auf welchen Schulen?): Reifeprüfung? In welchem Jahr? | Bromberg, Berlin, Danzig, Berlin (dortselbst Obersekunda bis zum Abitur Joachimthal'sches Gymnasium) |
| 9. Wo und wann studiert (welches Studium, an welchen Universitäten, technischen, landwirtschaftlichen und Handelshochschulen?): | S.Sem.01 Lausanne, S.Sem.04 Lausanne, W.Sem.06/7 Bonn, S.Sem.07 Bonn, W.Sem.07/8 u.S.Sem.08 Straßb W.Sem.08/9 bis einschl.S.Sem.10 Berlin. Jura, Nationalökonomie pp. |
| 10. Ort und Datum, Art der Promotion: | Greifswald Dr.jur. Januar 1911 |
| 11. Fach- und Staatsprüfungen (wann und mit welchem Ergebnis?). | 10.12.1910: Referendarexamen Kammergericht mit "gut", April 1918: Assessorexamen mit "gut". |
| 12. Beschäftigung bei Behörden nach Ablegung der Staatsprüfungen (mit genauer Angabe der Zeit und der Behörden) | Amtsgericht Werder a.d.H. Frühjah 1911, anschl. Landgericht Potsdam Staatsanwaltschaft, Rechtsanwaltschaft i.Potsdam, Winter 1917/18 Oberlandesgericht in Posen |

E309514

| | |
|---|---|
| 13. Stellungen außerhalb des Staatsdienstes: | keine |
| 14. Tag des Eintritts in den Reichs- oder Landesdienst: | 1.10.1901: Eintritt ins Heer |
| Etatsmäßiger Beamter vor Eintritt in das Auswärtige Amt (bei welcher Behörde, in welcher Stellung und seit wann?): | nein |
| Beamter auf Lebenszeit? | ja |
| 15. Kurze chronologische Schilderung der Beschäftigung nach vollendetem Universitätsstudium, insbesondere Reisen oder Aufenthalte in fremden Ländern, Tätigkeit im In- und Auslande bei wirtschaftlichen Unternehmungen, praktische Tätigkeit auf sonstigen Gebieten: | vgl. Ziff. 12 u. 16 |
| 16. Dienstantritt im Auswärtigen Dienst (wann und mit welcher Amtsbezeichnung?): | 19(?) Mai 1919: Attaché |
| Diplomatisch-Konsularische Prüfung (wann?): | |
| Dienstliche Verwendungen (Angabe des Ortes, der Zeit und des Vorgesetzten): | Mai 19-Jan.20: Außenhandelsstelle u. Referat Deutschland<br>Jan.20-Dez.22: Att. u. Leg. Sekr. bei Ges. Kopenhagen<br>Dez.22-Aug.23: Ges. Rat, zugeteilt dem Reichsaußenminister, anschl. bis Aug.26: Ges. Rat Rom, anschl. bis 1929: Ges. Rat Brüssel, Sommer 1929: Gesch. Träger Tirana, 1930-31 komm. i. AA (Abrüstungsreferat)<br>1931-33: Bot. Rat Madrid<br>1933-37: Gesandter i. Ungarn<br>1937/38: Staatssekr. d. Ausw. Amts<br>1938: Botschafter in Rom |

| | |
|---|---|
| 17. Beherrschung fremder Sprachen in Wort und Schrift (evtl. Angabe, ob Dolmetscherprüfung oder sonstige Sprachdiplome): | französisch<br>italienisch |
| 18. In welchen Sprachen können Sie sich sonst verständlich machen? | spanisch<br>englisch |
| 19. Besondere Fertigkeiten (Kurzschrift, Schreibmaschine, Funken, Morsen, Reiten, Führerscheine): | Schreibmaschine<br>Reiten<br>Führerschein |
| 20. Ämter außerhalb des Auswärtigen Dienstes (welche und seit wann?): | - |
| 21. Militärverhältnis:<br>a) Teilnahme am Weltkrieg 1914/18 (wie lange und wo, letzter Dienstgrad?) | Bat.Adj.Erstes Garde-Rgt.z.F. bis Nov.1914, alsdann bis Kriegsschluß Pers.Adj.des Prinzen August Wilhelm v. Preußen |
| Kriegsbeschädigt (1914/18) | |
| Kriegsauszeichnungen (1914/18) | E.K.II.Kl. (Okt.1914) |
| b) Jetziges Militärverhältnis (Dienstgrad) | Hauptmann d.R.a.D. |
| Arbeitsdienst (wann?) | - |
| Wehrdienst (wann?) | - |
| c) Einberufung zur Wehrmacht seit 1.9.1939. | - |
| Frontverwendung (wann und wo?) | - |
| Verwundungen | - |
| Kriegsauszeichnungen | Kriegsverdienstkreuz II.u.I. Kl. |
| Dienstgrad | |
| EOA | - |
| d) Uk-Stellungen | - |

| | |
|---|---|
| 22. Orden und Ehrenzeichen, soweit nicht von der Wehrmacht verliehen, Sportabzeichen. | siehe Anlage |
| 23. NSDAP.<br>Seit wann Mitglied?<br>Mitgl.Nr.<br>Ämter in der Partei.<br>Dienstrang und Führerstellen in der SA., SS., NSKK., HJ. usw. (Angabe des Sturmes usw.):<br>Dienst in der Bewegung als Politischer Leiter. | <br>1. Mai 1934<br>Mitgl.Nr.: 3 453 634<br>keine<br>SS-Gruppenführer<br>- |
| 24. Frühere Zughörigkeit zu politischen Parteien und Verbänden (wie lange, Ämter?). | - |
| 25. Zugehörigkeit<br>zu Logen<br>vor dem 30.I.1933 zu staatsfeindlichen Beamtenorganisationen (insbesondere "Allgemeiner Deutscher Beamtenbund", "Bund republikanischer Beamter", "Bund republikanischer Richter", "Schrader-Verband"-Polizeibeamte -, konfessionellen Verbänden, Gewerkschaften usw. | <br>- |
| 26. Ist der urkundliche Nachweis der deutschblütigen Abstammung erbracht (Angabe des Datums und Aktenzeichen einer evtl. amtlichen Bestätigung)?<br>Bei welcher Behörde? | ja (Datum pp. ohne Aktenunterlagen nicht feststellbar)<br>Auswärtiges Amt |

E309519

| | |
|---|---|
| 27. Vereidigung auf den Führer (wann und wo?): | ohne Aktenunterlage nicht feststellbar, vermutlich als Gesandter in Budapest |
| 28. Wohnungen seit dem 1. Januar 1930: | bis Juni 1931: Berlin, Pension Kronprinz<br>bis Nov. 1933: Madrid<br>bis April 1937: Budapest (Gesandtsch<br>bis April 1938: Berlin, Bendlerstr.3<br>bis August 1944: Rom, Botschaft<br>z.Zt. wechselnd zwischen Brand b.Bludenz/Vorarlberg, Erbhof Brüssow/Uckermark, Erbhof Leinfelden /Württ. |
| 29. Strafen<br>der ordentlichen Gerichte (auch Wehrmachtgerichte)<br>der Parteigerichte. | <br>keine<br>keine |
| 30. Disziplinarstrafen (auch der Wehrmacht). | keine |
| 31. Anschriften naher Verwandter: | Vater: Brüssow /Uckermark |

E309520

Lichtbild

Ich versichere, daß ich die vorstehenden Angaben nach bestem Wissen und Gewissen gemacht habe. Ich weiß, daß ich bei wissentlich falschen Angaben die fristlose Entlassung aus dem Dienst zu erwarten habe.

Brand 30.8.1944
. . . . . . . . . . . . ., den . . . . .

gez. Hans-Georg von Mackensen
z.Zt. Brand b.Bludenz/Vorarlberg, Tel.Nr.

Eigenhändige Unterschrift
mit Angabe der Anschrift und Fernsprechnummer

A n l a g e

zum Personalbogen Ziffer 22 des Botschafters
Hans-Georg von M a c k e n s e n.

Orden & Ehrenzeichen

Deutsche:

Eisernes Kreuz II.Kl. (Okt.1914)
Ehrenkreuz für Frontkämpfer
Preuß.Kronenorden IV.Kl.
Landwehrdienstauszeichnung II.Kl.
Silbernes Treudienstehrenzeichen (25 jähr.)
Stern des Ehrenzeichens des Deutschen Roten Kreuzes
Ritterkreuz II.Kl.des herzogl.sächs.Ernest.Hausordens
dasselbe I.Kl. mit Schwertern
Braunschweigisches Kriegsverdienstkreuz
Kgl.Sächs.Ritterkreuz II.Kl.d.Albrechtordens
Oldenburg.Ehrenritterkreuz II.Kl. Haus-u.Verdienstordens,
Reussisches Ehrenkreuz III.Kl.
Kriegsverdienstkreuz II.u.I.Kl.

Fremdländische:

Offizierkreuz des Ordens der Ital.Krone
Großkreuz des gleichen Ordens
Bulg.Ritterkreuz des Militärverdienstordens
Bulg.Komturkreuz desselben Ordens
dasselbe mit der Kriegsdekoration
Bulg.Offizierkreuz des St. Alexanderordens
Türk.Osmanje-Orden IV.Kl.
Türk.Eiserner Halbmond
Ritterkreuz des griech.Erlöserordens in Silber
Großkreuz des griechischen Phönixordens
Österr.Orden der Eisernen Krone III.Kl.
Luxemburgische Erinnerungsmedaille 1909
Stern des Ordens der Republik Spanien
Ungarischer Verdienstorden I.Kl.
Großkreuz des Ital.SS.Mauritius- u. Lazarus-Ordens
Großkreuz der ital. "Stella coloniale"
Großkreuz des albanischen Skanderbegordens
Großkreuz der finnischen Rose
Großkreuz des Ordens der jugoslawischen Krone
Großkreuz des chinesischen Jade-Ordens mit blauem Bande

Parteiauszeichnungen:

Goldenes Ehrenzeichen der HJ
Silbernes Ehrenzeichen der Studentenschaft

Sonstige:

Silberne Ehrennadel der Deutschen Turnerschaft

E309518

Bohles Aufstieg in eine Schlüsselstellung des AA entging nicht der Aufmerksamkeit Himmlers. Am 13. September 1936, anläßlich des Parteitages in Nürnberg, nahm er Bohle als Brigadeführer in die SS auf; und schon am 20. April 1937, kurz nach seiner Berufung ins AA, wurde Bohle auf Vorschlag Himmlers von Hitler zum SS-Gruppenführer befördert.[11]

Mit Hilfe Bohles gelangten zahlreiche Funktionäre der Auslandsorganisation in den höheren Auswärtigen Dienst, von denen die meisten der SS angehörten. Dazu zählten:

- der Landesgruppenleiter der AO für Großbritannien und Irland (1934-1937), Otto Bene, 1937-1940 Generalkonsul I. Kl. in Mailand, 1939 SS-Standartenführer, 1940-1944 Gesandter und VAA beim Reichskommissar für die besetzten niederländischen Gebiete im Haag, 1945 SS-Brigadeführer und VAA beim Höheren SS- und Polizeiführer Nordwest;[12]
- der Landesgruppenleiter der AO für Italien (1936-1938), Erwin Ettel, 1937-1939 Gesandtschaftsrat bei der Botschaft in Rom (Quirinal), 1937 SS-Standartenführer, 1938 SS-Oberführer, 1939-1941 Gesandter in Teheran, 1941 SS-Brigadeführer, 1941-1944 Gesandter I. Kl. und Verbindungsführer der AO zur NSDAP im AA;[13]

---

11 Vgl. BDC, SS-Pers.-Akte E.W. Bohle. Bei dieser Gelegenheit dürfte Bohle von Himmler aufgefordert worden sein, seine noch bestehende britische Staatsangehörigkeit niederzulegen; vgl. dazu das Schreiben Bohles v. 17.8.1937 an Himmler (in: BDC, SS-Pers.-Akte E.W. Bohle): »Ich freue mich, Ihnen melden zu können, daß ich heute vormittag auf dem Britischen Generalkonsulat in Berlin meine englische Staatsangehörigkeit niedergelegt habe und somit ausschließlich Reichsdeutscher bin. Die englische Staatsangehörigkeit hatte ich, obwohl meine Eltern Reichsdeutsche sind, durch meine Geburt in England erworben und konnte sie bisher nicht ablegen, da England normalerweise eine Entlassung aus seinem Staatsverband nicht kennt. Durch eine besondere Vereinbarung mit der Britischen Botschaft ist mir dies nunmehr gelungen.«

12 Geb. 1884, Vater Domänenpächter, humanistisches Gymnasium in Marburg / Lahn, 1903 Primareife, 1903-1907 kaufm. Ausbildung in Hamburg, 1907-10 Exportkaufmann in China, 1910-14 in Hamburg, 1914-18 Teilnahme am Ersten Weltkrieg, Lt. d.R., 1920-26 Prokurist und Teilhaber einer Exportfirma in Hamburg, 1920-26 Mitglied des »Stahlhelms«, 1926-37 Exportkaufmann in London, 1.12.1931 NSDAP, 1932 Ortsgruppenleiter der AO in London, 1934 Landesgruppenleiter, Ende 1939 auf ausdrücklichen Wunsch Himmlers als Staf. in die SS übernommen – »Der Generalkonsul Bene hat dem Reichsführer-SS bei der Umsiedlung der Südtiroler sehr gute Dienste geleistet« (PA des AA, DR 8 / 2, Notiz v. 5.12.1939) –, 1939-41 Beauftragter der Reichsregierung für die Umsiedlung der Südtiroler (BDC, SS-Pers.-Akte Otto Bene; NA Washington, T-120, roll 2537).

13 Geb. 1895 als Sohn eines Pastors, 1913 Abitur, anschließend Seekadett, 1920 Abschied als Oberleutnant z.S., 1920-24 kaufm. Ausbildung bei Versicherungsgesellschaften und Speditionsfirmen in Hamburg, 1925 Leiter der Luftfrachtabteilung bei der Junkers-Luftverkehrs-A.G., 1927 Leiter der Junkers-Vertretung in Teheran, 1930-34 Leiter der Verkehrsabteilung bei der Dt.-Kolumbianischen Luftverkehrsgesellschaft in Barranquilla / Kolumbien, 1.3.1932 NSDAP, Gründer der ersten Ortsgruppe der AO / NSDAP in Kolumbien, 1933-35 Landesgruppenleiter Kolumbien der AO, 1935 / 36 Gauamtsleiter der AO, 1936-39 Landesgruppenleiter Italien der AO, 9.11.1937 SS-Staf., 9.11.1938 SS-Oberf., 30.1.1941 SS-Brif., 18.3.1944 auf eigenen Wunsch als SS-Hstuf. d. R. zur Waffen-SS übernommen (BDC, SS-Pers.-Akte Erwin Ettel).

- der Auslandskommissar der AO für Südamerika, SS-Standartenführer (1936) Willi Köhn, 1938/39 Generalkonsul und Leiter des Sonderstabes bei der Botschaft in Salamanca (Spanien), 1938 SS-Oberführer;[14]
- der Gauhauptstellenleiter im Rechtsamt der AO, SS-Obersturmführer Dr. Heinz Gossmann, 1938 stellv. Referatsleiter in der Rechtsabteilung des AA, 1941 SS-Sturmbannführer, 1942/43 Legationsrat bei der Botschaft Paris, 1943-45 bei der Gesandtschaft Stockholm;[15]
- der Gauhauptstellenleiter der AO, SS-Hauptsturmführer Dr. Walter Pausch, 1937 Legationssekretär bei der Botschaft Tokio, 1941 SS-Obersturmbannführer, 1941/42 Konsul in Triest, 1943 im AA, Abt. Deutschland, 1944 Konsul in Triest.[16]

Auch die Beamten des Auswärtigen Dienstes erkannten frühzeitig die Bedeutung der Rolle Bohles für ihre Karriere. Wie Bohle im Wilhelmstraßen-Prozeß glaubhaft versicherte, sei er als Vertreter der Partei im AA von zahlreichen Diplomaten gebeten worden, ihre Aufnahme in die NSDAP oder SS zu befürworten.[17] Bohles Aussage läßt vermuten, daß sich diese Diplomaten seiner Förderung bedienten, um über die Mitgliedschaft in der NSDAP, womöglich in der SS, Karriere zu machen.

---

14 Geb. 1900 als Sohn eines Kaufmanns, 1917 Obersekundareife, Kriegsfreiwilliger bei den Seefliegern, 1919 Zeitfreiwilligen-Bataillon Güstrow, 1919-22 Volontär im väterlichen Geschäft und bei der Karstadt A.G., 1920 Deutschvölkische Freiheitspartei, 1924/25 Kompanieführer in der Brigade Ehrhardt, 1928 Ausreise nach Chile, Bankangestellter, 1930 NSDAP, 1931 Ortsgruppenleiter Santiago, 1932 Landesgruppenleiter Chile der AO, 1933 Auslandskommissar der AO für Südamerika, 9.11.1936 SS-Staf., 9.11.1938 SS-Oberf., 1938/39 Generalkonsul in Salamanca, 1940 Ministerialdirigent im Reichspostministerium (BDC, SS-Pers.-Akte Willi Köhn).

15 Geb. 1905 als Sohn eines höheren Postbeamten, 1923 Abitur, anschließend Jurastudium in Jena und Kiel, 1929 Referendar, 1931 Dr. iur., 1933 Assessor, 1.4.1933 SS, 1.5.1933 NSDAP, 1933 Rechtsanwalt, 1936 Gauhauptstellenleiter der AO, 12.9.1937 SS-Ustuf., 1.3.1938 WHA im AA, 11.9.1938 SS-Ostuf., 20.4.1940 SS-Hstuf., 20.4.1941 SS-Stubaf., 1939-42 Pers. Referent des Chefs der AO, StS Bohle (BDC, SS-Pers.-Akte Heinz Gossmann; NA Washington, T-120, roll 2538).

16 Geb. 1905 als Sohn eines Oberforstmeisters, 1924 Abitur in München, 1924-27 Angestellter in einer Holzgroßhandlung, 1927-32 Jurastudium in München und Wien, 1932 Dr. iur., 1932-34 Landesgericht Salzburg, 1.10.1932 NSDAP, 20.4.1936 SS-Ustuf., 1936 Gauhauptstellenleiter der AO, 1937 LS, 1938 VK Kalkutta, 1939 SS-Stubaf., 1940 VK Bozen, 1941 SS-Ostubaf., 1943 K im Referat D III (BDC, SS-Pers.-Akte Walter Pausch; NA Washington, T-120, roll 2539).

17 Vgl. Kempner: SS im Kreuzverhör, S. 247. - Vgl. auch Kempner: Ankläger einer Epoche, S. 91: »Ich habe den verstorbenen Staatssekretär Ernst Wilhelm Bohle vom Auswärtigen Amt gesprochen, den Gauleiter der Auslandsorganisation der NSDAP, den wir im Wilhelmstraßenprozeß angeklagt haben, der hat mir erzählt: Ja, im Auswärtigen Amt sind Herren zu mir gekommen [...], es solle ihnen doch nicht übelgenommen werden, daß sie dann und wann mal ein schlechtes Wort über die NSDAP gesagt hätten. Sie bäten darum, auf alle Fälle in die Partei aufgenommen zu werden.« - »Bohle war der einzige von 199 Angeklagten [der Nachfolgeprozesse], der sich in Nürnberg für schuldig erklärt hat. Das war natürlich ein kolossaler Schlag für die anderen, sie haben ihn dann dafür im Gefängnis gepiesackt« (Kempner: Ankläger, S. 347).

Nach der Berufung Ribbentrops zum Reichsaußenminister ging der Einfluß Bohles auf die Personalpolitik des AA allmählich zurück, da Ribbentrop als Gefolgsmann Hitlers nicht nur um eine konsequent nationalsozialistische Personalpolitik bemüht war, sondern auch eifersüchtig über seine Kompetenzen wachte. Als Ribbentrop eine Neuorganisation der Parteigenossen im Auswärtigen Dienst durchsetzen wollte mit dem Ziel, sich die Auslandsorganisation zu unterstellen[18], kam es zu einem heftigen Kompetenzkonflikt mit Bohle, Heß und schließlich Bormann, der im Juli 1941 die Entscheidung Hitlers herbeiführte. Demnach war Hitler »einverstanden, daß Gauleiter Bohle als Staatssekretär aus dem Auswärtigen Amt ausschiede; irgendwelche weiteren Änderungen in der Auslandsorganisation, wie sie der Außenminister wünsche, würden keinesfalls durchgeführt; die Aufgabe des Außenministers und seines Apparates sei Außenpolitik, die Organisierung und Betreuung der Auslandsdeutschen sei Aufgabe der Auslandsorganisation der NSDAP, und diese Aufgabe könne keinesfalls von Beamten des Auswärtigen Amtes übernommen werden.«[19]

Sieht man von Bohles Rücktritt ab, ließ die Entscheidung Hitlers das Spannungsverhältnis zwischen Auslandsorganisation und Auswärtigem Amt unverändert bestehen. Zugleich unterstreicht sie das Mißtrauen Hitlers gegen die Beamten des Auswärtigen Dienstes.[20]

Gegenüber den leitenden Beamten des AA begründete Ribbentrop die Entlassung Bohles in einem geheimen Runderlaß vom 27. November 1941 wie folgt: »Durch Entscheidung des Führers ist der Leiter der Auslandsorganisation, Gauleiter Bohle, mit sofortiger Wirkung von seinen bisherigen Dienstgeschäften als Staatssekretär und Chef der Auslandsorganisation im Auswärtigen Amt entbunden worden, weil sich die bisherige Konstruktion nicht als zweckmäßig erwiesen hat.«[21]

An die Stelle Bohles setzte Ribbentrop den ehemaligen Gesandten in Teheran und früheren Landesgruppenleiter der AO in Italien, SS-Brif. Ettel, Angelegenheiten der AO im Auswärtigen Amt zentral zu bearbeiten.

---

18 Die Neuorganisation, deren wesentlicher Bestandteil die Zusammenfassung aller Parteigenossen im Auswärtigen Dienst zu einer Ortsgruppe unter der Leitung Ribbentrops sein sollte, stieß auf den entschiedenen Widerspruch von Heß, vgl. dessen Schreiben v. 23.5.1938 an Ribbentrop (in: BA Koblenz, NS 19 neu/256). Bezeichnend für das enge Verhältnis zwischen Ribbentrop und Himmler ist die Tatsache, daß Heß einen Durchschlag dieses Schreibens an Himmler sandte mit den Worten: »Da ich es für möglich halte, daß Parteigenosse von Ribbentrop auf den in der Anlage dargestellten Fall Ihnen gegenüber zu sprechen kommt, übermittle ich Ihnen den Durchschlag einer Verordnung des Führers und meines Briefes« (ebda.).

19 Schreiben der Parteikanzlei, gez. Bormann, v. 30..7.1941 an Reichsleiter Ley, in: BA Koblenz, NS 19 neu/254

20 Vgl. dazu auch Picker: Hitlers Tischgespräche im Führerhauptquartier, Stuttgart 1976, S. 176f. (Aufzeichnung v. 1.4.1942): »Die deutsche Diplomatie sei aber ja so weltfremd, daß sie noch nicht einmal das Deutschtum im Ausland betreut, ausgerichtet und geleitet habe [...] und er deshalb zum Ärger des Auswärtigen Amtes die Auslandsorganisation habe schaffen müssen.«

21 Runderlaß Nr. 995, zitiert nach ADAP E II, S. 531, Anm. 2

*Ernst Wilhelm Bohle, Staatssekretär und Chef der Auslandsorganisation der NSDAP im AA (1937-1941)*

Ettel wurde dem Reichsaußenministerium persönlich unterstellt und mußte den Staatssekretär v.Weizsäcker über seine Tätigkeit laufend unterrichten.[22] Das Amt des Staatssekretärs und Chefs der AO im Auswärtigen Amt wurde also de facto aufgehoben, auch wenn sich Hitler die förmliche Aufhebung »für die Zeit nach dem Kriege vorbehalten« hatte.[23]

Nach seinem Rücktritt intensivierte Gauleiter Bohle die Zusammenarbeit mit der SS im allgemeinen, mit Himmler im besonderen: 1942 erklärte sich Bohle bereit, »die AO den Belangen der RSHA immer mehr zur Verfügung zu stellen«[24], d.h. die Auslandsorganisation personell und organisatorisch für nachrichtendienstliche Aufgaben heranzuziehen.[25] Im Februar 1943 übersandte Bohle dem Reichsführer-SS einen Bericht über die propagandistische Tätigkeit der Auslandsorganisation und ihrer Landesgruppen.

22 Vgl. ADAP E II, S. 532

23 Ebda., S. 531

24 BDC, Bd. 341, zitiert nach Lachmann, Günter: Der Nationalsozialismus in der Schweiz 1931-1945. Ein Beitrag zur Geschichte der Auslandsorganisation, phil. Diss. Berlin 1962, S. 84

25 Vgl. dazu auch die übereinstimmende Darstellung, die der Amtschef VI (SD-Ausland) im RSHA, SS-Brif. Walter Schellenberg, in seinen Memoiren, S. 220, gibt: »In den neutralen und besetzten Ländern waren es die Landesgruppenleiter [der AO], die unter Verzicht auf einen eigenen Geheimdienst in die Belange unseres Amtes

Sein Begleitschreiben schließt wie eine Klageschrift gegen das Auswärtige Amt: »Es könnte noch weit mehr auf diesem Gebiet im positiven Sinn geleistet werden, wenn die AO hierin statt behindert zu werden, die entsprechende Unterstützung des Auswärtigen Amtes hätte.«[26]

Deutliche Kritik übte Bohle an der konfessionellen Bindung und politischen Grundhaltung der Beamten im höheren Auswärtigen Dienst. Durch Schreiben vom 25. September 1944 teilte er dem »sehr verehrten Reichsführer« mit, daß eine Übersicht der Bekenntnisse der höheren Beamten folgendes Bild ergebe:

| | |
|---|---|
| »evangelisch | 506 |
| röm. katholisch | 119 |
| gottgläubig | 64 |
| deutschgläubig | 1«[27] |

Kommentierend fügte Bohle hinzu: »Bei den Gottgläubigen handelt es sich zum überwiegenden Teil um die jungen Beamten, die aus Partei und Hitler-Jugend stammen und in den letzten Jahren übernommen wurden. Die konfessionellen Bindungen unserer diplomatischen und konsularischen Beamten haben nach meinen Erfahrungen seit der Machtergreifung sehr wesentlich zu der inneren Ablehnung des nationalsozialistischen Staates beigetragen. Es ist auch unbestreitbar, daß diese Bindungen gerade bei den Auslandsbeamten in einem besonderen Maße dazu führten, ihre Krisenfestigkeit stark zu schwächen. Daß solche Beamte entweder gar nicht oder nur mit halbem Herzen der feindlichen Propaganda über die angebliche Knebelung der Kirchen in Deutschland entgegengetreten sind, liegt auf der Hand.« Prüft man die Darstellung Bohles quellenkritisch, ergibt sich Übereinstimmung nur insoweit, als die Mehrzahl der »gottgläubigen« Beamten aus der Partei im weiteren Sinne, das heißt auch aus der SS und SA, hervorgingen.[28]

---

eingespannt wurden. Von wirklichem Nutzen wurde die Auslandsorganisation für uns aber nur auf dem Gebiet der Rückwanderertransporte – der aus Übersee zurückkehrenden Deutschen und der Volksdeutschen. Wir hatten an diesen Menschen wegen ihrer wertvollen Sprachkenntnisse größtes Interesse, und es gelang auch, aus diesen Kreisen eine beachtliche Zahl guter Hilfskräfte zu gewinnen.«

26 BA Koblenz, NS 19 neu/254; vgl. auch Goebbels Tagebücher, hrsg. von Louis P. Lochner, S. 247, Eintragung v. 4.3.1943

27 BDC, SS-Pers.-Akte E.W. Bohle, u. BA Koblenz, NS 19 neu/256. Da die Materialgrundlage der Erhebung in dem Schreiben Bohles ungenannt blieb, konnten seine Angaben nicht verifiziert werden. Die Gesamtzahl der höheren Beamten (690) dürfte zutreffend angegeben sein, da lt. amtlicher Mitteilung (PA des AA in Bonn v. 30.6.1983 an den Verf.) am 1.4.1943 bereits 580 aus Planstellen besoldete höhere Beamte (ohne Attachés) im Auswärtigen Dienst tätig waren und darüber hinaus die Attachés und weiterbeschäftigten Ruhestandsbeamten zu berücksichtigen sind. Genauere Angaben über die im Jahre 1944 beschäftigten höheren Beamten konnte auch das PA des AA nicht machen.

28 Vgl. die 1944 erstellten Personalbögen der höheren Beamten des Auswärtigen Dienstes, in: NA Washington, T-120, rolls 2537-2540, sowie deren NSDAP- und SS-Personalunterlagen im BDC.

Kirchenaustritt und »Gottgläubigkeit« können zwar Merkmale nationalsozialistischer Überzeugungstreue sein. Dagegen führten »konfessionelle Bindungen« nicht notwendigerweise »zu der inneren Ablehnung des nationalsozialistischen Staates«. Dieser von Bohle postulierte Zusammenhang zwischen christlicher Konfession und politischer Opposition bzw. Obstruktion läßt sich aus den Akten nicht generell bestätigen. So war der letzte Judenreferent des Auswärtigen Amtes, LR SS-Stubaf. Eberhard v.Thadden, ebenso Mitglied der evangelischen Kirche wie sein Vorgesetzter, der Leiter der Referatsgruppe Inland II, VLR SS-Staf. Horst Wagner. Zusammen mit dem Gesandten und »Bevollmächtigten des Großdeutschen Reiches« in Budapest, SS-Brif. Edmund Veesenmayer, der ununterbrochen der römisch-katholischen Kirche angehörte, waren Wagner und von Thadden 1944 nicht unwesentlich an der »diplomatischen« Vorbereitung und Absicherung der Judendeportationen aus Ungarn nach Auschwitz beteiligt.[29] »Ablehnung des nationalsozialistischen Staates« oder mangelnde »Krisenfestigkeit«, wie sie Bohle bei »konfessionell gebundenen« Beamten festzustellen glaubte, sind weder aus den Sachakten noch aus den Personalakten dieser Diplomaten und SS-Führer abzulesen. Nachweisbar sind dagegen Antisemitismus und Willfährigkeit, die sich unter anderem in der Zurückweisung oder dilatorischen Behandlung projüdischer Interventionen durch kirchliche oder neutrale Vertreter manifestierten.[30]

Ein unmittelbarer Anlaß für den Brief Bohles an Himmler ist den Akten nicht zu entnehmen.[31] Sein Schreiben ist vor dem Hintergrund seiner Kompetenzstreitigkeiten mit Ribbentrop zu sehen, die 1941 zu seinem Rücktritt vom Amt des Staatssekretärs und Chefs der Auslandsorganisation im Auswärtigen Amt führten. Seine Kritik an der konfessionellen und politischen Einstellung der höheren Beamten des Auswärtigen Dienstes richtete sich unausgesprochen gegen den Reichsaußenminister v. Ribbentrop, dessen Personalpolitik nach sechsjähriger Amtstätigkeit Bohle als verfehlt erschien.

Daß Bohle dieses Schreiben an den Reichsführer-SS richtete und in Berichtform verfaßte, zeigt, wie sehr er sich politisch, aber auch persönlich an Himmler orientierte. Zugleich unterstreicht der Vorgang das von Bohle wie selbstverständlich respektierte Interesse Himmlers an der Personalpolitik des AA. Schließlich ist anzunehmen, daß Bohle mit seiner Darstellung der personalpolitischen »Mißstände« im Auswärtigen Dienst den verantwortlichen Reichsminister v. Ribbentrop bei Himmler diskreditieren wollte zu einer Zeit, als auch andere führende Nationalsozialisten, darunter Goeb-

---

29 Vgl. insbesondere PA des AA, Inland II g 209-212 (»Judenfrage in Ungarn, Sonderaktionen«); vgl. auch Hilberg, Raul: Die Vernichtung der europäischen Juden. Die Gesamtgeschichte des Holocaust, Berlin 1982, S. 541-584

30 Vgl. PA des AA, Inland II g 209-212

31 Als Reaktion Himmlers ist den Akten nur die Übermittlung seines »besten Dankes« durch SS-Staf. Brandt, seinen persönlichen Referenten, zu entnehmen (Schreiben Brandts v. 2.10.1944 aus der Feld-Kommandostelle des RFSS, in: BA Koblenz, NS 19 neu/256).

bels, Göring und besonders Schellenberg, Ribbentrop für die Ausweglosigkeit der deutschen Außenpolitik verantwortlich machten und mehr oder minder deutlich dessen Rücktritt verlangten.[32] Angesichts dieser Konstellation liegt die Vermutung nahe, daß sich Bohle an Himmler wandte, um dessen Unterstützung für ein Revirement an der Spitze des AA zu gewinnen, womöglich mit der Absicht, sich selbst als Kandidat für das Amt des Reichsaußenministers in Vorschlag zu bringen. Gestützt wird diese Vermutung durch den Vermerk Goebbels', daß Bohle noch Anfang 1945 eine Denkschrift für Hitler ausarbeitete zur Reform des Auswärtigen Dienstes.[33]

In der Bilanz bleibt festzuhalten, daß sich Bohle nach dem überraschenden Englandflug seines früheren Protektors Heß und nach dem Rücktritt vom Posten des Staatssekretärs im AA immer mehr zum Gefolgsmann Himmlers entwickelte in der Hoffnung, mit dessen Unterstützung die Nachfolge des Außenministers Ribbentrop anzutreten, auf dessen Ablösung er mit anderen führenden Nationalsozialisten hinarbeitete. Wie sehr sich Bohle dem Reichsführer-SS verpflichtete, kommt auch in seiner Bereitschaft zum Ausdruck, die Auslandsorganisation den Belangen des Reichssicherheitshauptamtes unterzuordnen.

Himmler honorierte dieses Entgegenkommen durch zahlreiche Präsente und Auszeichnungen, nicht zuletzt auch durch Bohles Beförderung zum SS-Obergruppenführer am 21. Juni 1943.[34] Noch am selben Tag dankte Bohle dem Reichsführer-SS für den »erneuten Beweis« seines Vertrauens. Er »werde alles daransetzen, dieses Vertrauen auch in der Zukunft zu rechtfertigen.«[35] Daß dieses Dankschreiben Bohles mehr war als der einmalige Ausdruck floskelhafter Höflichkeit, zeigt der relativ persönlich gehaltene Schriftwechsel, den Bohle bis Anfang 1945 mit Himmler zu verschiedenen Themen der Innen- und Außenpolitik führte.[36]

Im Wilhelmstraßen-Prozeß (1949) wurde Bohle zu fünf Jahren Freiheitsstrafe verurteilt, weil er in der SS verblieben war, obwohl er deren »verbrecherischen Charakter« erkannt hatte.[37] Wegen seines Schuldbekenntnisses soll er von Mitangeklagten als »Verräter an der heiligen SS-Sache« beschimpft worden sein.[38] Bohle ist 1960 verstorben.[39]

---

32 Vgl. Schellenberg: Memoiren, S. 280-283, 290f. u. 313; Goebbels Tagebücher aus den Jahren 1942-43, hrsg. von Louis P. Lochner, Zürich 1948, S. 242, 247, 274f., 469, 480 u. 503; Joseph Goebbels Tagebücher 1945, Hamburg 1977, S. 118, 152f., 495 u. 522.

33 Vgl. Joseph Goebbels Tagebücher 1945, Aufzeichnung v. 7.3.1945, S. 137f

34 Vgl. FS Himmlers v. 18.6.1943 an Bohle und Beförderungsurkunde, gez. Adolf Hitler, v. 21.6.1943, in: BDC, SS-Pers.-Akte E.W. Bohle; vgl. auch BA Koblenz, NS 19 neu / 1447, Bl. 127

35 BDC, SS-Pers.-Akte E.W. Bohle

36 Vgl. ebda.

37 Das Urteil im Wilhelmstraßen-Prozeß, S. XXV u. 271

38 Kempner: SS im Kreuzverhör, S. 247

39 BA Koblenz, NL Rheindorf, 78; vgl. auch Kempner: Eichmann und Komplizen, S. 49

## *Wilhelm Keppler, Staatssekretär z.b.V. im Auswärtigen Amt (1938-1945)*

Mit Wilhelm Keppler gelangte ein »Alter Kämpfer« und SS-Führer in eine Schlüsselposition des AA, der gleichermaßen das Vertrauen Hitlers, Himmlers und Ribbentrops genoß.

Wilhelm Keppler wurde am 14. Dezember 1882 als Sohn eines Kaufmanns in Heidelberg geboren. Nach dem Abitur, das er 1901 in Rastatt (Baden) ablegte, studierte er Maschinenbau an den Technischen Hochschulen Karlsruhe und Danzig. Anschließend leistete er einjährig-freiwilligen Wehrdienst beim 2. Badischen Feldartillerie-Regiment Nr. 30.[40] Seit 1912 arbeitete Keppler als Ingenieur und Geschäftsführer bei verschiedenen Firmen der chemischen Industrie. Im Mai 1927 trat er der NSDAP bei. Hitler berief ihn 1932 zu seinem Berater in wirtschaftspolitischen Angelegenheiten nach München und im Juli 1933 zum Beauftragten für Wirtschaftsfragen in die Reichskanzlei.

Auf Wunsch Hitlers knüpfte Keppler im Laufe des Jahres 1932 Verbindungen zu führenden Repräsentanten der Industrie, des Handels und der Banken, die bei der Gestaltung des wirtschaftspolitischen Programms der NSDAP mitwirken sollten.[41] Zu diesem ausgewählten Personenkreis, der sich seit Mitte 1932 Keppler-Kreis nannte, gehörten unter anderem Ewald Hecker (Aufsichtsratsvorsitzender der Ilseder Hütte und des Peiner Walzwerkes, Präsident der Industrie- und Handelskammer Hannover), Emil Helfferich (Aufsichtsratsvorsitzender des Straits und Sunda Syndikats Hamburg-Batavia), Emil Meyer (Vorstandsmitglied der Dresdner Bank), August Rosterg (Generaldirektor der Wintershall AG) und Kurt Frhr. v. Schröder (Mitinhaber des Bankhauses J.H. Stein).[42]

Wenngleich als Gremium zur wirtschaftspolitischen Beratung gegründet, hatte der Keppler-Kreis vor allem die Funktion, der NSDAP politische Unterstützung durch einflußreiche Wirtschafts- und Finanzkreise zu verschaffen.[43] Zu den rührigsten Mitgliedern des Kreises zählte Kurt Frhr. v. Schröder, der zugleich Vorsitzender des Herrenclubs war,[44] dem auch Franz v. Papen angehörte. In Schröders Haus kam es am 4. Januar 1933 zu

---

40 Diese und die folgenden Angaben sind entnommen dem Personalbogen Kepplers v. 13.7.1944, in: NA Washington, T-120, roll 2538, dem Deutschen Führerlexikon 1934/35 und Degeners Wer ist's? 1935 sowie der Darstellung von Vogelsang, Reinhard: Der Freundeskreis Himmler, Göttingen-Zürich-Frankfurt 1972

41 Vgl. Vogelsang: Der Freundeskreis Himmler, S. 22, Helfferich, Emil: 1932-1946, Tatsachen, Jever 1969, S. 7-24, und Turner, Henry A.: Die Großunternehmer und der Aufstieg Hitlers, Berlin 1985, S. 293-301

42 Vgl. Vogelsang, ebda., S. 23-28 u. 142 ff., Helfferich, ebda., S. 13 f., und Turner ebda., S. 296 ff.

43 Vgl. Vogelsang, ebda., S. 44, Helfferich, ebda., S. 8-16, und Turner, ebda., S. 301

44 Zur Karriere Schröders vgl. Vogelsang, ebda., S. 25 f., und Turner, ebda., S. 298

der denkwürdigen Zusammenkunft zwischen Hitler und Papen.[45] An diesem Treffen nahmen neben dem Hausherrn auch Keppler und Himmler teil.[46]

Kepplers Bekanntschaft mit Himmler läßt sich erstmals 1932 nachweisen. Beide bereiteten in einem Gespräch mit Reichsbankpräsident a.D. Schacht und Reichskanzler a.D. v. Papen am 11. Dezember 1932 die erste Zusammenkunft zwischen Hitler und Papen vor.[47] Beide, Himmler und Keppler, fragten am 10. Januar 1933 bei Ribbentrop an, ob er ein weiteres Treffen Hitlers mit Papen in seinem Hause vermitteln könne.[48]

Die gemeinsamen Bemühungen beim Zustandekommen des Kabinetts Hitler/Papen begründeten die freundschaftlichen Beziehungen zwischen Keppler, Himmler und v. Ribbentrop. Keppler gehörte neben Ribbentrop zu den wenigen Duzfreunden Himmlers. Am 21. März 1933 wurde Keppler vom Reichsführer-SS mit dem Rang eines Standartenführers in die Schutzstaffel aufgenommen und schon am 23. August 1933, kurz nach seiner Berufung in die Reichskanzlei, zum SS-Oberführer befördert. Am 30. Januar 1935 erfolgte die Beförderung zum SS-Brigadeführer, am 13. September 1936 die zum SS-Gruppenführer.[49]

Mit der Machtübernahme der Nationalsozialisten dürfte der Keppler-Kreis aus der Sicht Hitlers seinen wesentlichen Zweck erfüllt haben. Dennoch blieb er bestehen. Auf Weisung Hitlers wurden die Mitglieder von Himmler zum Parteitag 1933 eingeladen. Diese und spätere Einladungen waren Ausdruck der engen Beziehungen des Keppler-Kreises zum Reichsführer-SS.[50]

Keppler, der neben seiner Tätigkeit als Wirtschaftsberater Hitlers auch die wirtschaftspolitische Abteilung in der Reichsleitung der NSDAP leitete, außerdem 1934 mit der Errichtung der Dienststelle »Deutsche Roh- und Werkstoffe« beauftragt wurde[51], überließ die Leitung des Kreises zunehmend seinem Neffen, dem Vorstandsmitglied der Braunkohle-Benzin-AG (Brabag), Fritz Kranefuß.[52] Kranefuß, Mitglied der NSDAP seit 1932, der SS seit 1933, ein Himmler unbedingt ergebener Mann, entwickelte den Keppler-Kreis in der Folgezeit zum »Freundeskreis des Reichsführers SS«. Ende 1939 gehörten von den 37 Mitgliedern des Freundeskreises 20 der SS an.[53]

Der Freundeskreis unterstützte den Reichsführer-SS mit jährlichen Spenden zwischen 600 000 RM (1936) und 1 100 000 RM (1943), die Himmler

45 Vgl. oben, S. 148
46 Vgl. Vogelsang, ebda., S. 43
47 Vgl. Vogelsang, S. 42
48 Vgl. Ribbentrop: Zwischen London und Moskau, S. 37
49 SS-Ogruf. 30.1.1942. – Vgl. BDC, SS-Pers.-Akte Wilhelm Karl Keppler; SS-DAL v. 1.12.1938 u. 9.11.1944
50 Vgl. Vogelsang, S. 59f.
51 Vgl. ebda., S. 53
52 Zu dessen Karriere vgl. Vogelsang, S. 55ff.
53 Vgl. ebda., S. 57ff. u. 139ff.

*Wilhelm Keppler, Staatssekretär z.b.V. im Auswärtigen Amt (1938-1945)*

für unterschiedliche Zwecke verwandte.[54] Von größerer Bedeutung als die Spenden waren für Himmler die Beziehungen zu den wichtigsten Unternehmen und Banken, die er zum Aufbau der SS-Betriebe nutzte.[55] Die Mitglieder des Freundeskreises erhofften sich neben der Förderung ihrer wirtschaftlichen Interessen teils persönlichen Schutz, teils Abschirmung ihrer Unternehmen gegen die zunehmenden Zwangsmaßnahmen des Regimes, so etwa bei der Devisenzuteilung und Rohstoffkontingentierung.[56]

Je stärker Kranefuß den Freundeskreis an Himmler und die SS anlehnte, desto mehr konnte sich Keppler für wichtigere Aufgaben bereit halten, die Hitler ihm anvertraute: 1937 übernahm er die Leitung der deutsch-österreichischen Wirtschaftsverhandlungen; im März 1938 wurde er zum Reichs-

---

54 U.a. zur Unterstützung der SS-Institutionen »Ahnenerbe« und »Lebensborn«, zur Finanzierung pseudowissenschaftlicher Versuche, für Schulungs- und Propagandazwecke, zur Truppenbetreuung der Waffen-SS, für Repräsentationszwecke sowie zur Unterstützung bedürftiger SS-Angehöriger und ihrer Familien; vgl. im einzelnen bei Vogelsang, S. 118-127

55 Vgl. Georg, Enno: Die wirtschaftlichen Unternehmungen der SS, Stuttgart 1963

56 Vgl. Vogelsang, passim, insbesondere S. 50 u. 134

beauftragten für Österreich und Staatssekretär zur besonderen Verwendung (z.b.V.) im Auswärtigen Amt ernannt.[57]

Nach der durchaus glaubwürdigen Darstellung Schellenbergs hatte Keppler »mit dem künftigen Reichsstatthalter und Reichsminister Seyß-Inquart die politische Form des Anschlusses [Österreichs] vorzubereiten. Auf Grund seines ausführlichen Berichtes über die politische Lage wurde in den frühen Morgenstunden des 13. März 1938 der Anschluß verwaltungsmäßig festgelegt.«[58]

Der »Anschluß« Österreichs war die erste der »diplomatischen« Sondermissionen, die Keppler im Auftrag Hitlers durchführte – unabhängig vom AA, aber gestützt auf das Vertrauen und die Zusammenarbeit mit Himmler und Ribbentrop. Zwischen 1938 und 1944 hatten Keppler und sein Adlatus, der SS-Standartenführer und spätere Gesandte Edmund Veesenmayer, »als Agenten und ›Stoßtruppführer‹ offensiver nationalsozialistischer ›Diplomatie‹ nahezu überall ihre Hände im Spiel [...], wo es galt, Regierungen zu stürzen, einen deutschen Einmarsch oder ein deutsches Protektorat vorzubereiten«[59], so

- 1939 bei der Errichtung des »Reichsprotektorats Böhmen und Mähren« sowie bei der Proklamation der »unabhängigen« Slowakei[60],

57 Personalbogen Kepplers v. 13.7.1944, in: NA Washington, T-120, roll 2538; »100 Jahre Auswärtiges Amt«, S. 214

58 Schellenberg: Memoiren, S. 52

59 Broszat: Der Staat Hitlers, S. 368. – Veesenmayer wurde 1904 als Sohn eines Oberstudienrats geboren, 1923 Abitur in München, 1923-26 Studium der Volkswirtschaft an der Universität München, Diplom-Volkswirt, 1928 Dr. oec. publ., bis 1933 Assistent am Technisch-Wirtschaftlichen Institut der TH München, 1.2.1932 NSDAP, Juni 1933 SS, Oktober 1933 Wirtschaftsreferent im Verbindungsstab der NSDAP, 1934 Referent beim Wirtschaftsbeauftragten Keppler, 1936 SS-Ustuf., 1937 Mitglied des Deutsch-Österreichischen Regierungsausschusses, 9.11.1937 SS-Hstuf., 12.3.1938 SS-Staf. (Sprungbeförderung als Auszeichnung für seine Verdienste beim »Anschluß« Österreichs), 1938 Referent beim Reichsbeauftragten für Österreich, 1939-43 Sonderbeauftragter beim Staatssekretär z.b.V. Keppler, 1942 SS-Oberf., 1944 SS-Brif., »Gesandter und Bevollmächtigter des Großdeutschen Reiches in Ungarn« (BDC, SS-Pers.-Akte Edmund Veesenmayer; IfZ München, ZS 1554).

60 Vgl. dazu das Schreiben Kepplers v. 15.3.1939 an Himmler: »Als wir nach dem Abschluß des Abkommens [mit dem tschechoslowakischen Staatspräsidenten Hacha] heute Nacht mit dem Führer zusammen waren, gedachte der Führer insbesondere der Männer, die unter Einsatz ihres Lebens die gefährlichste Arbeit an der Front geleistet haben. Ribbentrop erklärte darauf, daß diese ganze Arbeit in vorbildlicher Weise ausschließlich von der SS, insbesondere Dr. Veesenmayer [...], vollbracht worden sei. [...] Für mich war es eine große Freude und Genugtuung, an dem weltgeschichtlichen Ereignis der letzten Verhandlungen und Unterzeichnungen persönlich teilnehmen zu können« (BA Koblenz, NS 19 neu/809). Vgl. dazu auch das Schreiben Kepplers v. 23.1.1942 an den Chef des SS-PHA, dem zufolge sich »Veesenmayer bei den Vorarbeiten zum Einmarsch in die Tschechei und Slowakei durch hohe Einsatzbereitschaft und Zähigkeit besondere Verdienste erworben hat« (BDC, SS-Pers.-Akte E. Veesenmayer).

*Edmund Veesenmayer, Gesandter I. Klasse, Bevollmächtigter des Großdeutschen Reiches in Ungarn (1944), SS-Brigadeführer. Keppler und sein Adlatus Veesenmayer hatten nahezu überall ihre Hände im Spiel, wo es galt, Regierungen zu stürzen, einen deutschen Einmarsch oder ein deutsches Protektorat vorzubereiten*

- 1941 bei der »Auflösung« des jugoslawischen Staates und der Bildung des kroatischen »Ustascha«-Staates[61] und
- 1944 bei der Besetzung Ungarns.[62]

Seit Ende 1939 befaßte sich Keppler überdies mit der wirtschaftlichen Ausbeutung der vom Deutschen Reich besetzten oder abhängigen Staaten Südosteuropas und mit der »Arisierung« jüdischer Betriebe.[63]

Wiewohl Staatssekretär z.b.V. im Auswärtigen Amt, wurde Keppler im November 1939 von Himmler in dessen Eigenschaft als »Reichskommissar für die Festigung deutschen Volkstums« mit der Abwicklung aller vermögensrechtlichen Fragen beauftragt, die bei der Umsiedlung der Balten-

61 Vgl. Hory, Ladislaus/Broszat, Martin: Der kroatische Ustascha-Staat 1941-1945, Stuttgart 1964, S. 46 u. 109

62 Vgl. Hilberg: Die Vernichtung der europäischen Juden, S. 557-583; Kempner: Eichmann und Komplizen, S. 411-418; vgl. auch die Protokolle der zahlreichen Vernehmungen Veesenmayers zwischen 1945 und 1947, in: IfZ München, ZS 1554, Bd. I u. II, sowie die seines Vertreters, VLR Gerhard Feine, in: IfZ München, ZS 891

63 Vgl. den Schriftwechsel Kepplers mit Himmler, in: BA Koblenz, NS 19 neu/809; Kempner: SS im Kreuzverhör, S. 233

deutschen entstanden.[64] Zu diesem Zweck gründete Keppler im November 1939 mit Billigung Himmlers die »Deutsche Umsiedlungs-Treuhandgesellschaft m.b.H., Berlin«.[65] Zu Mitgliedern des Aufsichtsrates der DUT wählte er nach Absprache mit Himmler hohe Vertreter des Reichsfinanzministeriums, des Reichswirtschaftsministeriums, des AA (Gesandter v. Twardowski, Leiter der Kulturpolitischen Abteilung), der Auslandsorganisation der NSDAP, der Reichsbank, der Volksdeutschen Mittelstelle (SS-Ogruf. Lorenz) und des Reichskommissars für die Festigung deutschen Volkstums (SS-Oberf. Greifelt) sowie der deutschen Volksgruppen in Lettland und Estland. Keppler selbst übernahm den Vorsitz im Aufsichtsrat der DUT.[66]

Nach 1945 wurde Keppler wegen seiner Teilnahme an der Vorbereitung von Angriffskriegen und »Verbrechen gegen die Menschlichkeit« sowie wegen seiner Mitgliedschaft in einer verbrecherischen Organisation (SS) angeklagt und im Wilhelmstraßen-Prozeß (1949) zu 10 Jahren Freiheitsstrafe verurteilt, von denen er knapp 6 Jahre verbüßte.[67] Veesenmayer wurde in der Hauptsache wegen seiner Mitwirkung bei der »Evakuierung« der ungarischen Juden in das Vernichtungslager Auschwitz angeklagt und 1949 zu 20 Jahren Freiheitsstrafe verurteilt, von denen er 10 Jahre verbüßte.[68]

Aufstieg und Funktionen Kepplers wie auch Veesenmayers machen beispielhaft deutlich,

- wie das enge Geflecht aus politischen, ökonomischen und ideologischen Interessen die Grenzen zwischen Staat, Partei und Wirtschaft im Dritten Reich schwinden ließ;
- wie sich Hitler und Himmler die nötige Unterstützung der führenden Wirtschafts- und Finanzkreise verschafften und diese zur Erringung und Stabilisierung ihrer politischen Herrschaft benutzten;
- daß Hitler und Ribbentrop für außenpolitische Sondermissionen zuverlässige Nationalsozialisten mit SS-Rängen in den Auswärtigen Dienst einbauten, deren vertrauliche Aufgaben und ausgedehnte Vollmachten die traditionellen Kompetenzen des AA ebenso überschritten wie die konventionellen Regeln der Diplomatie.[69]

---

64 Vgl. den Schriftwechsel Keppler-Himmler vom November 1939, in: BA Koblenz, NS 19 neu/809

65 Vgl. das Schreiben Kepplers v. 3.11.1939 an Himmler, in: BA Koblenz, NS 19 neu/809

66 Vgl. die Liste der Aufsichtsratsmitglieder und das schriftl. Einverständnis Himmlers v. 7.11.1939, in: BA Koblenz, NS 19 neu/809

67 Vgl. Das Urteil im Wilhelmstraßen-Prozeß, S. XXV, 38, 134, 137ff., 194f., 271f.; Kempner: SS im Kreuzverhör, S. 208

68 Vgl. Das Urteil im Wilhelmstraßen-Prozeß, S. XXV, 169ff., 252 u. 272; Kempner: SS im Kreuzverhör, S. 208 u. 234

69 Vgl. Broszat: Der Staat Hitlers, S. 370

Besonders bemerkenswert im Zusammenhang dieser Untersuchung ist die Praxis Himmlers, sich in seiner Eigenschaft als »Reichskommissar für die Festigung deutschen Volkstums« des Staatssekretärs Keppler wie eines Funktionsträgers der SS zu bedienen.[70] Trotz seiner Zugehörigkeit zum Auswärtigen Amt, aus dessen Haushalt er seine Bezüge erhielt, verstand sich auch Keppler selbst als SS-Führer, nicht als Vertreter des AA.[71] Nach übereinstimmender Auffassung verschiedener zeitgenössischer Beobachter im AA galt Keppler neben Ribbentrop als Exponent der SS in der Außenpolitik.[72]

## *Ernst Frhr. von Weizsäcker, Staatssekretär des Auswärtigen Amtes (1938-1943)*

Über Ernst Frhr. v.Weizsäcker liegen nicht wenige biographische Notizen vor,[73] indes noch keine kritische Biographie. Dieses Forschungsdefizit wird auch nicht ausgeglichen durch den biographischen Abriß und die Anmerkungen zu den von Leonidas E. Hill herausgegebenen »Weizsäcker-Papieren«. Aus mancherlei Gründen stießen Auswahl, Editionstechnik und Kommentierung der Niederschriften Weizsäckers durch Hill auf berechtigte Kritik.[74]

Vor allem die Diskrepanz zwischen den Kommentaren Hills und dem Quellenteil ist bemerkenswert. Während Hill in seiner Einleitung feststellt, daß »die Behandlung der Judenfrage« und »der sogenannte Röhm-Putsch« v.Weizsäcker »abstießen«,[75] finden sich in den Quellen keine Belege, die diese Aussage stützen. Die von Hill edierten Aufzeichnungen v.Weizsäckers enthalten weder Hinweise auf die Morde Ende Juni, Anfang Juli 1934 noch auf die »Reichskristallnacht« im November 1938. Selbst die tausendfachen Exekutionen jüdischer Männer, Frauen und Kinder durch die Einsatzgruppen der Sicherheitspolizei und des SD, von denen der Staatssekretär

---

70 Zur Institution »Reichskommissar für die Festigung deutschen Volkstums« vgl. Buchheim: Die SS – das Herrschaftsinstrument, in: Anatomie des SS-Staates, Bd. 1

71 Vgl. den Schriftwechsel Kepplers mit Himmler, in: BA Koblenz, NS 19 neu/809; BDC, SS-Pers.-Akte W. Keppler

72 Mitteilungen des UStS a.D. Woermann v. 30.3.1974 und des LR a.D. Gottfriedsen v. 24.6.1976 an den Verf.

73 Vgl. Kordt: Nicht aus den Akten, passim, insbesondere S. 179ff.; Jacobsen: NS-Außenpolitik, S. 34; Deutsch, Harold C.: Verschwörung gegen den Krieg. Der Widerstand in den Jahren 1939-1940, München 1969, passim; sowie vor allem Hill, Leonidas E. (Hrsg.): Die Weizsäcker-Papiere 1933-1950, Frankfurt/M. – Berlin – Wien 1974, S. 11-56; ders.: Die Weizsäcker-Papiere 1900-1932, Berlin – Frankfurt/M. – Wien 1982, S. 11-51

74 Vgl. die Rezensionen von V.R. Berghahn, in: History 61 (1976); P. Krüger, in: HZ 222 (1976) und B.J. Wendt, in: Das Parlament Nr. 30 v. 26.7.1975

75 Weizsäcker-Papiere 1933-1950, S. 26f.

v.Weizsäcker im Dezember 1941 erstmals amtlich Kenntnis nahm, finden keinen Niederschlag in den »Weizsäcker-Papieren«, auch nicht in verschlüsselter Form.[76]

Hill veröffentlicht zwar den Brief Weizsäckers vom 22. April 1933 mit seiner ambivalenten Reaktion auf den »Judenboykott« Ende März, Anfang April 1933[77], aber der Edition ist nicht zu entnehmen, ob und wie sich Weizsäcker mit der Judenverfolgung auseinandergesetzt hat. Dabei wäre von besonderem Interesse die Frage, inwieweit Weizsäckers Einstellung zur nationalsozialistischen Judenpolitik zwischen 1933 und 1945 einem Wandel unterlag.

Ebensowenig findet sich im Quellenteil der »Weizsäcker-Papiere« eine Bemerkung zur Annahme des SS-Führerranges, der Weizsäcker am 20. April 1938 auf Empfehlung Ribbentrops durch Himmler verliehen wurde. Dagegen vermerkt Hill in einer Anmerkung zum Brief Weizsäckers vom 3. April 1938: »Nach seiner Rückkehr aus Wien übernahm Weizsäcker offiziell den Posten eines Staatssekretärs und wurde damit Mitglied der NSDAP; ihm wurde ein ›Ehrenrang‹ in der SS gegeben.«[78]

Diese Anmerkung Hills ist in mehrfacher Hinsicht fragwürdig. Abgesehen davon, daß Weizsäcker nicht den Posten *eines*, sondern *des* Staatssekretärs übernahm,[79] vermittelt Hills Darstellung den Eindruck, daß die Berufung v.Weizsäckers zum Staatssekretär des AA notwendig einherging mit seiner Aufnahme in die NSDAP sowie mit der Verleihung eines SS-»Ehrenranges«. Entgegen der Annahme Hills sind diese drei Vorgänge jedoch grundsätzlich unabhängig voneinander zu bewerten. Wenn ein Zusammenhang besteht, wie Hill ihn - bewußt oder unbewußt - zum Ausdruck bringt, stellt sich die Frage, ob die Aufnahme Weizsäckers in die NSDAP und SS eine unabdingbare Voraussetzung war für seine Berufung zum Staatssekretär.

Sieht man davon ab, daß SS-Ehrenränge seit 1936 nicht mehr verliehen wurden,[80] datiert Hill in seiner Anmerkung zum Brief Weizsäckers vom 3. April 1938 die Verleihung des SS-Führerranges auf eben diesen Zeitpunkt. Tatsächlich aber wurde Weizsäcker erst mit Wirkung vom 20. April

---

76 Zur Kenntnisnahme der Einsatzgruppenberichte vgl. die Paraphen v.Weizsäckers auf der Vortragsnotiz D II 211 (geheime Reichssache) v. 10.12.1941 und die Aufzeichnung zu D II 211 (geheime Reichssache) v. 8.1.1942, in: PA des AA, Inland II g 433 bzw. 431

77 Weizsäcker-Papiere 1933-1950, S. 71: »Die anti-jüdische Aktion zu begreifen, fällt dem Ausland besonders schwer, denn es hat diese Judenüberschwemmung eben nicht am eigenen Leib verspürt. Das Faktum besteht, daß unsere Position in der Welt darunter gelitten hat und daß die Folgen sich schon zeigen und in politische und andere Münze umsetzen.«

78 Weizsäcker-Papiere 1933-1950, S. 501, Anm. 51

79 Anders als bei den Staatssekretären im AA Bohle und Keppler lautete Weizsäckers Amtsbezeichnung »Der Staatssekretär des Auswärtigen Amts«, vgl. die GVPle. des AA, in: ADAP, Serien D und E

80 Vgl. dazu oben, S. 138

1938 in die SS aufgenommen. Die Zustimmung Himmlers zu seiner Aufnahme datiert vom 14. April 1938.[81] Diese Zusammenfügung sachlich und zeitlich voneinander unabhängiger Vorgänge offenbart beispielhaft die Diskrepanz zwischen der Edition Hills und den Fakten.

Welche Gründe haben v.Weizsäcker 1938 dazu bewogen, den ihm angetragenen SS-Rang entgegenzunehmen? Weizsäcker selbst bezog in seinen 1950 erschienenen Erinnerungen zu dieser Frage ausführlich Stellung: »Eine erste, wenn auch nur äußerliche Konsequenz war, daß mir nach dem Dienstantritt ›aus Schönheitsgründen‹, wie es hieß, die Mitgliedschaft der NSDAP verliehen wurde sowie ein höherer ›Ehrenrang‹ der sogenannten SS, ohne daß hiermit besondere Informationen, Dienstleistungen oder Verpflichtungen verbunden waren. Es verstand sich, daß ich die beiden Ernennungen nicht ablehnen konnte, ohne meine selbstgewählte Aufgabe alsbald wieder preiszugeben. Die damit verknüpften Abzeichen und Uniformen bedeuteten damals für jeden etwas anderes: für den unorientierten Idealisten das Kundtun seiner Begeisterung, für den Opportunisten Karriere und Profit, für Fälle meiner Art die notwendige Begleiterscheinung im Kampf um ein echtes Ziel, das Opfer rechtfertigte. Sie waren für mich die unvermeidliche Beigabe zu der Verantwortung, die ich als Staatssekretär des Auswärtigen Amts auf mich genommen hatte und die mir nun keine sorgenfreie Stunde mehr vergönnte. [...] Ich war in meine Stellung gekommen, nicht weil ich mit der Partei verbunden gewesen wäre, sondern obwohl ich mit ihr bis dahin nichts zu tun hatte. Andererseits wäre ich bereit, noch heute den schwarzen SS-Rock, aber auch meinethalben einen roten oder grünen Rock zu tragen, wenn es mir gelungen wäre, meine politische Ansicht durchzusetzen, nämlich den Frieden zu bewahren.«[82]

Daß Staatssekretär v.Weizsäcker in den Krisenjahren 1938/39 den Frieden erhalten wollte, um die bis dahin erzielten außenpolitischen Erfolge des Deutschen Reiches zu wahren, kann nach der Untersuchung von Rainer A. Blasius als gesichert gelten.[83] Inwieweit aber hält die übrige Darstellung v.Weizsäckers quellenkritischer Prüfung stand? Hatte die Aufnahme in die NSDAP und SS lediglich den Charakter einer »unvermeidlichen Beigabe« zum Amt des Staatssekretärs? Stehen die einzelnen Vorgänge tatsächlich in einem ursächlichen Zusammenhang?

---

81 Vgl. BDC, SS-Pers.-Akte Ernst Frhr. v.Weizsäcker; Schreiben der SS-Personal-Kanzlei v. 14.4.1938 an den SS-Gruppenführer v. Ribbentrop, in: BDC, SS-Pers.-Akte Ernst Woermann

82 Weizsäcker: Erinnerungen, S. 152f.

83 Vgl. Blasius: Für Großdeutschland – gegen den großen Krieg. Staatssekretär Ernst Frhr. v.Weizsäcker in den Krisen um die Tschechoslowakei und Polen 1938/39, Köln-Wien 1981. – In seiner Schlußbilanz kommt Blasius zu folgendem Ergebnis: »Weizsäckers Anstrengungen zur Verhinderung eines ›großen Krieges‹ finden ihre Erklärungen darin, daß er ein Patriot war, der eine katastrophale Niederlage des Deutschen Reiches vermeiden wollte. Er verachtete zwar das nationalsozialistische Regime, ist jedoch aufgrund seines Verhaltens während der Krisen um die Tsche-

Ernst Frhr. v.Weizsäcker, der nach seiner Übernahme von der Marine in den Auswärtigen Dienst (1920) verschiedene konsularische und diplomatische Missionen leitete[84], wurde am 30. April 1937 zum Direktor der Politischen Abteilung des AA ernannt.[85] Seine Berufung zum Staatssekretär geht vor allem auf Empfehlungen Albrecht Haushofers zurück, der nicht nur mit v. Ribbentrop, sondern über seinen Vater, den Geopolitiker Karl Haushofer, auch mit Rudolf Heß in Verbindung stand.[86] In seiner Analyse der Führungskrise des Dritten Reiches vom 10. Februar 1938 teilte Albrecht Haushofer seinem Vater unter anderem mit, daß der »weitaus beste Kopf des Amtes, der unbedingt erhalten bleiben müßte«, v.Weizsäcker sei. »Wenn Mackensen sich entschließen sollte zu gehen, wäre er der weitaus beste Staatssekretär.«[87] Diese Mitteilung ist insofern von Bedeutung, als Karl Haushofer kurz darauf mit Rudolf Heß, dem »Stellvertreter des Führers«, zusammentreffen sollte.[88]

Noch deutlicher fiel das Urteil Albrecht Haushofers in seinem Bericht vom 2. März 1938 über den »Personalstand des Auswärtigen Dienstes« an v. Ribbentrop aus: »Unter der leitenden Schicht des Auswärtigen Dienstes ist die stärkste, nach Begabung, Charakter und Gesinnung gleich positiv zu wertende Persönlichkeit des inneren Dienstes Ministerialdirektor Frhr. v.Weizsäcker. Er ist dem gegenwärtigen Staatssekretär [v. Mackensen] an politischem Profil durchaus überlegen.«[89]

Am 5. März 1938 fragte Ribbentrop bei Weizsäcker an, ob er »sein Staatssekretär werden wolle.«[90] In der Überlieferung Weizsäckers nannte Ribbentrop als Voraussetzungen volles Vertrauensverhältnis, »langsame Umgestaltung des A.A., wobei das Können ausschlaggebend. Grundsätzliche Übereinstimmung mit der Politik des Führers. ›Großes Programm‹, das nicht ohne das Schwert zu erfüllen; daher noch 3-4 Jahre Vorbereitung nötig.«[91] Weizsäcker stimmte dem Angebot Ribbentrops zu, weil er dessen Ansichten für wandelbar hielt und sich eine Einflußnahme zutraute. Diesen Spielraum wollte Weizsäcker nutzen zur Verhinderung eines Krieges, der »nicht nur das Ende des III. Reichs [,] sondern Finis Germaniae wäre.«[92]

---

choslowakei und Polen nicht als ein ›Mann des Widerstands‹ gegen Hitler zu betrachten. Weizsäcker setzte nämlich auf die Vernunft des ›Führers‹, und um dessen Entscheidungen glaubte er mit dem ›Kriegstreiber‹ Ribbentrop zu ringen« (S. 162).

84 Vgl. im einzelnen oben, S. 105

85 Vgl. Personalübersicht des AA v. 15.10.1937, in: BA Koblenz, NL Neurath, 21. - 1936/37 leitete Weizsäcker die Politische Abteilung kommissarisch; vgl. den undatierten, 1938 verfaßten Lebenslauf, in: BDC, SS-Pers.-Akte E. Frhr. v.Weizsäcker

86 Vgl. Jacobsen: Karl Haushofer - Leben und Werk - Bd. I; Haushofer war akademischer Lehrer von Rudolf Heß in München gewesen.

87 Jacobsen: Karl Haushofer - Leben und Werk - Bd. II, Dokument Nr. 183, S. 339

88 Vgl. ebda., Anm. 6

89 Jacobsen: Karl Haushofer - Leben und Werk - Bd. II, Dokument Nr. 184, S. 342

90 Weizsäcker-Papiere 1933-1950, S. 121

91 Ebda., S. 121f.

92 Ebda., S. 122

*Ernst Frhr. v. Weizsäcker, Staatssekretär des Auswärtigen Amtes (1938-1943)*

Am 24. März 1938 wurde Weizsäcker von Bohle, dem Chef der Auslandsorganisation im AA, aufgefordert, »in die NSDAP einzutreten, um diesen ›Schönheitsfehler‹ zu beseitigen.« Im Auftrag von Heß teilte Bohle ihm mit, er »solle das Abzeichen alsbald tragen.«[93] Weizsäcker kam der Aufforderung nach und wurde mit Wirkung vom 1. April 1938 als Mitglied Nr. 4 814 617 in die NSDAP aufgenommen.[94] »Anfang April«, wie Weizsäcker in seinem Lebenslauf formulierte - vermutlich am 3., wie indirekt aus den »Weizsäcker-Papieren« zu entnehmen ist - wurde er dann zum Staatssekretär ernannt.[95]

Weizsäckers Aufnahme in die SS ging unmittelbar auf eine Empfehlung Ribbentrops an Himmler zurück. Durch Schreiben vom 14. April 1938 teilte die SS-Personalkanzlei dem »SS-Gruppenführer Joachim von Ribbentrop« mit, »daß der Reichsführer-SS mit der Übernahme des Weizsäcker und Woermann [Nachfolger Weizsäckers als Direktor der Politischen Abteilung]

---

93 Weizsäcker-Papiere 1933-1950, Tagebucheintragung v. 26.III.1938, S. 124

94 Vgl. BDC, SS-Pers.-Akte E. Frhr. v. Weizsäcker

95 Vgl. den undatierten Lebenslauf [1938], in: ebda.; Weizsäcker-Papiere 1933-1950, Brief v. 3.IV.1938, S. 125. - Die Ernennung trat rückwirkend zum 19.3.1938 in Kraft (vgl. »100 Jahre Auswärtiges Amt«, S. 213).

in die Schutzstaffel einverstanden ist. Weizsäcker wird als SS-Oberführer und Woermann als SS-Standartenführer mit Wirkung vom 20. April 1938 übernommen.«[96] Am 23. April 1938 unterzeichnete Weizsäcker den Aufnahme- und Verpflichtungsschein der SS. Dieser Vorgang ist insofern von Bedeutung, als er die nach 1945 verbreitete Darstellung relativiert, der zufolge Weizsäcker und anderen Diplomaten SS-»Ehrenränge« oktroyiert worden seien.[97]

Durch Personalverfügung Himmlers vom 16. Mai 1938 wurde Weizsäcker als SS-Oberführer dem Persönlichen Stab Reichsführer-SS zugeteilt.[98] Am 30. Januar 1942 beförderte Himmler ihn auf Wunsch Ribbentrops zum SS-Brigadeführer.[99]

Bilanziert man die Vorgänge zur Aufnahme Weizsäckers in die NSDAP und SS, bleibt im Ergebnis festzuhalten, daß in beiden Fällen die Initiative nicht von Weizsäcker ausging, sondern vornehmlich von Ribbentrop. Der neue, mit Personal und Apparat des AA wenig vertraute Außenminister war daran interessiert, v. Weizsäcker für das Amt des Staatssekretärs zu gewinnen, weil er ihm nicht nur als der »beste Kopf« des AA empfohlen worden war, sondern auch als Persönlichkeit, die das Vertrauen großer Teile der Beamtenschaft genoß.[100] Daß Ribbentrop Wert darauf legte, dem Staatssekretär neben der Mitgliedschaft in der NSDAP auch einen SS-Führerrang zu verleihen, entsprach seinem Bemühen, gegenüber der Parteiführung die politische Konformität der neuen Amtsspitze zu demonstrieren.

Vor diesem Hintergrund ist Weizsäckers Feststellung zu bestätigen, daß er nicht in die Position des Staatssekretärs gekommen ist, weil er »mit der Partei verbunden gewesen wäre, sondern obwohl [er] mit ihr bis dahin nichts zu tun hatte.« Die Chronologie der Vorgänge widerlegt jedoch Weizsäckers Darstellung, der zufolge ihm die Mitgliedschaft in der NSDAP *nach* seinem Dienstantritt als Staatssekretär verliehen wurde. Weizsäcker war vielmehr der NSDAP beigetreten, bevor er das Amt des Staatssekretärs übernahm. Der auf Empfehlung vollzogene Parteibeitritt erscheint deshalb

---

96 BDC, SS-Pers.-Akte Ernst Woermann; Himmlers Einverständnis datiert v. 13.4.1938 (vgl. ebda.). – Zu Woermanns Karriere vgl. unten, S. 192f. – Daß Ribbentrop an der zügigen Aufnahme Weizsäckers und Woermanns in die SS interessiert war, läßt das Schreiben seines persönlichen Sekretärs, Attaché SS-Hstuf. Spitzy, v. 14.4.1938 erkennen: »Der Herr Reichsminister des Auswärtigen von Ribbentrop hat mich beauftragt, [...] für die beschleunigte Erledigung seinen Dank zu übermitteln« (BDC, SS-Pers.-Akte Ernst Woermann).

97 Vgl. Kordt: Nicht aus den Akten, S. 188f.; Boveri: Der Diplomat vor Gericht, S. 26f.; Vernehmung des früheren Gesandten Paul Otto Schmidt v. 17.3.1947 durch Kempner, in: IfZ München, ZS 1433; auch Thielenhaus (Zwischen Anpassung und Widerstand, S. 35, Anm. 14) folgt dieser Darstellung. Vgl. dagegen BDC, SS-Pers.-Akte E. Frhr. v. Weizsäcker

98 BDC, SS-Pers.-Akte E. Frhr. v. Weizsäcker

99 Ebda. – Im September 1942 wurde Weizsäcker von Himmler der Totenkopfring verliehen; vgl. die Empfangsbestätigung Weizsäckers v. 5.10.1942 (ebda.).

100 Vgl. Kordt: Nicht aus den Akten, S. 198ff. u. Schmidt: Statist auf diplomatischer Bühne, S. 561

als Voraussetzung und nicht als Konsequenz seiner Berufung zum Staatssekretär. Rückblickend ist es kaum vorstellbar, daß Weizsäcker bei Ablehnung des ihm angeratenen Parteibeitritts zum Staatssekretär berufen worden wäre.

Aus der Annahme des SS-Ranges erwuchsen Weizsäcker zwar keine besonderen Dienstleistungen für die SS, Verpflichtungen aber insoweit, als er das Versprechen hätte ernst nehmen müssen, »die Bewegung mit allen Kräften zu fördern.«[101] Wenngleich einzuräumen ist, daß Weizsäcker den SS-Rang in der Absicht entgegennahm, seinen Handlungsspielraum zu bewahren, erscheint die Gleichsetzung des »schwarzen SS-Rocks« mit einem »roten oder grünen Rock« vordergründig. Die SS-Uniform war eben keine beliebige Tracht, sondern zeichnete jene Gliederung der NSDAP aus, die in einem besonderen Treueverhältnis zu Hitler stand, was Weizsäcker spätestens bei seiner Vereidigung als SS-Führer am 9. November 1938 zur Kenntnis nehmen mußte.[102]

Im Amt trug Weizsäcker gelegentlich die SS-Uniform, auch nach Einführung der schwarzen, zweireihigen Uniform für den Auswärtigen Dienst (Ende 1938), was manchen Zeitgenossen als »unnötiges Zugeständnis an die Partei« erschien.[103] Daraus kann indes keine Identifikation mit den Zielsetzungen der SS abgeleitet werden. Den SS-Personalunterlagen ist eine reservierte Anpassungsbereitschaft v.Weizsäckers gegenüber dem Regime zu entnehmen, aber kein Akt vermeintlicher oder tatsächlicher Überzeugungstreue.[104] Versuche Himmlers, über v.Weizsäcker auf Personal und Politik des AA Einfluß zu nehmen, sind nicht nachweisbar, wohl auch unwahrscheinlich, da sich Himmler hierzu vornehmlich Ribbentrops bediente.[105]

Indem Weizsäcker auf Wunsch Ribbentrops der NSDAP und SS beitrat, gelangte er als renommierter Vertreter des »alten AA« in eine Schlüsselposition, die er wie ein »Stoßdämpfer« und »Bremser« zur Obstruktion im Sinne außenpolitischer Schadensbegrenzung nutzen wollte.[106] Als er erkannte, daß die selbstgewählte Aufgabe, den Frieden zu bewahren bzw. zurückzugewinnen, seine Kräfte und Möglichkeiten überstieg, bat er nach

---

101 Aufnahme- und Verpflichtungsschein der SS, in: BDC, SS-Pers.-Akte E. Frhr. v.Weizsäcker

102 Lt. SS-Stammkarte (in: BDC) wurde Weizsäcker am 9.11.1938 auf Hitler vereidigt.

103 Mitteilung des Botschafters a.D. v. Hentig v. 22.10.1977 an den Verf.

104 Auf Präsente und Geburtstagsglückwünsche Himmlers reagierte Weizsäcker im Gegensatz zu manch anderen Diplomaten zurückhaltend, ohne die vielfach anzutreffenden Bekundungen des Vertrauens, der Treue und Einsatzbereitschaft. An Gemeinschaftsveranstaltungen der SS und Polizei, zu denen er eingeladen wurde, nahm Weizsäcker mit dem Hinweis auf dienstliche Verpflichtungen nicht teil; vgl. im einzelnen BDC, SS-Pers.-Akte E. Frhr. v.Weizsäcker.

105 Vgl. unten, S. 267ff.

106 Vgl. Weizsäcker-Papiere 1933-1950, Aufzeichnungen zwischen 1938 und 1943, insbesondere die Notiz v. 12.X.1939, S. 165-177; Weizsäcker: Erinnerungen, S. 106, 109, 172, 177, 253, 256, 260f.

eigener Darstellung seit 1939 mehrmals um Entlassung aus dem Amt des Staatssekretärs.[107] Doch erst im März 1943 gewährten ihm Hitler und Ribbentrop die Demission.[108] Seinem Wunsch gemäß wurde Weizsäcker als Botschafter zum Vatikan entsandt, wo er bis Kriegsende amtierte.[109]

Im Wilhelmstraßen-Prozeß, den die Vereinigten Staaten von Amerika als Fall 11 der Nürnberger Nachfolgeprozesse unter dem Rubrum »gegen Weizsäcker und Genossen« führten, wurde Weizsäcker 1949 von der Anklage der Mitgliedschaft in einer verbrecherischen Organisation (SS) freigesprochen.[110] Dagegen sprach ihn der Gerichtshof wegen seiner billigenden Mitwirkung als Staatssekretär des AA bei der Deportation französischer Juden nach Auschwitz im Sinne der Anklage (Verbrechen gegen die Menschlichkeit) schuldig und verurteilte ihn zu fünf Jahren Freiheitsstrafe.[111] Ende Oktober 1950 wurde er vorzeitig aus der Haft entlassen. Am 4. August 1951 ist Ernst Frhr. v.Weizsäcker nach einem Schlaganfall verstorben.[112]

Weizsäckers Verbleiben im Amt löste bei zeitgenössischen Beobachtern sehr unterschiedliche Stellungnahmen aus. Erich Kordt und Margret Boveri haben schon im Verlauf beziehungsweise kurz nach Abschluß des Wilhelmstraßen-Prozesses das »Verbleiben im Amt, um Schlimmeres zu verhüten«, als Ausdruck erklärter Opposition Weizsäckers und der meisten Berufsdiplomaten charakterisiert.[113]

Harold C. Deutsch, dessen Studie »Verschwörung gegen den Krieg« wesentlich auf Aussagen Erich Kordts und Hasso v. Etzdorfs basiert[114], kommt zu dem Ergebnis, daß Weizsäcker nach Entstehung der »oppositionellen Kerngruppe um Erich Kordt« deren »Protektor« und späteres »Oberhaupt« wurde.[115] Abgesehen davon, daß die Zeugnisse Kordts und Etzdorfs keiner quellenkritischen Prüfung unterzogen wurden[116], vernachlässigte Deutsch die bemerkenswerte Selbsteinschätzung Weizsäckers, der zufolge er sich *nicht* als Mitglied einer oppositionellen Gruppe im AA verstand.

---

107 Vgl. Weizsäcker-Papiere 1933-1950, S. 137, 160f., 163, 173, 293

108 Ebda., Notizen v. 27.III. u. 3.IV.1943, S. 334f.

109 Ebda., S. 335-405

110 Vgl. Das Urteil im Wilhelmstraßen-Prozeß, S. 271. – Die entscheidende Passage im Urteilsspruch lautete: »Weizsäcker kannte ganz genau den verbrecherischen Charakter der SS, wie aus seiner eigenen Aussage hervorgeht, wir können jedoch nicht feststellen, daß er als Mitglied dieser Organisation persönlich an der Begehung von Handlungen beteiligt gewesen ist, die gemäß Artikel 6 des Statuts als verbrecherisch anzusehen sind« (ebda.).

111 Vgl. Das Urteil im Wilhelmstraßen-Prozeß, S. XXV u. 93f., und unten, S. 239ff.

112 Vgl. Weizsäcker-Papiere 1933-1950, S. 48f.

113 Vgl. Kordt: Wahn und Wirklichkeit, passim; ders.: Nicht aus den Akten, passim, insbesondere S. 179f. u. 251f.; Boveri: Der Diplomat vor Gericht, Berlin-Hannover 1948, S. 7, 21, 30-34

114 Vgl. Deutsch: Verschwörung gegen den Krieg, vor allem S. IXf. u. 16f.

115 Ebda., S. 16

116 Quellenkritik wäre unerläßlich gewesen angesichts der Bemühungen E. Kordts und Etzdorfs, in den 1950 entstehenden Auswärtigen Dienst der Bundesrepublik Deutschland zurückzukehren. Kordt war an der Betonung seiner »oppositionellen«

Weizsäcker sah seine »ständige Arbeit« vielmehr in der »außenpolitischen Obstruktion«.[117] Diese Selbsteinschätzung erscheint differenzierter und auch glaubwürdiger als die von Deutsch postulierte führende Oppositionsrolle Weizsäckers.[118]

Der 1938 aus politischen Gründen zur Disposition gestellte Botschafter Ulrich v. Hassell bemerkte schon 1939 in seinem Tagebuch, daß Weizsäckers Lage »in jeder Hinsicht abscheulich« sei. »Im Grunde hat er nichts zu sagen, wird aber mit verantwortlich gemacht.«[119] Am 1. November 1942 stellte Hassell fest: »[...] der ganze Kreis um Weizsäcker zeigt auf die Dauer immer mehr, daß er im Grunde schwach und beeindruckbar ist. Etwas, das nach Handeln schmeckt, ist von dort nicht zu erwarten.«[120] Und mit Bezugnahme auf den Wechsel Weizsäckers von Berlin nach Rom notierte Hassell am 20. April 1943 in sein Tagebuch: »Weizsäcker hat am Vatikan einen Posten, der sehr wichtig sein *könnte*, aber es unter diesem Regime nicht ist. Es ist die übliche falsche Etikette für die Nazis, zu der er sich hergibt.«[121]

Vicco v. Bülow-Schwante, bis 1941 Botschafter in Brüssel, der ähnlich wie v. Hassell national-konservativ eingestellt war, aber anders als dieser ein gutes Verhältnis zu Weizsäcker behielt, bestätigte in seiner Vernehmung vom 13. Oktober 1947 durch Robert M.W. Kempner, daß Weizsäcker von weicher Natur gewesen sei.[122] Bülow-Schwante habe ihm öfter gesagt, »lassen Sie Ribbentrop, schmeißen Sie ihm den Krempel vor die Füße. Er [Weizsäcker] hat die Auffassung vertreten, es sei ein Kreuz, das ihm auf Erden auferlegt sei. Er müsse versuchen, dieses und jenes anders zu gestalten, wie Ribbentrop es veranlaßte.« Weizsäcker habe »auf der einen Seite nicht ›nein‹ sagen und auf der anderen Seite den Krempel nicht hinwerfen« können.[123] Ähnlich, teilweise noch kritischer, urteilten die Vortragenden Legationsräte Hemmen und v. Hentig sowie der Gesandte von Hoyningen-Huene.[124]

---

Rolle um so mehr gelegen, als er von 1938 bis 1941 das Ministerbüro Ribbentrops leitete und auf dessen Wunsch 1938 den Rang eines SS-Sturmbannführers angenommen hatte. Kordt wurde im Gegensatz zu Etzdorf nicht in das Bonner AA übernommen. Zur Karriere v. Etzdorfs vgl. oben S. 75, Anm. 20

117 Weizsäcker: Erinnerungen, S. 177. Im einzelnen stellte Weizsäcker fest: »Der Kreis derer, die einen Umschwung betrieben, war nicht einheitlich. Es gab verschiedene Gruppen je nach Beruf, Alter und sozialer Richtung. Die Gruppen waren nicht alle in enger Fühlung miteinander. Ich selbst war nicht eingeschriebenes Mitglied einer solchen Gruppe. Meine ständige Arbeit lag in der außenpolitischen Obstruktion« (ebda., S. 176f.); vgl. auch Weizsäckers Notiz v. 20.VII.1948, in: Weizsäcker-Papiere 1933-1950, S. 437

118 Vgl. auch Thielenhaus: Zwischen Anpassung und Widerstand, S. 227f.

119 Hassell: Vom andern Deutschland, S. 128, Eintragung v. 6.4.1940

120 Ebda., S. 247

121 Ebda., S. 275 (Hervorhebung im Original)

122 Vgl. IfZ München, ZS 1021 (v. Bülow-Schwante)

123 Ebda.

124 Vgl. IfZ München, ZS 1076 (Hans Richard Hemmen); ebda., ZS 734 (Oswald Frhr. v. Hoyningen-Huene); Hassell: Vom andern Deutschland, S. 275, Eintragung v. 15.5.1943

Als Quintessenz bleibt festzuhalten: Weizsäckers Bereitschaft, das Amt des Staatssekretärs mit dem - selbstgesteckten - Ziel außenpolitischer Obstruktion zu übernehmen, entsprang insgesamt einer Fehleinschätzung, nämlich einer Überschätzung der eigenen Kräfte und der Einflußmöglichkeiten des AA auf den außenpolitischen Entscheidungsprozeß sowie einer Unterschätzung der Dynamik und Konsequenz Hitlerscher und Ribbentropscher Außenpolitik.

Diese Diskrepanz findet ihre deutliche Bestätigung in einer undatierten Notiz Weizsäckers aus dem Frühjahr 1948: »Ich betrachtete die Politik als die Kunst des Möglichen. Verlangt aber wurde von mir die Kunst des Unmöglichen. Ribbentrop verlangte von mir das Unmögliche im Sinn der Gewalt. Die Anklage in Nürnberg verlangte von mir das Unmögliche im Sinn der Gewaltverhinderung. [...] Ob ich jeweils an die Grenze des Möglichen, d.h. meiner Wirkungsmöglichkeiten gegangen bin, das kann nur ich selbst beurteilen. [...] Mitgemacht - ja *im* Wagen, um Chauffeur hinauszusetzen.«[125]

## *Gustav Adolf Baron Steengracht von Moyland, Staatssekretär des Auswärtigen Amtes (1943-1945)*

Zum Nachfolger v. Weizsäckers im Amt des Staatssekretärs wählte Ribbentrop den Leiter seines Persönlichen Stabes, Gustav Adolf Baron Steengracht v. Moyland. Der ehemalige Korpsstudent (Kösener SC), Jurist, »Stahlhelm«-Führer, seit 1933 SA-Führer, trat 1936 in die Dienststelle Ribbentrop ein, begleitete Ribbentrop nach London und wurde von ihm 1938 als Legationssekretär in das Auswärtige Amt übernommen. Bis 1943 war Steengracht im Persönlichen Stab des Reichsaußenministers tätig, zuletzt als Gesandter I. Klasse und Ministerialdirigent.[126]

Steengrachts Berufung zum Staatssekretär rief bei zeitgenössischen Beobachtern verschiedener politischer Observanz ausnahmslos kritische Kommentare hervor. Ulrich v. Hassell notierte am 20. April 1943 in seinem Tagebuch: »Sein [Weizsäckers] Nachfolger ist unbedeutend, gänzlich unerfahren und eine reine Kreatur Ribbentrops [...].«[127] Nach dem Antrittsbesuch Steengrachts beim Reichspropagandaministerium stellte Goebbels im Mai 1943 fest, daß dieser eine »ziemlich mittelmäßige Figur« sei, die »höchstens als besserer Sekretär gewertet werden« könne. »Von einem Einfluß auf die deutsche Außenpolitik von seiner Seite kann überhaupt nicht die Rede sein.«[128]

125 Weizsäcker-Papiere 1933-1950, S. 434 (Hervorhebung im Original)
126 Zur Herkunft und Karriere Steengrachts vgl. im einzelnen oben, S. 154, Anm. 44
127 Hassell: Vom andern Deutschland, S. 275
128 Goebbels Tagebücher, hrsg. von Louis P. Lochner, S. 364. Ähnlich wie Hassell und Goebbels urteilten nach 1945 die ehemaligen Gesandten Paul Otto Schmidt (in: IfZ, ZS 1433) und Paul Karl Schmidt (in: IfZ, ZS 1491).

Steengrachts einzige Qualifikation für das Amt des Staatssekretärs dürfte das besondere Vertrauen gewesen sein, dessen er sich als ehemaliger Mitarbeiter der Dienststelle Ribbentrop beim Reichsaußenminister erfreute. Dagegen war seine diplomatische Erfahrung die geringste, über die je ein Staatssekretär des AA seit 1920 verfügte.[129] Die Tatsache, daß Ribbentrop einen abhängigen Vertreter seiner Klientel und keinen diplomatisch erfahrenen, womöglich kritischen Kopf zum Staatssekretär berief, bestätigt nicht nur seine Vorbehalte gegen Berufsdiplomaten, sondern läßt die Wahl Steengrachts auch als das letzte Aufgebot erscheinen.

Das Verhältnis des Staatssekretärs Steengracht v. Moyland zur Reichsführung-SS ist aus einem sekundären Zeugnis abzulesen. Wie der Leiter der Rechtsabteilung des AA, Gesandter I. Klasse Erich Albrecht, nach 1945 in einer eidesstattlichen Versicherung bekundete, habe Steengracht 1943 erklärt, daß der einzige Weg, auf dem das Auswärtige Amt wieder mehr Einfluß auf die Politik gewinnen könne, der sei, »stetig die persönlichen Beziehungen zu den führenden Persönlichkeiten der SS und der Parteiorganisationen zu verbessern, um ständig über deren Ansichten und Absichten informiert zu sein.«[130]

Dieses Zeugnis deutet sowohl den Kompetenzverlust des AA im Verlauf des Zweiten Weltkriegs an als auch die Bereitschaft der neuen Amtsspitze, sich an Zielsetzungen innenpolitischer Machtträger, insbesondere der SS, zu orientieren. Lag es in der Konsequenz dieser – mit dem Ziel der Kompetenzwahrung betriebenen – Anpassungsbereitschaft, daß sich das Auswärtige Amt teilweise in die Verbrechen des Regimes verstrickte?

129 Vgl. »100 Jahre Auswärtiges Amt«, S. 213
130 NG 4278; vgl. auch Seabury: Die Wilhelmstraße, S. 203

## 2. Zur Einflußnahme der SS auf die Abteilungen des AA

»Ich danke dem Reichsführer für das Vertrauen und die Ehrung und versichere aufs Neue Hingabe und Treue den Idealen der SS.«

*Paul Karl Schmidt,* Leiter der Nachrichten- und Presseabteilung, 1940 nach seiner Beförderung zum SS-Sturmbannführer[1]

»Gesandter Luther hat zum Ausdruck gebracht, daß die für SS-Oberführer Six vorgesehene Stellung [im AA] der SS eine außergewöhnliche Einflußmöglichkeit gibt.«

Aktenvermerk des Persönlichen Stabes RFSS v. 11.9.1942[2]

Die aus der Neurath-Bülowschen Reorganisation 1936 hervorgegangenen fünf Sachabteilungen (Personal- und Verwaltungsabteilung, Politische Abteilung, Handelspolitische Abteilung, Rechtsabteilung und Kulturpolitische Abteilung) blieben als Grundstock des Auswärtigen Amtes bis 1945 bestehen.[3] Mit der Presseabteilung und dem Protokoll gliederte sich das AA demnach in sieben Abteilungen. Hinzu kamen die 1941 aus der Kulturpolitischen Abteilung herausgewachsene Rundfunkpolitische Abteilung und die 1940 geschaffene Abteilung Deutschland, die 1943 in die Referatsgruppen Inland I und Inland II geteilt wurde.

Bis Ende 1937 sind unter den sieben Abteilungsleitern keine SS-Führer vertreten, indes drei NSDAP-Mitglieder.[4] Im Frühjahr 1943 gehörten von den zehn Abteilungs- und Gruppenleitern neun der NSDAP an, darunter sechs zugleich auch der SS:

- Unterstaatssekretär Ernst Woermann, Leiter der Politischen Abteilung (1938-1943), SS-Oberführer;[5]

---

1 Schreiben Schmidts v. 17.2.1940 an den Chef der SS-Personalkanzlei, in: BDC, SS-Pers.-Akte P.K. Schmidt

2 BA Koblenz, NS 19 alt, 171. - Six wurde im März 1943 zum Leiter der Kulturpolitischen Abteilung berufen.

3 Vgl. im einzelnen oben, S. 24

4 MinDir Curt Prüfer, Leiter der Personal- und Haushaltsabteilung, 1937 NSDAP; MinDir Emil Wiehl, Leiter der Handelspolitischen Abteilung, 1934 NSDAP; Gesandter I.Kl. Vicco v. Bülow-Schwante, Chef des Protokolls, 1936 NSDAP; vgl. BDC, NSDAP-Personalunterlagen, und NA Washington, T-120, roll 2539 u. 2540, sowie BA Koblenz, NL Rheindorf, 78

5 Geb. 1888 in Dresden als Sohn des Kunsthistorikers Karl W., 1911 jur. Referendar- u. Doktorexamen, 1915 Assessor, 1918 Olt. d.R., 1918 Attaché im AA, 1936-38 BR in London unter Botschafter v. Ribbentrop, 1.12.1937 NSDAP, 20.4.1938 SS-Staf. b. Stab SS-HA, 30.1.1942 SS-Oberf., 1943-45 Botschafter in Nanking/China; 1949 im Wilhelmstraßen-Prozeß wegen Verbrechen gegen den Frieden und gegen die Mensch-

- Gesandter I.Kl. Alexander Frhr. v. Dörnberg, Chef des Protokolls (1939-1945), SS-Oberführer;[6]
- Gesandter I.Kl. Paul Karl Schmidt, Leiter der Nachrichten- und Presseabteilung (1940-1945), SS-Obersturmbannführer;[7]
- Gesandter I.Kl. Gerd Rühle, Leiter der Rundfunkpolitischen Abteilung (1941-1945), SS-Standartenführer (im SD);[8]
- Gesandter I.Kl. Franz Alfred Six, Leiter der Kulturpolitischen Abteilung (1943-1945), SS-Oberführer (im SD);[9]
- Vortragender Legationsrat Horst Wagner, Leiter der Referatsgruppe Inland II (1943-45), SS-Obersturmbannführer;[10]
- Ministerialdirektor Hans Schroeder, Leiter der Personal- und Verwaltungsabteilung (1941-1945), Mitglied der NSDAP seit März 1933;[11]

---

lichkeit zu 5 Jahren Freiheitsstrafe verurteilt; 1979 in Heidelberg verstorben (BDC, SS-Pers.-Akte; Das Urteil im Wilhelmstraßen-Prozeß; Todesanzeige in der Frankfurter Allgemeinen Zeitung Nr. 155 v. 7.7.1979).

6 Geb 1901 in Darmstadt als Sohn eines aktiven Offiziers, 1919/20 Freikorps in Zossen u. Kassel, 1923 jur. Referendarexamen, 1925 Dr. iur, 1927 Attaché im AA, 1.1.1934 NSDAP, 1937/38 LS in London unter Botschafter v. Ribbentrop, 1938 LR im Protokoll des AA, SS-Hstuf., 1939 SS-Ostubaf., 1940 SS-Oberf. b. Stab RFSS (BDC, SS-Pers.-Akte; NA Washington, T-120, roll 2537).

7 Vgl. oben, S. 154, Anm. 41

8 Geb. 1905 in Winnenden b. Stuttgart als Sohn eines Arztes, 1924 Abitur, 1925 NSDAP (Nr. 694) u. SS (Nr. 290), 1927/28 Vorsitzender der Frankfurter Studentenschaft, 1928 jur. Referendarexamen, 1930 Entlassung aus dem Vorbereitungsdienst wegen politischer Betätigung für die NSDAP, 1932 Mitglied des Preuß. Landtags, 1933 MdR, 1933-35 Regierungsrat im Oberpräsidium der Provinz Brandenburg, 1937 Landrat des Kreises Calau/NL, 1938 SS-Stubaf., 1939 VLR u. stellv. Leiter der Kulturpolit. Abt. im AA, Referent für Rundfunkangelegenheiten, 1942 SS-Staf. (SD); (BDC, PK-Korrespondenz, SS-Pers.-Akte; Das Deutsche Führerlexikon 1934/35; Wer ist's? 1935).

9 Geb. 1909 in Mannheim als Sohn eines Möbelhändlers, 1929 NS-Schülerbund, 1930 Abitur, 1.3.1930 NSDAP, 1930-34 Studium der Volks- und Zeitungswissenschaften an der Universität Heidelberg, 1934 Dr.phil., 1935 SS-Ustuf. im SD-HA, Chef der Hauptabteilung Presse und Schrifttum, zugleich Dozent an der Fakultät für Rechts- u. Staatswissenschaften der Universität Königsberg, 1936 SS-Stubaf. und Leiter der Zentralabteilung I/3 im SD-HA, 1937 SS-Ostubaf., 1938 a.o. Professor für politische Wissenschaften an der Universität Königsberg, SS-Staf., 1939-42 Amtschef VII im RSHA, 1940 o. Professor an der Auslandswissenschaftlichen Fakultät der Universität Berlin, 1941/42 Kommandeur des Vorkommandos Moskau der Einsatzgruppe B der Sipo u. des SD, 30.1.1945 SS-Brif.; 1948 im Nürnberger Einsatzgruppenprozeß zu 20 Jahren Freiheitsstrafe verurteilt, 1952 vorzeitig entlassen, Automobilvertreter der Fa. Porsche, 1975 in Essen verstorben (BDC, SS-Pers.-Akte; Fall 9. Das Urteil im SS-Einsatzgruppenprozeß, Berlin 1963, S. 159-164; Mitteilung des Einwohnermeldeamtes Essen v. 22.12.1978 an den Verf.).

10 Zur Herkunft und Karriere Wagners vgl. im einzelnen unten, S. 264ff.

11 Geb. 1899, Primareife, kaufm. Ausbildung, dann Verwaltungslaufbahn, 1922 Deutsch-Völkische Freiheitspartei, nach deren Verbot »Stahlhelm« (1923-1933), 1923 Inspektorenprüfung, 1925 Konsulatssekretär im AA, 1928 Versetzung nach Kairo, dort Verbindung zur Familie Heß, 1.3.1933 NSDAP, 1934 Landesgruppenleiter Ägypten der AO, 1935 diplom.-konsul. Prüfung, 1937 LR in der Personalabteilung (Referat Pers.M), 1938 VLR, 1939 Ges. I.Kl. u. stellv. Leiter der Personal- u. Verwal-

*Unterstaatssekretär Ernst Woermann, Leiter der Politischen Abteilung (1938-1943)*

- Ministerialdirektor Emil Wiehl, Leiter der Handelspolitischen Abteilung (1937-1944), Mitglied der NSDAP seit März 1934;[12]
- SA-Brigadeführer Ernst Frenzel, Leiter der Referatsgruppe Inland I (1943-1945);[13]
- Gesandter I.Kl. Erich Albrecht, Leiter der Rechtsabteilung (1943-1945).[14]

Wenngleich die Zahl der SS-Angehörigen unter den Abteilungsleitern nach der Berufung Ribbentrops zum Reichsaußenminister sukzessive zunahm, erlaubt dieser Befund nur bedingt Rückschlüsse auf die Qualität des Einflusses, den Himmler und die SS-Hauptämter auf die jeweilige

---

tungsabteilung, seit 1937 SA, 1942 Oberf.; nach 1950 Personalchef des BND (BDC, NSDAP- u. SA-Personalunterlagen; BA Koblenz, NL Rheindorf, 78; IfZ München, ZS 1460; Zolling, Hermann/Höhne, Heinz: Pullach intern. General Gehlen und die Geschichte des Bundesnachrichtendienstes, Hamburg 1971, S. 218).

12 Geb. 1886, 1913 Gerichtsassessor, 1918 Olt. d.R., 1920 AA, 1929 VLR, 1933 GK I.Kl. in Pretoria, 1.3.1934 NSDAP (NA Washington, T-120, roll 2540)

13 ADAP E VI, S. 616, u. E VIII, S. 680

14 Geb. 1890, 1928 AA, 1932 VLR, seit 1937 stellv. Leiter der Rechtsabteilung (unter MinDir Gaus). Albrecht war der einzige Abteilungsleiter, der der NSDAP nicht angehörte. Seine Aufnahmeanträge von 1939, 1941 und 1943 wurden abgelehnt (BDC, PK-Korrespondenz; IfZ München, ZS 803; BA Koblenz, NL Neurath, 21).

Abteilung auszuüben vermochten. Ausmaß und Wirkung des Einflusses waren unterschiedlich, je nach Bedeutung der Abteilung für die SS, politischer Überzeugungstreue des Abteilungsleiters und der Referenten, die ebenfalls der SS angehörten.

Andererseits muß die Einflußnahme der Reichsführung-SS auf jene Abteilungen berücksichtigt werden, deren Leiter der SS nicht angehörten. So erwies sich zum Beispiel der langjährige Leiter der Rechtsabteilung, Unterstaatssekretär Gaus, gegenüber dem Reichsführer-SS als ein kooperationsbereiter Vertreter des AA bei der Beobachtung und »diskreten Weiterverfolgung« der oppositionellen Aktivitäten des ehemaligen Botschafters v. Hassell in den Jahren 1941 und 1942.[15]

Unterstaatssekretär Woermann und Gesandter v. Dörnberg gehörten zu den wenigen Berufsdiplomaten, die schon vor 1938 das Vertrauen Ribbentrops besaßen und nach dessen Berufung zum Reichsaußenminister in exponierte Positionen des AA gelangten.[16] Karrierismus förderte ihre Bereitschaft, die von Ribbentrop vermittelten SS-Führerränge entgegenzunehmen.[17] Während Woermann im Mai 1943 – wie v. Weizsäcker – die Berliner Zentrale verließ und den politisch unbedeutenden Posten des Botschafters in Nanking/China antrat[18], verblieb v. Dörnberg bis 1945 als Chef des Protokolls im AA.[19]

Paul Karl Schmidt und Horst Wagner, die Leiter der Nachrichten- und Presseabteilung bzw. der Referatsgruppe Inland II, waren ehrgeizige Mitarbeiter Ribbentrops, die dieser 1938 aus seiner Dienststelle in das AA übernahm und in Schlüsselpositionen einrücken ließ. Willfährigkeit und

---

15 Vgl. das Schreiben des Chefs der Sipo und des SD, SS-Ogruf. Heydrich, v. 15.11.1941 (geh. Reichssache) an den RFSS sowie die Marginalien Himmlers und Wolffs (Chef des Pers. Stabes RFSS) dazu, in: BDC, Ordner RFSS. – Hassell (Vom andern Deutschland, S. 275) bemerkte am 20.4.1943, daß auch Gaus »gesinnungsmäßig höchst unterwürfig« sei. – Ein Grund für dessen prononcierte Dienstbereitschaft dürfte die jüdische Herkunft seiner Frau gewesen sein. »Ich habe 13 Jahre Angst gehabt, daß sie meiner Frau etwas tun« (Vernehmung Friedrich Gaus v. 6.3.1947, in: IfZ München, ZS 705).

16 Zu Woermann vgl. die Aussagen des Personalchefs Schroeder v. 17.7.1947 (in: IfZ München, ZS 1460) und des Gesandten Hemmen v. 24.4.1947 (in: IfZ München, ZS 1076). – Lt. Mitteilungen des LR a.D. Schweimer v. 13.3.1974 und des LR I.Kl. a.D. Gottfriedsen v. 24.6.1976 verkehrten die Familien v. Ribbentrop und v. Dörnberg schon vor 1938 gesellschaftlich. Nach 1938 sei das Duzverhältnis zwischen Ribbentrop und Dörnberg bestehengeblieben.

17 Mitteilungen des VLR a.D. Schmieden v. 29.1.1974 und des LR a.D. Schweimer v. 13.3.1974; vgl. auch die SS-Personalunterlagen Woermanns und v. Dörnbergs, in: BDC

18 Vgl. BDC, SS-Pers.-Akte Woermann, insbesondere dessen schriftliche Abmeldung v. 8.5.1943 beim RFSS. – Die Versetzung Woermanns nach Ostasien war vermutlich Folge seiner inzwischen abgekühlten Beziehungen zum RAM v. Ribbentrop (vgl. die eidesstattliche Versicherung des Personalchefs Schroeder v. 1.6.1948, in: BA Koblenz, ZSg 133/186).

19 Vgl. die Geschäftsübersichten des AA v. 1.4.1944, in: PA des AA, u. v. 15.3.1945, in: BDC, Akte Diplomaten

demonstrative Überzeugungstreue kennzeichneten beider Verhältnis zur SS.[20]

Gerd Rühle, Mitglied der NSDAP und SS seit 1925, wurde von Ribbentrop zum Leiter der Rundfunkpolitischen Abteilung berufen, damit er als »Alter Kämpfer« und hochrangiger SS-Führer desto nachhaltiger die Kompetenzen des AA in der Auslandspropaganda gegenüber dem Reichspropagandaministerium vertrat, womöglich erweiterte.[21]

SS-Oberführer Franz Alfred Six war neben SS-Gruppenführer Werner Best, dem Reichsbevollmächtigten in Kopenhagen, ein weiterer hauptamtlicher SD-Führer, der auf Wunsch Himmlers und Ribbentrops eine Schlüsselposition im Auswärtigen Dienst übernahm. Wie Best ging auch Six aus dem Reichssicherheitshauptamt hervor, dessen Amt VII (Weltanschauliche Forschung und Auswertung) er seit 1939 leitete. Beide gehörten zum Typus jener »hochqualifizierten Nationalsozialisten«, die auf Wunsch Hitlers »die deutschen Gesandten und Botschafter alten Stils« ablösen sollten.[22] Unter Six' Leitung betrieb die Kulturpolitische Abteilung des AA in den befreundeten, neutralen und besetzten Staaten eine spezifisch nationalsozialistische Propaganda. Hauptgegner der von Six in Zusammenarbeit mit dem Reichssicherheitshauptamt gesteuerten Propagandaaktionen waren neben dem »Weltjudentum« die Freimaurer und die katholische Kirche.[23]

Den stärksten Einfluß nahmen Himmler und die SS-Hauptämter auf Personal und Politik der Abteilung Deutschland bzw. der aus ihr hervorgegangenen Referatsgruppe Inland II. Neben der Kultur- und Rundfunkpolitischen Abteilung wuchs deren Bedeutung im Gegensatz zu den klassischen Abteilungen des AA desto mehr, je länger der Krieg dauerte, der außenpolitische Aktionsradius sich verengte und an die Stelle traditioneller Außenpolitik zunehmend Auslandspropaganda, Besatzungspolitik und schließlich Ausrottungspolitik traten.

Die Gruppe Inland II, deren Referenten fast ausnahmslos der SS angehörten, verdient besondere Beachtung, weil sich Himmler zur Durchsetzung seiner personalpolitischen, außenpolitischen und rassenideologischen Zielsetzungen ihrer vorrangig bediente. Dabei nutzte er die weitreichenden Kompetenzen der Referatsgruppe Inland II, die aus ihrer direkten Unterstellung unter den Reichsaußenminister resultierten, zur Einflußnahme auch auf andere Abteilungen des AA. Die Bedeutung der Gruppe Inland II – nicht zuletzt im Zusammenhang mit der »Endlösung der Judenfrage« – rechtfertigt es, diese in der Forschungsliteratur kaum beachtete Arbeitseinheit des AA einer detaillierten Analyse zu unterziehen.

---

20 Vgl. BDC, SS-Pers.-Akten P.K. Schmidt und Wagner

21 Vgl. BDC, SS-Pers.-Akte Rühle; Mitteilungen des LR a.D. Schweimer v. 13.3.1974 u. des LR I.Kl. a.D. Gottfriedsen v. 24.6.1976 an den Verf.

22 Schreiben des Chefs Pers.Stab RFSS, SS-Gruf. Wolff, v. 5.11.1941 an SS-Brif. Best, in: BDC, SS-Pers.-Akte Best; vgl. im übrigen BDC, SS-Pers.-Akte Six

23 Vgl. BA Koblenz, NS 19 alt/171; NS 19 neu/1899

## Personalbogen

| | |
|---|---|
| 1. Name und Vornamen (Rufname unterstreichen): | Freiherr von Dörnberg <u>Alexander</u> |
| 2. Geburtsdatum: | 17.März 1901 |
| 3. Geburtsort (in welchem Staat gelegen?): | Darmstadt |
| 4. a) gegenwärtige Staatsangehörigkeit (bei mehrfacher Staatsangehörigkeit Angabe sämtlicher Staatsangehörigkeiten): | deutsch |
| b) frühere Staatsangehörigkeiten außer der deutschen, preußischen usw. (Gründe des Staatsangehörigkeitswechsels?): | — |
| 5. Glaubensrichtung: | ev. |
| 6. a) Namen und Vornamen der Eltern: | Hans-Carl Frhr.v.Dörnberg,verst.<br>Alice, geb. Freiin Schenck zu Schweinsberg |
| b) Stellung des Vaters: | Major a.D. |
| c) Staatsangehörigkeit der Eltern (auch frühere Staatsangehörigkeit) | deutsch |

| 7. ledig, verheiratet, geschieden, verwitwet | 1.Ehe | 2.Ehe | 3.Ehe |
|---|---|---|---|
| | Ort und Tag der Eheschließung:<br>Berlin, 16.12.28 | Ort und Tag d. Eheschließung: | Ort und Tag d Eheschließung |
| | Rufname der Ehefrau:<br>Gisela Maria | Rufname der Ehefrau: | Rufname der Ehefrau: |
| | Geburtsname der Ehefrau:<br>Hackelöer gen. Köbbinghoff | Geburtsname der Ehefrau: | Geburtsname der Ehefrau: |
| | Geburtsdatum und -ort der Ehefrau:<br>27.Mai 906<br>Deutsch-Wilmersdorf | Geburtsdatum u.-ort d.Ehefrau: | Geburtsdatum u.-ort d.Ehefrau: |

E308794

| | 1. Ehe | 2. Ehe | 3. Ehe |
|---|---|---|---|
| | Staatsangehörigkeit der Ehefrau bis zur Eheschließung: deutsch | Staatsangehörigkeit der Ehefrau bis zur Eheschließung: | Staatsangehörigkeit der Ehefrau bis zur Eheschließung: |
| | Ableben der Ehefrau am: | Ableben der Ehefrau am: | Ableben der Ehefrau am: |
| | Geschieden am: | Geschieden am: | Geschieden am: |

| | aus der 1. Ehe | 2. Ehe | 3. Ehe |
|---|---|---|---|
| Name, Geburtsdatum und -ort der Kinder aus der jetzigen und evtl. früheren Ehen: | Dirk-Dieter, geb. am 8.5.34 in Reval<br>Alexandra, geb. am 3.4.37 in<br>Cornelia, geb. am 10.8.39 in Berlin | | |

| | |
|---|---|
| 8. Schulbesuch (wo und auf welchen Schulen?): Reifeprüfung? In welchem Jahr? | Gymnasium in Freiburg i.B. und Zürich/Schweiz, Odenwaldschule Heichenberg, Reformrealgymnasium Kassel, dort 1919 Abitur |
| 9. Wo und wann studiert (welches Studium, an welchen Universitäten, technischen, landwirtschaftlichen und Handelshochschulen?): | SS 1920 – SS 1923 Studium der Rechtswissenschaften: Heidelberg, Bonn, München, Frankfurt/M, Marburg/Lahn<br>Herbst 1925, Frühjahr u. Sommer 1926 Sprach- u. Volkswirtsch. Studien in Paris und Oxford |
| 10. Ort und Datum, Art der Promotion: | Marburg/Lahn, April 1925 Dr. jur |
| 11. Fach- und Staatsprüfungen (wann und mit welchem Ergebnis?). | Referendarexamen WS 1923 |
| 12. Beschäftigung bei Behörden nach Ablegung der Staatsprüfungen (mit genauer Angabe der Zeit und der Behörden): | — |

E308795

| | |
|---|---|
| 13. Stellungen außerhalb des Staatsdienstes: | — |
| 14. Tag des Eintritts in den Reichs- oder Landesdienst:<br><br>Etatsmäßiger Beamter vor Eintritt in das Auswärtige Amt (bei welcher Behörde, in welcher Stellung und seit wann?):<br><br>Beamter auf Lebenszeit? | April 1927 Ausw. Amt<br><br>—<br><br>ja |
| 15. Kurze chronologische Schilderung der Beschäftigung nach vollendetem Universitätsstudium, insbesondere Reisen oder Aufenthalte in fremden Ländern, Tätigkeit im In- und Auslande bei wirtschaftlichen Unternehmungen, praktische Tätigkeit auf sonstigen Gebieten: | Herbst 1924 bis Herbst 1925 Lehrling bei Schlubach, Thiemer & Co, Hamburg, Sprach-u.volkswirtsch.Studien in Paris u.Oxford Herbst 1926-Frühjahr 1927 Sekretär des Deutschen Botschafters in Washington |
| 16. Dienstantritt im Auswärtigen Dienst (wann und mit welcher Amtsbezeichnung?):<br><br>Diplomatisch-Konsularische Prüfung (wann?):<br><br>Dienstliche Verwendungen (Angabe des Ortes, der Zeit und des Vorgesetzten):<br><br>März 1938 Leg.Sekr.A.A, Gesandter v.Bülow<br>April 1938 Leg.Rat Ges.v.Bülow<br>Juli 1938 Gesandter u.Chef d.Prot. | April 1927 als Attaché<br><br>21.Dezember 1929<br><br>März 1930-Sept.1933 Attaché an der Deutsch.Gesandtsch.Bukarest Graf Schulenburg<br>22.6.-22.9.33 komm.Verwendung im A.A. Gesandter Frowein<br><br>Okto.33.- 1936 erst als Attaché, dann als Leg.Sekr. Gesandtsch. Reval, Gesandter Reinebeck, Ges. Frowein<br>1936-1937 A.A.als Leg.Sekr. Min.Dir. Dieckhoff, Pol.Abt.<br>1937-1938 Leg.Sekr.an Botschaft London, Botschafter v.Ribbentrop |

E308796

| | |
|---|---|
| 17. Beherrschung fremder Sprachen in Wort und Schrift (evtl.Angabe,ob Dolmetscherprüfung oder sonstige Sprachdiplome): | englisch und französisch |
| 18. In welchen Sprachen können Sie sich sonst verständlich machen? | / |
| 19. Besondere Fertigkeiten (Kurzschrift, Schreibmaschine, Funken,Morsen, Reiten,Führerscheine): | Führerschein 3 |
| 20. Ämter außerhalb des Auswärtigen Dienstes (welche und seit wann?): | / |
| 21. Militärverhältnis: | |
| a) Teilnahme am Weltkrieg 1914/18 (wie lange und wo, letzter Dienstgrad?)<br>Kriegsbeschädigt (1914/18)<br>Kriegsauszeichnungen (1914/18) | / |
| b) Jetziges Militärverhältnis (Dienstgrad) | Wachtmeister d.R. |
| Arbeitsdienst (wann?) | |
| Wehrdienst (wann?) | 23.5.19-1.3.20 Husaren Rgt.Hessen-Homburg und R.R.11, 15.5 13.7.36 II/E.Batl.18, 30.8.-25.9.37 Kav.Rgt.6 |
| c) Einberufung zur Wehrmacht seit 1.9.1939.<br>Frontverwendung (wann und wo?)<br>Verwundungen | |
| Kriegsauszeichnungen | Kriegsverdienstkreuz I.u.II.Kl. |
| Dienstgrad<br>ROA | |
| d) Uk-Stellungen | Uk-Stellung für das Ausw.Amt |

E308797

| | |
|---|---|
| 22. Orden und Ehrenzeichen, soweit nicht von der Wehrmacht verliehen, Sportabzeichen. | Deutsches Olympia Ehrenzeichen<br>Sudetenmedaille<br>Österreichmedaille<br>Rotes Kreuz I.Stufe |
| 23. NSDAP. | |
| Seit wann Mitglied? | 1.4.1934 |
| Mitgl.Nr. | 3 398 362 |
| Ämter in der Partei. | Landesschulungsleiter in Estland |
| Dienstrang und Führerstellen in der SA., SS., NSKK., HJ. usw. (Angabe des Sturmes usw.): | SS-Oberführer |
| Dienst in der Bewegung als Politischer Leiter. | |
| 24. Frühere Zughörigkeit zu politischen Parteien und Verbänden (wie lange, Ämter?). | — |
| 25. Zugehörigkeit zu Logen vor dem 30.I.1933 zu staatsfeindlichen Beamtenorganisationen (insbesondere "Allgemeiner Deutscher Beamtenbund", "Bund republikanischer Beamter", "Bund republikanischer Richter", "Schrader-Verband"- Polizeibeamte -, konfessionellen Verbänden, Gewerkschaften usw.) | — |
| 26. Ist der urkundliche Nachweis der deutschblütigen Abstammung erbracht (Angabe des Datums und Aktenzeichen einer evtl. amtlichen Bestätigung)? | ja |
| Bei welcher Behörde? | Auswärtiges Amt |

| | |
|---|---|
| 27. Vereidigung auf den Führer (wann und wo?): | 13.9.1935 in Nürnberg |
| 28. Wohnungen seit dem 1. Januar 1930: | Jan.-März 1930: Bln.Grunewald, Höhmannstr.6<br>Juni-Sept.33, Bln.-Schöneberg, Frhr. v. Stein Str.6<br>März 38 bis Nov.43: Bln.-Chltbg., Marchstr.7a<br>ab Nov.43: ausgebombt, ohne Wohnung |
| 29. Strafen<br>der ordentlichen Gerichte (auch Wehrmachtgerichte)<br>der Parteigerichte. | Amtsgericht Oberaula: Geldstrafe (RM 150.-) wegen Überschreitung der Polizeistunde |
| 30. Disziplinarstrafen (auch der Wehrmacht). | — |
| 31. Anschriften naher Verwandter: | Gisela Freifrau v. Dörnberg, Schloss Gersfeld /Rhön über Fulda |

Ich versichere, daß ich die vorstehenden Angaben nach bestem Wissen und Gewissen gemacht habe. Ich weiß, daß ich bei wissentlich falschen Angaben die fristlose Entlassung aus dem Dienst zu erwarten habe.

Berlin . . . . . . . . . . . . ., den 9. August 1944

Alexander Freiherr v. Dörnberg

Hirschfelde b. Werneuchen Kr. Oberbarnim
Werneuchen 222.243

Eigenhändige Unterschrift
mit Angabe der Anschrift und Fernsprechnummer

E308799

## 3. Entstehung, Struktur und Funktion der Abteilung Deutschland

»Diese Abteilung ist der eigentliche Eiterherd im Amt gewesen.«

100 Jahre Auswärtiges Amt, hrsg. vom Auswärtigen Amt, Bonn 1970, S. 45

Im Mai 1940 wurden die bis dahin selbständigen Sonderreferate Partei und Deutschland zur Abteilung Deutschland vereinigt. Zum Leiter dieser neuen Abteilung berief Ribbentrop seinen langjährigen Vertrauten und bisherigen Partei-Referenten Martin Luther.[1]

Laut Geschäftsverteilungsplan des AA vom August 1940 gliederte sich die Abteilung Deutschland in die Referate

D I Verkehr zwischen dem Auswärtigen Amt und den Dienststellen der NSDAP, ihren Gliederungen und angeschlossenen Verbänden;

D II Angelegenheiten des Reichsführers-SS und des Reichssicherheitshauptamts; internationale polizeiliche Zusammenarbeit; Freimaurerei und andere überstaatliche Verbände; Attentatspläne;

D III Judenfrage, Rassenpolitik; Information der Auslandsvertretungen über wichtige innerpolitische Vorgänge.[2]

Während Luther neben der Abteilung Deutschland nach wie vor auch das Referat D I leitete, wurde das bisherige Referat Deutschland, das dem LR I.Kl. Schumburg unterstand, unter den neuen Referatsleitern D II (LR I.Kl. Likus) und D III (LS Rademacher) aufgeteilt.[3]

Schumburg schied im Mai 1940 aus der Abteilung Deutschland aus und nahm von Juni bis August 1940 als Rittmeister d.R. am Frankreichfeldzug teil. Danach wurde er dem Referat Pol. III (Spanien, Portugal, Vatikan) der Politischen Abteilung zugeteilt und 1941 zum Botschaftsrat bei der Botschaft Buenos Aires designiert. Der Kriegseintritt der USA verhinderte jedoch seine Ausreise nach Argentinien. Infolgedessen blieb er bis 1943 in

1 Vgl. das Hauszirkular MBD 593 v. 7.5.1940, in: PA des AA Inland II A/B, 347/3. – Zur Herkunft und Karriere Luthers vgl. oben, S. 154. – Luther war Initiator und Nutznießer der Vereinigung beider Referate; vgl. dazu im einzelnen Browning, Christopher R.: The Final Solution and the German Foreign Office. A Study of Referat D III of Abteilung Deutschland 1940-43, New York – London 1978, S. 25; ders.: Unterstaatssekretär Martin Luther and the Ribbentrop Foreign Office, in: Journal of Contemporary History 12 (1977), S. 313-344

2 Vgl. ADAP D XI, S. 1034 u. den spezifizierten GVPl. v. 7.5.1940, in: PA des AA, Inland II A/B, 347/3

3 Vgl. ebda.

der Politischen Abteilung des AA. Auf Vorschlag des Chefs der Sicherheitspolizei und des SD, SS-Ogruf. Heydrich, wurde Schumburg durch Himmler mit Wirkung vom 9. November 1942 zum SS-Obersturmbannführer befördert. Der Beförderungsvorschlag Heydrichs läßt erkennen, daß Schumburg nach wie vor dem Reichssicherheitshauptamt als ehrenamtlicher Mitarbeiter diente. Von 1943 bis 1945 fungierte Schumburg dann als Vertreter des Auswärtigen Amtes beim Generalgouverneur für die besetzten polnischen Gebiete in Krakau.[4]

Aufschluß über den 1940 zu konstatierenden Bruch in der Karriere Schumburgs gibt dessen Beurteilung durch SS-Gruf. Müller, Amtschef IV (Gestapo) im Reichssicherheitshauptamt, vom 19. Juli 1944: »Als Leiter des Referats Deutschland hatte er [Schumburg] engste Berührung mit unseren Sachgebieten und war längere Zeit eine Art Verbindungsführer zum Reichssicherheitshauptamt. In dieser Zeit hat sich Dr. Schumburg als ein außerordentlich gewandter, uns gegenüber aufrichtiger Diplomat erwiesen, dessen gefühlsmäßige Ausrichtung eher bei uns als im Rahmen des AA lag. Seine offene, jederzeit hilfsbereite und positive Zusammenarbeit mit uns veranlaßte dann auch seinerzeit die neue Führung des AA, Dr. Schumburg alsbald kalt zu stellen. Er sollte zuletzt als Botschaftsrat nach Argentinien abgehen. Der Kriegsausbruch mit Amerika verhinderte seine Abreise. Er befindet sich nunmehr als Beauftragter des Auswärtigen Amtes beim Generalgouverneur in Krakau. Auch dort hat Dr. Schumburg im Rahmen des Möglichen eine gute Zusammenarbeit mit dem BdS. [Befehlshaber der Sicherheitspolizei und des SD] sichergestellt. Sieht man von der bei den Diplomaten üblichen außerordentlichen bequemen Art, der auch Dr. Schumburg huldigt, ab, kann von ihm in haltungsmäßiger und charakterlicher Hinsicht nur Gutes gesagt werden.«[5]

Hinter der »neuen Führung des AA«, die den – gegenüber dem Reichssicherheitshauptamt – »aufrichtigen Diplomaten« Schumburg »kaltstellte«, kann nur Martin Luther vermutet werden, der Leiter der Abteilung Deutschland, den Ribbentrop im Juli 1940 zum Gesandten I. Kl. und bereits 1941 zum Ministerialdirektor mit der Amtsbezeichnung Unterstaatssekretär beförderte.[6]

Luthers Aufstieg vom Mitarbeiter der Dienststelle Ribbentrop (1937) zum Abteilungsleiter und Unterstaatssekretär im Auswärtigen Amt (1940/41) offenbart nicht nur das besondere Vertrauen, dessen er sich bei v. Ribbentrop erfreute, sondern auch die große Bedeutung, die dieser der Abteilung Deutschland beimaß. Luther war neben den Direktoren der Politi-

---

4 BDC, SS-Pers.-Akte Schumburg; Personalbogen Schumburgs v. 14.7.1944, in: NA Washington, T-120, roll 2539; PA des AA, Inland II g 206

5 BDC, SS-Pers.-Akte Schumburg. – Müllers Beurteilung wurde für das Referat I A 5 (Personal SD) des RSHA gefertigt, vermutlich als Grundlage für die erwogene Beförderung Schumburgs zum SS-Standartenführer. Nach den vorliegenden Unterlagen kam es jedoch nicht mehr dazu.

6 Vgl. ADAP D XI, S. 1034, u. E II, S. 533; »100 Jahre Auswärtiges Amt«, S. 124

schen und Rechtsabteilung (Woermann und Gaus) der einzige Abteilungsleiter, dem nach 1939 die Amtsbezeichnung Unterstaatssekretär verliehen wurde. Wie mehreren Quellen unterschiedlicher Provenienz zu entnehmen ist, soll Luther auf Grund seiner Vertrauensstellung bei Ribbentrop zwischen 1940 und 1942 bestimmenden Einfluß auf Politik und Personal des AA ausgeübt haben: »Im AA hat nur Luther etwas zu sagen. Die Staatssekretäre des AA werden entweder bewußt schlecht behandelt (Weizsäcker) oder übergangen (Keppler, Bohle).«[7]

Nach Auffassung Schellenbergs hielt der Reichsaußenminister »von der Klugheit und Zuverlässigkeit seines Unterstaatssekretärs so große Stücke, daß er sich vor jeder wichtigen Entscheidung mit diesem beriet [...]. Er [Luther] war ein zwar kluger, aber zugleich brutal impulsiver Mensch, dem es vor allem um die Macht zu tun war und der im Grunde sogar eine Schwäche für die SS hatte«[8] - auch wenn er der SA angehörte.[9] Übereinstimmend mit Schellenberg wurde Luther auch von anderen Zeitgenossen als »enorme Kämpfernatur, frech, brutal«, ehrgeizig und machthungrig beschrieben.[10]

Um seine Machtposition zu sichern, womöglich auszudehnen, scheute sich Luther nicht, der personellen und institutionellen Einflußnahme durch die SS entgegenzutreten. Seine aus persönlichem Machtstreben gespeiste Ablehnung der SS und ihrer Vertreter im Auswärtigen Dienst manifestierte sich in der »Kaltstellung« Schumburgs ebenso wie in dem Versuch, die von Schumburg begünstigte Tätigkeit der Polizeiattachés in den diplomatischen Missionen, vor allem Südosteuropas, einzuschränken.[11]

Auch die 1941 zu beobachtende Berufung hoher SA-Führer zu Gesandten in den vom Dritten Reich abhängigen Staaten Südosteuropas ist auf die Initiative Luthers zurückzuführen, der dadurch den Einfluß der SS auf dem Balkan zu neutralisieren suchte[12] - letztlich ohne Erfolg, da die

---

7 Schreiben des Chefs SS-HA, SS-Brif. Berger, v. 17.4.1941 an den RFSS, in: BA Koblenz, NS 19 neu/2798; bestätigende Mitteilung des LR I.Kl. a.D. Gottfriedsen v. 24.6.1976; vgl. auch Hassell: Vom andern Deutschland, S. 265

8 Schellenberg: Memoiren, S. 207

9 1.9.1932 NSDAP, 1.6.1938 SA, 9.11.1940 SA-Oberf., 9.11.1942 SA-Brif. (BDC, NSDAP- u. SA-Personalunterlagen; vgl. auch BA Koblenz, NL Rheindorf, 78).

10 Aussage des ehemaligen Personalchefs im AA, MinDir Hans Schroeder, v. 21.7.1947, in: IfZ München, ZS 1460; Mitteilung des Botschafters a.D. Emil v. Rintelen v. 7.1.1975 an den Verf.

11 Vgl. dazu insbesondere die Sammlung der Konfliktfälle zwischen AA und SD zum Vorgang D II 270, geh. Reichssache, in: PA des AA, Inland II g 7; vgl. ferner Inland II g 93 u. 6 a; BA Koblenz, R 58/112; NS 19 alt/174; BDC, Akte Volkstum Ausland

12 Vgl. im einzelnen die Korrespondenz Luthers mit MinDir Schroeder aus dem Jahre 1941 und seine Vortragsnotizen für den RAM, in: NA Washington, T-120, roll 2541. Zu den »SA-Gesandten« gehörten:
Hanns Elard Ludin, geb. 1905, 1927 Leutnant, 1930 Entlassung aus der Reichswehr nach Urteil des Reichsgerichts (18 Monate Festungshaft) wegen Vorbereitung zum Hochverrat, 1930 NSDAP, Führer der SA-Gruppe Südwest, 1941-45 Gesandter in Preßburg (Slowakei), 1947 hingerichtet (BDC, NSDAP- u. SA-Personalunterlagen;

»SA-Gesandten« im allgemeinen weder ihrer »diplomatischen« Mission gerecht wurden noch den Einfluß der SS nachhaltig einzudämmen vermochten.[13] Deren Machtquelle lag eben nicht in den Missionen, sondern in den Berliner Zentralbehörden bzw. im Führerhauptquartier.

Ribbentrop folgte den personalpolitischen Vorschlägen Luthers zur Neubesetzung der Missionen mit SA-Führern, weil er 1940/41 seinen Alleinvertretungsanspruch in der Außenpolitik durch eigenmächtige, dem politischen Kurs des AA zuwiderlaufende Aktionen des SD auf dem Balkan beeinträchtigt sah.[14]

Der außerordentlich schnelle Aufstieg Luthers in eine Spitzenposition des AA und die Berufung mehrerer SA-Führer zu Gesandten lösten unter den Beamten des Auswärtigen Dienstes so ungewöhnlich kritische Reaktionen aus, daß sich Ribbentrop genötigt sah, seine Personalpolitik in einem scharf formulierten Runderlaß vom 8. Juni 1941 folgendermaßen zu rechtfertigen: »Die Personalpolitik und die Organisation des Auswärtigen Dienstes werden ausschließlich von mir selbst so bestimmt, wie die Durchführung der Außenpolitik des nationalsozialistischen Großdeutschland es sachlich erfordert. Alle Beamten und Angestellten, die von mir in den Auswärtigen Dienst berufen werden, haben sich ausschließlich als Gefolgsmänner des Reichsaußenministers zu fühlen und zu verhalten. [...] Von einer ›SA-Politik‹, ›SS-Politik‹ oder der Politik irgendeiner anderen Gliederung der Partei oder sonstiger Stellen außerhalb meines Ministeriums in meinem Amt zu sprechen, ist deshalb nichts als törichtes Geschwätz. [...] Ich

---

NA Washington, T-120, roll 2538; BA Koblenz, NL Rheindorf, 78; IfZ München, ZS 1183);

Dietrich v. Jagow, geb. 1892, 1918 Olt., 1919-28 Brigade Ehrhardt, Organisation Consul, 1920 NSDAP, 1932 MdR, Führer der SA-Gruppe Berlin-Brandenburg, 1941-44 Gesandter in Budapest (NA Washington, T-120, roll 2538);

Adolf Heinz Beckerle, geb. 1902, 1922 NSDAP, 1927 Dipl.-Volkswirt, Führer der SA-Gruppe Hessen, 1933-39 Polizeipräsident in Frankfurt a.M., 1941-44 Gesandter in Sofia (NA Washington, T-120, rolls 2537, 2541);

Siegfried Kasche, geb. 1903, 1914-19 Kadettenkorps, 1919-20 Freikorps, 1925 SA, 1926 NSDAP, 1930 MdR, Führer der SA-Gruppe Hansa, 1941-45 Gesandter in Agram (Kroatien), 1947 in Jugoslawien hingerichtet (NA Washington, T-120, rolls 2538, 2541; BA Koblenz, NL Rheindorf, 78; Hory/Broszat: Der kroatische Ustascha-Staat, S. 60f. u. 161f.);

Manfred v. Killinger, geb. 1886, 1904-20 aktiver Seeoffizier, zuletzt Kapitänleutnant, 1919-28 Brigade Ehrhardt, Organisation Consul, 1928 SA u. NSDAP, SA-Ogruf. Mitteldeutschland, 1933-34 Ministerpräsident in Sachsen, 1936-38 Generalkonsul in San Franzisko, 1939 Gesandter in Preßburg, 1941-44 in Bukarest, 1944 Selbstmord (NA Washington, T-120, roll 2538; BA Koblenz, NL Rheindorf, 78; Hagen [d.i. Höttl]: Geheime Front, S. 312 u. 494).

13 Vgl. Hassell: Vom andern Deutschland, S. 206, Eintragung v. 17.10.1941, u. S. 274, Eintragung v. 20.4.1943; Lochner (Hrsg.): Goebbels Tagebücher, S. 330, Eintragung v. 9.5.1943; BA Koblenz, R 70 Slowakei/60, darunter insbesondere das Schreiben Himmlers an Ludin v. 17.12.1944; BA Koblenz, NS 19 alt/174

14 Vgl. die Konfliktfälle in: PA des AA, Inland II g 7, 12, 85, 86, 93, 99, 100, 200, sowie in: BA Koblenz, R 58/112 u. NS 19 alt/174

werde jeden Beamten und Angestellten, der solche Äußerungen macht, am gleichen Tage, an dem ich davon erfahre, unnachsichtig aus dem Auswärtigen Dienst entfernen. Ebenso werde ich jeden Beamten und Angestellten sofort aus dem Auswärtigen Dienst entfernen, von dem ich den Eindruck gewinne, daß er sich in seiner dienstlichen Tätigkeit irgendwie von einer Stelle außerhalb des Auswärtigen Dienstes beeinflussen läßt.«[15]

Da die SA seit der Ermordung ihres Stabschefs Röhm im Jahre 1934 als innenpolitischer Machtfaktor zu vernachlässigen war und überdies keine außenpolitischen Zielsetzungen verfolgte, muß angenommen werden, daß sich Ribbentrops Runderlaß allein gegen die SS und ihre Anhänger im Auswärtigen Dienst richtete. Deren Reaktion auf Ribbentrops Personalpolitik spiegelt sich unter anderem in einem Bericht wider, den der Chef des SS-Hauptamtes, SS-Brif. Berger, am 17. April 1941 an Himmler richtete. Seine Quintessenz lautete: »Alle Männer des AA, die der Schutzstaffel freundlich gegenüberstehen, sagen übereinstimmend, ohne sich gegenseitig zu kennen, daß der Reichsaußenminister durch Luther und einige Kreaturen desselben so in eine Sackgasse gedrängt worden sei, aus der er wahrscheinlich nicht mehr herauskomme. Schon heute sei ein Loslösen nicht mehr ohne Wunden möglich.«[16] Kaum zwei Jahre später, im Februar 1943, sollte diese kritische Lagebeurteilung durch den Sturz Luthers bestätigt werden.

Unterdessen gelang es Luther, die Kompetenzen der Abteilung Deutschland durch Bildung neuer und Einverleibung bestehender Referate aus anderen Abteilungen deutlich zu erweitern. Im August 1942 umfaßte die Abteilung Deutschland 12 Referate mit insgesamt etwa 190 Mitarbeitern.[17] Neben den schon bestehenden Referaten D I, II und III entstanden zwischen 1940 und 1942

---

15 NA Washington, T-120, roll 2541 (Gesandtschaft Helsinki, 24/1-2, Schriftwechsel geheim 1940-1941). – Der Runderlaß ging an die Abteilungsleiter und Missionschefs, die von Ribbentrop beauftragt wurden, »diesen Erlaß allen unterstellten Beamten und allen Angestellten zur Kenntnis zu bringen und sie zu veranlassen, daß sie diese Kenntnisnahme durch persönliche Unterschrift bescheinigen« (ebda.). Den Akten ist kein Fall zu entnehmen, in dem dieser Erlaß angewandt wurde.

16 BA Koblenz, NS 19 neu/2798. – Unter Punkt 1 berichtete Berger u.a.: »Von wohlunterrichteter Seite wurde mir gestern der neue Stellenbesetzungsplan der Gesandten für den Südosten mitgeteilt [...]. Damit wäre der Südosten mit SA-Führern besetzt, die – wie aus dem Verhalten des Gesandten von Killinger geschlossen werden kann – die Arbeit in den deutschen Volksgruppen ernsthaft gefährden. Gesandter Luther will durch die Besetzung dieser Gesandtenposten mit SA-Führern seine Parteifreundlichkeit unter Beweis stellen und sich in dem ›Kampf gegen die SS‹ den starken Schutz der SA und damit der Wehrmacht sichern.« – Himmler nahm diesen Bericht am 19.4.1941 ohne Kommentar zur Kenntnis. Daß die SA 1941 einen »starken Schutz« bieten konnte, erscheint zweifelhaft. Bemerkenswert ist hingegen die Vermutung, daß sich SA und Wehrmacht im »Kampf gegen die SS« einig wüßten. Damit würde sich 1941 eine Umkehrung der machtpolitischen Interessenlage von 1934 abzeichnen.

17 Vgl. das Verzeichnis der Beamten und Angestellten der Abteilung Deutschland und des Sonderreferates Org., Stand vom 10.8.1942, in: PA des AA, Inland II A/B 347/3, sowie den GVPl. des AA vom Dezember 1941, in: ADAP E II, S. 533

| | |
|---|---|
| D IV | Herstellung und Verbreitung von Schriften aller Art im bzw. nach dem Auslande. Technische Apparate, Verlage, Buchhandlungen, Vertriebs- und Anzeigenunternehmen im Auslande. Leiter: WHA Klatten; |
| D V | Genehmigung aller amtlichen und parteiamtlichen sowie aller privaten Reisen der Beamten und Angestellten von Staat und Partei ins Ausland. Leiter: LR Dr. Garben; |
| D VI | Sonderbauten. Leiter: UStS Luther;[18] |
| D VII | Geographischer Dienst des Auswärtigen Amts. Leiter: WHA Dr. von zur Mühlen; |
| D VIII | Deutschtumsfragen, deutsche und fremde Volkstumsfragen. Leiter: Referent Triska;[19] |
| D IX | Wirtschaftliche Volkstumsfragen. Leiter: Ges. Großkopf; |
| D IX spez. | Volksdeutsche Umsiedlungen. Leiter: Ges. Großkopf; |
| D X | Betreuung ausländischer Arbeiter. Leiter: LR Dr. Kieser; |
| Ref.Org. | Organisationsangelegenheiten des Auswärtigen Dienstes. Leiter: UStS Luther. |

Mit Ausnahme des Gesandten Großkopf, den Luther 1940 aus der Kulturpolitischen Abteilung übernahm, ging keiner der Referenten aus dem diplomatischen Dienst hervor. Luther rekrutierte seine leitenden Mitarbeiter vornehmlich aus der Politischen Organisation der NSDAP, ihrer Gliederungen und angeschlossenen Verbände, wobei er offensichtlich darauf achtete, daß die Angehörigen der SS nicht dominierten. Fast allen gemeinsam war die frühzeitige Mitgliedschaft in der NSDAP, politische Überzeugungstreue und ein ausgeprägtes Vertrauensverhältnis zu ihrem Förderer Luther. Als typische Vertreter dieser jungen »Garde« können die Legationsräte Garben (D V) und Kieser (D X) gelten.

Manfred Garben, geb. 1911, trat 1931 der NSDAP bei, war 1934 Führer eines SA-Studentensturmbanns und nach der Promotion zum Dr.rer.pol. (1936) Adjutant des Stabschefs der SA. Auf Wunsch Luthers wurde Garben 1937 in die Dienststelle Ribbentrop und 1939 in das Auswärtige Amt übernommen.[20]

---

18 Die Aufgaben dieses Referats bestanden vor allem in der Planung, Errichtung und Betreuung des Nachwuchshauses, in dem die künftigen Anwärter des Auswärtigen Dienstes untergebracht und geschult werden sollten. Auf Wunsch Ribbentrops stellte Himmler 1939 den vormaligen Taktiklehrer bei der Junkerschule Braunschweig, SS-Ostubaf. Bertling, als Kommandanten des Nachwuchshauses zur Verfügung (vgl. BDC, SS-Pers.-Akte Heinz Bertling). – Nach dem Willen Ribbentrops sollte das Nachwuchshaus »Ausgangspunkt für die Erneuerung des Auswärtigen Dienstes des Großdeutschen Reiches« sein (Auswärtiges Amt, Nachwuchshaus, Berlin 1942, Vorwort). Dazu kam es nicht mehr infolge der kriegsbedingt zunehmenden Einberufungen. Vgl. auch Sasse: Das Problem des diplomatischen Nachwuchses im Dritten Reich, in: Festgabe für Fritz Hartung, Berlin 1958, S. 367-383

19 D VIII entstand aus dem Referat Kult A, das der Kulturpolitischen Abteilung entzogen wurde.

20 NA Washington, T-120, roll 2538; IfZ München, ZS 2004

Walther Kieser, geb. 1910, gehörte der NSDAP seit 1930 an. Im Verlauf seines Jurastudiums betätigte er sich als »Führer der Münchener Studentenschaft« für den Nationalsozialistischen Deutschen Studentenbund. Im September 1935, noch während des juristischen Vorbereitungsdienstes, den er unter anderem bei der Staatsanwaltschaft Weimar absolvierte, wurde Kieser zum Adjutanten des Gauleiters und Reichsstatthalters von Thüringen, Fritz Sauckel, ernannt. Wenig später, am 9. November 1935, folgte seine Beförderung zum SS-Untersturmführer im SD, für den er bereits seit 1934 »ehrenamtlich« arbeitete.[21] Auf die Tätigkeit als Adjutant Sauckels dürfte es zurückzuführen sein, daß Kieser 1941 mit Unterstützung Luthers in den Auswärtigen Dienst übernommen wurde und von 1942 an als Verbindungsmann des AA zu Gauleiter Sauckel in dessen Eigenschaft als »Generalbevollmächtigter für den Arbeitseinsatz« fungierte.[22]

Für die Abteilung Deutschland war neben ihrer personellen und organisatorischen Expansion die Berufung vergleichsweise junger Nationalsozialisten zu Referatsleitern ebenso signifikant wie die Vielfalt der Kompetenzen, die Luther in kürzester Zeit usurpierte. Über das Referat D IV nahm Luther zum Beispiel Einfluß auf Herstellung und Vertrieb der für das Ausland bestimmten Propagandaschriften. Mit Hilfe der Kompetenzen der Referate D II und V suchte er die außenpolitischen Aktivitäten aller innerdeutschen Dienststellen zu kontrollieren, darunter auch jene des Reichssicherheitshauptamtes und des SS-Hauptamtes.[23]

Politisch größere Bedeutung kommt den Referaten D II und D III zu, in denen Angelegenheiten des Reichsführers-SS bzw. die »Judenfrage« federführend bearbeitet wurden. Zum Leiter des Referats D II und Verbindungsführer des AA zur Reichsführung-SS bestellte Ribbentrop seinen Schulfreund Rudolf Likus, Gründungsmitglied des »Deutschen Schutz- und Trutzbundes« in Paderborn (1920), der der NSDAP seit 1922 und der SS seit 1933 angehörte.[24] Himmler war über dessen Berufung sehr erfreut, da er Likus »menschlich als auch dienstlich« schätzte.[25]

---

21 Nach vierjähriger Zugehörigkeit schied Kieser 1934 aus der SA und trat der SS bei; 30.1.1938 SS-Ostuf., 20.4.1939 SS-Hstuf., 20.4.1942 SS-Stubaf., jeweils als Führer im SD (BDC, SS-Pers.- u. Sippen-Akte Kieser).

22 Vgl. die Aussage des ehemaligen Leiters der Rechtsabteilung, Ges. Albrecht, v. 1.8.1947, in: IfZ München, ZS 803; ADAP E II, S. 533; Seabury: Die Wilhelmstraße, S. 287f.; zu Sauckel vgl. Hüttenberger: Die Gauleiter, S. 166ff.

23 Vgl. vor allem die Akten betr. Auslandsreisen des SD 1940-1941, in: NA Washington, T-120, roll 2541; vgl. auch PA des AA, Inland II g 118, u. BA Koblenz, NS 19 neu/256

24 Geb. 1892 in Metz als Sohn eines Oberpostschaffners, 1910 Obersekundareife, 1912 Einjährig-Freiwilliger, bis 1918 Kriegsdienst, zuletzt Sergeant, 1919 Baltische Landeswehr, 1920 Geschäftsführer des Schutz- und Trutzbundes für das Paderborner Land, 1922 NSDAP (Nr. 5814), Gründer der Ortsgruppe Hattingen, Mitglied der Organisation Consul (1920-1930), 1931-33 Lokalredakteur der Kasseler Post, 15.6.1933 SS, Pressereferent der 35. SS-Standarte, 1934 Beginn der Tätigkeit für den SD, 1935 Eintritt in die Dienststelle Ribbentrop, 13.9.1936 SS-Staf. im SD, 20.4.1939 SS-Oberf., 1939 LR I.Kl., 1941 VLR im AA (BDC, SS-Pers.-Akte Likus; ADAP E II, S. 531 u. 533)

25 Schreiben Himmlers an Ribbentrop v. 11.2.1939, in: BDC, SS-Pers.-Akte Likus

Da sich Likus vornehmlich als persönlicher Verbindungsführer zwischen Ribbentrop und Himmler betätigte - das heißt insbesondere personalpolitische und nachrichtendienstliche Angelegenheiten übermittelte, die unmittelbar für den Reichsaußenminister bzw. Reichsführer-SS bestimmt waren[26] - und Ribbentrop auf seinen Reisen begleitete, wurde das Referat D II de facto von seinem ständigen Vertreter, LR Picot, geleitet.[27]

Werner Picot, geb. 1903, Sohn eines Reichsgerichtsrates, Mitglied der NSDAP seit 1931, gelangte 1935 als Assessor in den Auswärtigen Dienst.[28] Von der SA, der er bis 1935 angehörte, zuletzt als Sturmbannführer und Spionageabwehr-Beauftragter einer SA-Gruppe, trat er am Tage nach seiner Einberufung in das AA zur SS über.[29] Obwohl die SA das SD-Hauptamt vor seiner Aufnahme unter Hinweis auf »Konjunkturrittertum« gewarnt hatte, wurde Picot - wie auch andere Spionageabwehr-Beauftragte der SA - als Hauptsturmführer in die SS übernommen.[30]

Picots SS-Personalakte spiegelt ein hohes Maß demonstrativer Überzeugungstreue wider: »Als einer der wenigen SS-Führer«, die sich 1936 im Auswärtigen Amt befanden, legte er »allergrößten Wert darauf, dort ebenfalls in SS-Uniform auftreten zu können.«[31] Im August 1936 ersuchte er den Reichsführer-SS um dessen Bild mit Widmung.[32] Und im November 1941 bat er das SS-Personalhauptamt um Genehmigung zum Tragen der feldgrauen SS-Uniform. Zur Begründung fügte er an: »Ich bin hauptberuflich in Vertretung des SS-Oberführers Likus mit der Verbindung zwischen dem

---

26 Dazu gehörten u.a.: Übermittlung nachrichtendienstlicher Berichte des RSHA an Ribbentrop, politische Überprüfung von AA-Bediensteten durch den SD, Aufnahme von Beamten und Angestellten des AA in den SD, Einbau von Mitarbeitern des SD in diplomatische und konsularische Vertretungen, Berichterstattung über Vorgänge im Berliner diplomatischen Korps. - Likus unterhielt in Berlin und in den deutschen Auslandsmissionen ein Informantennetz, dessen Meldungen er als Grundlage für seine Berichte an Ribbentrop und das RSHA benutzte. Nach übereinstimmender Auffassung verschiedener Zeitgenossen dürfte der Erkenntniswert der sogenannten Likus-Berichte gering gewesen sein (vgl. BA Koblenz, NS 19 alt/399; die Aussage v. Thaddens v. 9.9.1947, in: IfZ München, ZS 3592; Mitteilung des LR I.Kl. a.D. Gottfriedsen v. 24.6.1976 an den Verf.).

27 Diese Geschäftsverteilung offenbarte sich auch in der räumlichen Trennung zwischen dem von Picot geleiteten Referat, das sich im Hause Rauchstr. 27 befand, und dem von Likus unterhaltenen Büro in der Behrenstr. 14/16; vgl. dazu auch die Mitteilung Picots v. 22.5.1940 an den Amtschef I im RSHA, SS-Brif. Best, in: BA Koblenz, R 58/242, sowie das Verzeichnis der Beamten und Angestellten der Abteilung Deutschland v. 10.8.1942, in: PA des AA, Inland II A/B 347/3

28 BA Koblenz, NL Neurath, 21 (Personalveränderungen im AA, Stand v. 15.10.1937); Lebenslauf Picots v. 23.8.1935, in: BDC, SS-Pers.-Akte Picot

29 1932 Rechtsberater der SA-Gruppe Sachsen, 1933 SA-Stuf. und Adjutant des Ogruf. v. Killinger. - Vom 1.7.1935 an war Picot im AA tätig, mit Wirkung v. 2.7.1935 wurde er als Hstuf. in die SS übernommen (BDC, SS-Pers.-Akte Picot).

30 Schreiben des SD-Hauptamtes v. 22.5.1935 an das SS-Hauptamt, in: BDC, SS-Pers.-Akte Picot

31 Schreiben Picots v. 13.8.1936 an das SS-HA, in: BDC, SS-Pers.-Akte Picot

32 Dieses Bild wurde Picot mit Schreiben der SS-Personalkanzlei v. 8.10.1936 übersandt (BDC, SS-Pers.-Akte Picot).

Auswärtigen Amt und sämtlichen Dienststellen des Reichsführers-SS beauftragt. Außerdem führen mich Dienstreisen in das Ausland sowie in die besetzten Gebiete. Hierbei lege ich großen Wert darauf, als SS-Führer und nicht in der Uniform des Auswärtigen Amtes aufzutreten.«[33]

Die so demonstrierte Verbundenheit mit der SS verfehlte ihre Wirkung nicht. Picots Beförderungen innerhalb der SS gingen seinem diplomatischen Rang stets um eine Stufe voran: 1937 wurde er zum Legationssekretär und SS-Sturmbannführer, 1940 zum Legationsrat und SS-Obersturmbannführer, 1942 zum Legationsrat I. Klasse und SS-Standartenführer befördert.[34]

Wie sehr sich Picot bemühte, seine Tätigkeit als geschäftsführender Referatsleiter D II an den Interessen der SS, vornehmlich des Reichssicherheitshauptamtes, zu orientieren, geht aus einer Aufzeichnung des Referats D II vom 26. Februar 1941 hervor: »Seit der Gründung der Abt. Deutschl. sind die Beziehungen zwischen dem AA und dem RF-SS nachdrücklichst vertieft worden. Dies gilt insbesondere für die Verbindung zu dem Chef der Sipo und des SD (SS-Gruppenf. Heydrich) und den ihm unterstellten Ämtern, vor allem dem Amt IV (Gestapa - SS-Brigadef. Müller) und dem Amt VI (SD, Auslandsnachrichtendienst - SS-Brigadef. Jost).[35] In Verbindung zu dem Chef der Sipo und des SD ist stets davon ausgegangen worden, seinen Wünschen in dem überhaupt nur möglichen Umfang gerecht zu werden. Hierbei bestand die unbedingte Bereitwilligkeit auf Seiten des AA, bis an die Grenze des überhaupt Tragbaren zu gehen. Dem Chef der Sipo und des SD wurde jedes nur denkbare Entgegenkommen bezeigt.«[36] Einige Beispiele, die dann aufgeführt werden, sind besonders bemerkenswert:

Die Eingliederung der Polizeiverbindungsführer und ihres Personals in die Missionen Sofia, Paris, Rom, Tokio, Belgrad, Bukarest, Preßburg und Madrid sei »reibungslos vonstatten« gegangen, wenngleich unter erheblichem Arbeitsaufwand.[37]

Die Arbeit des SD in den verschiedenen Ländern sei »überhaupt nur dadurch ermöglicht worden, daß der Einbau der SD-Beauftragten durchgeführt wurde. Dies gilt insbesondere für den Balkan, wo die persönliche Bewegungsfreiheit aller Privatpersonen außerordentlich beschränkt ist.«[38]

---

33 Schreiben Picots v. 19.11.1941, in: BDC, SS-Pers.-Akte Picot

34 Innerhalb der SS wurde Picot als Führer beim Stab dem SS-HA, nach seiner Beförderung zum SS-Staf. dem Pers. Stab RFSS zugeteilt (vgl. SS-Führerstammkarte, in: BDC, SS-Pers.-Akte Picot).

35 Heinz Jost, geb. 1904, Vorgänger Walter Schellenbergs als Amtschef VI im RSHA, 1942 BdS Ostland, Ende 1942 amtsenthoben; vgl. im einzelnen Krausnick/Wilhelm: Die Truppe des Weltanschauungskrieges, S. 641

36 PA des AA, Inland II g 118

37 Ganz so »reibungslos« wie dargestellt verlief die Eingliederung nicht; zu den Friktionen zwischen dem Gesandten v. Killinger in Bukarest und dem Polizeiattaché Böhme vgl. PA des AA, Inland II g 93, vgl. ferner Inland II g 17 b, 61 u. 71

38 Hauptbeauftragte waren im Gegensatz zu den Polizeiattachés bzw. Polizeiverbin-

In der Zeit von Juli 1940 bis Februar 1941 »wurden Angehörigen des Amts IV und VI insgesamt 227 Aus- und Einreisen sowie in zahlreichen Fällen Kurierausweise erteilt. Diese Reisen dienten insbesondere dazu, die Verbindung zu den SD-Hauptbeauftragten aufrecht zu erhalten. Dies wäre ohne Mitwirkung des AA in zahlreichen Fällen völlig unmöglich gewesen.«[39]

Das Entgegenkommen des AA drücke sich auch darin aus, »sogar Sabotagematerial auf dem amtlichen Kurierweg nach Shanghai zu verbringen, wo es einem Beauftragten des SD vermittelt werden soll. [...] Überhaupt wurde der Kurierdienst des AA sämtlichen Stellen, besonders dem Amt IV und VI jederzeit im Rahmen des [...] nur Möglichen zur Verfügung gestellt.«[40]

Diese interne Aufzeichnung des Referates D II entstand nach den ersten Friktionen des AA mit dem Reichssicherheitshauptamt bei der Einsetzung der Polizeiattachés und SD-Beauftragten. Wenngleich manche Formulierungen den »guten Willen« des AA zur engen Zusammenarbeit mit dem Reichssicherheitshauptamt überaus deutlich betonen und insoweit Rechtfertigungscharakter haben, sind die Kernaussagen der Aufzeichnung hinsichtlich der materiellen Zusammenarbeit doch weitgehend aus den Sachakten zu bestätigen.[41]

Die Ursachen der Friktionen sind grundsätzlich nicht in mangelnder Bereitschaft des AA zur Zusammenarbeit mit den Dienststellen des Reichsführers-SS zu suchen, sondern in der auf Respektierung ihrer Kompetenzen bedachten Politik Ribbentrops und Luthers sowie in politischen und persönlichen Animositäten zwischen SS- und SA-Führern, so zwischen dem Chef des Reichssicherheitshauptamtes, SS-Gruf. Heydrich, und dem Gesandten in Bukarest, SA-Ogruf. v. Killinger.[42]

In der Bilanz erscheint das Referat D II als Hilfsorgan der Reichsführung-SS im Auswärtigen Amt; sein Leiter, Legationsrat Picot, figuriert dabei als Erfüllungsgehilfe des Reichssicherheitshauptamtes.

Personalstruktur und Funktion des Referates D III sind in der 1978 erschienenen Arbeit von Christopher R. Browning detailliert untersucht worden.[43] Dennoch bleibt zu fragen, inwieweit das Auswärtige Amt neben der SS an der Planung der Vernichtung der europäischen Juden beteiligt war und wann sich dort die Erkenntnis durchsetzte, daß die Euphemismen »Evakuierung«, »Abschiebung nach dem Osten« und »Endlösung der Judenfrage« die physische Vernichtung der Juden bedeuteten.

---

dungsführern »illegale« und deshalb getarnte, z.B. als Kultur- oder Handelsattachés in die Missionen eingebaute SD-Vertreter; vgl. PA des AA, Inland II g 70

39 Vgl. PA des AA, Inland II g 118 u. 126

40 S. 2 der Aufzeichnung v. 26.2.1941, in: PA des AA, Inland II g 118

41 Vgl. PA des AA, Inland II g 9, 61, 62, 70, 118 u. 126 sowie BA Koblenz, R 58/104 u. 860

42 Vgl. BA Koblenz, R 58/112 u. NS 19 alt/174 sowie PA des AA, Inland II g 93

43 The Final Solution and the German Foreign Office. A Study of Referat D III of Abteilung Deutschland 1940-43, New York-London 1978

# 4. Zur Mitwirkung des AA bei der »Endlösung der Judenfrage« (1940-1943)

»Je stärker sich der deutsche Sieg abzeichnen wird, umso größer und vordringlicher werden die Aufgaben des Referats [D III], denn die Judenfrage muß im Laufe des Krieges gelöst werden, da sie nur so ohne allgemeines Weltgeschrei erledigt werden kann.«

Aufzeichnung des Judenreferenten im AA, *Franz Rademacher,* vom 24.3.1942[1]

»Wenn das Auswärtige Amt nein gesagt hat, konnte die Sicherheitspolizei im Ausland nichts machen. Jede Zentralinstanz hat ihre Zuständigkeit haarscharf und sehr hart verteidigt. [...] Da ist stur nach den Vorschriften mit einer Akkuratesse und Genauigkeit - wie soll ich sagen - der Amtsschimmel rumgesprungen. Und daraus resultieren eben heute diese zentnerschweren Akten.«

Aussage des ehemaligen Judenreferenten im RSHA, *Adolf Eichmann,* vom 6.6.1960[2]

## *Legationsrat Franz Rademacher, Judenreferent des AA (1940-1943)*

Im Mai 1940 übernahm Legationssekretär Rademacher, der im August gleichen Jahres zum Legationsrat befördert wurde, an Stelle Schumburgs die Leitung des Referates D III.[3] Der Volljurist Rademacher, geb. 1906, wechselte als Regierungsrat der allgemeinen und inneren Verwaltung im Dezember 1937, also noch zur Amtszeit des Reichsaußenministers v. Neurath, in den Auswärtigen Dienst. Nach vorübergehender Tätigkeit in der Kulturpolitischen Abteilung des AA wurde er 1938 der Gesandtschaft Montevideo zugeteilt, deren Geschäfte er bis April 1940 leitete.[4] Familiärer

1 In: PA des AA, Inland II A/B 347/3

2 Zitiert nach Lang, Jochen v. (Hrsg.): Das Eichmann-Protokoll, Tonbandaufzeichnungen der israelischen Verhöre, Berlin 1982, S. 133

3 Vgl. Dienstantrittsanzeige Rademachers v. 8.5.1940, in: PA des AA, Inland II A/B 347/3. Am 16.11.1942 wurde Rademacher zum LR I. Kl. befördert; vgl. ADAP, E IV, S. 648, u. StA Nürnberg, NG-2447.

4 Vgl. ADAP, D II, S. 833; Aussage des ehemaligen Personalchefs des AA, Hans Schroeder, v. 21.7.1947, in: IfZ München, ZS 1460; Browning: The Final Solution and the German Foreign Office, S. 29f.; Sammlung der Presse-Stimmen zum Rademacher-Prozeß, 1. Teil, 1952, in: BA Koblenz, NL Rheindorf, 276, darunter insbesondere den Bericht der Tageszeitung »Die Welt« Nr. 30 v. 5.2.1952. - Rademacher war 1952 erstmals wegen seiner Mitwirkung bei Judendeportationen des fortgesetzten Mordes, der Beihilfe zum Totschlag und Beihilfe zum Menschenraub angeklagt worden.

Umstände wegen bat Rademacher im Frühjahr 1940 um Rückkehr nach Deutschland.[5]

Seit März 1933 gehörte Rademacher der NSDAP an. Aus der SA, der er im Sommer 1932 beigetreten war, schied er, wie so manch karrierebewußter Beamter, im Frühjahr 1934 wieder aus.[6] Entgegen der Darstellung in den Akten zur Deutschen Auswärtigen Politik gehörte Rademacher der SS *nicht* an.[7] Ebensowenig seine zeitweiligen Mitarbeiter, die Legationssekretäre bzw. Legationsräte Gerhard Todenhöfer, Herbert Müller, Kurt Otto Klingenfuß und Fritz-Gebhardt v. Hahn.[8]

Besondere Kenntnisse und Befähigungen, die Rademacher und seine Mitarbeiter für die Tätigkeit im Judenreferat »qualifizierten«, sind den vorliegenden Quellen nicht zu entnehmen. Die personelle Besetzung des Referats D III ist weder auf freiwillige Meldung noch auf eine gezielte Personalpolitik zurückzuführen, vielmehr auf mehr oder minder routinemäßige Personalveränderungen, ausgelöst durch Versetzung, persönliche Empfehlung, Krankheit oder Einberufung zur Wehrmacht.[9] Darin und in dem erst nach dem 30. Januar 1933 zu verzeichnenden Beitritt seiner Mitarbeiter zur NSDAP unterscheidet sich das Referat D III von den neugeschaffenen Referaten der Abteilung Deutschland.[10] Anders als Luther und dessen »junge Garde« waren die Mitarbeiter des Judenreferats, Müller ausgenommen, noch zur Amtszeit v. Neuraths in den Auswärtigen Dienst gelangt.[11]

Während Müller und Klingenfuß nach Einsicht in die spezifischen Funktionen von D III um Versetzung baten, verstanden sich Rademacher und v. Hahn als »Judenexperten« des AA.[12] Bei Rademacher kam dieses Selbstverständnis sowohl dienstlich zum Ausdruck, indem er sich vor allem mit

---

Nach mehreren Unterbrechungen des Verfahrens, bedingt u. a. durch Rademachers Flucht nach Syrien, wurde er am 2.5.1968 wegen Beihilfe zum Mord zu drei Jahren und sechs Monaten Freiheitsstrafe verurteilt. Am 17.3.1973 ist Rademacher in Bonn verstorben; vgl. im einzelnen bei Browning: The Final Solution, S. 187-206.

5 Hintergrund der Rückkehr Rademachers soll die Affäre seiner Frau mit einem der Offiziere des Panzerschiffes »Admiral Graf Spee« gewesen sein, die in Montevideo interniert waren und von der Deutschen Gesandtschaft betreut wurden; vgl. Browning: The Final Solution, S. 30

6 Vgl. Browning: The Final Solution, S. 29

7 Lt. ADAP, E IV, S. 648, soll Rademacher »SS-Obersturmbannführer« gewesen sein. Diese Angabe geht vermutlich auf eine Personenverwechslung zurück mit dem SS-Ostubaf. Ernst Rademacher, geb. 18.7.1903 (vgl. DAL der SS v. 1.10.1944) oder mit dem SS-Ostuf. Franz Rademacher, geb. 26.12.1909 (vgl. BDC, SS-Personalunterlagen). Der LR Rademacher wurde dagegen am 20.2.1906 geboren (vgl. StA Nürnberg, NG-2447 u. 2458).

8 Vgl. BDC, NSDAP- u. SS-Personalunterlagen; Browning: The Final Solution, S. 31-34

9 Vgl. Browning: The Final Solution, S. 29-34

10 Vgl. ebda., S. 29

11 Vgl. ebda., S. 34

12 Vgl. ebda., S. 30-33 u. 151ff.

der »Lösung der Judenfrage« befaßte und die übrigen Aufgaben des Referats weitgehend seinen Mitarbeitern überließ, als auch privat. Mit Schreiben vom 1. August 1940 teilte er der Personalabteilung des AA mit: »Es ist mir gelungen, unter der Hand die Zusage zu erhalten, daß eine Judenwohnung durch Sondermaßnahmen für mich freigemacht wird.«[13] Legationssekretär v. Hahn bedauerte 1943 gegenüber dem Leiter der Auslandsorganisation, Gauleiter Bohle, daß nicht nur eine Anzahl befreundeter Regierungen, »sondern teilweise auch unsere eigenen Berufsbeamten im Ausland nicht das nötige Verständnis für die Notwendigkeit einer alsbaldigen endgültigen europäischen Lösung der Judenfrage aufbringen.« Er, Hahn, sei bemüht, »hierzu Abhilfe zu schaffen.«[14]

## *Vom Madagaskar-Plan zur Wannsee-Konferenz*

Am 3. Juni 1940, wenige Wochen nach Übernahme des Judenreferats, faßte Rademacher seine »Gedanken über die Arbeiten und Aufgaben des Ref. D III« in einer Aufzeichnung für den Leiter der Abteilung Deutschland, Luther, zusammen. Die Quintessenz dieser Aufzeichnung lautete: »Durch den Krieg selbst und die dadurch heraufbeschworene endgültige Auseinandersetzung mit den westlichen Imperien und den dort herrschenden überstaatlichen Mächten ist die außenpolitische Bedeutung der jeweils zu entscheidenden Einzelfrage in Judensachen zurückgetreten. Dafür steht m.E. die Frage nach dem deutschen Kriegsziel in der Judenfrage zur Entscheidung. Es muß die Frage geklärt werden, wohin mit den Juden? Denkbares Kriegsziel in dieser Beziehung könnte sein:

a) alle Juden aus Europa,
b) Trennung zwischen Ost- und Westjuden; Ostjuden, die den zeugungskräftigeren und talmudsicheren Nachwuchs für die kämpferische jüdische Intelligenz stellen, bleiben z.B. im Bezirk Lublin als Faustpfand in deutscher Hand, damit die Juden Amerikas in ihrem Kampf gegen Deutschland lahmgelegt bleiben. Die Westjuden werden dagegen aus Europa entfernt, beispielsweise nach Madagaskar.
c) In diesem Zusammenhange Frage eines jüdischen Nationalheims in Palästina (Gefahr eines 2. Roms!).«[15]

---

13 StA Nürnberg, NG-2879. – Vgl. dazu auch Hilberg: Die Vernichtung der europäischen Juden, S. 334; Browning: The Final Solution, S. 30, sowie die Berichte der »Frankfurter Allgemeinen Zeitung« und der »Welt« v. 27.2.1952 über den Rademacher-Prozeß. – Rademacher war nicht der einzige Angehörige des AA, der eine »Judenwohnung« für sich in Anspruch nahm; vgl. das Schreiben des Gesandten v. Erdmannsdorff v. 21.3.1942 an die Personalabteilung des AA, in: StA Nürnberg, NG-2895.

14 Privatdienstliches Schreiben Hahns v. 4.3.1943 an Bohle, in: PA des AA, Inland II A/B 42/3

15 PA des AA, Inland II A/B 347/3

Zur Bearbeitung dieser Fragen sei das Referat D III berufen. Die Bearbeitung müsse sofort einsetzen, »damit die Abteilung [Deutschland] nicht bei evtl. aufkommenden Friedensverhandlungen der Politischen Abteilung gegenüber ins Hintertreffen kommt; denn es besteht die Gefahr, daß bei der politischen Abteilung sich ein aus der Sache bedingtes imperialistisches Denken durchsetzen wird und daß dabei leicht übersehen werden kann, Groß-Deutschland im Friedensvertrag soweit nur irgend möglich gegen die überstaatlichen Mächte zu sichern. Der jetzige Krieg hat eben ein doppeltes Gesicht: ein imperialistisches - die Sicherung des für Deutschland als Weltmacht politisch, militärisch und wirtschaftlich notwendigen Raumes -, ein überstaatliches - Befreiung der Welt aus den Fesseln des Judentums und der Freimaurerei -.«[16]

Ebenfalls am 3. Juni 1940 skizzierte Rademacher, vermutlich als Notiz zum Vortrag bei Luther, einen kurzen »Überblick über die neu aufzunehmenden, vordringlichen Aufgaben des Ref. D III«[17], der in nuce die »Gedanken über die Arbeiten und Aufgaben des Ref. D III« wiedergab. Dieser Überblick trägt die handschriftliche Randbemerkung Rademachers vom 4. August 1940, daß »nach Mitteilung des Pg. Luther« der Reichsaußenminister grundsätzlich der Abschiebung der Juden zugestimmt habe. »Es soll im engen Einvernehmen mit den Dienststellen des Reichsführers-SS vorgegangen werden.«[18]

Die Weisung Ribbentrops dürfte nach Zustimmung Hitlers zum Madagaskar-Plan und Absprache mit Himmler ergangen sein. Schon am 17. Juni 1940 bemerkte Hitler bei seinen Gesprächen mit Mussolini über die Neuordnung des französischen Kolonialreiches: »Man könnte einen israelitischen Staat auf Madagaskar errichten.«[19] Am 15. August 1940 teilte Luther seinem Referenten Rademacher »streng vertraulich« mit: »Gelegentlich einer Besprechung mit Herrn Botschafter Abetz in Paris erzählte mir dieser, daß der Führer ihm bei seinem vor zirka 2 Wochen stattgefundenen Vortrag über Frankreich erzählt habe, daß er beabsichtige, nach dem Kriege sämtliche Juden aus Europa zu evakuieren.«[20] Im Juli 1940 erfuhr der Reichsstatthalter im Warthegau, SS-Gruf. Arthur Greiser, von Himmler persönlich, »daß nunmehr die Absicht bestehe, die Juden über See in bestimmte Gebiete abzuschieben.«[21]

---

16 Ebda.

17 PA des AA, Inland II g 177

18 Ebda.

19 Schmidt: Statist auf diplomatischer Bühne, S. 485

20 PA des AA, Inland II g 177. - »Nach dem Kriege« kann in diesem Zusammenhang nur bedeuten: nach Abschluß des Krieges gegen Frankreich. - Otto Abetz, geb. 26.3.1903 in Schwetzingen b. Mannheim als Sohn eines Amtmanns, 1932 Assessor für das künstlerische Lehramt, 1934 Unterbannführer in der Reichsjugendführung, 1935 Frankreich-Referent in der Dienststelle Ribbentrop, 1.8.1935 SS, 1938 Hauptreferent West in der Dienststelle Ribbentrop, 1939 SS-Ostubaf., 1940-44 Botschafter in Paris, seit 1942 SS-Brif. (BDC, SS-Personalunterlagen).

21 Abteilungsleitersitzung der Regierung des Generalgouvernements im Juli 1940, in:

Durch Himmler dürfte auch der Chef der Sicherheitspolizei und des SD, SS-Gruf. Heydrich, frühzeitig über den Madagaskar-Plan des Auswärtigen Amtes unterrichtet worden sein. Vor diesem Hintergrund wird die Funktion des Schreibens deutlich, das Heydrich am 24. Juni 1940 an den Reichsaußenminister v. Ribbentrop richtete: »Der Herr Generalfeldmarschall [Göring] hat mich im Januar 1939 in seiner Eigenschaft als Beauftragter für den Vierjahresplan mit der Durchführung der jüdischen Auswanderung aus dem gesamten Reichsgebiet beauftragt. In der Folgezeit gelang es, trotz großer Schwierigkeiten, selbst auch während des Krieges, die jüdische Auswanderung erfolgreich fortzusetzen. Seit Übernahme der Aufgabe durch meine Dienststelle am 1. Januar 1939 sind bisher insgesamt über 200000 Juden aus dem Reichsgebiet ausgewandert. Das Gesamtproblem – es handelt sich bereits um rund 3 ¼ Millionen Juden in den heute deutscher Hoheitsgewalt unterstehenden Gebieten – kann aber durch Auswanderung nicht mehr gelöst werden. Eine *territoriale Endlösung* wird daher notwendig. Ich darf bitten, mich bei bevorstehenden Besprechungen, die sich mit der Endlösung der Judenfrage befassen, falls solche von dort aus vorgesehen sein sollten, zu beteiligen.«[22]

Indem Rademacher die »Judenfrage« zum Kriegsziel erklärte und verschiedene Optionen zu ihrer Lösung entwickelte – eine Initiative, die ohne die Politische Abteilung zustande kam –, war er in einen Bereich vorgedrungen, für den das Reichssicherheitshauptamt uneingeschränkte Kompetenz beanspruchte. Ribbentrops Weisung, »im engen Einvernehmen mit den Dienststellen des Reichsführers-SS« vorzugehen, erkannte diese Kompetenz ausdrücklich an und bildete fortan die Grundlage für die Zusammenarbeit zwischen Auswärtigem Amt und Reichssicherheitshauptamt bei der »Endlösung der Judenfrage«.

Bereits am 2. Juli 1940 erstellte das Referat D III einen »Plan zur Lösung der Judenfrage«, dessen wesentliche Teile ihren Niederschlag fanden in der Aufzeichnung Rademachers zur »Judenfrage im Friedensvertrage« vom 3. Juli 1940.[23] Darin stellte Rademacher einleitend fest: »Der bevorstehende Sieg gibt Deutschland die Möglichkeit und meines Erachtens auch die Pflicht, die Judenfrage in Europa zu lösen. Die wünschenswerte Lösung ist: Alle Juden aus Europa.« Das Referat D III sei über den Leiter der Abteilung Deutschland mit Vorschlägen an den Reichsaußenminister herangetreten und habe von diesem den Auftrag erhalten, die Vorarbeiten unverzüglich in die Wege zu leiten. Besprechungen mit Dienststellen des Reichsführers-SS, des Innenministeriums und der Partei hätten bereits stattgefunden. Diese Dienststellen billigten folgenden Plan des Referats D III:

---

Faschismus-Ghetto-Massenmord. Dokumentation über Ausrottung und Widerstand der Juden in Polen während des Zweiten Weltkrieges, hrsg. vom Jüdischen Historischen Institut Warschau, Berlin (Ost) 1961, zitiert nach Adam: Judenpolitik im Dritten Reich, S. 256

22 PA des AA, Inland g 177 (Hervorhebung d. Verf.)

23 Ebda.

»Frankreich muß im Friedensvertrag die Insel Madagaskar für die Lösung der Judenfrage zur Verfügung stellen und seine rund 25000 dort ansässigen Franzosen aussiedeln und entschädigen. Die Insel wird Deutschland als Mandat übertragen. [...] Der nicht militärisch erforderliche Teil der Insel wird unter die Verwaltung eines deutschen Polizeigouverneurs gestellt, der der Verwaltung des Reichsführers-SS untersteht. In diesem Territorium bekommen die Juden im übrigen Selbstverwaltung: eigene Bürgermeister, eigene Polizei, eigene Post- und Bahnverwaltung usw. Für den Wert der Insel haften die Juden als Gesamtschuldner. Zu diesem Zweck wird ihr bisheriges europäisches Vermögen einer zu gründenden europäischen Bank zur Verwertung übertragen. [...] Da Madagaskar nur Mandat wird, erwerben die dort ansässigen Juden nicht die deutsche Staatsangehörigkeit. Allen nach Madagaskar deportierten Juden wird dagegen vom Zeitpunkt der Deportation ab von den einzelnen europäischen Ländern die Staatsangehörigkeit dieser Länder aberkannt. [...] Diese Regelung vermeidet, daß die Juden sich etwa in Palästina einen eigenen Vatikanstaat gründen und damit den symbolischen Wert, den Jerusalem für den christlichen und mohammedanischen Teil der Welt hat, für ihre Ziele einspannen können. Außerdem bleiben die Juden als Faustpfand in deutscher Hand für ein zukünftiges Wohlverhalten ihrer Rassegenossen in Amerika. [...]«[24]

Um seinen Plan »wissenschaftlich« zu fundieren, holte Rademacher im Juli 1940 beim Bayerischen Statistischen Landesamt und bei der Bergakademie Freiberg Gutachten zur Demographie und Geologie Madagaskars ein.[25] Diese Gutachten übersandte er am 5. August 1940 SS-Obersturmführer Theo Dannecker, einem Mitarbeiter Adolf Eichmanns im Referat IV D 4 des Reichssicherheitshauptamtes, mit der Bitte um Kenntnisnahme, nachdem er zuvor schon das Reichssicherheitshauptamt über Grundzüge und Verlauf seiner Vorarbeiten zum Madagaskar-Plan unterrichtet hatte.[26]

Dannecker seinerseits schickte dem »lieben Kameraden Rademacher« am 15. August 1940 durch Boten die Ausarbeitung »Madagaskar-Projekt« des Reichssicherheitshauptamtes zum »persönlichen Gebrauch« und mit der Bitte um »vertrauliche Behandlung«.[27] Ein weiteres Exemplar ließ Heydrich unmittelbar dem Reichsaußenminister Ribbentrop zukommen. Dieses gelangte dann vom Ministerbüro über die Referate Kult E (Aus- und Rückwanderung) und D III zu Pol XII (Friedensfragen).[28] Neben der Abteilung Deutschland wurden also auch die Kulturpolitische und die Politische Abteilung des AA beteiligt.

---

24 Ebda.

25 Vgl. das Dankschreiben Rademachers an Prof. Dr. ing. Schumacher, Bergakademie Freiberg, v. 2.8.1940 und die Aufzeichnung Rademachers »Bisherige Entwicklung des Madagaskar-Plans des Referats D III« v. 30.8.1940, in: ebda.

26 Ebda.

27 Ebda.

28 Notiz Rademachers v. 16.8.1940 zum Schreiben Danneckers v. 15.8.1940, in: ebda.

Vom Madagaskar-Plan des Auswärtigen Amtes, der auf zwei Seiten vorwiegend außenpolitische, völkerrechtliche und propagandistische Forderungen enthielt, unterscheidet sich das Madagaskar-Projekt des Reichssicherheitshauptamtes durch größere Ausführlichkeit und Konkretion. Auf 14 Seiten wurden unter den Kapiteln Geographisches, staatsrechtliche Form und gebietsmäßige Aufgliederung sowie Organisation vergleichsweise detaillierte Zielsetzungen formuliert.[29]

Diese Ausarbeitung bildete, folgt man dem Anspruch ihrer Autoren, »den Niederschlag der bisher seitens der Sicherheitspolizei geleisteten Vorarbeiten zu dem Projekt einer Ansetzung [sic]« der im deutschen Machtbereich befindlichen rund vier Millionen Juden auf Madagaskar.[30] »Nach dem Hinzukommen der Massen des Ostens« sei eine »Bereinigung des Judenproblems durch Auswanderung unmöglich geworden. [...] Zur Vermeidung dauernder Berührung anderer Völker mit Juden ist eine Überseelösung *insularen Charakters* jeder anderen vorzuziehen.«[31]

Der Leiter der Abteilung Deutschland, Gesandter Luther, den Rademacher Mitte August 1940 zunächst telefonisch über das Madagaskar-Projekt des Reichssicherheitshauptamtes unterrichtet hatte,[32] dürfte nach dessen Lektüre so beeindruckt gewesen sein, daß er schriftlich bei Rademacher anfragte, von wem dieser »Plan« stamme und welche Arbeiten das Auswärtige Amt daran geleistet habe.[33] Rademacher beantwortete Luthers Anfrage durch Aufzeichnung vom 30. August 1940, in der er zur »bisherigen Entwicklung des Madagaskar-Plans des Referats D III« feststellte: »Die Idee, alle Juden nach Madagaskar zu schaffen, ist zuerst von dem alten holländischen Antisemiten Beamish in den 20er Jahren veröffentlicht worden. Nachdem auf Vorschlag der Abteilung Deutschland der Herr Reichsminister entschieden hatte, daß die Lösung der Judenfrage im Friedensvertrag von dem Referat D III [...] im Einvernehmen mit den Dienststellen des Reichsführers-SS bearbeitet werden sollte, habe ich den [...] Grundriß eines Planes zur Lösung der Judenfrage im Friedensvertrage entworfen. [...] Gemäß dieses Grundplanes bin ich an die einzelnen Dienststellen herangetreten. Auf meine Anregung hin und in enger Fühlungnahme mit mir ist dann der Madagaskar-Plan des Reichssicherheitshauptamtes entstanden.«[34]

Da die vorliegenden Quellen keinerlei Hinweise enthalten, die Zweifel an der Glaubwürdigkeit dieser Darstellung begründen, kann als gesichert

---

29 Vgl. ebda.

30 Madagaskar-Projekt des RSHA, S. 2, Anlage zum Schreiben Danneckers an Rademacher v. 15.8.1940, in: ebda.

31 Madagaskar-Projekt, S. 1f., in: ebda. (Hervorhebung im Original)

32 Vgl. Notiz Rademachers v. 16.8.1940 zum Schreiben Danneckers v. 15.8.1940, in: ebda.

33 Handschriftliche Notiz Luthers zu D III 2173, in: ebda.

34 Ebda.

gelten, daß der Madagaskar-Plan, sieht man von vagen historischen Vorläufern ab, Anfang Juni 1940, das heißt während des Frankreichfeldzugs im Referat D III des Auswärtigen Amtes entwickelt worden ist.[35] Dessen Urheberschaft wird durch die Aufzeichnung Luthers vom 21. August 1942 für den Reichsaußenminister bestätigt. Die in diesem Zusammenhang entscheidende Passage der Aufzeichnung lautet: »Der Madagaskar-Plan wurde vom Reichssicherheitshauptamt begeistert *aufgenommen*, das nach Ansicht des Auswärtigen Amtes die Dienststelle ist, die erfahrungsgemäß und technisch allein in der Lage ist, eine Judenevakuierung im Großen durchzuführen und die Überwachung der Evakuierten zu gewährleisten. Die zuständige Dienststelle des Reichssicherheitshauptamtes arbeitete *darauf* einen bis ins einzelne gehenden Plan für die Evakuierung der Juden nach Madagaskar und ihrer Ansiedlung dort aus, der vom Reichsführer-SS gebilligt wurde.«[36]

Festzuhalten ist, daß die Termini »Lösung der Judenfrage« und »Endlösung« im Sommer 1940 die Vertreibung der Juden aus Europa und deren Ansiedlung auf Madagaskar umschrieben. Tötungsabsichten oder gar die Vorbereitung zum Massenmord sind den Akten in diesem Zusammenhang nicht zu entnehmen.

Voraussetzung zur Realisation des Madagaskar-Plans war nicht nur der militärische Sieg über Frankreich und die in seiner Folge erhoffte Abtretung Madagaskars als Mandat an das Deutsche Reich, sondern auch die Sicherung der Seewege nach Madagaskar, mit anderen Worten: die Ausschaltung der britischen Flotte. Da dies ebensowenig gelang wie die Invasion Englands, wurde der Madagaskar-Plan im Herbst 1940 obsolet. »The Madagaskar-Plan was born and died of military circumstances«; dieser Feststellung Brownings ist uneingeschränkt zuzustimmen.[37]

Die Sachakten des AA lassen erkennen, daß der Madagaskar-Plan vom Herbst 1940 nicht weiter verfolgt wurde. Statt dessen wurde die Auswanderung und Vertreibung der Juden aus dem deutschen Machtbereich forciert – bis zum Frühjahr 1941.[38] Spätestens seit Mai 1941 vertrat das Reichssicherheitshauptamt die Auffassung, daß »im Hinblick auf die zweifellos kom-

---

35 Diese Auffassung vertreten auch Browning (The Final Solution, 1978, S. 35-43) und Hilberg (Die Vernichtung der europäischen Juden, 1982, S. 281). In den Darstellungen Krausnicks (Judenverfolgung, in: Anatomie des SS-Staates, Bd. II, 1967, S. 292 f.) und Adams (Judenpolitik im Dritten Reich, 1979, S. 256 f.) bleibt die Urheberschaft des Madagaskar-Plans noch ungeklärt. Zu den Vorläufern des Madagaskar-Plans vgl. auch Ganther, Heinz (Hrsg.): Die Juden in Deutschland, Hamburg o. J., S. 132, sowie Hillgruber, Andreas: Der geschichtliche Ort der Judenvernichtung, in: Jäckel/Rohwer (Hrsg.): Der Mord an den Juden im Zweiten Weltkrieg, S. 218

36 PA des AA, Inland II g 177 (Hervorhebungen d. Verf.)

37 Browning: The Final Solution, S. 42. – Adams Feststellung (Judenpolitik im Dritten Reich, S. 304), der zufolge »die planerischen Vorarbeiten für das Madagaskar-Projekt im Winter 1940 zu ersten konkreten Überlegungen führten«, ist aus den Akten nicht zu bestätigen.

38 Vgl. Browning: The Final Solution, S. 43-47

mende Endlösung der Judenfrage« die Auswanderung von Juden aus Frankreich und Belgien ebenso zu verhindern sei wie die Einwanderung von Juden in die vom Dritten Reich besetzten Gebiete.[39]

Im Juli 1941, wenige Wochen nach dem deutschen Angriff auf die Sowjetunion, ist eine qualitative Veränderung der Pläne zur »Endlösung der Judenfrage« festzustellen. Am 29. November 1941 richtete der Chef der Sicherheitspolizei und des SD, SS-Ogruf. Heydrich, das folgende Schreiben an den Unterstaatssekretär Luther: »Lieber Parteigenosse Luther! Am 31.7.1941 beauftragte mich der Reichsmarschall des Großdeutschen Reiches, unter Beteiligung der in Frage kommenden anderen Zentralinstanzen alle erforderlichen Vorbereitungen in organisatorischer, sachlicher und materieller Hinsicht für eine Gesamtlösung der Judenfrage in Europa zu treffen und ihm in Bälde einen Gesamtentwurf hierüber vorzulegen. Eine Fotokopie dieser Bestellung lege ich meinem Schreiben bei.[40] In Anbetracht der außerordentlichen Bedeutung, die diesen Fragen zuzumessen ist, und im Interesse der Erreichung einer gleichen Auffassung bei den in Betracht kommenden Zentralinstanzen an den übrigen mit dieser Endlösung zusammenhängenden Arbeiten rege ich an, diese Probleme zum Gegenstand einer gemeinsamen Aussprache zu machen, zumal seit dem 15.10.1941 bereits in laufenden Transporten Juden aus dem Reichsgebiet einschließlich Protektorat Böhmen und Mähren nach dem Osten evakuiert werden.«[41]

Zu dieser »Besprechung mit anschließendem Frühstück«, die am 9. Dezember 1941, 12.00 Uhr, in der Dienststelle der Internationalen Kriminalpolizeilichen Kommission, Berlin, Am Großen Wannsee Nr. 56-58, statt-

---

39 Schreiben des RSHA, IV B 4, gez. Schellenberg, v. 20.5.1941 an das AA, Abteilung D III, in: PA des AA, Inland II g 189; vgl. auch BA Koblenz, R 58/276

40 Diese »Bestellung«, die Heydrich von Göring erbeten und zur Legitimation gegenüber Dritten erhalten hatte (vgl. Jäckel, Eberhard: Die Entschlußbildung als historisches Problem, in: Jäckel/Rohwer (Hrsg.): Der Mord an den Juden im Zweiten Weltkrieg, S. 15), lautete: »In Ergänzung der Ihnen bereits mit Erlaß vom 24.1.39 übertragenen Aufgabe, die Judenfrage in Form der Auswanderung oder Evakuierung einer den Zeitverhältnissen entsprechend möglichst günstigsten Lösung zuzuführen, beauftrage ich Sie hiermit, alle erforderlichen Vorbereitungen in organisatorischer, sachlicher und materieller Hinsicht zu treffen für eine Gesamtlösung der Judenfrage im deutschen Einflußgebiet in Europa. Sofern hierbei die Zuständigkeiten anderer Zentralinstanzen berührt werden, sind diese zu beteiligen. Ich beauftrage Sie weiter, mir in Bälde einen Gesamtentwurf über die organisatorischen, sachlichen und materiellen Vorausmaßnahmen zur Durchführung der angestrebten Endlösung der Judenfrage vorzulegen. gez. Göring« (PA des AA, Inland II g 177).

41 Ebda. - Adam (Judenpolitik im Dritten Reich, 1979, S. 309, Anm. 24) hält »die Beteiligung ›anderer Zentralinstanzen‹«, d.h. solcher außerhalb des SS- und Polizei-Machtapparates, an der »Endlösung« für zweifelhaft, da diese »bei der späteren Form der Vernichtung niemals eine Rolle spielten.« Adam verkennt dabei die prominente Rolle, die das AA bei der »diplomatischen« Vorbereitung und Abschirmung der »Endlösung« spielte. Diese Fehleinschätzung resultiert vor allem aus der Vernachlässigung des mehrere hundert Aktenfaszikel umfassenden Bestandes Inland II g (in: PA des AA).

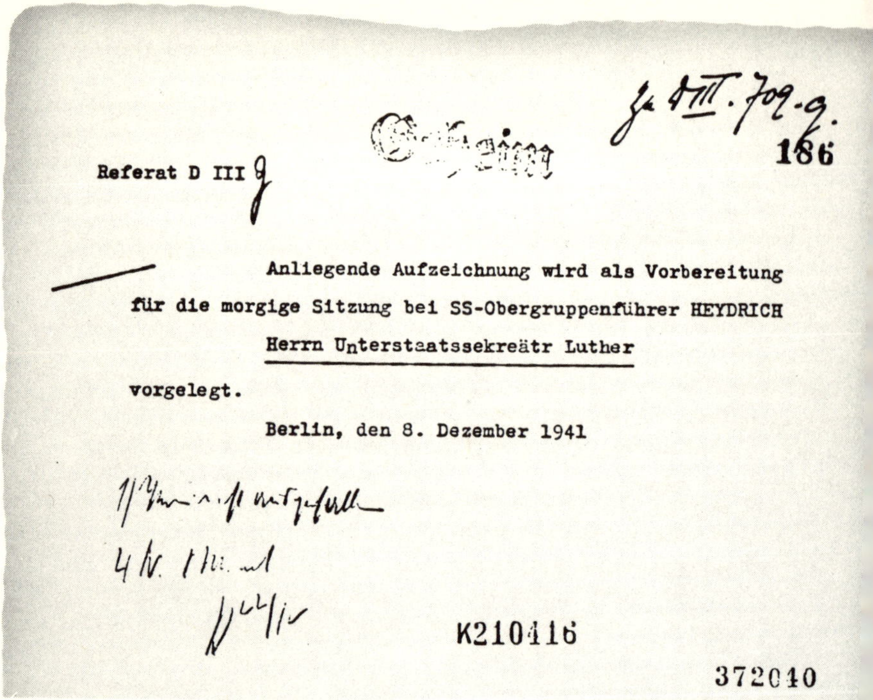

186

Referat D III

Anliegende Aufzeichnung wird als Vorbereitung für die morgige Sitzung bei SS-Obergruppenführer HEYDRICH Herrn Unterstaatssekreätr Luther vorgelegt.

Berlin, den 8. Dezember 1941

K210416

372040

finden sollte, wurden neben Luther die Staatssekretäre und Amtsleiter der betroffenen Ressorts bzw. Partei- und SS-Dienststellen geladen.[42]

Auf dem Schreiben Heydrichs vermerkte Luther mit Datum vom 4. Dezember 1941 handschriftlich: »Pg. Rademacher bitte Ogruf. Heydrich mitzuteilen, daß ich erkrankt bin, ihm für seine Einladung sehr danke und wenn irgend möglich teilnehme. Bitte mir für die Sitzung eine Aufzeichung über unsere Wünsche und Ideen anzufertigen, bitte auch sofort St.S. zu unterrichten.«[43] Darunter notierte Rademacher am 8. Dezember 1941 handschriftlich: »Staatssekretär [v. Weizsäcker] ist unterrichtet, ist auch einverstanden mit Verfahren.«[44] Und ebenfalls mit Datum vom 8. Dezember 1941[45] fertigte Rademacher die Aufzeichnung »Wünsche und Ideen des Auswärtigen Amts zu der vorgesehenen Gesamtlösung der Judenfrage in Europa«, die acht Punkte umfaßte:[46]

---

42 Vgl. im einzelnen den Schlußsatz in Heydrichs Schreiben v. 29.11.1941, in: PA des AA, Inland II g 177

43 Ebda.

44 Ebda.

45 Ebda. Unter seinem Vermerk notierte Rademacher handschriftlich am 22.12.1941: »1) Termin ist ausgefallen 2) N [Neuvorlage, oder:] W [Wiedervorlage] 1 Monat«.

46 Ebda.

**Wünsche und Ideen des Auswärtigen Amts**
**zu der vorgesehenen Gesamtlösung der Judenfrage in Europa.**

----

1. Abschiebung aller im Deutschen Reich ansässigen Juden deutscher Staatsangehörigkeit unter Einbeziehung der kroatischen, slovakischen und rumänischen Juden nach dem Osten.

2. Abschiebung aller in den von uns besetzten Gebieten lebenden durch die jüngste Verordnung zum Reichsbürgergesetz staatenlos gewordenen Juden früherer deutscher Staatsangehörigkeit.

3. Abschiebung aller serbischen Juden.

4. Abschiebung der uns von der ungarischen Regierung übergebenen Juden.

5. Erklärung der Bereitwilligkeit gegenüber der rumänischen, slovakischen, kroatischen, bulgarischen und ungarischen Regierung, die in diesen Ländern lebenden Juden ebenfalls nach dem Osten abzuschieben.

6. Einflußnahme auf die bulgarische und ungarische Regierung, Judengesetze nach Nürnberger Vorbild einzuführen.

7. Einwirkung auf die übrigen Regierungen Europas zur Einführungen von Judengesetzen.

8. Durchführung dieser Maßnahmen wie bisher im guten Einvernehmen mit dem Geheimen Staatspolizeiamt.

Infolge der am 5. Dezember 1941 beginnenden sowjetischen Gegenoffensive sowie des japanischen Überfalls auf Pearl Harbour zwei Tage später konnte die auf den 9. Dezember terminierte Konferenz nicht stattfinden. Mit der Begründung, daß »die zur Erörterung stehenden Fragen keinen längeren Aufschub zulassen«, lud Heydrich durch Schreiben vom 8. Januar 1942 neuerlich zum 20. Januar 1942 in das Haus Am Großen Wannsee Nr. 56-58.[47] An dieser unter der Bezeichnung Wannsee-Konferenz in die Geschichte eingegangenen Besprechung nahm Unterstaatssekretär Luther als einziger Vertreter des AA teil.[48]

Angesichts der Tatsache, daß die geladenen Ressorts in der Regel durch ihre Staatssekretäre vertreten waren[49], ist zu fragen, warum Heydrich Unterstaatssekretär Luther und nicht den Staatssekretär des AA, v. Weizsäcker, zur Wannsee-Konferenz bat. Explizit ist diese Frage aus den Akten nicht zu beantworten. Für die Einladung Luthers dürfte vor allem ein Aspekt maßgeblich gewesen sein: Luther war nicht nur der zuständige Leiter jener Abteilung, in der die »Judenfrage« federführend bearbeitet wurde, sondern auch – durch seine Vertrauensstellung zu Ribbentrop – der einflußreichste Spitzenbeamte des Auswärtigen Amtes.[50] Dagegen galt Staatssekretär v. Weizsäcker in der Reichsführung-SS als »der Mann ohne Verantwortung«, der nichts »auf die eigene Kappe« nehme.[51] Wenn Luther zustimmte, konnte Heydrich erwarten, daß das Auswärtige Amt die Ergebnisse der Konferenz zur »Endlösung der europäischen Judenfrage«[52] unterstützte und für seinen Bereich durchsetzte.

Nicht auszuschließen ist ferner die Intention Heydrichs, Luther durch Einladung in den Kreis der Staatssekretäre auszuzeichnen, um so diesen einflußreichen Widerpart der SS im Auswärtigen Amt womöglich zu korrumpieren. Für diese Annahme spricht die Tatsache, daß sich Luther im Laufe des Jahres 1942 zum Konfidenten des Reichssicherheitshauptamtes entwickelte und mit dessen Rückendeckung Anfang 1943 den Sturz Ribbentrops einzuleiten versuchte.[53]

---

47 Vgl. ebda. – Wörtlich teilte Heydrich Luther mit: »Die für den 9.12.1941 anberaumt gewesene Besprechung über mit der Endlösung der Judenfrage zusammenhängende Fragen mußte ich s. Zt. aufgrund plötzlich bekannt gegebener Ereignisse und der damit verbundenen Inanspruchnahme eines Teils der geladenen Herren in letzter Minute leider absagen.«

48 Vgl. das weder datierte noch unterzeichnete Besprechungsprotokoll, geheime Reichssache, 16. von insgesamt 30 Ausfertigungen, in: ebda. Diese 16. Ausfertigung ist, soweit bisher bekannt, das einzig überlieferte Protokoll der Wannsee-Konferenz.

49 Zu den Teilnehmern der Wannsee-Konferenz vgl. Besprechungsprotokoll, S. 1f., in: ebda.

50 Diese Einschätzung wurde auch vom RSHA geteilt; vgl. Schellenberg: Memoiren, S. 207

51 Schreiben des Chefs SS-HA, SS-Gruf. Berger, v. 11.1.1943, geh. Kommandosache, an den RFSS, in: BA Koblenz, NS 19 neu/2680

52 Besprechungsprotokoll, S. 2, in: PA des AA, Inland II g 177

53 Vgl. unten, S. 256ff.

**Der Chef der Sicherheitspolizei und des SD**

C.d.S. – B.Nr. /42

Prag, den 8. Januar 1942

Auswärtiges Amt
D III 21. g
eing. 12 JAN. 1942

Herrn
Unterstaatssekretär L u t h e r
– Auswärtiges Amt –
B E R L I N

Lieber Parteigenosse L u t h e r !

Die für den 9.12.1941 anberaumt gewesene Besprechung über mit der Endlösung der Judenfrage zusammenhängende Fragen mußte ich s.Zt. aufgrund plötzlich bekannt gegebener Ereignisse und der damit verbundenen Inanspruchnahme eines Teiles der geladenen Herren in letzter Minute leider absagen.

Da die zur Erörterung stehenden Fragen keinen längeren Aufschub zulassen, lade ich Sie daher neuerlich zu einer

Besprechung mit anschließendem Frühstück
zum 20. Januar 1942 um 12,oo Uhr
Berlin, Am Grossen Wannsee 56–58

ein.

Der in meinem letzten Einladungsschreiben angeführte Kreis der geladenen Herren bleibt unverändert.

Heil Hitler !

Ihr

z.d.A.

K210415

372039

Das im Zuge der Vorbereitungen für den Wilhelmstraßen-Prozeß 1947 aufgefundene »Wannsee-Protokoll«[54] ist mehrfach publiziert worden.[55] Im Zusammenhang dieser Untersuchung interessieren vor allem die Ausführungen Heydrichs, die auf das Zusammenwirken mit dem Auswärtigen Amt Bezug nehmen, sowie der Beitrag Luthers. Die entscheidenden Passagen lauten: »Der Beginn der einzelnen größeren Evakuierungsaktionen wird weitgehend von der militärischen Entwicklung abhängig sein. Bezüglich der Behandlung der Endlösung in den von uns besetzten und beeinflußten europäischen Gebieten wurde vorgeschlagen, daß die in Betracht kommenden Sachbearbeiter des Auswärtigen Amtes sich mit dem zuständigen Referenten der Sicherheitspolizei und des SD besprechen. [...] Im besetzten und unbesetzten Frankreich wird die Erfassung der Juden zur Evakuierung aller Wahrscheinlichkeit nach ohne große Schwierigkeiten vor sich gehen können. Unterstaatssekretär *Luther* teilte hierzu mit, daß bei tiefgehender Behandlung dieses Problems in einigen Ländern, so in den nordischen Staaten, Schwierigkeiten auftauchen werden und es sich daher empfiehlt, diese Länder vorerst noch zurückzustellen. In Anbetracht der hier in Frage kommenden geringen Judenzahlen bildet diese Zurückstellung ohnedies keine wesentliche Einschränkung. Dafür sieht das Auswärtige Amt für den Südosten und Westen Europas keine großen Schwierigkeiten.«[56]

Noch bevor das »Wannsee-Protokoll« Ende Februar 1942 im AA eintraf, richtete Rademacher, der von Luther über wesentliche Ergebnisse der Besprechung unterrichtet worden sein dürfte, am 10. Februar 1942 folgende Mitteilung an die Referatsleiter Pol X (Afrika, Mandats- und Kolonialfragen), Bielfeld, und Pol XII (Friedensfragen), v. Schmieden: »Im August 1940 übergab ich Ihnen für Ihre Akten den von meinem Referat entworfenen Plan zur Endlösung der Judenfrage, wozu die Insel Madagaskar von Frankreich im Friedensvertrag gefordert, die praktische Durchführung der Aufgabe aber dem Reichssicherheitshauptamt übertragen werden sollte. Gemäß diesem Plan ist Gruppenführer HEYDRICH vom Führer beauftragt worden, die Lösung der Judenfrage in Europa durchzuführen. Der Krieg gegen die Sowjetunion hat inzwischen die Möglichkeit gegeben, andere Territorien für die Endlösung zur Verfügung zu stellen. Demgemäß hat der Führer entschieden, daß die Juden nicht nach Madagaskar, sondern nach dem Osten abgeschoben werden sollen. Madagaskar braucht mithin nicht mehr für die Endlösung vorgesehen werden.«[57]

---

54 Vgl. Kempner: Das Dritte Reich im Kreuzverhör, S. 193; ders.: Ankläger einer Epoche, S. 310f.

55 Vgl. Jacobsen/Jochmann (Hrsg.): Ausgewählte Dokumente, Bd. IV; Kempner: Eichmann und Komplizen, S. 133ff.; ADAP E I, Nr. 150, S. 267-275

56 Besprechungsprotokoll v. 20.1.1942, S. 9f., in: PA des AA, Inland II g 177 (Hervorhebung im Original)

57 PA des AA, Inland II g 177, D III 145/42 geheim, veröffentlicht in: ADAP E I, Nr. 227, S. 403

Geheime Reichssache!

166

30 Ausfertigungen
16. Ausfertigung

Besprechungsprotokoll.

I. An der am 20.1.1942 in Berlin, Am Großen Wannsee Nr. 56/58, stattgefundenen Besprechung über die Endlösung der Judenfrage nahmen teil:

| | |
|---|---|
| Gauleiter Dr. Meyer und Reichsamtsleiter Dr. Leibbrandt | Reichsministerium für die besetzten Ostgebiete |
| Staatssekretär Dr. Stuckart | Reichsministerium des Innern |
| Staatssekretär Neumann | Beauftragter für den Vierjahresplan |
| Staatssekretär Dr. Freisler | Reichsjustizministerium |
| Staatssekretär Dr. Bühler | Amt des Generalgouverneurs |
| Unterstaatssekretär Luther | Auswärtiges Amt |
| SS-Oberführer Klopfer | Partei-Kanzlei |
| Ministerialdirektor Kritzinger | Reichskanzlei |

372024

K210400

D-III. 29. 4. Zo.

| | |
|---|---|
| SS-Gruppenführer Hofmann | Rasse- und Siedlungshauptamt |
| SS-Gruppenführer Müller<br>SS-Obersturmbannführer Eichmann | Reichssicherheitshauptamt |
| SS-Oberführer Dr. Schöngarth Befehlshaber der Sicherheitspolizei und des SD im Generalgouvernement | Sicherheitspolizei und SD |
| SS-Sturmbannführer Dr. Lange Kommandeur der Sicherheitspolizei und des SD für den Generalbezirk Lettland, als Vertreter des Befehlshabers der Sicherheitspolizei und des SD für das Reichskommissariat Ostland. | Sicherheitspolizei und SD |

II. Chef der Sicherheitspolizei und des SD, SS-Obergruppenführer H e y d r i c h , teilte eingangs seine Bestellung zum Beauftragten für die Vorbereitung der Endlösung der europäischen Judenfrage durch den Reichsmarschall mit und wies darauf hin, daß zu dieser Besprechung geladen wurde, um Klarheit in grundsätzlichen Fragen zu schaffen. Der Wunsch des Reichsmarschalls, ihm einen Entwurf über die organisatorischen, sachlichen und materiellen Belange im Hinblick auf die Endlösung der europäischen Judenfrage zu übersenden, erfordert die vorherige gemeinsame Behandlung aller an diesen Fragen unmittelbar beteiligten Zentralinstanzen im Hinblick auf die Parallelisierung der Linienführung.

Die Federführung bei der Bearbeitung der Endlösung der Judenfrage liege ohne Rücksicht auf geographische Grenzen zentral beim Reichsführer-SS und Chef der Deutschen Polizei (Chef der Sicherheitspolizei und des SD).

Der Chef der Sicherheitspolizei und des SD gab sodann einen kurzen Rückblick über den bisher geführten Kampf gegen diesen Gegner. Die wesentlichsten Momente bilden

a/ die Zurückdrängung der Juden aus den einzelnen Lebensgebieten des deutschen Volkes,

b/ die Zurückdrängung der Juden aus dem Lebensraum des deutschen Volkes.

Im Vollzug dieser Bestrebungen wurde als einzige vorläufige Lösungsmöglichkeit die Beschleunigung der Auswanderung der Juden aus dem Reichsgebiet verstärkt und planmäßig in Angriff genommen.

Auf Anordnung des Reichsmarschalls wurde im Januar 1939 eine Reichszentrale für jüdische Auswanderung errichtet, mit deren Leitung der Chef der Sicherheitspolizei und des SD betraut wurde. Sie hatte insbesondere die Aufgabe

a/ alle Maßnahmen zur Vorbereitung einer verstärkten Auswanderung der Juden zu treffen,

b/ den Auswanderungsstrom zu lenken,

c/ die Durchführung der Auswanderung im Einzelfall zu beschleunigen.

Das Aufgabenziel war, auf legale Weise den deutschen Lebensraum von Juden zu säubern. !

Über die Nachteile, die eine solche Auswanderungsforcierung mit sich brachte, waren sich alle Stellen im klaren. Sie mußten jedoch angesichts des Fehlens anderer Lösungsmöglichkeiten vorerst in Kauf genommen werden.

Die Auswanderungsarbeiten waren in der Folgezeit nicht nur ein deutsches Problem, sondern auch ein Problem, mit dem sich die Behörden der Ziel- bzw. Einwandererländer zu befassen hatten. Die finanziellen Schwierigkeiten, wie Erhöhung der Vorzeige- und Landungsgelder seitens der verschiedenen ausländischen Regierungen, fehlende Schiffsplätze, laufend verschärfte Einwanderungsbeschränkungen oder -sperren, erschwerten die Auswanderungsbestrebungen außerordentlich. Trotz dieser Schwierigkeiten wurden seit der Machtübernahme bis zum Stichtag 31.10.1941 insgesamt rund 537.000 Juden zur Auswanderung gebracht. Davon

| | | |
|---|---|---|
| vom 30.1.1933 | aus dem Altreich | rd. 360.000 |
| vom 15.3.1938 | aus der Ostmark | rd. 147.000 |
| vom 15.3.1939 | aus dem Protektorat Böhmen und Mähren | rd. 30.000. |

Die Finanzierung der Auswanderung erfolgte durch die Juden bzw. jüdisch-politischen Organisationen selbst. Um den Verbleib der verproletarisierten Juden zu vermeiden, wurde nach dem Grundsatz verfahren, daß die vermögenden Juden die Abwanderung der vermögenslosen Juden zu finanzieren haben; hier wurde, je nach Vermögen gestaffelt, eine entsprechende Umlage bzw. Auswandererabgabe vorgeschrieben, die zur Bestreitung der finanziellen Obliegenheiten im Zuge der Abwanderung vermögensloser Juden verwandt wurde.

Neben dem Reichsmark-Aufkommen sind Devisen für Vorzeige- und Landungsgelder erforderlich gewesen. Um den deutschen Devisenschatz zu schonen, wurden die jüdischen Finanzinstitutionen des Auslandes durch die jüdischen Organisationen des Inlandes verhalten, für die Beitreibung entsprechender Devisenaufkommen Sorge zu tragen. Hier wurden durch diese ausländischen Juden im Schenkungswege bis zum 30.10.1941 insgesamt rund 9.500.000 Dollar zur Verfügung gestellt.

Inzwischen hat der Reichsführer-SS und Chef der Deutschen Polizei im Hinblick auf die Gefahren einer Auswanderung im Kriege und im Hinblick auf die Möglichkeiten des Ostens die Auswanderung von Juden verboten.

III. Anstelle der Auswanderung ist nunmehr als weitere Lösungsmöglichkeit nach entsprechender vorheriger Genehmigung durch den Führer die Evakuierung der Juden nach dem Osten getreten.

Diese Aktionen sind jedoch lediglich als Ausweichmöglichkeiten anzusprechen, doch werden hier bereits jene praktischen Erfahrungen gesammelt, die im Hinblick auf die kommende Endlösung der Judenfrage von wichtiger Bedeutung sind.

Im Zuge dieser Endlösung der europäischen Judenfrage kommen rund 11 Millionen Juden in Betracht, die sich wie folgt auf die einzelnen Länder verteilen:

K210404

372028

- 6 -

| Land | Zahl |
| --- | --- |
| A. Altreich | 131.800 |
| Ostmark | 43.700 |
| Ostgebiete | 420.000 |
| Generalgouvernement | 2.284.000 |
| Bialystok | 400.000 |
| Protektorat Böhmen und Mähren | 74.200 |
| Estland - judenfrei - | |
| Lettland | 3.500 |
| Litauen | 34.000 |
| Belgien | 43.000 |
| Dänemark | 5.600 |
| Frankreich / Besetztes Gebiet | 165.000 |
| Unbesetztes Gebiet | 700.000 |
| Griechenland | 69.600 |
| Niederlande | 160.800 |
| Norwegen | 1.300 |
| B. Bulgarien | 48.000 |
| England | 330.000 |
| Finnland | 2.300 |
| Irland | 4.000 |
| Italien einschl. Sardinien | 58.000 |
| Albanien | 200 |
| Kroatien | 40.000 |
| Portugal | 3.000 |
| Rumänien einschl. Bessarabien | 342.000 |
| Schweden | 8.000 |
| Schweiz | 18.000 |
| Serbien | 10.000 |
| Slowakei | 88.000 |
| Spanien | 6.000 |
| Türkei (europ. Teil) | 55.500 |
| Ungarn | 742.800 |
| UdSSR | 5.000.000 |
| Ukraine 2.994.684 | |
| Weißrußland ausschl. Bialystok 446.484 | |
| Zusammen: über | 11.000.000 |

K210405 372029

Bei den angegebenen Judenzahlen der verschiedenen ausländischen Staaten handelt es sich jedoch nur um Glaubensjuden, da die Begriffsbestimmungen der Juden nach rassischen Grundsätzen teilweise dort noch fehlen. Die Behandlung des Problems in den einzelnen Ländern wird im Hinblick auf die allgemeine Haltung und Auffassung auf gewisse Schwierigkeiten stoßen, besonders in Ungarn und Rumänien. So kann sich z.B. heute noch in Rumänien der Jude gegen Geld entsprechende Dokumente, die ihm eine fremde Staatsangehörigkeit amtlich bescheinigen, beschaffen.

Der Einfluß der Juden auf alle Gebiete in der UdSSR ist bekannt. Im europäischen Gebiet leben etwa 5 Millionen, im asiatischen Raum knapp 1/4 Million Juden.

Die berufsständische Aufgliederung der im europäischen Gebiet der UdSSR ansässigen Juden war etwa folgende:

| | |
|---|---|
| In der Landwirtschaft | 9,1 % |
| als städtische Arbeiter | 14,8 % |
| im Handel | 20,0 % |
| als Staatsarbeiter angestellt | 23,4 % |
| in den privaten Berufen - Heilkunde, Presse, Theater, usw. | 32,7 %. |

Unter entsprechender Leitung sollen nun im Zuge der Endlösung die Juden in geeigneter Weise im Osten zum Arbeitseinsatz kommen. In großen Arbeitskolonnen, unter Trennung der Geschlechter, werden die arbeitsfähigen Juden straßenbauend in diese Gebiete geführt, wobei zweifellos ein Großteil durch natürliche Verminderung ausfallen wird

Der allfällig endlich verbleibende Restbestand wird, da es sich bei diesem zweifellos um den widerstandsfähigsten Teil handelt, entsprechend behandelt werden müssen, da dieser, eine natürliche Auslese darstellend, bei Freilassung als Keimzelle eines neuen jüdischen Aufbaues anzusprechen ist. (Siehe die Erfahrung der Geschichte.)

Im Zuge der praktischen Durchführung der Endlösung wird Europa vom Westen nach Osten durchgekämmt. Das Reichsgebiet einschließlich Protektorat Böhmen und Mähren wird, allein schon aus Gründen der Wohnungsfrage und sonstigen sozial-politischen Notwendigkeiten, vorweggenommen werden müssen.

Die evakuierten Juden werden zunächst Zug um Zug in sogenannte Durchgangsghettos verbracht, um von dort aus weiter nach dem Osten transportiert zu werden.

Wichtige Voraussetzung, so führte ϟϟ-Obergruppenführer H e y d r i c h weiter aus, für die Durchführung der Evakuierung überhaupt, ist die genaue Festlegung des in Betracht kommenden Personenkreises.

Es ist beabsichtigt, Juden im Alter von über 65 Jahren nicht zu evakuieren, sondern sie einem Altersghetto - vorgesehen ist Theresienstadt - zu überstellen.

Neben diesen Altersklassen - von den am 31.10.1941 sich im Altreich und der Ostmark befindlichen etwa 280.000 Juden sind etwa 30 % über 65 Jahre alt - finden in den jüdischen Altersghettos weiterhin die schwerkriegsbeschädigten Juden und Juden mit Kriegsauszeichnungen (EK I) Aufnahme. Mit dieser zweckmäßigen Lösung werden mit einem Schlag die vielen Interventionen ausgeschaltet.

Der Beginn der einzelnen größeren Evakuierungsaktionen wird weitgehend von der militärischen Entwicklung abhängig sein. Bezüglich der Behandlung der Endlösung in den von uns besetzten und beeinflußten europäischen Gebieten wurde vorgeschlagen, daß die in Betracht kommenden Sachbearbeiter des Auswärtigen Amtes sich mit dem zuständigen Referenten der Sicherheitspolizei und des SD besprechen.

In der Slowakei und Kroatien ist die Angelegenheit nicht mehr allzu schwer, da die wesentlichsten Kernfragen in dieser Hinsicht dort bereits einer Lösung zugeführt wurden. In Rumänien hat die Regierung inzwischen ebenfalls einen Judenbeauftragten eingesetzt. Zur Regelung der Frage in Ungarn ist es erforderlich, in Zeitkürze einen Berater für Judenfragen der Ungarischen Regierung aufzuoktroyieren.

Hinsichtlich der Aufnahme der Vorbereitungen zur Regelung des Problems in Italien hält "-Obergruppenführer H e y d r i c h eine Verbindung : Polizei-Chef in diesen Belangen für angebracht.

Im besetzten und unbesetzten Frankreich wird die Erfassung der Juden zur Evakuierung aller Wahrscheinlichkeit nach ohne große Schwierigkeiten vor sich gehen können.

Unterstaatssekretär L u t h e r teilte hierzu mit, daß bei tiefgehender Behandlung dieses Problems in einigen Ländern, so in den nordischen Staaten, Schwierigkeiten auftauchen werden, und es sich daher empfiehlt, diese Länder vorerst noch zu-

K210408

rückzustellen. In Anbetracht der hier in Frage kommenden geringen Judenzahlen bildet diese Zurückstellung ohnedies keine wesentliche Einschränkung.

Dafür sieht das Auswärtige Amt für den Südosten und Westen Europas keine großen Schwierigkeiten.

ᛋᛋ-Gruppenführer Hofmann beabsichtigt, einen Sachbearbeiter des Rasse- und Siedlungshauptamtes zur allgemeinen Orientierung dann nach Ungarn mitsenden zu wollen, wenn seitens des Chefs der Sicherheitspolizei und des SD die Angelegenheit dort in Angriff genommen wird. Es wurde festgelegt, diesen Sachbearbeiter des Rasse- und Siedlungshauptamtes, der nicht aktiv werden soll, vorübergehend offiziell als Gehilfen zum Polizei-Attaché abzustellen.

IV. Im Zuge der Endlösungsvorhaben sollen die Nürnberger Gesetze gewissermaßen die Grundlage bilden, wobei Voraussetzung für die restlose Bereinigung des Problems auch die Lösung der Mischehen- und Mischlingsfragen ist.

Chef der Sicherheitspolizei und des SD erörtert im Hinblick auf ein Schreiben des Chefs der Reichskanzlei zunächst theoretisch die nachstehenden Punkte:

1) <u>Behandlung der Mischlinge 1. Grades.</u>

Mischlinge 1. Grades sind im Hinblick auf die Endlösung der Judenfrage den Juden gleichgestellt.

K210409

372033

Diese Mitteilung verursachte so beträchtliches Aufsehen in der Politischen Abteilung, daß deren Leiter, Unterstaatssekretär Woermann, vier Tage später bei Rademacher rückfragte: »[...] Bei der Bedeutung, die diese Entscheidung hat, bitte ich Sie um Mitteilung, auf welchen Quellen die Angabe beruht.«[58] Durch Notiz vom 24. Februar 1942 antwortete Rademacher: »Die anliegende Aufzeichnung geht darauf zurück, daß der Madagaskar-Plan des Referats D III auf Grund der neuen Entwicklung, wie sie Obergruppenführer HEYDRICH Unterstaatssekretär LUTHER dargelegt hat, hinfällig geworden ist.« Diese Notiz legte Rademacher Luther mit der Bitte vor, »Herrn Unterstaatssekretär WOERMANN über die Unterredung mit Obergruppenführer Heydrich zu unterrichten.«[59] Darauf vermerkte Luther am 26. Februar 1942 handschriftlich: »Anfrage habe ich gestern beantwortet.«[60] In welchem Umfang Luther den Unterstaatssekretär Woermann über Inhalt und Ergebnisse der Wannsee-Konferenz unterrichtete, ist den Akten nicht zu entnehmen.

Mit Datum vom 26. Januar 1942 hatte Heydrich Luther das Protokoll der Wannsee-Konferenz übersandt. In seinem Begleitschreiben, das ebenso wie das Protokoll die höchste Geheimhaltungsstufe (geheime Reichssache) trug, bemerkte Heydrich: »Da nunmehr erfreulicherweise die Grundlinie hinsichtlich der praktischen Durchführung der Endlösung der Judenfrage festgelegt ist und seitens der hieran beteiligten Stellen völlige Übereinstimmung herrscht, darf ich Sie bitten, Ihren Sachbearbeiter zwecks Fertigstellung der vom Reichsmarschall gewünschten Vorlage, in der die organisatorischen, technischen und materiellen Voraussetzungen zur praktischen Inangriffnahme der Lösungsarbeiten aufgezeigt werden sollen, zu den hierfür notwendigen Detailbesprechungen abzustellen. Die erste Besprechung dieser Art beabsichtige ich am 6. März 1942, 10.30 Uhr, in Berlin, Kurfürstenstraße 116, abhalten zu lassen. Ich darf Sie bitten, Ihren Sachbearbeiter zu veranlassen, sich dieserhalb mit meinem zuständigen Referenten, dem SS-Obersturmbannführer *Eichmann*, ins Benehmen zu setzen.«[61]

Luther nahm dieses Schreiben am 28. Februar 1942 zur Kenntnis und vermerkte darauf handschriftlich: »Pg. Rademacher bitte schriftlich mitzuteilen, daß Sie Sachbearbeiter sind und teilnehmen werden.«[62]

Am 2. März 1942 gingen das »Wannsee-Protokoll« und das Begleitschreiben Heydrichs mit der Weisung Luthers im Referat D III ein.[63] Noch am selben Tag unterrichtete Rademacher SS-Obersturmbannführer Eichmann

---

58 PA des AA, Inland II g 177

59 Ebda.

60 Ebda.

61 Ebda. (Hervorhebung im Original)

62 Ebda.

63 Vgl. Eingangsstempel und Aktenzeichen (D III 29.g.Rs.) auf dem Begleitschreiben Heydrichs und das gleichlautende Aktenzeichen auf S. 1 des »Wannsee-Protokolls«, in: PA des AA, Inland II g 177. Dies ist insofern von Bedeutung, als Rademacher während seines ersten Prozesses (1952) die Kenntnis des »Wannsee-Protokolls« bestritt (vgl. Browning: The Final Solution, S. 189 f.).

durch Schnellbrief, daß er an der zum 6. März 1942 terminierten Sitzung teilnehmen werde.[64]

Über diese Besprechung, zu der die beteiligten Reichsressorts und SS-Dienststellen ihre Referenten entsandt hatten[65], fertigte Rademacher am 7. März 1942 die folgende Aufzeichnung: »An einer Sitzung über weitere Behandlung der Judenfragen am 6.3. im Reichssicherheitshauptamt habe ich teilgenommen. In der Sitzung sollte geklärt werden, wie die in der ›Staatssekretärssitzung‹ am 20.1.42 gefaßten allgemeinen Richtlinien im einzelnen praktisch durchzuführen wären. Besondere Schwierigkeiten werden in der Frage der Sterilisierung der rund 70000 Mischlinge gesehen. Nach Auskunft der Reichsärzteführung würde dies 700000 Krankenhaustage bedeuten. Bei der Inanspruchnahme der Krankenhäuser durch die Verwundeten erscheint dieser Weg während des Krieges jedenfalls nicht gangbar. Es soll also neben der zu Punkt IV/1 im Protokoll vom 20.1. ins Auge gefaßten Lösung[66] vorgeschlagen werden, die gesamten Mischlinge ersten Grades in einer einzigen Stadt in Deutschland oder im Generalgouvernement zusammenzufassen und die Frage der Sterilisierung bis nach Kriegsende aufzuschieben. Zu der unter IV/3 und IV/4 angeschnittenen Frage der Mischehen soll vorgeschlagen werden, die Ehen zwischen Deutschblütigen und Volljuden sowie die kinderlosen Ehen zwischen Mischlingen und Deutschblütigen kraft Gesetzes zu scheiden. Gegen die Scheidung durch einfachen Gesetzesakt sprachen sich die Vertreter des Propagandaministeriums und ich aus propagandistischen, der Vertreter des Reichsjustizministeriums aus allgemein rechtlichen Gründen aus. Der endgültige Vorschlag sieht daher vor eine vereinfachte Form der Scheidung im Wege der freien [d.i. freiwilligen] Gerichtsbarkeit auf Antrag des Deutschblütigen oder des Staatsanwalts. Die Judeneigenschaft wird in diesem Verfahren ausschließlich von der für den Juden zuständigen höheren Staatspolizeistelle entschieden.«[67]

---

64 Vgl. Durchdruck zum Schreiben Rademachers v. 2.3.1942 an das RSHA, z.Hd. von Obersturmbannführer Eichmann, in: ebda.

65 Neben RSHA und AA waren vertreten: Reichsministerium des Innern, Reichsministerium der Justiz, Reichsministerium für Volksaufklärung und Propaganda, Reichsministerium für die besetzten Ostgebiete, Reichskanzlei, Parteikanzlei, Amt des Generalgouverneurs, Beauftragter für den Vierjahresplan sowie Rasse- und Siedlungshauptamt (vgl. Niederschrift der Besprechung v. 6.3.1942, in: ebda.).

66 Abschnitt IV/1 des »Wannsee-Protokolls« regelt die »Behandlung der Mischlinge 1. Grades«. Diese sollten grundsätzlich »im Hinblick auf die Endlösung der Judenfrage den Juden gleichgestellt« werden. Davon ausgenommen wurden »Mischlinge 1. Grades«, aus deren Ehe mit »Deutschblütigen« Kinder hervorgegangen waren, und solche, »für die von den höchsten Instanzen der Partei und des Staates bisher auf irgendwelchen Lebensgebieten Ausnahmegenehmigungen erteilt worden sind. [. . .] Der von der Evakuierung auszunehmende Mischling 1. Grades wird – um jede Nachkommenschaft zu verhindern und das Mischlingsproblem endgültig zu bereinigen – sterilisiert. Die Sterilisierung erfolgt freiwillig. Sie ist aber Voraussetzung für das Verbleiben im Reich. [. . .]«

67 PA des AA, Inland II g 177. – Die Aufzeichnung trug ursprünglich den Vermerk

Diese Aufzeichnung Rademachers gelangte über Luther zur Kenntnis der Unterstaatssekretäre Gaus (Rechtsabteilung) und Woermann (Politische Abteilung). Da beide Abteilungsleiter ohne Rückfragen zu den von Rademacher genannten Punkten des »Wannsee-Protokolls« die Kenntnisnahme durch Handzeichen vom 13. bzw. 17. März 1942 bestätigten[68], muß angenommen werden, daß sie nicht nur der Aufzeichnung Rademachers zustimmten, sondern auch über die Beschlüsse der Wannsee-Konferenz unterrichtet waren.

Zur Klärung der Frage, inwieweit »Mischlinge« und Juden aus »Mischehen« sterilisiert oder »evakuiert« werden sollten, fand eine weitere Besprechung am 27. Oktober 1942 statt, ohne daß Einvernehmen zwischen den verschiedenen Institutionen erzielt werden konnte.[69] In ihrer Ratlosigkeit legten die Bürokraten der »Endlösung« schließlich Hitler die Frage zur Entscheidung vor - doch dieser soll es abgelehnt haben, sich mit ihr zu befassen.[70]

Während die Juden Kontinentaleuropas von der Deportations- und Vernichtungsmaschinerie erfaßt wurden, waren »Mischlinge und Mischehe-Juden [...] die einzigen Deportationskandidaten, die dem Schicksal, das Heydrich ihnen zugedacht hatte, entgingen.«[71]

## *Zur Mitwirkung des Auswärtigen Amts bei der »Evakuierung« französischer und staatenloser Juden nach Auschwitz*

Entsprechend dem auf der Wannsee-Konferenz gefaßten Beschluß, »im Zuge der praktischen Durchführung der Endlösung« Europa »vom Westen nach Osten durchzukämmen«,[72] war Frankreich das erste besetzte Land, dessen Juden diesem Verfahren zum Opfer fielen.

Eingeleitet wurden die Deportationen französischer und staatenloser Juden nach Auschwitz durch den Schnellbrief Eichmanns vom 9. März 1942 an das Auswärtige Amt, »z. Hd. von Herrn Legationsrat Rademacher«. Unter Bezugnahme auf die Referentenbesprechung vom 6. März 1942 teilte Eichmann darin mit: »Es ist beabsichtigt, 1000 Juden, die anläßlich der am 12.12.1941 in Paris durchgeführten Sühnemaßnahmen für die Anschläge auf

---

»Geheim«. Dieser wurde handschriftlich gestrichen und durch den Vermerk »Geheime Reichssache« ersetzt.

68 Vgl. ebda., S. 2 der Aufzeichnung Rademachers v. 7.3.1942

69 Vgl. die Aufzeichnung des GR Klingenfuß v. 7.9.1942 und die Niederschrift der Besprechung v. 27.10.1942, in: ebda.

70 Vgl. Hilberg: Die Vernichtung der europäischen Juden, S. 302

71 Ebda.

72 Besprechungsprotokoll der Wannsee-Konferenz v. 20.1.1942, S. 8, in: PA des AA, Inland II g 177

deutsche Wehrmachtsangehörige festgenommen wurden, in das Konzentrationslager Auschwitz (Oberschlesien) abzuschieben. Es handelt sich durchwegs um Juden französischer Staatsangehörigkeit bzw. staatenlose Juden. Der Abtransport dieser 1000 Juden, die z.Zt. in einem Lager in Compiègne zusammengefaßt sind, soll am 23.3.1942 mit einem Sonderzug erfolgen.« Eichmann schloß sein Schreiben mit der Bitte: »Ich wäre für eine Mitteilung, daß dort keine Bedenken gegen die Durchführung der Aktion bestehen, dankbar.«[73]

Der Schnellbrief Eichmanns traf am 10. März 1942 im Auswärtigen Amt, Referat D III, ein. Daraufhin setzte Rademacher ein Fernschreiben an die Deutsche Botschaft Paris auf mit der Bitte um Stellungnahme zur Anfrage Eichmanns. Luther zeichnete dieses Fernschreiben am 11. März 1942 ab, nachdem Unterstaatssekretär Woermann und Staatssekretär v.Weizsäcker davon Kenntnis genommen hatten. Das Referat Pol II (Westeuropa) wurde anschließend unterrichtet.[74]

Bevor die Botschaft Paris antwortete, teilte Eichmann in einem weiteren Schnellbrief vom 11. März 1942 dem Auswärtigen Amt mit, »daß außer der am 23.3.1942 vorgesehenen Evakuierung von 1000 Juden aus Compiègne in Zeitkürze weitere 5000 staatspolizeilich in Erscheinung getretene Juden aus Frankreich in das Konzentrationslager Auschwitz (Oberschlesien) abgeschoben werden sollen.« Abschließend bat Eichmann, »auch hierzu die dortige Zustimmung auszusprechen.«[75]

Durch Fernschreiben vom 13. März 1942, das Woermann und v.Weizsäcker wiederum mitzeichneten, ersuchte Luther die Botschaft neuerlich um Stellungnahme.[76] Ebenfalls am 13. März erwiderte die Botschaft Paris durch Fernschreiben, gez. Schleier[77], auf die erste Anfrage des AA, daß »gegen beabsichtigte Judenaktionen keine Bedenken« bestünden.[78] Und am 14. März 1942 teilte Schleier dem AA fernschriftlich mit, daß auch »bezüglich vorgesehener Evakuierung weiterer 5000 staatspolizeilich in Erscheinung getretener Juden keine Bedenken« bestünden.[79]

Daraufhin entwarf Rademacher am 17. März 1942 einen Schnellbrief an das Reichssicherheitshauptamt, Referat IV B 4, z.Hd. von SS-Obersturm-

73 PA des AA, Inland II g 189. – Zur Vorgeschichte der Verhaftung dieser 1000 Juden vgl. im einzelnen bei Hilberg: Die Vernichtung der europäischen Juden, S. 435f.
74 Vgl. PA des AA, Inland II g 189
75 Ebda.
76 Vgl. ebda.
77 Gesandter Rudolf Schleier, Vertreter des Botschafters Abetz, geb. 1899 in Hamburg, 1916-17 kaufm. Lehre, anschließend Kriegsdienst, 1918-20 Kriegsgefangenschaft in Frankreich, 1920-40 Kaufmann, zuletzt Prokurist, 1931 NSDAP, 1933-38 Frankreich-Referent der AO/NSDAP, 1935-38 Landesgruppenleiter Frankreich der AO, 1940 GK, 1941 Ges., 1943 Ges. I. Kl., 1944 Dirigent der Kulturpolitischen Abt. im AA (BDC, PK-Korrespondenz; NA Washington, T-120, roll 2539; Jäckel: Frankreich in Hitlers Europa, S. 68f.)
78 PA des AA, Inland II g 189
79 Ebda.

bannführer Eichmann, der folgenden Wortlaut hatte: »Seitens des Auswärtigen Amts bestehen keine Bedenken gegen die geplante Abschiebung von insgesamt 6000 Juden französischer Staatsangehörigkeit bzw. staatenloser Juden nach dem Konzentrationslager Auschwitz (Oberschlesien). Seitens der Deutschen Botschaft Paris sind ebenfalls Bedenken nicht geäußert worden.«[80]

Nach Kenntnisnahme durch die Unterstaatssekretäre Luther und Woermann erhielt das Schreiben Rademachers am 20. März 1942 durch handschriftliche Korrektur des Staatssekretärs v.Weizsäcker folgende Fassung: »Seitens des Auswärtigen Amts wird gegen die Abschiebung von insgesamt 6000 polizeilich näher charakterisierter Juden französischer Staatsangehörigkeit bzw. staatenloser Juden nach dem Konzentrationslager Auschwitz (Oberschlesien) kein Einspruch erhoben.«[81]

Weizsäcker brachte zwei einschränkende Textänderungen an: Hieß es in Rademachers Entwurf, seitens des Auswärtigen Amts bestünden »keine Bedenken«, so legte der Staatssekretär Wert auf die Feststellung, daß »kein Einspruch erhoben« werde. Mit seiner Einfügung (»polizeilich näher charakterisierter« Juden) präzisierte v.Weizsäcker eine Formulierung, die Eichmann und Schleier benutzt hatten (»staatspolizeilich in Erscheinung getretene Juden«).[82] Diese Präzisierung läßt vermuten, daß Weizsäcker mit Bedacht den Kreis der »abzuschiebenden« Juden auf Kriminelle beschränken wollte.[83] Das Reichssicherheitshauptamt dagegen benutzte diese Formel als Sprachregelung mit dem Ziel, die erforderliche Zustimmung des Auswärtigen Amtes für die ersten Deportationen ausländischer Juden nach Auschwitz zu gewinnen. Nachdem diese vorlag, verzichtete das Reichssicherheitshauptamt in seinen weiteren Anfragen an das AA bezeichnenderweise auf die Charakterisierung der zu deportierenden Juden als Kriminelle.

Am 21. März 1942 wurde der Schnellbrief des AA durch Sonderboten dem Reichssicherheitshauptamt zugestellt. Nach Abgang erhielt das Referat Pol II (Westeuropa) Kenntnis von diesem Vorgang.[84] Am 27. März 1942 verließ der erste Deportationszug Compiègne mit dem Ziel Auschwitz.[85]

---

80 Ebda., Bl. 145

81 Ebda. - Korrektur und Paraphe zeichnete v.Weizsäcker in diesem Falle mit Bleistift. - Ohne den Hinweis auf Korrektur und Paraphe v.Weizsäckers ist das Dokument veröffentlicht in: ADAP E II, Nr. 56, S. 97.

82 Vgl. PA des AA, Inland II g 189, B. 147 u. 150. - Die Formulierung »staatspolizeilich in Erscheinung getretener Juden« ist auf dem Fernschreiben Schleiers v. 14.3.42 (Bl. 147) von Hand braun unterstrichen. Da nur der Staatssekretär des AA mit braunem Farbstift zeichnete, muß diese Unterstreichung von der Hand Weizsäckers stammen. Zum Gebrauch der Farbstifte im AA vgl. auch PA des AA, Inland II g 61.

83 Vgl. Hill (Hrsg.): Die Weizsäcker-Papiere 1933-1950, S. 427f., sowie Kempner: Ankläger einer Epoche, S. 318

84 S. handschriftliche Marginalien zum Schnellbrief v. 20.3.1942, in: PA des AA, Inland II g 189

85 Vgl. Hilberg: Die Vernichtung der europäischen Juden, S. 436

Am 22. Juni 1942 wandte sich das Reichssicherheitshauptamt, Referat IV B 4, wiederum durch Schnellbrief, gez. Eichmann, an das Auswärtige Amt, z.Hd. Legationsrat Rademacher. Unter dem Betreff »Arbeitseinsatz von Juden aus Frankreich, Belgien und den Niederlanden« teilte Eichmann dem AA mit: »Es ist vorgesehen, ab Mitte Juli bzw. Anfang August ds. Jrs. in täglich verkehrenden Sonderzügen zu je 1000 Personen zunächst etwa 40000 Juden aus dem besetzten französischen Gebiet, 40000 Juden aus den Niederlanden und 10000 Juden aus Belgien zum Arbeitseinsatz in das Lager Auschwitz abzubefördern. Der zu erfassende Personenkreis erstreckt sich zunächst auf arbeitsfähige Juden, soweit sie nicht in Mischehe leben und nicht die Staatsangehörigkeit des Britischen Empire, der USA, von Mexiko, der mittel- und südamerikanischen Feindstaaten sowie der neutralen und verbündeten Staaten besitzen. Ich darf um gefällige Kenntnisnahme bitten und nehme an, daß auch seitens des Auswärtigen Amtes Bedenken gegen diese Maßnahmen nicht bestehen.«[86]

Mit Drahterlaß vom 28. Juni 1942 bat Unterstaatssekretär Luther die Botschaft Paris um Stellungnahme zu diesem Schreiben Eichmanns. Darauf berichtete Botschafter Abetz durch Telegramm vom 2. Juli 1942: »Gegen die Abtransportierung von 40000 Juden aus Frankreich zum Arbeitseinsatz in dem Lager Auschwitz bestehen seitens der Botschaft grundsätzlich keine Bedenken. Bei der Durchführung dieser Maßnahme sollten jedoch folgende Erwägungen in Betracht gezogen werden: Die Botschaft hat bei allen gegen die Juden ergriffenen Maßnahmen ständig den Standpunkt vertreten, daß diese in einer Form durchgeführt werden sollten, die das in der letzten Zeit gewachsene antisemitische Gefühl ständig weiter erhöht. Ähnlich wie in Deutschland seinerzeit die Überschwemmung durch Ost- und andere Fremdjuden der antisemitischen Stimmung im deutschen Volk besonderen Auftrieb verliehen hat, ist auch in Frankreich festzustellen, daß das Ansteigen des Antisemitismus in starkem Maße auf die Zuwanderung von Juden fremder Staatsangehörigkeit in den letzten Jahren zurückzuführen ist. Es wird deshalb psychologisch in den breiten Massen des französischen Volkes wirksam sein, wenn die Evakuierungsmaßnahmen zunächst einmal derartige fremdländische Juden erfassen und daß auf die französischen Juden zunächst nur in dem Umfang zurückgegriffen wird, in dem die Juden ausländischer Staatsangehörigkeit nicht für das angegebene Kontingent ausreichen. Mit einem solchen Vorgehen würde keineswegs dem französischen Juden eine privilegierte Stellung eingeräumt, da er im Zuge der Freimachung der europäischen Länder vom Judentum auf alle Fälle ebenfalls verschwinden muß, was darin schon zum Ausdruck kommt, daß auf alle Fälle in dem angegebenen Kontingent eine gewisse Zahl von französischen Juden erfaßt wird.«[87]

86 PA des AA, Inland II g 189. – Die Ausnahmeregelungen entsprangen dem Wunsch, diplomatische Verwicklungen und Repressalien gegen Reichsdeutsche im Ausland zu vermeiden; vgl. dazu auch die Aufzeichnung v. Weizsäckers v. 1.11.1941, in: ebda.
87 Ebda.

Nachdem auch die Vertreter des AA in Brüssel (Gesandter v. Bargen) und im Haag (Gesandter Bene) Stellung genommen hatten[88], teilte Luther Ende Juli 1942 durch Schnellbrief, den Woermann und v. Weizsäcker am 29. Juli 1942 abzeichneten und dadurch billigten, dem Reichssicherheitshauptamt mit, daß »gegen die geplante Verschickung der angegebenen Anzahl von Juden aus dem besetzten französischen Gebiet, aus den Niederlanden und aus Belgien zum Arbeitseinsatz in das Lager Auschwitz grundsätzlich keine Bedenken seitens des Auswärtigen Amtes bestehen.«[89]

## *Zur Kenntnisnahme der »Endlösung« während des Zweiten Weltkrieges*

Die Mitzeichnung dieser Schnellbriefe führte maßgeblich zur Verurteilung Woermanns und Weizsäckers zu jeweils fünf Jahren Freiheitsstrafe wegen »Menschlichkeitsverbrechen« im Wilhelmstraßen-Prozeß.[90] Folgt man der Urteilsbegründung, so gab es für das Gericht »auch nicht den Schatten eines Zweifels, daß sowohl WOERMANN als auch WEIZSÄCKER über diesen schändlichen Plan [der Evakuierung von 6000 Juden nach Auschwitz] unterrichtet worden sind und daß sie ihre amtliche Genehmigung dazu gegeben haben. Nirgendwo steht in den Akten, daß sie über seine Zulässigkeit Zweifel gehegt, Einwendungen dagegen erhoben oder Proteste eingelegt hätten oder daß sie die Gelegenheit benutzt hätten, Ribbentrop klarzumachen, daß selbst vom Standpunkt der deutschen Außenpolitik gesehen die Ausführung dieses Plans ein katastrophaler Fehler sein würde, da er nicht nur die öffentliche Meinung in Frankreich vor den Kopf stoßen, sondern auch eine Welle von Entsetzen und Mißbilligung in der

---

88 Vgl. die Berichte Benes v. 3. u. 27.7.1942 sowie v. Bargens v. 9.7.1942, in: ebda. Zur Karriere Benes vgl. oben, S. 168. – Werner v. Bargen, geb. 1898, Volljurist, 1925 Attaché im AA, 1928 LS, 1.5.1933 NSDAP, 1935 LR u. persönl. Sekretär des StS v. Bülow, 1938-40 BR in Brüssel, 1940-43 VAA in Brüssel, 1941 Ges., 1944 Geschäftsträger in Paris, bis 1946 in amerikanischer Internierung, danach Verwaltungsrechtsrat in Niedersachsen, 1951 Wiedereintritt in das AA, Leiter der Rechtsabteilung. Wegen seiner Berichterstattung über Judentransporte von Belgien nach Auschwitz hielt ihn der Untersuchungsausschuß Nr. 47 des Deutschen Bundestages »in jeder Beziehung für nicht geeignet zur Weiterverwendung im Auswärtigen Dienst«. Dennoch verblieb v. Bargen im Dienst: 1958 Ministerialdirigent, 1960 Botschafter in Bagdad (Haas: Beitrag zur Geschichte der Entstehung des Auswärtigen Dienstes, S. 288-291; Kempner: Eichmann und Komplizen, S. 369; ders.: Das Dritte Reich im Kreuzverhör, 1980, S. 265-272; Drenker: Diplomaten ohne Nimbus, S. 45, 48 u. 58).

89 PA des AA, Inland II g 189. – Im Hinblick auf die psychologischen Wirkungen bat Luther jedoch, »zunächst die staatenlosen Juden zu verschicken, um dadurch schon in weitgehendem Maße das Kontingent der in die Westgebiete zugewanderten fremdländischen Juden zu erfassen, das in den Niederlanden allein gegen 25000 Juden beträgt. [...]« (ebda.).

90 Vgl. Das Urteil im Wilhelmstraßen-Prozeß, S. 93-96; Weizsäcker-Papiere 1933-1950, S. 427f. u. 641, Anm. 48

ganzen Welt hervorrufen würde. Keiner der Angeklagten behauptet, es habe für diese Deportationen irgendeine gesetzliche Rechtfertigung gegeben, oder bestreitet, daß sie einen krassen Verstoß gegen das Völkerrecht und gegen die Bestimmungen der Haager Konvention darstellt.«[91]

Nach Untersuchung des Beweismaterials der Verteidigung v.Weizsäkkers stellte das Gericht fest: »WEIZSÄCKER behauptet, daß zu der Zeit, als dies passierte, wiederholte Anschläge auf Mitglieder der Wehrmacht vorgekommen seien, und Hitler habe daraufhin eine große Anzahl von Geiselerschießungen in Frankreich anbefohlen. Die in Frage kommenden Juden seien schon interniert und in Gefahr gewesen, und man hätte sehr leicht zu dem Schluß kommen können, daß sie bei der Deportation nach dem Osten weniger Gefahr laufen würden als in ihrem jetzigen Aufenthaltsort; zu jener Zeit habe der Name Auschwitz für niemanden etwas Besonderes bedeutet. [...] Er behauptet weiterhin, daß das Auswärtige Amt diese Maßnahmen nicht eingeleitet oder ausgeführt habe und daß die Stellungnahme oder die Meinung des Auswärtigen Amtes sie nicht hätte verhindern können. Die letztere Behauptung ist jedoch kaum haltbar, wenn man bedenkt, daß Eichmann von der SS ausdrücklich angefragt hat, ob das Auswärtige Amt irgendwelche Bedenken habe. Wir sind zwar bereit und sogar darauf bedacht, in jedem Fall im Zweifel zugunsten des Angeklagten zu entscheiden [...], aber hier ist es schwer, einen Zweifel zu hegen, selbst wenn wir annehmen, daß zu jener Zeit keiner der Angeklagten wußte, daß Auschwitz ein Todeslager war. Aber sie waren immerhin wohl unterrichtet über das Schicksal jedes Juden, der der SS und der Gestapo auf Gnade und Ungnade ausgeliefert war; sie kannten das Schicksal der polnischen Juden und der Juden aus dem Baltikum und Rußland; sie kannten das entsetzliche Los der deutschen Juden.«[92]

In der Hauptsache begründete das Gericht seinen Urteilsspruch wie folgt: »WEIZSÄCKER hat zwar zugegeben, daß ihm viele Dinge aufs Pult gelegt und von ihm abgezeichnet worden seien, gegen die er innere Bedenken und Skrupel hegte, aber er sei trotzdem im Amt geblieben, und zwar aus folgenden zwei Gründen: Erstens, um auf diese Weise wenigstens einen Kristallisationspunkt in der heimlichen Widerstandsbewegung gegen Hitler zu bilden, dadurch, daß er einen wichtigen Horchposten bekleidete, Mitglieder der Widerstandsbewegung in strategischen Posten hielt und den Widerstandsgruppen in der Wehrmacht, den verschiedenen Regierungsabteilungen und der Zivilbevölkerung Nachrichten übermittelte, und zweitens, um in der Lage zu sein, Versuche zu Friedensverhandlungen einzuleiten oder bei solchen Versuchen mitzuhelfen. Wir glauben ihm; aber obgleich dies als mildernder Umstand in Betracht gezogen werden kann und werden wird, bringt es die Anklage wegen Kriegsverbrechen oder Verbrechen gegen die Menschlichkeit nicht zum Scheitern. Man darf die Bege-

91 Das Urteil im Wilhelmstraßen-Prozeß, S. 93
92 Ebda., S. 93f.

hung eines Mordes nicht gutheißen oder dabei mitwirken, weil man hofft, man könne auf diese Weise die Gesellschaft am Ende von dem Hauptmörder befreien. Im ersten Fall handelt es sich um ein unmittelbar gegenwärtiges Verbrechen, im zweiten Fall nur um eine künftige Hoffnung. Als die SS anfragte, ob das Auswärtige Amt irgendwelche Bedenken habe, war es die Pflicht des Angeklagten, auf diese Bedenken hinzuweisen. Das ist die Funktion einer politischen Abteilung und eines Staatssekretärs im Auswärtigen Amt. Diese Pflicht wird nicht dadurch erfüllt, daß man nichts sagt und nichts tut.«[93]

Der Urteilsspruch gegen v.Weizsäcker im Wilhelmstraßen-Prozeß unterstellte die Kenntnis der mit den Termini »Endlösung der Judenfrage« und »Arbeitseinsatz im Osten« camouflierten Tötungsabsicht. Dagegen konstatiert Hill in den von ihm herausgegebenen »Weizsäcker-Papieren«, daß der Staatssekretär des AA »von solchen Greueln nichts wußte und nichts ahnte«.[94] Weizsäcker habe »davon erst 1946 erfahren und sie dann immer noch nicht glauben wollen.«[95] Die »Durchsicht der Einsatzgruppenberichte« habe er 1948 »zum ersten Mal vorgenommen.«[96]

Zu klären wäre demnach die Frage, wann v.Weizsäcker und andere verantwortliche Beamte des AA erstmals die Erkenntnis gewinnen konnten, daß sich hinter den Formulierungen »Endlösung«, »Abschiebung nach dem Osten« bzw. »Arbeitseinsatz im Osten« Tötungsabsichten verbargen. Diese Frage hat grundsätzlichen Charakter, da neben v.Weizsäcker die meisten Beamten des AA die Kenntnis der Judenmorde in ihren Vernehmungen nach 1945 bestritten[97] und in ihren Memoiren vernachlässigten. Die Feststellung, daß die Erinnerungen Weizsäckers »von dem Nürnberger Prozeß nicht ganz unberührt geblieben sind«[98], gilt weitgehend auch für die übrige Memoirenliteratur, zumal die frühe.[99]

In den Akten des AA sind gesicherte Hinweise auf Massentötungen erstmals Anfang September 1941 nachweisbar. Um die vom Chef der Sicher-

---

93 Ebda., S. 94

94 Weizsäcker-Papiere 1933-1950, S. 429

95 Ebda.

96 Ebda., S. 427

97 Vgl. insbesondere die Vernehmung Woermanns durch Kempner v. 22.5.1947, in: Kempner: Das Dritte Reich im Kreuzverhör, 1980, S. 250-254; außerdem die Vernehmung v. Bargens durch Kempner v. 17.8.1948, in: ebda., S. 267-272; sowie die Vernehmung Schumburgs v. 21.7. u. 21.10.1947, in: Kempner: SS im Kreuzverhör, S. 245 ff. – Vgl. ferner die Aussagen des ehemaligen Dirigenten der Politischen Abteilung, v. Erdmannsdorff, in: IfZ München, ZS 704; die Presseberichte über den Rademacher-Prozeß (1952), in: BA Koblenz, NL Rheindorf, 276, und über den Beckerle / v. Hahn-Prozeß (1967 / 68), in: BA Koblenz, NL Rheindorf, 267.

98 Hubatsch, Walther: Deutsche Memoiren 1945-1953. Eine kritische Übersicht, Laupheim 1953, S. 15

99 Vgl. Schmidt: Statist auf diplomatischer Bühne; ders.: Der Statist auf der Galerie; Kordt: Nicht aus den Akten. Vgl. dagegen die differenzierte Stellungnahme zur Kenntnis der »Endlösung« bei Vogel, Georg: Diplomat unter Hitler und Adenauer, Düsseldorf-Wien 1969, S. 90-114.

heitspolizei und des SD, SS-Gruf. Heydrich, monierte »Judenfreundlichkeit« der rumänischen Regierung zu widerlegen, berichtete der Deutsche Gesandte in Bukarest, SA-Ogruf. v. Killinger, durch Telegramm vom 1. September 1941 über »Vergeltungsmaßnahmen der rumänischen Regierung gegen Juden, die der feindlichen Propaganda zur Behauptung verholfen haben, die Juden seien an den Grenzen Rumäniens unerhörter Verfolgung ausgesetzt.« Unter Punkt 5 seines Telegramms stellte Killinger fest: »[...] Erledigung von ca. 4000 Juden in Jassy.«[100] Die Kenntnis dieses Vorgangs beschränkte sich wahrscheinlich auf die zuständigen Mitarbeiter in den Referaten D II, D III und im Büro des Reichsaußenministers.

Hingegen wurden die »Tätigkeits- und Lageberichte der Einsatzgruppen der Sicherheitspolizei und des SD in der UdSSR« von November 1941 an nahezu allen Abteilungen des AA zur Kenntnisnahme vorgelegt: Mit Schreiben vom 30. Oktober 1941 übersandte der Amtschef IV (Gestapo) im Reichssicherheitshauptamt, SS-Brif. Müller, im Auftrag Heydrichs dem Reichsaußenminister die ersten fünf Tätigkeits- und Lageberichte.[101] Diese gingen am 11. November 1941 im Ministerbüro ein. Laut Aufzeichnung des VLR Lohmann vom 12. November 1941 ist das Schreiben Müllers vom Botschaftsrat Hilger geprüft worden. Da Hilger eine Vorlage beim Reichsaußenminister nicht für erforderlich hielt, wurde das Schreiben dem Referat D II »mit dem Anheimstellen der weiteren Veranlassung« zugestellt.[102] Der geschäftsführende Leiter des Referats D II, Picot, legte die Berichte zunächst nur dem Referatsleiter D III, Rademacher, vor. Die betroffenen Referate der übrigen Abteilungen sollten auf Anfrage bei D III einen Auszug erhalten.[103]

Der Verzicht auf Vorlage der Einsatzgruppenberichte beim Reichsaußenminister ist insofern bemerkenswert, als diese Berichte – vor allem für unvoreingenommene diplomatische Beobachter – Ungeheuerliches

100 PA des AA, Inland II g 202, Bl. 120

101 PA des AA, Inland II g 431, geheime Reichssache. Die elf »Tätigkeits- und Lageberichte der Einsatzgruppen der Sicherheitspolizei und des SD in der UdSSR« für die Zeit vom 22. Juni 1941 bis zum 31. März 1942 sind Zusammenfassungen der insgesamt 195 »Ereignismeldungen UdSSR« des Chefs der Sipo und des SD. Die Berichte wurden vom RSHA, Referat IV A 1, als »Geheime Reichssache« in je 100 Ausfertigungen hergestellt und im Auftrag Heydrichs an die Leiter der Ressorts und Parteidienststellen versandt, darunter auch an das AA. – Zur Entstehung, Funktion und Zusammensetzung der Einsatzgruppen vgl. die grundlegende Studie von Helmut Krausnick und Hans-Heinrich Wilhelm: Die Truppe des Weltanschauungskrieges, Stuttgart 1981.

102 PA des AA, Inland II g 431. – Lohmann, Johann, geb. 1897, Volljurist, 1924 Attaché im AA, 1927-35 LS bei der Botschaft Washington, 1937 NSDAP, 1937-40 Referatsleiter in der Rechtsabteilung, 1940 im Büro RAM (NA Washington, T-120, roll 2538); Hilger, Gustav, geb. 1886 in Moskau, 1908 Dipl.-Ing., 1922-41 Leiter der Wirtschaftsabteilung bei der Botschaft Moskau, anschließend im Pers. Stab. RAM (NA Washington, T-120, roll 2538), nach eigener Darstellung (Wir und der Kreml, S. 260) weder Nationalsozialist noch Oppositioneller.

103 Vgl. PA des AA, Inland II g 431, Bl. 4

enthielten. In zumeist offener, nur selten verklausulierter Sprache weisen die ersten fünf Berichte die Erschießung Tausender Kommunisten, Juden und anderer »rassisch minderwertiger Elemente« durch die Einsatzgruppen der Sicherheitspolizei und des SD in den Monaten Juli bis September 1941 nach:

- »Von Tilsit aus unternahm die Einsatzgruppe [A] Aktionen in und um Riga. Dabei wurden zahlreiche Heckenschützen und Funktionäre, vorwiegend Juden, liquidiert.«[104]
- »In Vileyka [Weißruthenien] mußte die gesamte Judenschaft liquidiert werden.«[105]
- »Im Kreise Riga wurden 459 Personen erschossen. Darunter befanden sich 237 Geisteskranke aus den Irrenanstalten in Riga und Migau. Insgesamt wurden in diesem Gebiet bisher 29246 Personen liquidiert.«[106]
- »An Orten, an denen eine verstärkt auftretende propagandistische Tätigkeit festzustellen war, wurde die jüdische Einwohnerschaft erschossen. Durch diese Maßnahme erhöhte sich z.B. die Zahl der liquidierten Personen eines Sonderkommandos auf 75000 Personen. Das in den Kreisen Roskiskis, Sarzai, Perzai und Prienai tätige Einsatzkommando hat aus den gleichen Gründen bereits die Exekutionsziffer von 85000 Personen erreicht. Die genannten Kreise sind judenfrei.«[107]

Die verantwortlichen Beamten im Ministerbüro sahen von einer Vorlage der Einsatzgruppenberichte beim Reichsaußenminister vermutlich ab, weil die Spitze des Auswärtigen Amtes mit dieser Materie nicht befaßt werden wollte. Diese Annahme wird erhärtet durch die Beobachtung eines Zeitgenossen, der zufolge »Ribbentrop es nicht gern gesehen haben soll, wenn Einsatzgruppenberichte durch das Auswärtige Amt gingen.«[108] Demnach ist nicht auszuschließen, daß Ribbentrop von den Berichten zwar Kenntnis erhielt, nach Rücksprache mit seinen Referenten aber auf eine Bestätigung gegenüber dem Reichssicherheitshauptamt verzichtete.

Nachdem die ersten fünf Einsatzgruppenberichte vom AA ignoriert worden waren, übermittelte der Chef des Reichssicherheitshauptamtes, SS-Ogruf. Heydrich, dem Reichsaußenminister v. Ribbentrop durch persönliches Schreiben vom 25. November 1941 den Tätigkeits- und Lagebericht Nr. 6 der Einsatzgruppen der Sicherheitspolizei und des SD in der UdSSR

---

104 Tätigkeits- und Lagebericht v. 31.7.1941, in: PA des AA, Inland II g 431
105 Tätigkeits- und Lagebericht Nr. 2 (Berichtszeit v. 29.7.-14.8.1941), in: ebda.
106 Tätigkeits- und Lagebericht Nr. 5 (Berichtszeit v. 15.-30.9.1941), in: ebda.
107 Ebda.
108 Mitteilung des Herrn Dr. Georg Bruns v. 27.7.1976 an den Verf. – Georg Viktor Bruns, geb. 1908, Volljurist, 3.2.1933 NSDAP, 3.3.1933 SS, 1934-35 Referent im Kaiser-Wilhelm-Institut für Ausländisches öffentliches Recht und Völkerrecht, 1935-37 im Reichswirtschaftsministerium, 1937 Attaché im AA, seit 30.8.1938 ununterbrochen bis 1945 im Büro RAM, 1939 LS, 30.1.1939 SS-Ustuf., 1940 LR, 30.1.1942 SS-Ostuf., nach 1950 als Rechtsanwalt tätig. StS v. Weizsäcker war Onkel 2. Grades zu Bruns (NA Washington, T-120, roll 2547; ADAP E II, S. 531 u. 558; Mitteilung v. 27.7.1976 an den Verf.).

»mit der Bitte um Kenntnisnahme«.[109] Hierauf ersuchte der im Ministerbüro tätige Legationsrat Bruns am 8. Dezember 1941 das Referat D II um Anfertigung einer Vortragsnotiz, da »Vorlage des Tätigkeits- und Lageberichts bei dem Herrn RAM« beabsichtigt sei.[110]

In der von Unterstaatssekretär Luther am 10. Dezember 1941 gezeichneten Vortragsnotiz wurde zunächst festgestellt, daß der Chef der Sicherheitspolizei und des SD in der Berichtszeit vom 1. bis 31. Oktober 1941 im besetzten Sowjetrußland vier Einsatzgruppen unterhielt, denen Einsatz- und Sonderkommandos unterstellt waren, die mit der Truppe vorrückten. Nach Darstellung der Partisanentätigkeit und ihrer Bekämpfung referierte Luther den Berichtsteil »Judentum« wie folgt: »Im Reichskommissariat Ostland wurde sofort eine unter Leitung der Einsatzgruppe [A] vom estnischen Selbstschutz durchgeführte Festnahmeaktion sämtlicher Juden eingeleitet, deren Gesamtzahl nach Besetzung des Gebiets durch deutsche Truppen etwa 2000 betraf. Die männlichen über 16 Jahre alten Juden wurden mit Ausnahme der Ärzte und der Judenältesten exekutiert. [...] Auch in Weißruthenien fanden umfangreiche Erschießungen von Juden statt. Wegen höchster Seuchengefahr wurde mit der Liquidierung der im Ghetto in Witebsk untergebrachten 3000 Juden begonnen. In der Ukraine wurden als Vergeltungsmaßnahmen für die Brandstiftungen in Kiew dortselbst sämtliche Juden verhaftet und Ende September d.J. insgesamt mehr als 33000 Juden hingerichtet. In Shitomir wurden mehr als 3000 Juden zur Vermeidung der Anstiftung von Sabotage durch sie erschossen. Im Raum ostwärts des Dnjepr wurden annähernd 5000 Juden erschossen.«[111]

Bevor diese Notiz Luthers mitsamt Tätigkeits- und Lagebericht Nr. 6 dem Reichsaußenminister vorgelegt wurde, nahm Staatssekretär v. Weizsäcker am 12. Dezember 1941 davon Kenntnis.[112] Anschließend wurde der Vorgang folgenden Spitzenbeamten, Abteilungen und Referaten des AA zur Kenntnis gegeben: Unterstaatssekretär Woermann (Direktor der Politischen Abteilung) und dem Gesandten v. Erdmannsdorff (Dirigent der Politischen Abteilung), den Referaten Pol. I M (Militärfragen), Pol. V (Osteuropa), Ha. Pol. VA (Referat Sowjetunion der Handelspolitischen Abteilung) und D III (Judenfragen) sowie der Informationsabteilung, der Rundfunkpolitischen Abteilung und der Nachrichten- und Presseabteilung.[113]

Besondere Beachtung verdient die folgende Passage des Berichts Nr. 6: »Die Lösung der Judenfrage wurde insbesondere im Raum ostwärts des Dnjepr seitens der Einsatzgruppen der Sicherheitspolizei und des SD ener-

109 PA des AA, Inland II g 433
110 Ebda., Bl. 186
111 PA des AA, Inland II g 433, D II 211 g.Rs., v. 10.12.1941
112 S. die Paraphe Weizsäckers auf S. 1 der Vortragsnotiz Luthers, in: ebda. Ein Kommentar Weizsäckers ist der Akte nicht zu entnehmen.
113 S. Verteiler zum Vorgang D II 211 g.Rs., in: PA des AA, Inland II g 433, Bl. 187, und Paraphen der Abteilungsleiter und Referenten, ebda.

gisch in Angriff genommen. Die von den Kommandos neu besetzten Räume wurden judenfrei gemacht. Dabei wurden 4891 Juden liquidiert.«[114]

Nach Durchsicht des Tätigkeits- und Lageberichts Nr. 6 mußte sich bei den zuständigen Beamten des AA notwendig die Erkenntnis durchsetzen, daß die Termini »Lösung der Judenfrage« und – mit besonderem Nachdruck – »Endlösung« unzweifelhaft als Euphemismen für die physische Vernichtung der Juden benutzt wurden. Die weiteren bis April 1942 übersandten und im AA verbreiteten Tätigkeits- und Lageberichte der Einsatzgruppen konnten diese Erkenntnis nur noch bestätigen.[115]

Der Tätigkeits- und Lagebericht Nr. 10, dem die Feststellung zu entnehmen ist, daß im »Ostland die Judenfrage fast als gelöst und bereinigt angesehen werden kann«[116], wurde auf Weisung Luthers vom 18. März 1942 einem noch größeren Kreis hoher Beamter zur Kenntnis gegeben.[117] Spätestens seit Anfang April 1942 dürften demnach die leitenden Beamten aller Abteilungen des AA – Protokoll und Rechtsabteilung vielleicht ausgenommen – über die Ermordung der Juden durch die Einsatzgruppen der Sicherheitspolizei und des SD unterrichtet gewesen sein.

Auch der folgende interne Vorgang des AA, der vergleichsweise marginale Bedeutung hat, bestätigt durch seine kaum verschleierte Sprache die Annahme, daß die »Lösung der Judenfrage« im Frühjahr 1942 als Vernichtung der Juden in Europa verstanden wurde. Durch Aufzeichnung vom 24. März 1942 berichtete Legationsrat Rademacher der Personalabteilung des AA, daß es ihm nach Einberufung mehrerer Mitarbeiter seines Referates zum Militär »bei fleißigster und ausdauerndster Arbeit nicht möglich [sei], auch nur die wichtigsten Dinge des Referats laufend zu erledigen. Die Eigenart des Referats bedingt es aber, daß die Arbeiten nicht zurückgestellt werden können.« Zur Begründung seiner Bitte um Personalersatz führte Rademacher dann aus: »Je stärker sich der deutsche Sieg abzeichnen wird, umso größer und vordringlicher werden die Aufgaben des Referats [D III], denn die Judenfrage muß im Laufe des Krieges gelöst werden, da sie nur so ohne allgemeines Weltgeschrei erledigt werden kann. – Nach der Erledigung der Judenfrage in Deutschland wird es notwendig werden, an die

---

114 Tätigkeits- und Lagebericht Nr. 6 der Einsatzgruppen der Sicherheitspolizei und des SD in der UdSSR, S. 19, in: PA des AA, Inland II g 433

115 Vgl. die Tätigkeits- und Lageberichte Nr. 8, 10 und 11 sowie die Notiz Luthers zu D II 59 g.Rs. v. 14.3.1942, die wiederum über den StS v. Weizsäcker dem RAM vorgelegt wurde, in: PA des AA, Inland II g 433

116 Ebda., Bl. 262

117 Dazu gehörten Botschafter v. d. Schulenburg, BR Hilger (beide bis 1941 bei der Botschaft Moskau), Ges. Großkopf (Abt. D), GR Dittmann (Personalabteilung), GK Wüster (Leiter der Informationsabteilung), Ges. Rühle (Leiter der Rundfunkpolitischen Abteilung) und Ges. Schmidt (Leiter der Nachrichten- und Presseabteilung); vgl. die Notiz für D II zu D II 59 g.RS. v. 18.3.1942 und die Paraphen der genannten Beamten auf S. 1 der Vortragsnotiz Luthers v. 14.3.1942, in: PA des AA, Inland II g 433, Bl. 268f.

anderen europäischen Länder der Reihe nach heranzugehen, wie es jetzt schon der Slowakei und Kroatien gegenüber geschieht.«[118]

Des weiteren lassen verschiedene Belege in den Akten des AA zweifellos erkennen, daß auch die Termini »Ausmerzung« und »Sonderbehandlung« spätestens seit Sommer 1942 als Euphemismen für die Ermordung der Juden durch Exekutionen dienten.[119]

Aus dem Kreis ehemaliger Angehöriger des Auswärtigen Dienstes liegen nur wenige Zeugnisse vor, in denen zur Judenvernichtung im Zweiten Weltkrieg glaubwürdig Stellung genommen wurde.[120] Besondere Aussagekraft hat das Zeugnis des Vortragenden Legationsrates und späteren Gesandten Heinburg, der von 1936 bis 1943 das Referat Südosteuropa in der Politischen Abteilung (Pol IV) leitete.[121] Am 5. September 1947 gab Heinburg als Zeuge im Wilhelmstraßen-Prozeß eine umfangreiche eidesstattliche Erklärung ab, deren Kernaussagen lauten: Die Abteilung Deutschland, in der die »Judensachen« federführend bearbeitet wurden, beteiligte die Politische Abteilung an diesen Vorgängen durch Vorlage zur Kenntnisnahme oder zur Mitzeichnung. Wenn eine der geplanten Maßnahmen die Juden eines südosteuropäischen Staates betraf, fertigte Heinburg seine Stellungnahme für den Direktor der Politischen Abteilung, Unterstaatssekretär Woermann, oder dessen Stellvertreter, Gesandten v. Erdmannsdorff, die für die Entscheidung verantwortlich gewesen seien.

Am Beispiel des Vorgangs zur »Endlösung der Judenfrage« in der Slowakei und in Kroatien konkretisierte Heinburg das Verfahren: »Im Januar 1942 ging ein Schreiben an die Gesandtschaften in Preßburg und Agram, worin ihnen der Auftrag gegeben wurde, den beiden Regierungen den deutschen Wunsch mitzuteilen, sie möchten auch Maßnahmen gegen ihre Juden treffen. Es wurde hinzugesetzt, der SD oder die SS sei bereit, Abtransporte von Juden in Lager nach dem Osten oder nach Polen zu übernehmen. Dieses Schreiben wurde von der Abteilung Deutschland verfaßt,

---

118 PA des AA, Inland II A/B 347/3

119 Vgl. Nr. 4 der Meldungen aus den besetzten Ostgebieten v. 22.5.1942, insbesondere S. 6, in: PA des AA, Inland II g 433, D II 726 g, sowie das Telegramm v. 19.8.1942, gez. Rintelen, g.Rs., für UStS Luther, in: PA des AA, Inland II g 200, Bl. 23, darin besonders die folgende Passage: »[...] Es ist vorgesehen, die Juden aus Rumänien [...] in laufenden Transporten nach dem Distrikt Lublin zu verbringen, wo der arbeitsfähige Teil arbeitseinsatzmäßig angesetzt wird, der Rest der Sonderbehandlung unterzogen werden soll. [...]«.

120 Vgl. etwa die eidesstattliche Erklärung des früheren VLR Ulrich Doertenbach v. 13.5.1947, in: IfZ München, ZS 1022, und die Vernehmung des ehemaligen VLR Paul Gerhard Feine v. 18.9.1947, in: IfZ München, ZS 891

121 Curt Heinburg, geb. 1885, Volljurist, 1914 Assessor im AA, 1914-18 Kriegsteilnehmer, zuletzt Olt. d. R., 1918 VK, 1921-24 GR in Bukarest, 1924-26 LR im AA, 1926-33 K I. Kl. in Alexandrien, anschließend im AA, 1935 VLR, 1936-43 Referatsleiter Pol IV, seit 1941 mit der Amtsbezeichnung Gesandter, 1943-44 GK in Triest. – Heinburgs Antrag zur Aufnahme in die NSDAP von 1939 wurde 1940 abgelehnt mit dem Vorwurf »Liberalist reinsten Wassers« (BDC, PK-Korrespondenz; NA Washington, T-120, roll 2538).

U.St.S.-D.-Nr. 6862

Berlin, den 24. September 1942.

Geheim!

**N o t i z.**

Der Herr RAM hat mir heute telefonisch die Weisung erteilt, die Evakuierung der Juden aus den verschiedensten Ländern Europas möglichst zu beschleunigen, da feststeht, daß die Juden überall gegen uns hetzen und für Sabotageakte und Attentate verantwortlich gemacht werden müssen. Nach einem kurzen Vortrag übef die im Gange befindliche Judenevakuierung aus der Slowakei, Kroatien, Rumänien und den besetzten Gebieten hat der Herr RAM angeordnet, daß wir nunmehr an die bulgarische, die ungarische und die dänische Regierung mit dem Ziel, die Judenevakuierung aus diesen Ländern in Gang zu setzen, herantreten sollen.

Bezüglich der Regelung der Judenfrage in Italien hat sich der Herr RAM das Weitere selbst vorbehalten. Diese Frage soll entweder in einem Gespräch zwischen dem Führer und dem Duce oder zwischen dem Herrn RAM und dem Grafen Ciano persönlich besprochen werden.

Hiermit
Herrn Staatssekretär v. Weizsäcker
mit der Bitte um Kenntnisnahme vorgelegt.
Die von uns zu unternehmenden Schritte werden jeweils Ihnen vorher zur Genehmigung vorgelegt werden.

(Luther)

Durchdruck:
Herrn U.St.S.Pol
Herrn U.St.S.R
Herrn Dir.HaPol
D II
D III

Zdk (Ungarn)

H322897

E310856

K213397

und es lief bei uns zur Mitzeichnung durch. Die Mitzeichnung einer solchen Sache von Seiten der Politischen Abteilung bedeutete die Zusage, daß vom politischen Standpunkt aus keine Bedenken gegen diese Maßnahme bestanden. Die beiden Regierungen stimmten auf diese Vorstellungen hin der Maßnahme zu, und es wurden SS- oder SD-Vertreter nach Preßburg und Agram gesandt. [...] Das Auswärtige Amt wurde über die Vorgänge in den Südostländern durch die Bevollmächtigten des Auswärtigen Amtes unterrichtet. Ich erinnere mich an die Berichte dieser Bevollmächtigten in Belgrad und Athen. Aus diesen Berichten wußte ich, daß die SS in grausamster Weise gegen die einheimische Bevölkerung vorging und daß ihre Maßnahmen bereits das Stadium der Deportationen und der Vernichtung erreicht hatten. Ich wußte aus diesen Berichten, daß die *Vernichtungen durch Erschießung und Vergasung* stattfanden. Über Vergasungen wurde aus Belgrad berichtet. Manchmal kamen diese Berichte zuerst an die oberen Instanzen und kamen dann von oben herunter. Manchmal liefen sie auch umgekehrt, kamen zu erst zu mir und gingen dann hinauf. [...] Auf jeden Fall ist es sicher, daß die Berichte auf der ganzen Stufenleiter durchliefen, also nicht nur mir zur Kenntnis gebracht wurden. [...]«[122]

Heinburgs Zeugnis erhellt nicht nur die bürokratischen Prozeduren, sondern bestätigt auch die Mitwirkung der Politischen Abteilung des AA bei der »Endlösung der Judenfrage« in Südosteuropa. Schriftliche Berichte aus Belgrad über Vergasungen ließen sich in den Akten des AA bislang zwar nicht nachweisen[123], die Tatsache der Vergasung mehrerer tausend Juden im Frühjahr 1942 wird durch Quellen anderer Provenienz allerdings unzweifelhaft belegt.[124]

Ein Hinweis auf den Einsatz von Gaskammern zur Vernichtung der Juden ist den Akten des AA erstmals im Mai 1943 zu entnehmen.[125] Ebenfalls im Mai 1943 vermerkte der zur Disposition gestellte Botschafter Ulrich von Hassell, der durch seine vielfältigen Kontakte zu leitenden Berufsdiplomaten stets frühzeitig und zuverlässig über Interna des AA unterrichtet war, in seinem Tagebuch, daß »unzählige Juden [...] in besonders dazu gebauten Hallen vergast [werden], jedenfalls 100000.«[126] Unter den verantwortlichen Beamten des AA dürfte demnach spätestens seit Mai 1943 die systematische Vernichtung der Juden mittels Gas bekannt gewesen sein. Daß diese Kenntnis zum Teil noch früher zu datieren ist, folgt aus dem bislang unveröffentlichten Tagebuch des ehemaligen Personalchefs im AA (1936-1939) und späteren Botschafters in Rio de Janeiro (1939-1942), Curt Prüfer.[127]

---

122 StA Nürnberg, NG-2570 (Hervorhebung d. Verf.)

123 Vgl. auch Browning: The Final Solution, S. 94

124 Vgl. Hilberg: Die Vernichtung der europäischen Juden, S. 475

125 Vgl. die Aufzeichnung des LR v. Thadden v. 15.5.1943, Inl. II 1308 g, in: PA des AA, Inland II g 173. Vgl. dazu auch S. 293ff.

126 Vom andern Deutschland, 1964, S. 276, Eintragung v. 15.5.1943

127 Geb. 1881, 1904 Promotion zum Dr. phil., 1907 AA (Dragomatseleve in Kairo), 1920

Nach Abbruch der diplomatischen Beziehungen mit Brasilien und noch während der Rückreise nach Deutschland notierte Prüfer unter dem 12. Oktober 1942: »Aus deutschem Munde, allerdings dem eines SS-Mannes, hörte ich hier auf der Fahrt durch Spanien zum ersten Male von der Massenverschickung der Juden mit kalter Selbstverständlichkeit sprechen. Zwar waren über diese Verschickungen Gerüchte aus Deutschland und Berichte aus feindlicher Quelle zu uns gedrungen, sie schienen uns jedoch so ungeheuerlich zu sein, daß wir sie wie so viele andere Nachrichten der gegnerischen Propaganda, die sich als unrichtig erwiesen hatten, für ›Greuelmärchen‹ und zum mindesten für Übertreibungen gehalten hatten. Im weiteren Verlauf der Reise verstärkte sich der ungünstige Eindruck. Die uns entgegengesandten Herren aus dem Auswärtigen Amt und der NSDAP sprachen untereinander mit völliger Gelassenheit über Dinge, die so unwahrscheinlich klangen, daß wir sie nicht geglaubt hätten, wenn irgendwelche Reisende sie uns erzählt hätten. [...]«[128]

Und am 22. November 1942, nach zahlreichen Gesprächen mit Verwandten und Bekannten in Berlin, vornehmlich Diplomaten und Offizieren, vertraute Prüfer seinem Tagebuch die folgende Notiz an: »On m'a raconté ce matin des histoires affreuses sur le traitement des Persans. Ils ont été massacrés hommes, femmes et enfants en grand nombre par des gaz asphyxiants ou par la mitrailleuse. La haine qui, forcément, doit en surgir ne sera jamais éteinte. Dies weiß heute jedes Kind in allen Details.«[129] Die Umschreibung der Juden als Perser - wohl in Anlehnung an die »Lettres persanes« von Montesquieu - diente Prüfer vermutlich ebenso wie die französische Sprache als Schlüssel zur Verschleierung seiner Kenntnis.

In der nach dem Zweiten Weltkrieg entstandenen maschinenschriftlichen Version der Tagebuchaufzeichnungen Prüfers lautet die entsprechende Notiz wie folgt: »Den Abend [21. November 1942] habe ich im Kreise alter Bekannter aus dem ersten Kriege in einer Offiziersfamilie verbracht. [...] Auch auf die Judenfrage kam die Rede. Es ist hier, scheint es, zu schweren Judenverfolgungen, zu einer wahren Austilgung der Juden gekommen. Sie sollen fast alle verschleppt und nach dem Osten transportiert worden sein, wo man sie, Männer, Frauen und Kinder mit Gas und Maschinengewehr ausgerottet haben soll. Wenn diese Geschichten wirk-

---

LR im AA, 1923 VLR, 1925-27 GK in Tiflis, 1927-30 Ges. in Addis Abeba, 1930 VLR im AA, 1936 Ministerialdirektor, 1.12.1937 NSDAP, 1939 Botschafter (NA Washington, T-120, roll 2539). - Auszüge seines handschriftlich geführten Tagebuchs wurden dem Verf. 1979 durch den Sohn Prüfers, Prof. Olaf H. Prufer, Kent, Ohio (USA), zur Verfügung gestellt. Lt. Mitteilung Prof. Prufers v. 9.10.1979 an den Verf. gibt es daneben noch ein etwa 1946 »getipptes Manuskript, das teilweise (wenn auch etwas verschönt) dieselben Aufzeichnungen enthält.« Diese maschinenschriftliche Fassung ist im PA des AA (NL Prüfer) überliefert.

128 Maschinenschriftliche Tagebuchaufzeichnung Curt Prüfers v. 12.10.1942 (Rückkehr aus Brasilien), Kopie im Besitz des Verf.

129 Handschriftliche Tagebuchaufzeichnung Curt Prüfers v. 22.11.1942, Kopie im Besitz des Verf.

lich den Tatsachen entsprechen, so kann daraus nur ein Haß entstehen, der niemals wieder erlöschen und uns unsäglichen Schaden zufügen wird.«[130]

Gegenüber der handschriftlichen Version von 1942 erscheint die maschinenschriftliche Darstellung Prüfers von 1946 weniger bestimmt, durch Einschränkungen in ihrer Aussagekraft geringfügig relativiert. Diese Konzessionen mögen ihre Ursache in den damals bevorstehenden Nürnberger Prozessen gegen Offiziere und Diplomaten gehabt haben[131], sie werden indes durch folgenden Zusatz teilweise wieder aufgehoben: »Meine Gewährsleute beteuerten, daß dies alles wahr wäre. Tatsache ist, daß man auf den Straßen sehr selten Juden sieht. Sie sind durch einen Stern auf einer gelben Armbinde kenntlich gemacht. Sie sehen alle sehr verhärmt und schlecht gekleidet aus. Die Juden, die sonst in adligen Offizierskreisen traditionell nicht gern gesehen waren, sind heute in eben diesen Kreisen aus einer gewissen ritterlichen Reaktion gegen das ihnen angetane Unrecht heraus geradezu beliebt.«[132] Die Ambivalenz dieser Beobachtung, die hier nicht weiter erörtert werden kann, wird indirekt bestätigt durch die Feststellung des VAA beim Oberkommando des Heeres, v. Etzdorf, der zufolge das Thema Judenpolitik unter den Offizieren des OKH »verpönt« gewesen sei[133] – trotz oder wegen der Kenntnis der Judenmorde durch die Einsatzgruppen, denen Heeresverbände nicht selten Unterstützung gewährten.[134]

Abschließend ist noch das Zeugnis des früheren Gesandten Albrecht v. Kessel erwähnenswert, eines weiteren Berufsdiplomaten, der überdies zu den Vertrauten des Staatssekretärs v.Weizsäckers zählte.[135] Zur Frage der Mitwirkung des AA bei der »Endlösung der Judenfrage« nahm v. Kessel 1974 wie folgt Stellung: »Wir Berufsdiplomaten waren damals wie heute der Auffassung, daß die Deutschland-Abteilung eine, wie man heute sagen würde, ›kriminelle Vereinigung‹ darstellte. [...] Ihre Mitglieder waren fast alle ›Schreibtischmörder‹, die sich in enger Zusammenarbeit mit den berüchtigten Einsatzgruppen damit befaßten, überall in den besetzten Gebieten Juden aufzustöbern und früher oder später zu ermorden. Sie bil-

---

130 PA des AA, NL Prüfer, I. Biographisches, B. Tagebücher, S. 27f.

131 Auch der Sohn Prüfers, Prof. Olaf H. Prufer, vermutet eine Verharmlosung, wenn nicht Beschönigung der Tatbestände in der maschinenschriftlichen Fassung; vgl. Anm. 127

132 PA des AA, NL Prüfer, I. Biographisches, B. Tagebücher, S. 28

133 Aussage v. Etzdorfs v. 10.6.1948, in: IfZ München, ZS 322

134 Vgl. die Tätigkeits- und Lageberichte der Sicherheitspolizei und des SD, passim, insbesondere Nr. 1. u. 3., in: PA des AA, Inland II g 431 u. 433; sowie grundsätzlich Krausnick / Wilhelm: Die Truppe des Weltanschauungskrieges, passim, vor allem S. 223-243 u. 598-605

135 Geb. 1902, 1926 jur. Ref.-Examen, 1925-33 »Stahlhelm«, 1927 Attaché im AA, 1934 LS, Antrag zur Aufnahme in die NSDAP von 1934 wurde 1943 (!) abgelehnt (wegen mangelnden Einsatzes für die »Bewegung«; Bedenken in politischer Hinsicht wurden ausdrücklich nicht erhoben), 1939 LR im AA; 1941-43 K in Genf, 1943-45 bei der Vatikan-Botschaft (unter v.Weizsäcker), 1950 Bundeskanzleramt, 1953 Ges. in Washington, 1958-59 im AA, 1976 in Bonn verstorben (BDC, PK-Korrespondenz; BA Koblenz, NL Rheindorf, 78; Haas: Beitrag zur Geschichte der Entstehung des Auswärtigen Dienstes, S. 314ff.: Mitteilungen an den Verf. v. 18, u. 30.4.1974)

deten einen festen Block, der aber isoliert war. Denn sie befaßten sich, von wenigen Ausnahmefällen abgesehen, ja gar nicht mit außenpolitischen Fragen, so daß die Berufsdiplomaten keinen Kontakt mit ihnen zu pflegen brauchten.«[136]

Da die Deutschland-Abteilung des AA von 1940 bis Anfang 1943 bestand, kann sich v. Kessels Stellungnahme nur auf diesen Zeitabschnitt beziehen. Damit bestätigt v. Kessel indirekt die unter Berufsdiplomaten verbreitete Kenntnis der Morde bis spätestens Anfang 1943, vermutlich schon für 1942.

Bemerkenswert erscheint der Versuch v. Kessels, die Abteilung Deutschland personell und sachlich als Fremdkörper im AA erscheinen zu lassen. Dieser tendenziell auch in der amtlichen Schrift »100 Jahre Auswärtiges Amt« vertretenen Auffassung[137] kann nach den vorliegenden Befunden nur insoweit zugestimmt werden, als die meisten Referate dieser Abteilung und die Abteilung selbst nicht von Berufsdiplomaten geleitet wurden. Das für die »Judenfrage« zuständige Referat D III allerdings setzte sich, wie oben gezeigt wurde, aus Berufsbeamten zusammen, die nicht nur die Bedingungen für den höheren Auswärtigen Dienst erfüllten, sondern überwiegend schon vor 1938 in das AA gelangt waren.

Die Beobachtung v. Kessels, daß die Berufsdiplomaten keinen Kontakt mit den Angehörigen der Abteilung Deutschland hatten, mag für den privaten und gesellschaftlichen Bereich zutreffen, ist für den täglichen Dienstverkehr jedoch nicht zu bestätigen. Gerade im Zusammenwirken des Auswärtigen Amtes mit dem Reichssicherheitshauptamt bei der »Endlösung der Judenfrage« zeigte sich, daß die Berufsdiplomaten vor allem der Politischen Abteilung regelmäßig und eilfertig von der Abteilung Deutschland bei allen Vorgängen beteiligt wurden. Ebenso eilfertig stimmten sie den Anfragen des Reichssicherheitshauptamtes zu, obschon ihnen zumindest das Mittel der dilatorischen Behandlung zur Verfügung gestanden hätte.

Die Abgrenzung der Abteilung Deutschland in personeller und sachlicher Hinsicht von den klassischen, überwiegend mit Berufsdiplomaten besetzten Abteilungen läuft auf den Versuch hinaus, das traditionelle Auswärtige Amt und seine Berufsdiplomaten von der Mitwirkung bei der »Endlösung der Judenfrage« pauschal zu exkulpieren. Dieser Versuch scheitert jedoch an der erdrückenden Beweislast der vorliegenden Quellen zur Verstrickung traditioneller Teile der Berufsdiplomatie in die Verbrechen des NS-Regimes.

Als Quintessenz ist festzuhalten, daß die Zusammenarbeit des Auswärtigen Amtes mit dem Reichssicherheitshauptamt bei der »Endlösung der Judenfrage« von Anfang an ohne erkennbare Reibungen verlief. Die dabei verantwortlich mitwirkenden Beamten des AA waren in ihrer Mehrheit keine alten Nationalsozialisten, sondern Berufsdiplomaten, die überwiegend erst nach 1933 der NSDAP oder einer ihrer Gliederungen beitraten.

---

136 Schriftliche Mitteilungen v. 18. u. 30.4.1974 an den Verf.
137 Bonn 1970, S. 44f.

# 5. Der Sturz des Unterstaatssekretärs Luther im Februar 1943 – Hintergründe und Folgen

> Schellenberg »möchte sich gerne ins vierte Reich hinüberretten. Eine Zeitlang hat Himmlers Günstling allen Ernstes auf die Nachfolge Ribbentrops spekuliert.«
>
> *Hans Bernd Gisevius*[1]

Im Februar 1943 wurde Unterstaatssekretär Luther wegen Ungehorsams gegenüber Ribbentrop verhaftet, seines Amtes enthoben und schließlich in das Konzentrationslager Sachsenhausen verbracht, wo er bis 1945 als privilegierter »Schutzhäftling« verblieb.

Der Verlauf der sogenannten Affäre Luther ist in der Literatur mehrfach dargestellt worden, zuletzt von Christopher R. Browning, dessen Untersuchungen sämtliche bislang veröffentlichten Quellen zu diesem Fall berücksichtigen und dadurch vergleichsweise gesichert erscheinen.[2]

Die Rolle der SS in der Affäre Luther blieb dagegen weitgehend ungeklärt. Vordringlich stellt sich die Frage, warum Luther von der SS als privilegierter Häftling behandelt wurde, obwohl Ribbentrop seine Hinrichtung gefordert haben soll.[3] Verschiedene Vorgänge in den Sachakten deuten darauf hin, daß die noch 1941 bestehenden Spannungen zwischen Luther und dem Reichssicherheitshauptamt bis zum Sommer des Jahres 1942 einer allmählich von Vertrauen getragenen Zusammenarbeit wichen.[4] Anfang August 1942, nach einem offenen Gespräch mit Himmler über die Ausweglosigkeit der deutschen Außenpolitik, will der Chef des SD-Ausland, SS-Staf. Schellenberg, vom Reichsführer-SS ermächtigt worden sein, ohne Wissen Ribbentrops »über die dem Auslandsnachrichtendienst zur Verfügung stehenden Kanäle Verbindungen zum Westen aufzunehmen«, um »Deutschland aus der Sackgasse des Zweifrontenkrieges herauszubringen.«[5]

---

1 Bis zum bittern Ende, Bd. 2, Hamburg 1947, S. 281

2 Vgl. Browning: Unterstaatssekretär Martin Luther and the Ribbentrop Foreign Office, in: Journal of Contemporary History 12 (1977), S. 332-340; ders.: The Final Solution and the German Foreign Office, S. 112ff.; vgl. auch Seabury: Die Wilhelmstraße, S. 197-200; Höhne: Der Orden unter dem Totenkopf, 1969, Bd. 2, S. 541f.

3 Vgl. Schellenberg: Memoiren, S. 293

4 Vgl. das Protokoll v. 23.7.1942 über die Gruppenleiter- u. Referentenbesprechungen im Amt VI des RSHA, S. 3, in: BA Koblenz, R 58/1280; die Aufzeichnung Luthers v. 21.8.1942 für Ribbentrop, in: PA des AA, Inland II g 177; grundsätzlich Browning: The Final Solution, S. 112f.

5 Schellenberg: Memoiren, S. 283. – Daß solche Kontakte mit den angloamerikanischen Nachrichtendiensten vom SD-Ausland gesucht wurden und auch stattfanden, läßt sich aus verschiedenen Quellen ablesen, vgl. PA des AA, Inland II g 103; BA Koblenz, R 58/441; Aufzeichnung des früheren Abwehroffiziers Panhorst über Schellenberg, in: BA Koblenz, NL Rheindorf, 107.

*Walter Schellenberg, SS-Oberführer (1943), Chef SD-Ausland im Reichssicherheitshauptamt, war Drahtzieher des Komplotts, dem Unterstaatssekretär Luther zum Opfer fiel. Sein eigentliches Ziel, die Ausschaltung Ribbentrops, erreichte Schellenberg freilich nicht*

Im Anschluß an dieses Gespräch mit Himmler unterrichtete Schellenberg nach eigener Darstellung den Unterstaatssekretär Luther über seine »Auffassung hinsichtlich des unseligen Einflusses, den der Außenminister auf Hitler ausübte, sowie andeutungsweise über [seine] künftigen Pläne.«[6] Bei dieser Gelegenheit will er Luther um Hilfe gebeten haben, »entsprechendes Material an die Hand zu bekommen, um den Sturz Ribbentrops zu beschleunigen.«[7]

Schellenbergs Anliegen soll bei Luther »auf fruchtbaren Boden« gefallen sein. »Es war nämlich in jener Zeit zwischen dem Außenminister und seinem früheren Intimus zu erheblichen Spannungen gekommen, die zum Teil privaten, zum anderen aber sachlichen Charakter trugen. So waren zwischen ihren beiden Frauen Differenzen eingetreten; überdies glaubte Luther, nicht länger Ribbentrops fortgesetzten und sich immer steigernden privaten Anforderungen an den geheimen Fonds des Auswärtigen Amtes nachkommen zu können. Bislang hatte er die extravagante Lebensweise seines Chefs zu decken gesucht, aber schließlich war Ribbentrop in seinen Ansprüchen so weit gegangen, daß Luther an dessen gesundem Verstand

6 Schellenberg: Memoiren, S. 290
7 Ebda.

zu zweifeln begann. Unter anderem mußten, und dies mitten im Kriege, die Tapeten in der Ribbentropschen Villa viermal gewechselt werden, weil sie farblich seinem Geschmack nicht entsprachen.«[8]

Bestätigt wurde die Darstellung Schellenbergs von dem früheren Legationsrat I.Kl. Gottfriedsen, der nicht nur die dienstlichen Einkünfte des Reichsaußenministers verwaltete, sondern auch den Gold- und Devisenfonds.[9] Neben der Kritik Luthers an der Ausweglosigkeit der deutschen Außenpolitik bestätigte Gottfriedsen insbesondere den Vorwurf der Verschwendung und in diesem Zusammenhang Verstöße der Familie v. Ribbentrop gegen kriegswirtschaftliche Bestimmungen.

Luthers Bereitschaft, den geplanten Sturz Ribbentrops zu fördern, entsprang indes nicht nur uneigennützigen Motiven. Nach der Erinnerung Schellenbergs soll Luther geäußert haben, »daß ihm auf diese Weise auch eine Gelegenheit geboten werde, sich bei Himmler gegen die ständigen Verleumdungen seitens der SS zu rehabilitieren und seine Beziehungen zu diesem zu verbessern.«[10]

Im Januar 1943, also unmittelbar vor dem Untergang der 6. Armee in Stalingrad, stellte Luther ein Aktenstück zusammen, dessen Inhalt den Reichsaußenminister politisch und persönlich so disqualifizierte, daß er als geisteskrank und amtsunfähig erscheinen mußte. Wenngleich das Aktenstück dokumentarisch nicht nachweisbar ist, wird sein Inhalt von mehreren zeitgenössischen Beobachtern bestätigt.[11]

Im Vertrauen auf Schellenbergs und Himmlers Unterstützung soll Luther seinen Bericht verschiedenen Regierungsstellen übersandt haben »in der Hoffnung, auf diese Weise den Sturz Ribbentrops zu bewirken.«[12] Doch bevor Schellenberg die Bereitschaft Himmlers zum Sturz Ribbentrops gewinnen konnte, soll der Chef des Persönlichen Stabes Reichsführer-SS, SS-Ogruf. Wolff, zugunsten des Reichsaußenministers bei Himmler interveniert haben: »Aber Reichsführer, Sie können doch nicht zulassen, daß SS-Obergruppenführer Joachim von Ribbentrop, einer der Höchstrangierenden in unserem Orden, von diesem Schuft Luther 'rausgeschmissen wird. Dies würde eine grobe Verletzung der Ordensregeln sein. Ich bin sicher, daß dies niemals Hitlers Billigung finden wird.«[13] Statt das Aktenstück Hitler vorzulegen, wie Himmler es ursprünglich wünschte, schlug Wolff vor, zunächst Ribbentrop davon zu unterrichten. Er hat das bela-

---

8 Ebda.

9 Mündliche Mitteilung v. 24.6.1976 an den Verf. – Zur Herkunft und Karriere Gottfriedsens vgl. oben, S. 151 Anm. 30

10 Schellenberg: Memoiren, S. 291

11 Vgl. ebda. und außerdem Weizsäcker-Papiere 1933-1950, S. 323, Notiz v. 11.2.1943; Weizsäcker: Erinnerungen, S. 345; Hassell: Vom andern Deutschland, S. 265f. u. 268; Mitteilung des früheren LR I.Kl. Gottfriedsen v. 24.6.1976 an den Verf.; vgl. auch Seabury: Die Wilhelmstraße, S. 197, und Browning: The Final Solution, S. 112f.

12 Schellenberg: Memoiren, S. 291

13 Ebda., S. 292. – Wolff war Duzfreund v. Ribbentrops (Mitteilung Gottfriedsens an den Verf.).

stende Material dem Reichsaußenminister dann persönlich überbracht.[14] Wolffs vermittelnde Rolle wird durch Telefonnotizen Himmlers zwischen dem 9. und 19. Februar 1943 indirekt bestätigt.[15]

Vom 10. Februar 1943 an wurden Luther und drei seiner engsten Mitarbeiter (Büttner, Kieser und Rademacher) vom Chef der Gestapo, SS-Gruf. Müller, verhört und schließlich verhaftet. Mit einer Zusammenstellung der Vernehmungsprotokolle begab sich Ribbentrop dann ins Führerhauptquartier und berichtete Hitler.[16]

Über den Verlauf des Gesprächs zwischen Ribbentrop und Hitler liegen unterschiedliche Darstellungen vor. Schellenberg zufolge soll Ribbentrop die Affäre mit den Worten kommentiert haben, »es handele sich um einen unerfreulichen Angriff eines untergeordneten Beamten auf die Außenpolitik, die Hitler selbst befohlen habe. Er verlange daher, daß Luther wegen Ungehorsams seines Amtes enthoben und wegen Defätismus gehängt werde! Aber dies schien selbst Hitler zu viel. Offenbar besprach er die Sache mit Himmler, denn er beschränkte sich schließlich darauf, Luther zu entlassen und in ein Konzentrationslager zu sperren. [...] Die schweren Strafen, die Ribbentrop auch über Luthers Kollegen verhängt haben wollte, lehnte [Himmler] jedoch ab und sorgte dafür, daß es bei einer Abkommandierung zum Frontdienst bei der Waffen-SS blieb.«[17]

Nach der Darstellung Wolffs war Hitler über die »Meuterei« Luthers sehr aufgebracht. Er habe dessen Erschießung und ein Standgerichtsverfahren gegen Rademacher und Büttner verlangt, die als die geistigen Urheber der Revolte angesehen worden seien. Ribbentrop habe jedoch gebeten, von diesen Maßnahmen abzusehen. So sei Luther in ein Konzentrationslager und Rademacher und Büttner an die Front gekommen.[18] Wolffs Darstellung erscheint nicht nur fragwürdig, weil sie die geistige Urheberschaft der »Revolte« den Legationsräten Rademacher und Büttner zuschreibt, sondern auch Ribbentrop eine mäßigende Haltung attestiert. Welches Interesse sollte Ribbentrop an einer milden Bestrafung jener Mitarbeiter gehabt haben, die bewußt seinen Sturz hatten herbeiführen wollen?

Für die Glaubwürdigkeit der Darstellung Schellenbergs spricht vor allem die fürsorgliche Behandlung, die Büttner und Luther durch die SS erfuhren: Legationsrat I.Kl. SS-Sturmbannführer Büttner, Vertreter des Abteilungsleiters Luther,[19] wurde im Februar 1943 aus dem Beamtenverhältnis entlassen und zur Frontbewährung als SS-Sturmmann einer SS-Panzerdi-

---

14 Mitteilungen Thorners v. 27.3.1974 u. Gottfriedsens v. 24.6.1976 an den Verf. – Vgl. auch die Aussage Wolffs im Rademacher-Prozeß (1952), in: BA Koblenz, NL Rheindorf, 276

15 Vgl. BA Koblenz, NS 19 neu/1440 F, Telefongespräche des RFSS v. 1.1.-17.8.1943

16 Vgl. Schellenberg: Memoiren, S. 293

17 Ebda.

18 Aussage Wolffs im Rademacher-Prozeß (1952), in: BA Koblenz, NL Rheindorf, 276

19 Walter B., geb. 1908, 1929 NSDAP u. SA, 1930-36 Studium an der Bergakademie Freiberg, 1934 Führer der Freiberger Studentenschaft. 1936 Dipl.Ing., 1937 Dienststelle

vision zugeteilt.[20] Auf Vorschlag von SS-Gruf. Berger, Chef des SS-Hauptamtes, dem Büttner als Führer beim Stabe nach wie vor angehörte, war Himmler »gern bereit«, aus dem Sonderkonto des Persönlichen Stabes Reichsführer-SS den gleichen Betrag an Büttner zu überweisen, den dieser bisher als Gehalt vom AA bezogen hatte.[21]

Am 10. April 1944, über ein Jahr nach der Verbringung Luthers in das Konzentrationslager Sachsenhausen, wandte sich dessen Frau an den Reichsführer-SS mit der Bitte um Hafterleichterung für ihren Mann. Darauf teilte Himmler dem Chef der Sicherheitspolizei und des SD durch Schreiben vom 5. Juni 1944 mit:

»1. Ich habe den Brief der Frau Irmgard Luther vom 10.4.1944 zunächst dem Führer vorgelegt.

2. Der Führer entschied darauf, daß ich den Brief dem Reichsaußenminister zur Stellungnahme zuleiten sollte. Dies habe ich getan.

3. Der Reichsaußenminister ließ mir sagen, er möchte dazu nicht Stellung nehmen. Er hielte aber Luther für einen Verbrecher.

4. Ich habe diese Stellungnahme dem Führer gemeldet, worauf dieser, wie folgt, entschied: Der Schutzhaftgefangene, frühere Unterstaatssekretär im Auswärtigen Amt, Martin Luther kann im Laufe dieses Jahres in einem Haus am Rande des Konzentrationslagers wohnen und auch seine Frau kann dorthin ziehen. Er selbst ist im Lager jedoch in der Buchhaltung oder sonst an einer Bürostelle eines Wirtschaftsbetriebes zu beschäftigen. Seiner Frau ist das Zusammenziehen mit ihrem Mann freizustellen. Luther ist nicht berechtigt, den Lagerbereich zu verlassen. Diese Möglichkeit ist seiner Frau und ihm zu eröffnen.«[22]

Der Tenor dieses Schreibens läßt noch einmal deutlich werden, daß nicht Ribbentrop, sondern Himmler daran interessiert war, Luthers Haftbedingungen zu erleichtern. Dieser Befund widerlegt die amtliche Darstellung, der zufolge Luther »jedenfalls zum Schluß von der SS fallengelassen und an Ribbentrop verraten worden« sei.[23]

Offenbar stellte sich Himmler schützend vor Luther und Büttner, weil er Ribbentrop als zuständigen Ressortchef für die Ausweglosigkeit der deutschen Außenpolitik verantwortlich machte und ihn für die als notwendig erachtete außenpolitische Neuorientierung als Hindernis betrachtete.

---

Ribbentrop, 20.4.1938 SS-Ustuf., 1.12.1938 Übernahme ins AA, 1939 LS, 1940 LR und pers. Referent des Ges. Luther, 9.11.1940 SS-Stubaf. b. Stab SS-HA, 1.3.1942 LR I.Kl., 1944 SS-Uschaf. d. Waffen-SS; 1974 in Bonn verstorben (BDC, SS-Personalunterlagen; IfZ München, ZS 1998; ADAP E II, S. 533; vgl. auch Jacobsen: NS-Außenpolitik, S. 703).

20 Vgl. die Veränderungsmeldungen, in: BDC, SS-Pers.-Akte Walter Büttner

21 Vgl. den Schriftwechsel zwischen dem Pers.-Stab RFSS, Chef SS-HA und der Kasse des Pers.Stabes RFSS vom März 1943, in: BDC, SS-Pers.-Akte Walter Büttner

22 BA Koblenz, NS 19 neu/2172. – Die Bedeutung dieses Schreibens wird unterstrichen durch die höchste Geheimhaltungsstufe (geheime Reichssache), der die Mitteilung Himmlers unterlag.

23 »100 Jahre Auswärtiges Amt«, S. 45

Während Himmler letztlich jedoch zögerte, Ribbentrop fallenzulassen, wohl nicht nur mit Rücksicht auf die »Ordensregeln« der SS, sondern auch angesichts unwägbarer Reaktionen Bormanns und Hitlers, arbeitete Schellenberg nach wie vor auf die Ausschaltung Ribbentrops hin – und zwar keineswegs nur aus uneigennützigen Motiven. Schellenberg, den kritische Beobachter als intrigant und stets auf den eigenen Vorteil bedacht charakterisierten[24], war, soweit erkennbar, der geistige Urheber des Komplotts gewesen. Er bediente sich Luthers mit dem Ziel, Ribbentrop zu stürzen und dessen Nachfolge als Reichsaußenminister anzutreten. Ihm und nur ihm trauten zeitgenössische Beobachter diese Intrige zu.[25] Das Komplott hatte zwar nicht den von Schellenberg gewünschten Erfolg, es decouvrierte ihn aber auch nicht. Im Gegensatz zu Luther und dessen Mitarbeitern blieb Schellenberg unangefochten im Amt.

Die Bedeutung der sogenannten Affäre Luther im thematischen Rahmen dieser Untersuchung läßt sich wie folgt zusammenfassen: Der Chef des SD-Ausland, SS-Staf. Schellenberg, und der Leiter der Abteilung Deutschland im Auswärtigen Amt, UStS Luther, zwei überzeugte Nationalsozialisten, die bis 1941 ihre jeweiligen Ressortinteressen mit Vehemenz, auch gegeneinander, vertreten hatten, versuchten Anfang 1943, angesichts der drohenden militärischen Niederlage bei Stalingrad, den amtierenden Reichsaußenminister v. Ribbentrop auszuschalten, um eine Neuorientierung der deutschen Außenpolitik nach Westen zu erreichen, der Ribbentrop im Wege stand. Dieser Versuch scheiterte vor allem an der unentschiedenen Haltung Himmlers.

Eine Beteiligung traditioneller Teile der Berufsdiplomatie an diesem Komplott gegen den auch ihr verhaßten Außenminister v. Ribbentrop ist nicht erkennbar. Luther, als Protegé Ribbentrops vordem ebenso verhaßt wie sein Protektor, soll dagegen noch nachträglich Sympathien unter den Berufsdiplomaten gewonnen haben, »weil er offenbar Ribbentrop erkannt und deutlich als geisteskrank bezeichnet hatte.«[26]

Nach dem Sturz Luthers löste Ribbentrop die Abteilung Deutschland auf und wies deren Arbeitsgebiete den neugeschaffenen Referatsgruppen Inland I und Inland II zu, die er sich zur besseren Kontrolle direkt unterstellte. Um die Konturen der für ihn peinlichen Affäre zu verwischen, verband Ribbentrop diese Maßnahme mit einem größeren Revirement. Im Zuge dieser Umbesetzung wurde auch Staatssekretär v.Weizsäcker abgelöst und auf eigenen Wunsch als Botschafter zum Vatikan entsandt.[27]

---

24 Vgl. die Aufzeichnung des früheren Generalsekretärs des Ibero-Amerikanischen Instituts in Berlin, späteren Abwehroffiziers in Spanien, Dr. Panhorst, von 1948 über SS-Brigadeführer Schellenberg, in: BA Koblenz, NL Rheindorf, 107; s. auch Gisevius: Bis zum bittern Ende, S. 281

25 Vgl. Gisevius: Bis zum bittern Ende, S. 281; Hassell: Vom andern Deutschland, S. 266; vgl. auch Höhne: Canaris, S. 486

26 Hassell: Vom andern Deutschland, S. 268, Eintragung v. 28.3.1943

27 Vgl. Weizsäcker-Papiere 1933-1950, S. 327 (Brief v. 9.3.1943) u. S. 334f. (Notiz v. 27.3.1943); Weizsäcker: Erinnerungen, S.345

# 6. Die Referatsgruppe Inland II – der »verlängerte Arm« Himmlers im AA

»Bei längerer Dauer des Krieges und bei Näherrücken der Kämpfe an unsere Grenzen hat sich natürlich die Außenpolitik mehr als bisher der Möglichkeiten zu bedienen, die in einer Zusammenarbeit mit den inneren Kräftekonzentrationen liegen. Die Zusammenarbeit zwischen RAM und RF-SS wird so täglich an Bedeutung gewinnen.«

VLR *Horst Wagner,* Leiter Inland II, 1944[1]

Bei der Neuorganisation der bislang in der Abteilung Deutschland ressortierenden Arbeitsgebiete orientierte sich Ribbentrop an den Kompetenzen innenpolitischer Machtträger. Alle Arbeitsgebiete des Auswärtigen Amtes, die den verschiedenen Zuständigkeiten des Reichsführers-SS entsprachen, wurden der Referatsgruppe Inland II zugeteilt. Für die Angelegenheiten der NSDAP, ihrer übrigen Gliederungen und angeschlossenen Verbände sowie für Kirchenfragen war fortan die Referatsgruppe Inland I zuständig.[2]

Im einzelnen verfügte Ribbentrop zum 1. April 1943 folgende personelle und organisatorische Aufgabenverteilung:

GRUPPE INLAND I (Inl. I)
Gruppenleiter: SA-Brif. Frenzel

| | |
|---|---|
| Inl. IA | Verkehr zwischen AA und Partei-Kanzlei, Kanzlei des Führers, Hauptamt der NSV, Reichsstudentenführung, Reichsdozentenführung, Reichsfrauenführung, NS-Ärztebund, NS-Lehrerbund, SA, NSKK, Nationalpolitische Erziehungsanstalten, Gauleitungen in Nord- und Mitteldeutschland; Leiter: LS Jasper |
| Inl. IB | Verkehr zwischen AA und DAF, Reichsjugendführung, Reichssportführung, RAD, Reichsnährstand, Rassenpolitisches Amt, NS-Rechtswahrerbund, NS-Beamtenbund, Organisation Todt, Gauleitungen in West- und Süddeutschland, Gestaltung der Nationalen Feier- und Gedenktage im Ausland, Flaggenfragen, Nationalhymnen; Leiter: LS Pusch (Wolfgang) |

1 Vorschläge Wagners »über die Aktivierung u. Koordinierung der auswärtig. Politik im Kriege«, undatierte Aufzeichnung, entstanden nach dem 20.7.1944, in: PA des AA, Inland II g 1

2 Das Arbeitsgebiet des bisherigen Referats D VII (Geographischer Dienst) wurde der Politischen Abteilung, das des Referats D IV (Schrifttum) der Kulturpolitischen Abteilung zugewiesen; vgl. den Organisationserlaß der Personal- und Verwaltungsabteilung, gez. Schroeder, v. 25.3.1943, in: PA des AA, Inland II g 1, sowie die Aufzeichnung des Gruppenleiters Inland II, Wagner, v. 20.7.1943, in: PA des AA, Inland II A/B 347/3

Inl. I C Ausländische Arbeitskräfte und sozialpolitische Fragen; Leiter: ORR Seiberlich

Inl. I D Kirchliche und konfessionelle Angelegenheiten mit Ausnahme der Beziehungen zum Vatikan, Verkehr mit dem Reichsministerium für die kirchlichen Angelegenheiten und mit dem Kirchlichen Außenamt, orthodoxe Kirchen; Leiter: WHA Kolrep

GRUPPE INLAND II (Inl. II)
Gruppenleiter: LR I.Kl., seit September 1943 VLR Wagner

Inl. II A Verbindung zum Reichsführer-SS, insbesondere Pers. Stab, zum SS-Hauptamt (Allgemeine SS und Angelegenheiten der Waffen-SS), Judenfragen, Freimaurer, Ausbürgerung, Generalien und Personalien der Gruppe Inl. II, Sonderaufträge; Leiter: LR Dr. v. Thadden

Inl. II B Verbindung zum Chef der Sicherheitspolizei und des SD, zur Ordnungspolizei, Post der Polizeiattachés und SD-Beauftragten, Auslandsreisen, Polizeiliche Ermittlungen und Auskünfte, Emigrantentätigkeit, Sabotage, Attentate; Leiter: VK Geiger

Inl. II C Verbindung zum Reichskommissar für die Festigung deutschen Volkstums, Deutsche Volksgruppen im Ausland, Fremde Volksgruppen im Reich, Wissenschaftliche Volkstumsarbeit, Forschungsgemeinschaften und Publikationsstellen, Freiwilligenwerbung für die Waffen-SS, Germanische Freiwilligen-Leitstelle; Leiter: LR Dr. Reichel (Eberhard)

Inl. II D Volksdeutsche Wirtschaftsfragen, Einsatz der Volksgruppen für Kriegsaufgaben, Wirtschaftsfragen fremder Volksgruppen, Umsiedlungen von Volksdeutschen und Fremdstämmigen; Leiter: vertretungsweise LR Dr. Reichel.[3]

Ein Vergleich der Referatsgruppen untereinander sowie mit ihren organisatorischen Vorläufern in der Abteilung Deutschland offenbart den quantitativen und qualitativen Kompetenzzuwachs der SS und damit der Referatsgruppe Inland II.

Auch in personeller Hinsicht wuchs der potentielle Einfluß der SS auf die Arbeitsgebiete beider Referatsgruppen. Leiter und Referenten von Inland II gehörten sämtlich der SS oder dem SD an. Mit Jasper und Kolrep

3 Zusammengestellt nach GVPl. der Referatsgruppen Inland I u. II von 1943, in: PA des AA, Inland II g 1, mit Stand v. September 1943 veröffentlicht in: ADAP E VI, S. 616f. Irrtümliche Bezeichnungen werden ohne weitere Erwähnung korrekt wiedergegeben.

befanden sich auch unter den vier Referenten der Gruppe Inland I zwei SS-Führer.[4] Legationssekretär Pusch ging aus der Politischen Organisation der NSDAP hervor.[5] Oberregierungsrat Seiberlich wurde als Fachbeamter der Reichsarbeitsverwaltung ins Auswärtige Amt abgeordnet.[6] Allein der Gruppenleiter Inland I, Brigadeführer Frenzel, gehörte der SA an.[7]

Die Tatsache, daß SS-Führer unter den leitenden Mitarbeitern der Referatsgruppen Inland I und II dominierten, offenbart den Kenntnisstand Ribbentrops zur Affäre Luther: Anscheinend war er weder über die vertrauliche Zusammenarbeit Luthers mit dem Chef des SD-Ausland, SS-Staf. Schellenberg, noch über dessen außenpolitische Ambitionen unterrichtet. Nur unter dieser Voraussetzung erscheint die Bereitschaft Ribbentrops plausibel, SS- und SD-Führer in leitende Positionen der neugeschaffenen Referatsgruppen Inland I und II zu berufen. Der potentielle Einfluß der SS erscheint mithin nach dem Sturz Luthers nicht nur nicht geschwächt, sondern gestärkt.

## *Horst Wagner – vom Protegé Ribbentrops zum Verbindungsführer Himmlers im AA*

Zum Leiter der Referatsgruppe Inland II berief Ribbentrop den bisherigen Legationsrat in seinem Persönlichen Stab und früheren Mitarbeiter seiner Dienststelle, Horst Wagner. Wagner wurde 1906 in Posen geboren.[8] Sein Vater war Amtsrat, das heißt gehobener Beamter, im Reichskriegsministe-

4 Jasper, Wolfgang, geb. 1913, 1932 Abitur, anschließend Studium der Rechtswissenschaften, April 1933 SS, Juni 1933 NSDAP, 1936 jur. Referendarexamen, Betreuer ausländischer Diplomaten bei den Olympischen Spielen in Berlin, 9.11.1936 SS-Ustuf. in der 7. SS-Reiter-Standarte, 1937 Attaché im AA, 1938 bei der Botschaft London, 1940 in der Adjutantur RAM, 1941 LS im Büro RAM, 1943 bei Inland I, 9.11.1943 SS-Hstuf., 1944 LR (BDC, SS-Personalunterlagen; ADAP D IX, S. 601, u. D XII. 2, S. 947; IMT XLII, SS-30, S. 522)
Kolrep, Walter, geb. 1910, 1927 mittl. Reife, bis 1930 Lehrling in einer Drogerie, 1930/31 arbeitslos, 1.5.1930 NSDAP, 1.6.1930 SS, 1933 Angestellter beim Magistrat der Stadt Kiel, 1934 Personalreferent der 17. SS-Standarte in Harburg-Wilhelmsburg, 1935 Mitarbeiter des SD, 1936 Referent im SD-HA, 30.1.1937 SS-Ustuf., Führer im SD-HA, 20.4.1938 SS-Ostuf., 20.4.1939 SS-Hstuf., 1940-43 Hilfsreferent im Amt IV des RSHA, 1943-45 zum AA abgeordnet, 9.11.1944 SS-Stubaf. (BDC, SS-Personalunterlagen; PA des AA, Inland II g 16)

5 Pusch, Wolfgang, geb. 1912, 1932 NSDStB, 1.5.1933 NSDAP, Amtswalter der DAF, 1939 Sachbearbeiter im Amt für Berufserziehung und Betriebsführung, 1941 LS im Referat Partei der Abt. Deutschland (BDC, PK-Korrespondenz; PA des AA, Inland II g 1)

6 Seiberlich, Josef, geb. 1905, Volljurist, 1936 RR in der Reichsarbeitsverwaltung, 1.5.1937 NSDAP, 1942 Abordnung ins AA, Leiter des Sozialreferats in der Abt. D, dann bei Inland I (NA Washington, T-120, roll 2539)

7 Vgl. ADAP E VIII, S. 680. – Weitere Personalangaben liegen nicht vor.

8 Soweit keine anderen Quellen genannt werden, sind die folgenden Angaben entnommen den SS-Personalunterlagen Wagners (in: BDC) und dem Personalbogen Wagners v. 19.10. 1944 (in: NA Washington, T-120, roll 2539).

rium. Die vorliegenden Angaben zu den Schul- und Hochschulabschlüssen Wagners sind widersprüchlich. Während Wagner bei seinen Vernehmungen 1947 in Nürnberg behauptete, er habe das Realgymnasium in Berlin-Steglitz besucht und 1924 das Abitur abgelegt,[9] ist dem amtlichen Personalbogen Wagners von 1944 zu entnehmen, daß er erst 1935 vor einer Prüfungskommission des Reichserziehungsministeriums die Hochschulreife erworben hat.[10] Während er nach eigener Darstellung Völkerrecht, Geschichte, Zeitungswissenschaft und Politik an der Universität Berlin und an der Deutschen Hochschule für Politik studiert haben will – allerdings ohne Abschluß –, scheint allein das 1929 an der Deutschen Hochschule für Leibesübungen abgelegte Diplom gesichert.[11] Zwischen 1930 und 1936 betätigte sich Wagner als Sportjournalist und freier Mitarbeiter beim »Berliner Tageblatt« sowie bei Sport- und Kunstzeitschriften. Kurzfristig arbeitete er 1935 auch als Lektor und Übersetzer für Englisch und Französisch im Reichsluftfahrtministerium.[12]

Anfang 1936 bewarb er sich um Einstellung in den Auswärtigen Dienst. Nach eigener Darstellung soll ihn die Personalabteilung auf eine Anwärterliste gesetzt haben. Da ihm kein Termin für die voraussichtliche Anstellung genannt worden war, bemühte er sich, »in der Zwischenzeit bei der Dienststelle Ribbentrop anzukommen.«[13] In der Erinnerung eines zeitgenössischen Beobachters antichambrierte Wagner bei Graf Dürckheim, dem England-Referenten der Dienststelle Ribbentrop.[14] Am 1. Mai 1936 wurde Wagner schließlich als subalterner Mitarbeiter in das Protokoll-Referat der Dienststelle Ribbentrop übernommen.[15] Dort war er vor allem für die Bearbeitung der Gratulationen und die Betreuung englischer Gäste zuständig.[16]

Wie so viele Mitarbeiter der Dienststelle gelangte auch Wagner nach Ribbentrops Berufung zum Reichsaußenminister in das Auswärtige Amt. Legationsrat Erich Kordt, der ehemalige Verbindungsbeamte des AA zur Dienststelle Ribbentrop und neue Leiter des Ministerbüros, soll ihn zur Bearbeitung der zahlreichen Glückwunschtelegramme, die Ribbentrop bei seiner Amtsübernahme erhielt, für das Protokoll empfohlen haben.[17]

---

9 Vgl. Vernehmung Wagners v. 19.6.1947, in: IfZ München, ZS 1574

10 Vgl. NA Washington, T-120, roll 2539. – Vermutlich wurde Wagner die Hochschulreife nachträglich zuerkannt. So erklärt sich wohl auch die Feststellung des früheren Adjutanten v. Ribbentrops, daß Wagner »kein Universitätsstudium, ja nicht einmal das Abitur« absolviert habe (Mitteilung Gottfriedsens v. 24.6.1976 an den Verf.).

11 Vgl. die übereinstimmenden Angaben Wagners in den SS-Personalunterlagen, Personalangaben von 1944 und Zeugenvernehmungen von 1947, in: Anm. 8 und 9

12 Vgl. Personalbogen Wagners v. 19.10.1944, in: NA Washington, T-120, roll 2539; Vernehmung Wagners v. 19.6.1947, in: IfZ München, ZS 1574

13 Vernehmung Wagners v. 19.6.1947, in: IfZ München, ZS 1574

14 Mitteilung Gottfriedsens v. 24.6.1976 an den Verf.

15 Vgl. Jacobsen: NS-Außenpolitik, S. 702; Mitteilung Gottfriedsens v. 24.6.1976 an den Verf.

16 Vernehmung Wagners v. 19.6.1947, in: IfZ München, ZS 1574; Mitteilung Gottfriedsens v. 24.6.1976 an den Verf.

17 Vgl. Vernehmung Wagners v. 19.6.1947, in: IfZ München, ZS 1574

Seit Februar 1938 war Wagner als Wissenschaftlicher Hilfsarbeiter im Protokoll des AA tätig; im September 1938 wurde er zum Legationssekretär ernannt.[18] Die diplomatisch-konsularische Prüfung, an sich Voraussetzung für die Aufnahme in den höheren Auswärtigen Dienst, hat Wagner ebensowenig abgelegt wie die große Mehrheit der ins Amt übernommenen Angehörigen der Dienststelle Ribbentrop.

Im Jahre 1939 wurde Wagner dem Persönlichen Stab des Reichsaußenministers zugeteilt und 1940 zum Legationsrat ernannt. Im Auftrag Ribbentrops verwaltete er von 1940 an das angeblich reichseigene, jedenfalls zur Verfügung Ribbentrops stehende Gestüt Wiesenhof. Dabei gehörte es zu seinen Aufgaben, im besetzten Teil Frankreichs Reitpferde für den Reichsaußenminister zu beschaffen und dem Gestüt Wiesenhof zuzuführen.[19]

Diese persönliche, wenn nicht private, jedenfalls vertrauensvolle Tätigkeit und die aus krankhaftem Ehrgeiz gespeiste Willfährigkeit gegenüber seinem hochgestellten Protektor waren, folgt man den Berichten verschiedener Zeitzeugen, maßgeblich für die Berufung Wagners zum Gruppenleiter Inland II.[20] Da die Leitung der Referatsgruppe die Tätigkeit eines Verbindungsführers zwischen Auswärtigem Amt und Reichsführung-SS einschloß, dürfte außerdem die Zugehörigkeit Wagners zur SS dessen Berufung begünstigt haben.

Bereits im August 1936 wurde Wagner in die SS aufgenommen, das heißt wenige Wochen nach seinem Arbeitsbeginn in der Dienststelle Ribbentrop.[21] Daß er der SS-Zugehörigkeit größere Bedeutung für seine neue Tätigkeit beimaß, läßt sich aus seinem relativ späten Parteibeitritt ablesen. Erst im Mai 1937 - nach Aufhebung der Mitgliedssperre - trat Wagner der NSDAP bei.[22]

Auf Vorschlag v. Ribbentrops avancierte Wagner innerhalb der SS-Hierarchie relativ schnell vom Untersturmführer (9.11.1937) zum Sturmbannführer (30.1.1942).[23] Selbst der Bitte Ribbentrops, Wagner mit Wirkung vom 20. April 1943 bevorzugt zum SS-Obersturmbannführer zu befördern[24], entsprach Himmler, obwohl das SS-Personalhauptamt feststellte, daß

---

18 Vgl. Personalbogen Wagners v. 19.10.1944, in: NA Washington, T-120, roll 2539; Vernehmung Wagners v. 19.6.1947, in: IfZ München, ZS 1574

19 Vgl. ebda.; Mitteilung Gottfriedsens v. 24.6.1976 an den Verf.

20 In der Erinnerung Gottfriedsens war Wagner »aufgestiegener Subalterner, krankhaft ehrgeizig und daher skrupellos« (Mitteilung v. 24.6.1976). Ähnlich urteilten der frühere Botschafter v. Rintelen (Mitteilung v. 7.1.1975) und der vormalige LR v. Thadden, Wagners Stellvertreter, in seiner Vernehmung v. 19.9.1947 (in: IfZ München, ZS 359,2).

21 Vgl. SS-Pers.-Akte Horst Wagner, in: BDC

22 Vgl. ebda.

23 Vgl. ebda.

24 Vgl. das Schreiben des SS-Oberf. u. VLR Likus v. 27.3.1943 an das SS-PHA, in: ebda. - Wörtlich lautete das Schreiben: »Im Auftrage des Reichsaußenministers, SS-Obergruppenführers von Ribbentrop, bitte ich, den SS-Sturmbannführer (Legationsrat) Horst Wagner mit Wirkung vom 20. April 1943 zum SS-Obersturmbannführer

Wagner »noch nicht gedient« habe, überdies »noch konfessionell gebunden« und »im Kriege schon dreimal befördert« worden sei.[25] Himmlers Bereitschaft, Wagner trotz nach wie vor bestehender »konfessioneller Bindung« und fehlenden Fronteinsatzes bevorzugt zum SS-Obersturmbannführer zu befördern, läßt sein Interesse an der Berufung Wagners zum Gruppenleiter Inland II erkennen.[26] Die außerplanmäßige Beförderung Wagners zum SS-Standartenführer mit Wirkung vom 1. Januar 1944 ist als Indiz für die Wertschätzung Wagners und seiner Dienstleistung durch Himmler zu deuten, da sich auch in diesem Falle das SS-Personalhauptamt indirekt gegen eine Beförderung ausgesprochen hatte.[27]

Während Wagner von Ribbentrop zum Verbindungsführer des Auswärtigen Amts zur SS berufen wurde, bestimmte Himmler ihn zu seinem alleinigen Verbindungsführer gegenüber dem Auswärtigen Amt.[28] Diese doppelte Beauftragung wirft die Frage auf, wessen Interessen Wagner im Zweifel vertrat.

Wagners Verbindungstätigkeit bestand vor allem in der wechselseitigen Übermittlung und Koordination der Wünsche und Anregungen Himmlers bzw. Ribbentrops sowie in der Durchsetzung der zwischen beiden Ressortchefs abgestimmten außenpolitischen Maßnahmen. Außerdem wurde Wagner 1944 von Ribbentrop angewiesen, »neben der vermittelnden Tätigkeit als Voraussetzung einer guten Zusammenarbeit zwischen AA und SS besonders darauf zu achten, daß in allen Ländern, in denen Vertreter der SS als Executive unseren Vertretungen beigegeben sind, keine Differenzen auftauchen, die die Zusammenarbeit belasten.«[29]

---

bevorzugt befördern zu wollen. Zur Begründung sei angeführt, daß SS-Sturmbannführer Horst Wagner die vom Reichsführer-SS verlangten Voraussetzungen in jeder Weise erfüllt und im Rahmen seiner ausgezeichneten Dienstleistung im Auswärtigen Amt eine Beförderung zum nächsthöheren SS-Dienstgrad seiner dienstlichen Verwendung entspricht. Es sei noch besonders vermerkt, daß SS-Sturmbannführer Wagner im bisherigen Verlauf des Krieges den Verbänden und Einheiten der Waffen-SS die ihr vom Herrn Reichsaußenminister zugedachten Liebesgaben [z.B. Lebensmittel und Uhren] unter oft schwierigsten Umständen besorgt und zugestellt hat.«

25 Handschriftliche Notizen eines Sachbearbeiters im SS-PHA zum Beförderungsvorschlag Wagners, in: ebda. Unter »konfessionell gebunden« ist die Zugehörigkeit Wagners zur evangelischen Kirche zu verstehen.

26 Mit Wirkung vom 1.4.1943 wurde Wagner zum Gruppenleiter bestellt. Am 13.4.1943 verfügte Himmler in seiner Feldkommandostelle die Beförderung Wagners zum SS-Ostubaf. beim Stab SS-HA. Am 20.4.1943 wurde die Beförderung wirksam (BDC, SS-Pers.-Akte Horst Wagner).

27 Vgl. das Schreiben des SS-PHA v. 4.11.1943 an den Pers. Stab RFSS, in: BDC, SS-Pers.-Akte Horst Wagner, darin vor allem die folgende Passage: »[...] Er hat noch nicht gedient, da er für das Auswärtige Amt uk gestellt. Das SS-Personalhauptamt macht auf die schnelle Reihenfolge der Beförderung aufmerksam. [...]«

28 Vgl. das Schreiben des Chefs SS-HA an alle Hauptämter v. 28.5.1943, in: BDC, SS-Pers.-Akte Horst Wagner, sowie die Aufzeichnung Wagners v. 25.6.1943, in: PA des AA, Inland II g 7

29 Aufzeichnung Wagners v. 21.8.1944, in: PA des AA, Inland II g 7

148

## Personalbogen

| | |
|---|---|
| 1. Name und Vornamen (Rufname unterstreichen): | W a g n e r **Horst**, Kurt, Arnold |
| 2. Geburtsdatum: | 17. Mai 1906 |
| 3. Geburtsort (in welchem Staat gelegen?): | Posen |
| 4. a) gegenwärtige Staatsangehörigkeit (bei mehrfacher Staatsangehörigkeit Angabe sämtlicher Staatsangehörigkeiten): | deutsch |
| b) frühere Staatsangehörigkeiten außer der deutschen, preußischen usw. (Gründe des Staatsangehörigkeitswechsels?): | --- |
| 5. Glaubensrichtung: | ev. |
| 6. a) Namen und Vornamen der Eltern: | Hans Wagner, gestorben 1943<br>Alice Wagner geb. Marquardt |
| b) Stellung des Vaters: | Amtsrat im Reichskriegsmin. |
| c) Staatsangehörigkeit der Eltern (auch frühere Staatsangehörigkeit) | deutsch |

| 7 ledig, verheiratet, geschieden, verwitwet | 1. Ehe | 2. Ehe | 3. Ehe |
|---|---|---|---|
| verheiratet | Ort und Tag der Eheschließung: Cottbus | Ort und Tag d. Eheschließung: | Ort und Tag d. Eheschließung |
| | Rufname der Ehefrau: Irmgard | Rufname der Ehefrau: | Rufname der Ehefrau: |
| | Geburtsname der Ehefrau: Spies | Geburtsname der Ehefrau: | Geburtsname der Ehefrau: |
| | Geburtsdatum und -ort der Ehefrau: 10.10.1910 Stolp | Geburtsdatum u.-ort d. Ehefrau: | Geburtsdatum u.-ort d. Ehefrau: |

E310351

| | 1. Ehe | 2 Ehe | 3. Ehe |
|---|---|---|---|
| | Staatsangehörigkeit der Ehefrau bis zur Eheschließung: deutsch | Staatsangehörigkeit der Ehefrau bis zur Eheschließung: | Staatsangehörigkeit der Ehefrau bis zur Eheschließung: |
| | Ableben der Ehefrau am: ---- | Ableben der Ehefrau am: | Ableben der Ehefrau am: |
| | Geschieden am: ----- | Geschieden am: | Geschieden am: |
| | aus der 1. Ehe | 2. Ehe | 3. Ehe |
| Name, Geburtsdatum und -ort der Kinder aus der jetzigen und evtl. früheren Ehen: | Marlies 12.9.1939 Berlin<br>Ute 28.10.1940 Berlin | | |

| | |
|---|---|
| 8. Schulbesuch (wo und auf welchen Schulen?): Reifeprüfung? In welchem Jahr? | Kadettenkorps Potsdam, Karlsruhe, Paulsen, Realgymnasium 1935 vor Prüfungskomm. Reichskultusministerium |
| 9. Wo und wann studiert (welches Studium, an welchen Universitäten, technischen, landwirtschaftlichen und Handelshochschulen?): | Universität Berlin, Hochschule f. Politik, Dtsch Hochschule f. Leibesübungen, Philosophie u.Jura |
| 10. Ort und Datum, Art der Promotion: | -------- |
| 11. Fach- und Staatsprüfungen (wann und mit welchem Ergebnis?). | Diplom-Examen d.Dtsch. Hochschule f.Leibesübungen |
| 12. Beschäftigung bei Behörden nach Ablegung der Staatsprüfungen (mit genauer Angabe der Zeit und der Behörden): | Reichskuratorium f.Jugendertüchtigung 1933/34, Reichsluftfahrtmin. 1935/36 Dienststelle Ribbentrop 1936/38, Auswärtiges Amt seit 1938 |

E310352

| | |
|---|---|
| 13. Stellungen außerhalb des Staatsdienstes: | ------ |
| 14. Tag des Eintritts in den Reichs- oder Landesdienst: | 1.9.1938 |
| Etatsmäßiger Beamter vor Eintritt in das Auswärtige Amt (bei welcher Behörde, in welcher Stellung und seit wann?): | nein |
| Beamter auf Lebenszeit? | ja |
| 15. Kurze chronologische Schilderung der Beschäftigung nach vollendetem Universitätsstudium, insbesondere Reisen oder Aufenthalte in fremden Ländern, Tätigkeit im In- und Auslande bei wirtschaftlichen Unternehmungen, praktische Tätigkeit auf sonstigen Gebieten: | längere Reisen in England, Frankreich, Italien. Mitarbeiter an deutschen Zeitungen, Ausbilder für Reiterführer. |
| 16. Dienstantritt im Auswärtigen Dienst (wann und mit welcher Amtsbezeichnung?): | 1.9.1938 Legationssekretär |
| Diplomatisch-Konsularische Prüfung (wann?): | ------ |
| Dienstliche Verwendungen (Angabe des Ortes, der Zeit und des Vorgesetzten): | Ab 1938 im Persönlichen Stab des Reichsaußenministers und Abt. Protokoll, seit 1943 Leiter der Gruppe Inland II |

E310353

| | |
|---|---|
| 17. Beherrschung fremder Sprachen in Wort und Schrift (evtl. Angabe, ob Dolmetscherprüfung oder sonstige Sprachdiplome): | englisch, französisch |
| 18. In welchen Sprachen können Sie sich sonst verständlich machen? | ----- |
| 19. Besondere Fertigkeiten (Kurzschrift, Schreibmaschine, Funken, Morsen, Reiten, Führerscheine): | Reiten, Führerschein III b und Motorrad. |
| 20. Ämter außerhalb des Auswärtigen Dienstes (welche und seit wann?): | ----- |
| 21. Militärverhältnis: | |
| a) Teilnahme am Weltkrieg 1914/18 (wie lange und wo, letzter Dienstgrad?) | ------ |
| Kriegsbeschädigt (1914/18) | ------- |
| Kriegsauszeichnungen (1914/18) | |
| b) Jetziges Militärverhältnis (Dienstgrad) Arbeitsdienst (wann?) Wehrdienst (wann?) | Soll in Waffen-SS als SS-Oberscharführer Dienst tuen. (Befehl des Reichsführers-SS. |
| c) Einberufung zur Wehrmacht seit 1.9.1939. | nein |
| Frontverwendung (wann und wo?) | ---- |
| Verwundungen | |
| Kriegsauszeichnungen | ---- |
| Dienstgrad | ----- |
| BOA | |
| d) Uk-Stellungen | leider |

E310354

| | |
|---|---|
| 22. Orden und Ehrenzeichen, soweit nicht von der Wehrmacht verliehen, Sportabzeichen. | Kriegsverdienstkreuz I.II. Sudetenmedaille, Ostmarkmedaille, Ungar. Kreuz I. u.II.Kl. früher: ital., rum. bulg .,jugoslaw.Orden |
| 23. NSDAP. | ja |
| Seit wann Mitglied? | 1937 |
| Mitgl.Nr. | 5 387 042 |
| Ämter in der Partei. | --- |
| Dienstrang und Führerstellen in der SA., SS., NSKK., HJ. usw. (Angabe des Sturmes usw.): | SS-Standartenführer beim SS-Hauptamt |
| Dienst in der Bewegung als Politischer Leiter. | Verbindungsführer des Reichsaußenministers und Reichsführers-SS |
| 24. Frühere Zughörigkeit zu politischen Parteien und Verbänden (wie lange, Ämter?). | nein |
| 25. Zugehörigkeit zu Logen | nein |
| vor dem 30.I.1933 zu staatsfeindlichen Beamtenorganisationen (insbesondere "Allgemeiner Deutscher Beamtenbund", "Bund republikanischer Beamter", "Bund republikanischer Richter", "Schrader-Verband"-Polizeibeamte -, konfessionellen Verbänden, Gewerkschaften usw.) | |
| 26. Ist der urkundliche Nachweis der deutschblütigen Abstammung erbracht (Angabe des Datums und Aktenzeichen einer evtl. amtlichen Bestätigung)? | ja Ausw. Amt |
| Bei welcher Behörde? | SS, NSDAP, Studentenschaft |

E310355

| | |
|---|---|
| 27. **Vereidigung auf den Führer (wann und wo?):** | als SS-Führer 1936.<br>als Beamter 1938,<br>als Parteigenosse 1937 |
| 28. **Wohnungen seit dem 1. Januar 1930:** | auf Kommandos und Reisen<br>seit 1935: Bln-Schmargendorf Doberaner 5<br>seit 1941: Wilmersdorf Brandenburgischestr. 46 |
| 29. **Strafen**<br>**der ordentlichen Gerichte (auch Wehrmachtgerichte)**<br>**der Parteigerichte.** | keine<br><br>keine |
| 30. **Disziplinarstrafen (auch der Wehrmacht).** | keine |
| 31. **Anschriften naher Verwandter:** | Frau Wagner, Alt-Gaul b. Bad Freienwalde/Oder<br>Frau Taubert, Bln.-Fridenau Kaiserallee 47 |

**Lichtbild**

**Ich versichere, daß ich die vorstehenden Angaben nach bestem Wissen und Gewissen gemacht habe. Ich weiß, daß ich bei wissentlich falschen Angaben die fristlose Entlassung aus dem Dienst zu erwarten habe.**

Feldquartier, . . ., **den** 19.10.1944

Horst Wagner

**Eigenhändige Unterschrift mit Angabe der Anschrift und Fernsprechnummer**

E310356

Im Rahmen seiner Verbindungstätigkeit pendelte Wagner vom April 1943 an wöchentlich zwischen den Feldquartieren Himmlers und Ribbentrops, um deren Wünsche und Weisungen entgegenzunehmen und nach beiderseitiger Zustimmung über den Apparat des AA in Berlin zu verfügen. Nach den überlieferten Vortragsnotizen Wagners hatten die zwischen Himmler und Ribbentrop abzustimmenden Themenkomplexe folgende Schwerpunkte:

- Unterstützung des AA bei der Rekrutierung volksdeutscher »Freiwilliger« für die Waffen-SS in Südosteuropa;
- Einbau ausgewählter SD-Agenten und Judenreferenten in diplomatische Missionen;
- Beschaffung und Auswertung nachrichtendienstlicher Erkenntnisse;
- Personalangelegenheiten des AA, darunter insbesondere Abberufung politisch mißliebiger Diplomaten aus dem neutralen Ausland;
- Einflußnahme auf Regierungsumbildung in Ungarn (1944);
- Vorbereitung und Durchführung antijüdischer Maßnahmen in Südosteuropa;
- Verhaftung einzelner Diplomaten nach dem 20. Juli 1944.[30]

Wagners Vortragsnotizen lassen erkennen, daß Belange der SS dominierten und daß deren Interessen aktiv vertreten wurden, Interessen des AA hingegen defensiv.

Wie sich Wünsche der SS-Führung durch die vermittelnde Tätigkeit Wagners als Weisungen des AA niederschlugen, soll der folgende Vorgang beispielhaft illustrieren. Am 20. April 1943 stellte sich Wagner in seiner neuen Eigenschaft als Verbindungsführer des AA dem Reichsführer-SS in Reichenhall vor. Nach den Notizen Wagners hatte das anschließende Gespräch folgende Schwerpunkte: »1.) Meine Tätigkeit als Verbindungsmann. 2.) Nicht genehme Namen. 3.) Besuch Mufti in Kroatien [...]. 4.) Reichsführer sagte zu, daß Berger alle Angelegenheiten mir direkt zuleitet und ich dann die Weisungen von Berlin gebe.«[31]

Drei Tage später berichtete Wagner dem Reichsaußenminister in Fuschl über sein Gespräch mit Himmler. Laut Notiz vom 23. April 1943 trug Wagner unter anderem folgende Punkte vor: »1.) Meldung über Besuch beim Reichsführer-SS. 2.) Gesandter Kasche. 3.) Ungarische Werbung mit Rintelen besprechen. 4.) Rumänische Judenfragen mit St.S. besprechen.«[32]

Die Feststellung, daß der Gesandte in Kroatien, SA-Obergruppenführer Kasche, persona non grata bei Himmler war, verdient in diesem Zusam-

30 Vgl. PA des AA, Inland II g 6a u. 7

31 PA des AA, Inland II g 7. – Der Besuch des Großmufti von Jerusalem, Amin el Husseini, dürfte im Zusammenhang stehen mit der Aufstellung muselmanischer SS-Einheiten in Südosteuropa. SS-Gruf. Berger, Chef des SS-HA, war einer der Initiatoren der Rekrutierung fremdvölkischer und volksdeutscher »Freiwilliger« für die Waffen-SS; vgl. BDC, Ordner 440 (Fremdvölkische Verbände der Waffen-SS).

32 PA des AA, Inland II g 7

menhang weniger Beachtung als Punkt 3 der Notiz. Dahinter verbarg sich der Auftrag Wagners, die Werbung volksdeutscher »Freiwilliger« für die Waffen-SS in Ungarn mit Botschafter v. Rintelen, dem dafür zuständigen leitenden Beamten in Ribbentrops Feldquartier, zu besprechen. Das Ergebnis dieser Besprechung schlug sich in einer Weisung Ribbentrops vom 10. Mai 1943 an die Missionschefs in Budapest und Bukarest nieder: »Im Zusammenhang mit der Frage der Überführung der in der dortigen Armee dienenden Volksdeutschen zur Waffen-SS weise ich nochmals darauf hin, daß mir besonders daran liegt, daß die Waffen-SS alle in Frage kommenden Volksdeutschen auch tatsächlich bekommt und daß bei dieser Aktion das Maximum dessen herausgeholt wird, was überhaupt erreichbar ist. Es ist unbedingt anzustreben, daß die gesamten hierfür geeigneten Volksdeutschen der SS zur Verfügung stehen. Gewisse politische Bedenken, die sich radikalen Maßnahmen in dieser Richtung gegenüber vielleicht ergeben könnten, müssen im Hinblick auf die große Wichtigkeit zurückgestellt werden, die der Aufstellung der neu geplanten SS-Verbände für die weitere Kriegführung zukommt.«[33]

Die vorliegenden Quellen lassen eindeutig erkennen, daß Wagner die Interessen der SS im Zweifel stärker berücksichtigte als jene des AA.[34] Gestützt wird dieser Befund auch durch die Tatsache, daß Wagner spätestens seit März 1944 für den Sicherheitsdienst des Reichsführers-SS tätig war.[35]

Wenngleich Wagner als Leiter der Referatsgruppe Inland II über fast alle Attribute eines Abteilungsleiters verfügte (ständiger Vertreter, persönlicher Referent, Immediatstellung und Vortragsrecht gegenüber dem Minister) und auch als solcher im AA fungierte[36], blieb er bis Kriegsende im Range eines Vortragenden Legationsrates. Ribbentrop versagte ihm den ersehnten Gesandtentitel wohl eingedenk der Erfahrungen mit dem intriganten Gesandten Luther, seinem früheren Protegé und späteren Widersacher.

---

33 Schreiben Wagners v. 13.5.1943 an Himmler (»Für Reichsführer persönlich«), in: PA des AA, Inland II g 6a. – Zur Vorgeschichte dieser Weisung vgl. auch die Dokumente Nr. 315 u. 316, in: ADAP E V, sowie Nr. 5 u. 32, in: ADAP E VI.

34 Auf Wunsch des RSHA unterstützte Wagner z.B. die Attachierung getarnter SD-Agenten bei deutschen Missionen, vor allem in neutralen Staaten, trotz der Bedenken einzelner Missionschefs; vgl. dazu PA des AA, Inland II g 61, 62, 96-98 u. 103. – Am 12.2.1944 berichtete der Gesandte in Stockholm, Thomsen, dem AA, daß seit 1942 bei den deutschen Auslandsbehörden in Schweden »eine so große Anzahl von Beauftragten der Abwehr und des SD eingebaut und beschäftigt worden« sind, daß er die außenpolitische Aufgabe der Gesandtschaft »in nicht mehr zu vertretendem Umfang tatsächlich gefährdet« sah (Telegramm Nr. 351, geh. Reichssache, in: PA des AA, Inland II g 103). – Vgl. auch die Vorschläge Wagners »über die Aktivierung und Koordinierung der auswärtig. Politik im Kriege«, in: PA des AA, Inland II g 1.

35 Vgl. die Notiz Thaddens v. 22.3.1944 betr. Ausstellung neuer SS- und SD-Ausweise für Wagner, in: PA des AA, Inland II A/B 349/1

36 Vertreter Wagners war LR v. Thadden, Referatsleiter Inland II A; vgl. Aufzeichnung Wagners v. 20.7.1943, in: PA des AA, Inland II A/B 347/3, u. GVPl. der Gruppe Inland II vom Januar 1945, in: PA des AA, Inland II g 1. – Als persönlicher Referent

Die ausbleibende Befriedigung seiner weitreichenden Ambitionen im Auswärtigen Dienst sowie die Erkenntnis, daß parallel zum Machtzuwachs der SS während des Krieges die Kompetenzen des AA schwanden,[37] dürften dazu beigetragen haben, daß sich Wagner zunehmend als Erfüllungsgehilfe der übermächtigen Reichsführung-SS im Auswärtigen Amt erwies. Himmler schätzte die Dienste seines willfährigen Verbindungsführers, weil er über ihn massiv Einfluß nehmen konnte auf Personal und Politik des AA.

## *Legationsrat Eberhard v. Thadden, Referatsleiter Inland II A und Judenreferent des AA (1943-1945)*

Die Nachfolge Rademachers als Judenreferent des AA trat im April 1943 Legationsrat v. Thadden an, ein Volljurist und Berufsdiplomat, der wie Rademacher 1937 in den Auswärtigen Dienst übernommen worden war, also noch unter der Amtsführung v. Neuraths.

Eberhard v. Thadden wurde 1909 als Sohn des Hauptmanns, späteren Obersten Arnold v. Thadden und seiner Ehefrau Margarethe, geb. Epenstein, in Berlin-Charlottenburg geboren.[38] Ostern 1928 bestand er das Abitur am Realgymnasium in Weimar, wohin sein Vater sich als charakterisierter Generalmajor zurückgezogen hatte. Nach dem Abitur begann Eberhard v. Thadden zunächst eine Kaufmannslehre bei einer Hamburger Exportfirma. Von 1929 an studierte er Rechtswissenschaft an der Universität Hamburg und seit 1930 an der Universität Freiburg/Breisgau, wo er in einer studentischen Verbindung aktiv wurde. Das Referendarexamen legte er 1932 am Oberlandesgericht Celle mit dem Prädikat »voll befriedigend« ab. Im Juli 1933 wurde er in Göttingen zum Doktor der Jurisprudenz promoviert.

Politisch betätigte sich v. Thadden bereits als Schüler in der Bismarck-Jugend und seit 1927/28 in der DNVP, der er ununterbrochen bis April 1933 angehörte. Am 1. Mai 1933 wurde er Mitglied der NSDAP.

---

Wagners fungierte 1944 vorübergehend KS I.Kl. SS-Hstuf. Hezinger, anschließend LS SS-Ustuf. Mirow; vgl. BDC, SS-Pers.-Unterlagen Adolf Hezinger und Eduard Mirow, sowie SS-Sammelliste 52; PA des AA, Inland II g 15 u. 16 sowie Inland II A/B 347/3. – Zum Vortragsrecht der Gruppenleiter vgl. die Verfügung Ribbentrops v. 22.11.1944, in: PA des AA, Inland II g 1. – Daß Wagner als Gruppenleiter den Abteilungsleitern und Dirigenten im AA protokollarisch gleichgestellt war, ist der Notiz des Protokollchefs Dörnberg v. 24.6.1944 zu entnehmen, in: PA des AA, Inland II g 1

37 Vgl. Wagners Vorschläge »über die Aktivierung u. Koordinierung der auswärtig. Politik im Kriege«, in: PA des AA, Inland II g 1.

38 Sofern keine anderen Quellen genannt sind, stützen sich die folgenden Angaben zur Herkunft und Karriere Thaddens auf dessen SS-Pers.-Unterlagen (in: BDC), AA-Personalbogen v. 21.7.1944 (in: NA Washington, T-120, roll 2539) und auf die Protokolle seiner Vernehmungen in Nürnberg zwischen 1946 und 1948 (in: IfZ München, ZS 359, 1 u. 2).

Neben dem juristischen Vorbereitungsdienst studierte v. Thadden an der Deutschen Hochschule für Politik in Berlin. Nach dem Diplomexamen bewarb er sich Ende 1935 um Aufnahme in den höheren Auswärtigen Dienst. Seine Bewerbung wurde jedoch abgelehnt. Die Personalabteilung des AA soll ihm geraten haben, »erst den Assessor« zu machen.[39] Albrecht Haushofer, seit Herbst 1933 Dozent an der Berliner Hochschule für Politik, empfahl v. Thadden daraufhin dem Botschafter v. Ribbentrop.[40] Am 1. Februar 1936 wurde v. Thadden im England-Referat der Dienststelle Ribbentrop angestellt und wenig später zum Geschäftsführer der deutsch-englischen Gesellschaft ernannt.

Im März 1937 bestand v. Thadden das Assessorexamen mit »befriedigendem« Erfolg. Darauf bewarb er sich erneut im AA, seinen Angaben zufolge gegen den Willen Ribbentrops, und wurde am 1. November 1937 als Attaché eingestellt. Im Herbst 1938 absolvierte er das diplomatisch-konsularische Hauptexamen als einer der letzten regulär ausgebildeten Attachés. Bis zum Frühjahr 1940 war er dann im Referat Ost-Europa der Politischen Abteilung (Pol V) tätig. Im Februar 1940 wurde er zum Legationssekretär ernannt und der Personalabteilung (Pers. H) zugeteilt. Dort bearbeitete er die Angelegenheiten der zum AA kommandierten Beamten sowie der Vertragsangestellten des höheren Dienstes, der sogenannten Wissenschaftlichen Hilfsarbeiter. Von Februar bis Oktober 1942 leistete v. Thadden Wehrdienst bei einer Heereseinheit, zuletzt als Unteroffizier.[41] Anschließend wurde er bis zum Kriegsende für das Auswärtige Amt u.k. gestellt.

Nach kurzfristiger Tätigkeit beim Deutschen Bevollmächtigten für Wirtschafts- und Finanzfragen in Athen wurde v. Thadden Anfang April 1943 von der Personalabteilung ins AA einberufen und - vermutlich auf Anforderung Wagners - der Referatsgruppe Inland II zugeteilt.[42] Wagner und v. Thadden kannten sich seit ihrer gemeinsamen Tätigkeit im England-Referat der Dienststelle Ribbentrop. Wagner soll ihm zwar freigestellt haben, sein neues Arbeitsgebiet selbst zu wählen, tatsächlich aber fand er bei Inland II schon »alles besetzt« - mit Ausnahme des Judenreferats.[43]

Wenngleich v. Thadden nach eigener Darstellung mit den »Judensachen« nichts zu tun haben wollte, hat er diese dann doch den »Weisungen entsprechend« durchgeführt.[44] Thadden leitete das Judenreferat ununter-

---

39 Aussage Thaddens in seiner Vernehmung v. 19.6.1947, in: IfZ München, ZS 359,1

40 Vgl. Jacobsen: Karl Haushofer - Leben und Werk -, Bd. I, S. 474. - Albrecht Haushofer begutachtete Thaddens Diplomarbeit; vgl. Vernehmung Thaddens v. 19.6.1947, in: IfZ München, ZS 359,1

41 Ende Februar bis Ende April 1942 an der Ostfront, nach Verwundung bis August 1942 im Lazarett, dann beim Ersatztruppenteil und von Oktober bis Dezember 1942 als Urlauber im AA; vgl. Personalbogen v. 21.7.1944, in: NA Washington, T-120, roll 2539

42 Vgl. Vernehmung v. Thaddens v. 21.7.1947, in: IfZ München, ZS 359,2

43 Ebda.

44 Aussage v. Thaddens in seiner Vernehmung v. 19.9.1947, in: IfZ München, ZS 359,2. Wörtlich erklärte v. Thadden: »Mein Ziel ist gewesen, als kleiner Junge schon, ich

brochen bis zum Kriegsende. Im April 1944 wurde er zum Legationsrat I. Klasse befördert.[45]

Nachzutragen bleibt v. Thaddens SS-Karriere, die besonders bemerkenswert ist, weil sie die Diskrepanz zwischen Anspruch und Anwendung der SS-Aufnahmerichtlinien illustriert. Auf Empfehlung Ribbentrops war v. Thadden im September 1936, anläßlich des Reichsparteitages, in die SS aufgenommen worden. Seine Beförderung zum SS-Untersturmführer datiert vom 12. September 1937.[46] Den Akten ist nicht zu entnehmen, ob v. Thadden bis zu diesem Zeitpunkt den Nachweis »deutschblütiger Abstammung« erbracht hat. Erst im Dezember 1938, nachdem er dem Rasse- und Siedlungshauptamt der SS ein Verlobungs- und Heiratsgesuch vorgelegt hatte, wurde festgestellt, daß er mütterlicherseits einen »jüdischen Ur-ur-großelternteil« besaß. Daraufhin verfügte Himmler die Entlassung Thaddens aus der SS.[47] Der Verbindungsführer Himmlers im AA, SS-Staf. Likus, wurde beauftragt, v. Thadden »in geeigneter Form anheim zu stellen, umgehend sein Entlassungsgesuch aus der SS einzureichen.«[48]

Dazu kam es jedoch nicht. Nach der Unterredung mit Likus legte v. Thadden vielmehr am 6. März 1939 eine Aufzeichnung »über den ganzen Sachverhalt« vor, in der er besonders auf die uneheliche Geburt seines Urgroßvaters hinwies.[49] Als die Mutter später den evangelisch getauften Juden Louis Epenstein heiratete, habe der sich nachträglich zur Vaterschaft bekannt. Doch der Familienüberlieferung zufolge soll der russische Fürst Balaschoff leiblicher Vater gewesen sein. Zur Erhärtung seiner Darstellung

---

wollte Beamter des Auswärtigen Amtes werden. Daß ich jemals mit diesen Dingen [Judenangelegenheiten] in Berührung kommen würde, hätte ich mir nicht träumen lassen. [Frage:] Sie sagten mir, Sie haben überhaupt keine Einstellung zu diesen Dingen gehabt. Man kann doch nicht als Beamter oder SS-Mann im 3. Reich gelebt haben, ohne sich mit diesen Dingen auseinanderzusetzen. Das war ein Problem, dem man sich nicht verschließen konnte. [Antwort:] Das war ein Problem, mit dem man sich aus einer gewissen geistigen Faulheit heraus gerade in unseren Kreisen nicht auseinandergesetzt hat, denn es galt immer als ein Problem, mit dem man nach Möglichkeit nichts zu tun haben wollte. – Es ist heute billig, das finde ich unsympathisch, daß heute jeder einzelne einen Wert darauf legt, nach Möglichkeit ein paar Juden nachzuweisen, denen er heute einmal geholfen hat. [...] Als ich eines Tages auf Befehl der Personalabteilung in die neu gebildete Gruppe – Inland II – gekommen bin, da war mein erstes, daß ich sagte, ja, aber ich möchte nicht gern die Judensachen haben. Aber nicht, möchte ich sagen, aus irgendeiner großen Aversion, [...] aber weil ich nichts damit zu tun haben wollte, aber ich konnte mich nicht darum herum drücken. Da habe ich es allerdings, nachdem ich als Beamter auf diesen Posten gestellt war, so durchgeführt, wie ich es tun mußte, den Weisungen entsprechend.«

45 Vgl. Vernehmung v. Thaddens v. 19.6.1947, in: IfZ München, ZS 359,1

46 Vgl. BDC, SS-Pers.-Akte Eberhard v. Thadden

47 Vgl. die Marginalie Himmlers (»Entlassung«) auf dem Schreiben des Chefs RuSHA v. 24.2.1939 an den Pers. Stab RFSS, in: BDC, RuSH-Akte Eberhard v. Thadden

48 Schreiben der Chefadjutantur RFSS v. 28.2.1939 an SS-Staf. Likus, in: NA Washington, T-120, roll 754

49 PA des AA, Dienststelle Ribbentrop 8/2; vgl. auch RuSH-Akte v. Thadden (in: BDC)

berief sich v. Thadden vor allem auf das Zeugnis des Generalfeldmarschalls Göring, der Patenkind seines Großonkels Hermann Ritter v. Epenstein war.[50]

Auf Grund dieses historisch fragwürdigen und dokumentarisch wertlosen Zeugnisses, dessen Rechtfertigungscharakter offensichtlich ist, erkannte Himmler am 29. März 1939 »die Abstammung des SS-Untersturmführers Eberhard von Thadden als arisch an.«[51] Für Himmler war somit erwiesen, »daß nicht Louis Epenstein der Vorfahre des v. Th. ist, sondern der russische Fürst Balaschoff.«[52] Er hob daher die verfügte Entlassung wieder auf und gab die Heirat des SS-Untersturmführers v. Thadden nicht nur frei, sondern genehmigte sie.[53]

Zur »Aufklärung der Abstammungsverhältnisse« unterzogen sich Eberhard v. Thadden und weitere Angehörige seiner Familie im Jahre 1940 einer »rassenkundlichen Untersuchung« bei der Poliklinik für Erb- und Rassenpflege in Berlin-Charlottenburg, »wobei die beiden Prüflinge und deren Mutter persönlich untersucht wurden und umfangreiches Lichtbildmaterial von 5 zu überprüfenden Generationen vorlag.«[54] Das Gutachten des untersuchenden Instituts vom 2. Juli 1940 stellte fest, daß bei den Prüflingen

---

50 Wörtlich teilte Göring dem RuSHA durch Schreiben v. 29.11.1938 mit: »Oberst a.D. v. Thadden, Weimar, hat sich an mich gewandt mit der Bitte, Ihnen bezüglich der Abstammung seines Sohnes, Assessor Dr. Eberhard v. Thadden, SS-Untersturmführer, Aufschluß zu geben. Sie haben festgestellt, daß der Ururgroßvater Ludwig Epenstein, geb. 1776, im Alter von 32 Jahren von der mosaischen zur evangelischen Religion übergetreten ist. Nun steht fest, daß der Thadden von diesem Ludwig Epenstein jedoch nicht abstammt, sein Urgroßvater, der angebliche Sohn des Ludwig Epenstein, ist vielmehr, wie urkundlich zweifelsfrei feststeht, von einer Julie Riedel (arisch) unehelich geboren worden. Wie allgemein in der Familie bekannt ist, stammt das Kind von einer hochgestellten Persönlichkeit, wahrscheinlich von dem russischen Fürsten Balaschoff, von welchem sich noch einige wertvolle Geschenke in der Familie erhalten haben. Ludwig Epenstein (Jude) hat später die Julie Riedel geheiratet und sich, um den Makel zu verschleiern, als Vater nachträglich in das Kirchenbuch eintragen lassen. Daß das Kind nicht von diesem stammt, ist wiederholt von der Familie glaubwürdig versichert worden. Der Großonkel des Thadden, Dr. Ritter Hermann von Epenstein, hat lange bevor es eine Judenfrage gab, d.h. schon vor dem Weltkriege, mir selbst sowie auch meiner Familie wiederholt darüber Mitteilung gemacht. Diesen Dr. Hermann von Epenstein kenne ich persönlich sehr genau. [...] Er verkehrte sehr viel in unserer Familie. Es lag also keinerlei Grund vor, in der damaligen Zeit irgendwie von dieser jüdischen Abstammung, falls sie gegeben gewesen wäre, Notiz zu nehmen, da vor dem Weltkriege in unseren Kreisen eine jüdische Frage gar nicht existierte. [...]« (BDC, RuSH-Akte Eberhard v. Thadden).

51 Schreiben Himmlers an das RuSHA, in: ebda.

52 Ebda.

53 Vgl. Schreiben Himmlers v. 29.3.1939 an das RuSHA, in: ebda. – Heiratsgesuche der SS-Führer wurden von Himmler entweder genehmigt, freigegeben, freigegeben auf Verantwortung (des Antragstellers, der Braut bzw. beider) oder abgelehnt. Nicht nachweisbare oder unsichere Abstammung eines frühen Vorfahren führte i.d.R. zur Freigabe der Heirat, »erbgesundheitliche Schäden« konnten zur Freigabe auf jeweilige Verantwortung führen; vgl. Sippenakten der SS-Führer, in: BDC.

54 Schreiben des Direktors der Reichsstelle für Sippenforschung v. 10.9.1940 an das Oberste Parteigericht der NSDAP, in: BDC, RuSH-Akte Eberhard v. Thadden

»kennzeichnende jüdische Rassemerkmale« nicht vorhanden seien. Demnach seien sie »als frei von artfremdem Bluteinschlag im Sinne der Aufnahmebedingungen der NSDAP anzusehen.«[55] Nach diesen »wissenschaftlich« gesicherten Feststellungen stand der Karriere Eberhard v. Thaddens in der SS nichts mehr entgegen. Am 9. November 1940 wurde er zum SS-Obersturmführer und drei Jahre später, am 9. November 1943, zum SS-Hauptsturmführer befördert.[56]

Seine Beförderung zum SS-Sturmbannführer Ende Januar 1945 ging auf einen Vorschlag Wagners zurück: Am 18. Dezember 1944 teilte der Gruppenleiter Inland II dem Chef des SS-Personalhauptamtes, SS-Ogruf. v. Herff, mit, daß sich der Reichsführer-SS nach seinem Vortrag einverstanden erklärt habe, den Legationsrat I. Klasse v. Thadden am 30. Januar 1945 zum SS-Sturmbannführer zu befördern. »Der maßgebliche Grund hierfür war, daß v. Thadden als stellvertretender Leiter der Gruppe Inland II [...] fast ausschließlich mit Dienststellen der SS zu tun hat, deren Angehörige überwiegend in höheren Diensträngen stehen. Thadden gehört der SS seit 1936 an und ist SS-Hauptsturmführer seit 9. November 1943. Er ist verheiratet, hat ein Kind, er hat Frontbewährung und besitzt das EK. II sowie das Verwundetenabzeichen in schwarz.« Abschließend bat Wagner, v. Thadden entsprechend den Weisungen des Reichsführers-SS auf die Beförderungsliste zu setzen.[57] Obschon v. Thadden nach wie vor der evangelischen Kirche angehörte und damit im Sinne der Beförderungsrichtlinien von 1942 als »konfessionell gebunden« galt,[58] wurde er mit Wirkung vom 30. Januar 1945 zum SS-Sturmbannführer befördert.[59]

Während die Geschäftsverteilungspläne des AA von 1943 und 1944 den hauptsächlichen Tätigkeitsbereich v. Thaddens lediglich mit dem Terminus »Judenfragen« umschreiben, enthält die Geschäftsübersicht der Gruppe Inland II vom Januar 1945 eine konkretisierte Darstellung seiner Zuständigkeiten. Wichtigste Aufgaben v. Thaddens waren demnach die »Gesamtabschirmung der deutschen Judenmaßnahmen gegenüber Einsprüchen und Interventionen ausländischer Staaten« sowie die »Unterstützung der Judenmaßnahmen«.[60] Von den aufgeführten Einzelbeispielen sind die folgenden besonders signifikant:

- »Laufende Abstimmung mit dem Reichssicherheitshauptamt und den Gesandtschaften, um die Durchführung der Judenmaßnahmen zu fördern unter gleichzeitiger Berücksichtigung der außenpolitischen Belange. [...];

55 Ebda.
56 Vgl. BDC, SS-Pers.-Akte Eberhard v. Thadden
57 Vgl. ebda.
58 Vgl. Prüfungsblatt des SS-PHA v. 4.1.1945, in: ebda.
59 Vgl. Führerstammkarte, in: ebda. Widerlegt wird damit Thaddens Darstellung v. 6.2.1948, er sei lediglich »Hauptsturmführer« gewesen (IfZ München, ZS 359,2).
60 Übersicht über die Aufgaben der Gruppe Inland II und das bei der Gruppe tätige Personal [Januar 1945], in: PA des AA, Inland II g 1

- laufende Zurückweisung unberechtigter Interventionen neutraler Staaten zugunsten deutscher Juden oder Juden aus den besetzten Gebieten;
- Unterstützung der anti-jüdischen Informationsarbeit [...].«

Daß diese Geschäftsübersicht keineswegs nur beanspruchte, sondern tatsächliche Kompetenzen des Referats Inland II A wiedergibt, bestätigen die Sachakten des AA zur »Endlösung der Judenfrage«.[61]

Zu den weiteren Aufgaben v. Thaddens gehörte die Bearbeitung aller SS-Angelegenheiten der im Auswärtigen Dienst tätigen Beamten und Angestellten, unter anderem:
- Mitwirkung bei Neuaufnahmen und Beförderungen;[62]
- Übermittlung der Julleuchter und SS-Leithefte sowie der Buchspenden Himmlers an zahlreiche Diplomaten;[63]
- Kommandierung von Angehörigen der Waffen-SS zum AA und Freigabe von Beamten des AA zu Sondereinsätzen in der Waffen-SS.[64]

## *Personalstruktur und Funktion der Referate Inland II B, II C und II D*

Das Referat Inland II B leitete von April 1943 bis Juni 1944 der Vizekonsul Emil Geiger. Ihm oblag vornehmlich die Verbindung zum Chef der Sicherheitspolizei und des SD in allen Angelegenheiten der Polizeiattachés und SD-Beauftragten, insbesondere die Entsendung legaler und illegaler SD-

---

61 Vgl. dazu unten, S. 293ff.

62 Vgl. PA des AA, Inland II g 16 u. Inland II A/B 349/2

63 Vgl. PA des AA, Inland II A/B 349/1 u. 2

64 Nach einer gemeinsamen Weisung Himmlers und Ribbentrops vom Juni 1943 wurden Verbindungsführer des AA zu Frontformationen der Waffen-SS entsandt. Neben der Bearbeitung politischer Nachrichten und diverser Volkstumsfragen – vornehmlich bei den »germanischen« Verbänden der Waffen-SS – sollten die Verbindungsführer die Beziehungen zwischen SS und Auswärtigem Amt auf dem Sektor Waffen-SS vertiefen. Die Einsetzung der Verbindungführer sollte auch dazu dienen, »den aus gewissen Kriegsgründen nicht abkömmlichen Beamten die Möglichkeit zu einem kriegspflichtigen Einsatz und zum Erwerb von Kriegsauszeichnungen zu geben« (Undatierte Aufzeichnung Inland II 269 g.Rs., in: PA des AA, Inland II g 7; vgl. dazu auch Pro-Memoria v. Thaddens v. 14.7.1943, in: PA des AA, Inland II A/B, 349/1). – Dahinter verbarg sich auch die Intention, kriegsverwendungsfähige, aber für das AA unabkömmliche Beamte, die der Allgemeinen SS angehörten, der Wehrüberwachung und vor allem Einberufungen durch die Wehrersatzbehörden zu entziehen. Das dabei angewandte Verfahren läßt sich aus den Akten wie folgt rekonstruieren: Personal- oder Führungshauptamt der SS betrieben bei den Wehrersatzbehörden die Freigabe eines Angehörigen der Allgemeinen SS mit dem Hinweis auf dessen Verwendung im Rahmen der Waffen-SS. Darauf verfügte das zuständige Wehrersatzamt dessen Freigabe für die Waffen-SS. Der betreffende SS-Angehörige wurde jedoch nicht einberufen, sondern für das AA u.k. gestellt oder nach kurzfristiger Einberufung zum AA kommandiert; vgl. z.B die SS-Personal-Unterlagen Eberhard Reichel und Georg v. Lilienfeld, in: BDC

Vertreter in die deutschen Auslandsmissionen sowie die Übermittlung ihrer nachrichtendienstlichen Berichte an das Reichssicherheitshauptamt.

Geiger, geb. 1903, gehörte dem Auswärtigen Dienst seit 1928 an.[65] Bis 1939 war er Konsulatssekretär bei der Botschaft in Paris. Zugleich betätigte er sich für die Auslandsorganisation der NSDAP als Geschäftsführer und stellvertretender Leiter der Landesgruppe Frankreich. Vermutlich mit Hilfe des Staatssekretärs und Chefs der AO im Auswärtigen Amt, Gauleiter Bohle, gelang ihm 1940 der Aufstieg in den höheren Auswärtigen Dienst. Bis Mai 1941 fungierte Geiger als Vizekonsul in Konstanza (Rumänien). Spätestens seit dieser Zeit arbeitete er vertraulich für den Sicherheitsdienst des Reichsführers-SS.[66]

Mitte Mai 1941 mußte Vizekonsul Geiger auf Anordnung der rumänischen Regierung das Land verlassen, weil er zusammen mit anderen SD-Vertretern den Umsturzversuch der faschistischen »Eisernen Garde« gegen General Antonescu unterstützt hatte.[67]

Nach vorübergehender Beschäftigung beim Konsulat Malmö (Schweden) berief ihn die Personalabteilung 1942 nach Berlin zur Vertretung des Referatsleiters D II, LR I.Kl. SS-Staf. Picot, der im Mai 1942 auch die Leitung des wichtigen Referats Pol III (Spanien, Portugal, Vatikan) übernommen hatte.[68]

Eine Beteiligung Geigers an dem von Unterstaatssekretär Luther Anfang 1943 initiierten Komplott gegen den Reichsaußenminister v. Ribbentrop ist den Akten nicht zu entnehmen. Sofern Geiger mit der Anti-Ribbentrop-Fronde um Büttner, Kieser und Rademacher in Verbindung stand, war er vorsichtig genug, sich nicht zu kompromittieren. Diesem Umstand dürfte es Geiger vor allem zu verdanken haben, daß er als Mitarbeiter der Deutschland-Abteilung nach deren Auflösung zum Referatsleiter in der Gruppe Inland II berufen wurde. Nicht zuletzt dürfte auch das Reichssicherheitshauptamt daran interessiert gewesen sein, daß nach wie vor ein Vertrauensmann des SD diese für den Nachrichtendienst wichtige Position in der Referatsgruppe Inland II besetzte.

---

65 Diese und die folgenden Angaben stützen sich auf nachstehende Quellen: BDC, PK-Korrespondenz Emil Geiger und SS-Sammelliste 47 A, S. 375; PA des AA, Inland II g 12 u. 15 sowie Inland II A/B 348/1 u. 349/2; ADAP D XII.1, S. 174 u. D XII.2, S. 942

66 Vgl. den Bericht des Gesandten in Rumänien, SA-Ogruf. v. Killinger, v. 6.3.1941 für den RAM persönlich, darunter insbesondere Punkt 17: »Ich fragte in einer Referentenbesprechung [der Gesandtschaft Bukarest], ob der Konsul Geiger aus Constanza zum SD gehöre. Der anwesende SD-Vertreter Graf Meran verneinte dies. Ich fragte darauf chiffriert bei Geiger an. Er teilte mir mit, daß er nicht direkt Angehöriger des SD sei, daß er aber SD-Vertrauensmann sei und den SD mit Nachrichten versorge [...]« (BA Koblenz, R 58/112).

67 Vgl. BA Koblenz, R 58/112; ADAP D XII.1, S. 174 u. D XII.2, S. 942

68 Vgl. Aufzeichnung Picots v. 18.5.1942, in: PA des AA, Inland II A/B 348/1, sowie das Verzeichnis der Beamten und Angestellten der Abteilung Deutschland v. 10.8.1942, in: PA des AA, Inland II A/B 347/3

Durchdruck als Konzept (R'Schrift lb.) Ko.
Auswärtiges Amt

Berlin, den 21. Juli 1944

e.o. Inl.II A 2555

Lieber Kamerad Heitner!

bsf. beil. Liste

Anliegend übersende ich Ihnen wie abgesprochen eine Liste der höheren Beamten des Auswärtigen Dienstes, die, soweit feststellbar, der SS angehören.

Ich darf nochmal betonen, daß durch Bombenangriffe die gesamten Personalakten des Auswärtigen Amtes verbrannt sind, diese bisher nur zum Teil rekonstruiert werden konnten, weil mit zahlreichen Beamten z.Zt. keine Postverbindung besteht. Auch machen die Rekonstruktionen durch Personalmangel erhebliche Schwierigkeiten. Die vorliegende Liste kann daher leider nicht als vollständig angesehen werden. Ich darf mir vorbehalten, sie jeweils zu ergänzen, sobald ich Unvollkommenheiten feststelle und wäre dankbar, wenn ich auch von dort aus auf Lücken aufmerksam gemacht werden würde.

Darüberhinaus sind im Auswärtigen Amt zahlreiche Wissenschaftliche Hilfsarbeiter oder andere Vertragsangestellte tätig, die der SS angehören, zum überwiegenden Teil jedoch nicht mit Führer-Dienstgraden. Entsprechend unserer Absprache habe ich die Liste zunächst auf die Höheren Beamten beschränkt.

W.V. 2 Wochen 31/8

Weiterhin weise ich darauf hin, daß aus Zeitmangel die Beamten lediglich nach Kategorien geordnet aufgeführt wurden. Die Reihenfolge ist also nicht gleichzusetzen mit einer Dienstalters- oder Rangliste innerhalb des Auswärtigen Dienstes. Sollte eine Überarbeitung in dieser Richtung unumgänglich notwendig sein, bitte ich um Mitteilung.

Heil Hitler!

gez. v. Thadden

24/7

1.) An

SS-Hauptsturmführer Heitner
- SS-Personalamt, Adjutantur -

Berlin-Charlottenburg
Wilmersdorfer Str. 98/9

2.)

319083

Inl.II A

RvTh
(Chiespert)

| Name | Vorname | SS-Rang | Dienststellung im Auswärtigen Amt |
|---|---|---|---|
| v.Ribbentrop | Joachim | SS-Gruppenführer | Reichsaußenminister |
| Frh.v.Weizsäcker | Ernst | Brigardeführer | Botschafter b.Hl.Stuhl,Rom |
| Keppler | Wilhelm | Obergruppenf. | Staatssekretär z.b.V. |
| Woermann | Ernst | Oberführer | Botschafter in Nanking |
| Frh.v.Dörnberg | Alexander | Oberführer | Gesandter, Chef d.Protokolls |
| v.Saucken | Reinhold | | Gesandter, VAA in Rowno |
| Hewel | Walter | Brigadef. ~~Oberführer~~ | Botschafter z.b.V. |
| Schmidt | Paul 2 | Oberstbf. | Gesandter, Leiter Abt. Presse |
| Schmidt | Paul | Standartenf. | Gesandter, Leiter des Büro RAM |
| Lorenz | Max | Oberstbf. | Vortr.Leg.Rat, Kult |
| Schumburg | Hans-Emil | Sturmbaf. | Leg.Rat I.Kl., Pol.III |
| Bertling | Heinz | Sturmbaf. | Vortr.Leg.Rat,z.Zt.Waffen-SS |
| Likus | Rudolf | Oberführer | Vortr.Leg.Rat, persönlicher Stab RAM |
| v.Halem | Gustav-Adolf | Sturmbaf.(?) | Generalkonsul, Mailand |
| Wagner | Horst | Sturmbaf. | Leg.Rat I.Kl.,Gruppenleiter Inl.II |
| Lohse | Günter | Unterstf. | Leg.Rat, Presse |
| Frh.v.Künsberg | Eberhard | Sturmbaf. | Batl.z.b.V.der Waffen-SS |
| Coenen | | | Leg.Rat,Waffenstillstands-Del.f.Wirtschaft, Paris |
| Bruns | Georg | Obersturmf. | Leg.Rat I.Kl., Büro RAM |
| Gottfriedsen | Bernd | Sturmbaf. | LR.I.Kl., Adjutantur RAM |
| Picot | Werner | Staf ~~Sturmführer~~ | LR.I.Kl.,z.Zt. Wehrmacht |
| v.Selle | Hans Otto | Hauptsturmf. | Leg.Rat, z.Zt. Wehrmacht |
| v.Grote | Otto | Sturmbaf. | Leg.Rat, Pol.I M |
| Kieser | Walter | | Leg.Rat, z.Zt. Wehrmacht |
| Frh.v.Thermann | Edmund | Oberführer | Botschafter,Kiew,imStabe d.Höheren SS-u.Polizeiführers |
| v.Mackensen | Hans-Georg | | Botschafter, Quir., Rom |

319066

| Name | Vorname | SS-Rang | Dienststellung im Auswärtigen Amt |
|---|---|---|---|
| Abetz | Otto | Brigardeführer | Botschafter, Paris, z.Zt. Berlin |
| Ettel | Erwin | Brigardeführer | Gesandter, VAA zur AO |
| Benz | Otto | | Gesandter, VAA Den Haag |
| Rodde | Wilhelm | | Generalkonsul, Kronstadt |
| Resenberg | Karl | | Konsul, Barcelona |
| v.Schaller | Georg | Sturmbaf. | Ges~~andter~~ Rat, Presse |
| Berger | Karl | | Leg.Rat, z.Zt.Wehrmacht |
| Leithe-Jasper | Harald | | Ges.Rat, Dt.Botsch.Rom |
| Stille | | | |
| Klugkist | Henrik | | Ges.Rat, Bukarest |
| Vogel | Georg | | Ges.Rat, Athen |
| Meißner | | | |
| Lierau | Wolf-Dieter | | Leg.Sekr., A.O.K. |
| Frh.v.Spiegel | Edgar | | Generalkonsul, Marseille |
| Scholz | | | |
| Zeitschel | Karl-Theo | | Konsul, Paris |
| Pausch | Walter | | Konsul, Triest |
| Walluscheck v.Wallfeld | Karl | | Konsul, Kanea |
| Thomsen | Hans | | Gesandter, Stockholm |
| Kuhlmann | Herbert | Sturmbaf. | Leg.Sekr., Presse |
| Rühle | Gerhard | Sturmbaf. | Gesandter, Rundfunkpol. Abt. |
| Behnke | Gerhard | Unterscharf. | Kons.Sekr.z.Zt.Wehrm. |
| Böcking | Werner | | Leg.Sekr., z.Zt.Wehrm. |
| Kühn | Ernst | | Ges.Rat, ~~Athen~~ Agram |
| Braun | Karl-Otto | Untersturmf. | Leg.Rat ~~[illegible]~~., Inl.I |
| v.Thadden | Eberhard | Obersturmf. | Leg.Rat, Inl.II A |
| Grell | Theodor | | Konsul, Marseille |
| Jasper | Wolfgang | Obersturmf. | Leg.Sekr., z.Zt.Wehrm. |
| Lehmann | Wilhelm | Hauptsturmf. | Leg.Sekr., VAA bei einer Armee |
| Reichel | Eberhard | Sturmbaf | Leg.Rat, Inl. |

NG 19067

Auf Weisung des Staatssekretärs v. Steengracht wurde Geiger Mitte Juli 1944 als Konsul nach Barcelona gesandt.[69] Da Spanien dem SD als Glacis diente für nachrichtendienstliche Verbindungen nach Südamerika und Nordafrika[70] sowie für Kontakte zu westalliierten Geheimdiensten, ist anzunehmen, daß Geigers Versetzung auch nachrichtendienstliche Hintergründe hatte.[71]

Nach Ankunft in Barcelona erhielt Geiger vom Leiter der Referatsgruppe Inland II ein Dankschreiben, das neben der Anerkennung seiner dienstlichen Leistung auch die enge Zusammenarbeit zwischen der Gruppe Inland II und dem Reichssicherheitshauptamt zum Ausdruck brachte: »Sie haben lange Zeit einen der schwierigsten Posten im Auswärtigen Amt Berlin geführt und haben es trotz dieser nicht einfachen Aufgabe fertiggebracht, daß wir mit den Dienststellen der SS, mit denen wir zu tun hatten, ein außerordentlich gutes Verhältnis haben. Ich habe mir damals mit besonderer Freude vom Obergruppenführer Kaltenbrunner [Chef der Sicherheitspolizei und des SD] sagen lassen, daß Sie im letzten Jahr über sich selbst hinausgewachsen sind, und Sie werden auch aus der Art der Verabschiedung beim Obergruppenführer als auch bei unserer Gruppe Inl. II gefühlt haben, welche Anerkennung Ihre Arbeit bei uns gefunden hat. [...]«[72] Diesen Briefauszug legte v. Thadden der Personalabteilung mit der Bitte vor, ihn »im Hinblick auf die ausdrückliche Anerkennung der Leistungen Geigers durch Obergruppenführer Kaltenbrunner zu seinen [Geigers] Personalakten zu nehmen.«[73]

Im Herbst 1944 bat Geiger um reguläre Aufnahme in die SS. Thadden übersandte ihm zwar noch Anfang Oktober 1944 die Aufnahmeformulare[74], diese sind aber infolge der bald darauf unterbrochenen Kurierverbindung mit Spanien nicht mehr in Berlin eingetroffen. Da keine SS-Personalakte angelegt worden ist, bleiben die Beweggründe Geigers für das späte Aufnahmeersuchen unklar.

Nach dem Ausscheiden Geigers als Referatsleiter Inland II B ist der kurzfristige Wechsel seiner Nachfolger signifikant: Legationssekretär Sonnen-

---

69 Vgl. die Aufzeichnung Wagners v. 29.7.1944 für die Personalabteilung, in: PA des AA, Inland II A/B 347/3

70 Vgl. PA des AA, Inland II g 73, 102 u. 451-454

71 Die Tatsache, daß Geiger nach Barcelona und nicht nach Madrid, der Drehscheibe nachrichtendienstlicher Aktivitäten, versetzt wurde, steht der Annahme einer geheimdienstlichen Mission nicht entgegen, da die westlichen Alliierten seit Anfang 1944 zunehmend die spanische Regierung bedrängten, den mehrere hundert Personen umfassenden Agentenstab der Abwehr und des SD bei der Botschaft Madrid abzubauen (vgl. PA des AA, Inland II g 62, 101-104 u. 452). Für eine nachrichtendienstliche Tätigkeit eignete sich Geiger besonders, da er hauptamtlich dem Auswärtigen Dienst angehörte, durch seine legale Funktion als Konsul getarnt war und auf der Iberischen Halbinsel erstmals in Erscheinung trat.

72 Persönliches Schreiben Wagners v. 16.8.1944, in: PA des AA, Inland II g 12

73 Aufzeichnung v. Thaddens v. 3.11.1944, in: ebda.

74 Vgl. Schreiben v. Thaddens an Konsul Geiger v. 2.10.1944, in: PA des AA, Inland II A/B 349/2

hol leitete das Referat von Juli bis Oktober 1944, Legationsrat Bobrik anschließend bis Februar 1945 und Konsul Werz bis Kriegsende.[75] Krankheitsbedingte Ausfälle und wohl auch das Bemühen, die Referatsgruppe Inland II angesichts ihrer spezifischen Zuständigkeiten möglichst schnell wieder zu verlassen, erklären den relativ häufigen Wechsel der Referatsleiter.[76]

Von ihrem Vorgänger Geiger unterschieden sich Sonnenhol, Bobrik und Werz insofern, als sie Juristen und Laufbahnbeamte des höheren Auswärtigen Dienstes waren.[77] Während Werz 1934 als Attaché der NSDAP beigetreten war, gehörte Sonnenhol der Partei bereits seit 1931 an, der SS seit 1939.[78] Bobriks Mitgliedschaft in der NSDAP oder einer ihrer Gliederungen ist aus den vorliegenden Akten nicht ersichtlich.

Das Referat Inland II C leitete ohne Unterbrechung bis zum Kriegsende Legationsrat - seit 1944 Legationsrat I.Kl. - Eberhard Reichel.[79] Reichel wurde 1909 in Calw (Württemberg) geboren, wo sein Vater als Arzt praktizierte. Im Alter von 16 Jahren trat er dem Wehrverband »Werwolf« bei, in dem er bis 1933 verschiedene Führerstellungen innehatte. Nach dem Abitur (1928) studierte er Rechtswissenschaften an den Universitäten Erlangen, Hamburg und Tübingen. Am 1. Oktober 1930 wurde er Mitglied Nr. 332766

75 Vgl. PA des AA, Inland II g 15, Inland II A/B 347/3; GVPl. des AA v. 15.3.1945, in: BDC, Akte Diplomaten, u. BA Koblenz, NL Rheindorf, 461

76 Vgl. die Darstellung Sonnenhols v. 29.9.1944 gegenüber Abetz, in: PA des AA, Inland II g 159, sowie die Vernehmung Bobriks durch Kempner v. 27.5.1947, in: IfZ München, ZS 832; Mitteilung Dr. Sonnenhols v. 25.11.1974 an den Verf.

77 Vgl. PA des AA, Inland II g 15 u. 16; BA Koblenz, NL Neurath, 21 (Personalveränderungen im AA v. 15.10.1937)

78 BDC, PK-Korrespondenz Luitpold Werz, SS-Personalunterlagen Adolf Sonnenhol. - Sonnenhol, der sich vor 1945 Adolf, nach 1945 Gustav Adolf S. nannte, wurde 1912 in Hottebruch b. Lüdenscheid (Westfalen) als zehntes Kind eines Bauern geboren; 1929 HJ, 1931 Abitur, 1.6.1931 NSDAP, 1931-35 Studium der Rechtswissenschaften, 1934 Referendar, 1935 Dr.jur., Leiter der Auslandsabteilung der Dt. Studentenschaft, 1936 Auslandsstudium in Paris, 1937/38 Reichsstellenleiter in der Reichsstudentenführung, 1939 Studium in London, 1.6.1939 Attaché im AA, 9.11.1939 SS-Ustuf., F.i.Pers.Stab RFSS - Mannschaftshäuser, 1940/41 LS und Rundfunkattaché in Paris, 20.4.1941 SS-Ostuf., 1942-44 VK in Casablanca, Vichy u. Tanger; Referent Inland II B im AA, 1944/45 VK beim Konsulat Genf, 1945-48 nach Auslieferung durch die Schweiz in verschiedenen Internierungslagern der Alliierten, 1949 RR im Marshallplan-Ministerium, 1957 stellv. Leiter der deutschen OEEC-Mission in Paris, 1962 Ministerialdirektor im Bundesministerium für wirtschaftliche Zusammenarbeit, 1968 Botschafter in der Republik Südafrika, 1971-77 Botschafter in der Türkei (BDC, SS-Personalunterlagen Adolf Sonnenhol, Handakte Kühne; PA des AA, Inland II g 16; BA Koblenz, NL Blücher; Diplomatischer Kurier 17 (1968), H. 6., S. 222, H. 10, S. 363; Handbuch der Bundesregierung 1972, mit Ergänzungslieferungen 1974 u. 1976; schriftl. Mitteilungen des Botschafters Dr. Sonnenhol von 1974 u. 1975 an den Verf.; vgl. jetzt auch Sonnenhol: Untergang oder Übergang? Stuttgart-Herford 1984).

79 Vgl. die GVPle. der Gruppe Inland II, in: PA des AA, Inland II g 1. - Die Angaben zur Herkunft und Karriere Reichels stützen sich auf folgende Quellen: BDC, SS-Pers.-Akte Eberhard Reichel; PA des AA, Inland II g 15; ADAP E II, S. 574 u. E VIII, S. 699.

der NSDAP. Referendarexamen und Promotion zum Doktor der Jurisprudenz absolvierte er 1934, das Assessorexamen 1937. Bevor Reichel 1938 seine erste Beamtenstelle beim Oberfinanzpräsidenten in Stuttgart antrat, war er hauptamtlicher Mitarbeiter beim SD-Führer des SS-Oberabschnitts Süd-West.

Mit Wirkung vom 15. Februar 1938 wurde Reichel in die SS aufgenommen und am 11. September 1938 zum SS-Untersturmführer im SD befördert. Anfang November 1939 trat er als Regierungsrat und Hauptabteilungsleiter in den Dienst des Inspekteurs der Sicherheitspolizei und des SD in Stuttgart. Am 1. Dezember 1939 folgte seine Sprungbeförderung zum SS-Hauptsturmführer im SD, nachdem der Inspekteur der Sipo und des SD in Stuttgart, SS-Oberführer Scheel, festgestellt hatte, daß Reichel eine »äußerst bewährte« und für den SD »sehr wertvolle Kraft« sei. Reichels SS-Karriere kulminierte mit der Beförderung zum SS-Sturmbannführer am 20. April 1940.[80]

Reichel, Protegé des ebenfalls aus Württemberg stammenden Chefs des SS-Hauptamtes, SS-Gruf. Berger, gelangte - vermutlich mit dessen Unterstützung - Anfang 1941 ins Auswärtige Amt, wo er zunächst als Legationssekretär im Referat D IX (Volkstumsfragen) der Deutschland-Abteilung Verwendung fand. Nach Bildung der Referatsgruppe Inland II im April 1943 avancierte er zum Legationsrat und Leiter des nunmehr unter Inland II C firmierenden Referats für Volkstumsfragen. In Vertretung des 1943 zur Leibstandarte-SS »Adolf Hitler« einberufenen Legationsrats Triska übernahm Reichel dann auch noch die Leitung des Referats Inland II D (Volksdeutsche Wirtschaftsfragen).[81]

Nach der internen Geschäftsübersicht der Gruppe Inland II von Januar 1945 war Reichel insbesondere zuständig für:

- politische Steuerung der deutschen Volksgruppen im Ausland;
- Freiwilligenwerbung bei den Volksdeutschen für die Waffen-SS;
- Werbung »germanischer und fremdvölkischer Freiwilliger« für die Waffen-SS;
- wissenschaftliche Volkstumsarbeit der Forschungsgemeinschaften und Publikationsstellen;[82]

---

80 Den Vorschlag des Chefs SS-HA, SS-Gruf. Berger, v. 20.4.1943, Reichel mit Wirkung v. 21.6.1943 zum SS-Ostubaf. zu befördern, lehnte der Chef der Sipo und des SD, SS-Ogruf. Kaltenbrunner, durch Schreiben v. 14.8.1943 mit dem Hinweis ab, daß Reichel noch ledig, erst 34 Jahre alt und während des Krieges schon einmal befördert worden sei (BDC, SS-Pers.-Akte Eberhard Reichel).

81 Vgl. PA des AA, Inland II g 1, 15 und Inland II A/B 347/3 sowie BDC, SS-Personalunterlagen Eberhard Reichel und Helmut Triska

82 Zu diesen gemeinsam von AA und RSHA finanzierten Forschungsstellen gehörten u.a. das Deutsche Auslandswissenschaftliche Institut (Berlin), das Wannsee-Institut (Berlin), das Südostinstitut (München), das Osteuropa-Institut (Breslau), das Institut für Grenz- und Auslandsstudien (Berlin), die Forschungsstelle Orient (Tübingen) sowie die Publikationsstellen Übersee (Hamburg) und Ost (Berlin); vgl. BA Koblenz R 58/126 u. 131. Leiter und wissenschaftliche Mitarbeiter der genannten Institutionen gehörten zum großen Teil der SS oder dem SD an.

- Verbindung zum SS-Hauptamt, Ergänzungsamt der Waffen-SS, Rasse- und Siedlungshauptamt der SS;
- Umsiedlung und Evakuierung deutscher Volksgruppen.[83]

Die Volkstumspolitik des AA bestand demnach vornehmlich in der Rekrutierung volksdeutscher und »fremdvölkischer« Freiwilliger für die Waffen-SS. Während die Werbeaktionen für die Waffen-SS in den Jahren 1941 und 1942 regelmäßig Kompetenzkonflikte mit dem AA auslösten, wenn die rekrutierenden SS-Dienststellen in den besetzten oder verbündeten Staaten selbständig tätig wurden,[84] sind Friktionen dieser Art nach Bildung der Referatsgruppe Inland II nicht mehr feststellbar, obschon in den Jahren 1943 und 1944 verstärkt Rekrutierungen für die Waffen-SS stattfanden, die im übrigen immer weniger dem Prinzip der Freiwilligkeit folgten.[85]

Die personelle Besetzung der Referate für Volkstumsfragen mit SS-Angehörigen - im AA wie in den wichtigsten Missionen[86] - hat neben der Verbindungstätigkeit Wagners die Monopolisierung der auswärtigen Volkstumspolitik durch die SS-Führung wesentlich begünstigt.

## *Inland II im Widerstreit mit traditionellen Abteilungen des AA*

Auf Weisung v. Ribbentrops verfaßte der Botschafter z.b.V. im AA, Emil v. Rintelen, Ende September 1944 eine »Aufzeichnung über die Struktur des Auswärtigen Amts«.[87] Diese Aufzeichnung entstand vor dem Hintergrund des von Goebbels, dem Generalbevollmächtigten für den totalen Kriegseinsatz, geforderten Personalabbaus im Auswärtigen Dienst. Goebbels soll auf eine »gründliche Auskehrung« des AA gedrungen haben, das ihm personell »weit überbesetzt« erschien angesichts der 1944 verbliebenen außenpolitischen Wirkungsmöglichkeiten.[88] Ribbentrop wollte sich der Aufzeichnung bedienen, um den weitgehenden Forderungen nach Personalabbau entgegenzutreten.

Während Rintelen das uneingeschränkte Fortbestehen aller Abteilun-

---

83 Vgl. PA des AA, Inland II g 1

84 Vgl. PA des AA, Inland II g 17 a, sowie BA Koblenz, NS 19 neu/256, 2457 u. 2458

85 Vgl. dazu oben, S. 275

86 So in Kopenhagen, Budapest und Bukarest; vgl. Aufzeichnung v. Thaddens v. 13.10.1943, in: PA des AA, Inland II g 16; vgl. auch Inland II A/B 349/2

87 Abschrift der Aufzeichnung Rintelens v. 30.9.1944, in: PA des AA, Inland II g 1. - Rintelen wurde 1897 als Sohn des späteren Generalleutnants Wilhelm v. R. in Stettin geboren, 1916 Leutnant im Garde-Jäger-Bataillon, nach dem 1. juristischen Staatsexamen 1921 Attaché im AA, 1923 LS bei der Botschaft Paris, 1929 GR bei der Gesandtschaft Warschau, 1932 LR u. Referent Westeuropa im AA, 1936 VLR, 1.2.1940 NSDAP, 1940-43 Ges. I. Kl. u. Dirigent der Politischen Abt., 1943-45 Botschafter z.b.V. im AA (Personalbogen v. 14.7.1944, in: NA Washington, T-120, roll 2539; IfZ München, ZS 626).

88 Schriftliche Mitteilung v. Rintelens v. 28.12.1974 an den Verf.

gen des AA durch wiederholten Hinweis auf deren »kriegswichtige Aufgaben« als Voraussetzung bezeichnete für »die Erfüllung des dem Reichsaußenminister vom Führer gestellten Auftrages«,[89] attestierte er den Gruppen Inland I und Inland II lediglich den Charakter von »Verbindungsreferaten zur NSDAP und ihren Stellen, zum Generalbevollmächtigten für den Arbeitseinsatz und zu den Dienststellen des Reichsführers-SS«.[90]

Nach zustimmender Kenntnisnahme durch den Minister[91] gelangte die Aufzeichnung über Botschafter Gaus, den Rechtsberater Ribbentrops, in die Referatsgruppe Inland II, deren stellvertretender Leiter, Legationsrat I. Kl. v. Thadden, daraufhin am 2. Oktober 1944 folgendes Schreiben an Botschafter v. Rintelen entwarf: »Soeben erhalte ich die Abschrift Ihres am 30.9. an Botschafter Gaus weitergegebenen Entwurfes einer Aufzeichnung über die Struktur des Auswärtigen Amtes. Ich nehme an, daß der Hintergrund dieses Entwurfes der gegenwärtige Kampf um die Erhaltung gewisser Abteilungen des Auswärtigen Amtes ist, die im Zuge der Kräfteeinsparung geschlossen werden sollen und daß hierdurch die Wertung, die den einzelnen Abteilungen bezw. Gruppen zuteil geworden ist, unter einem anderen Maßstab erfolgt ist, als sie sonst vorgenommen würde. Ich werde Ihren Entwurf dem Gruppenleiter, der z.Zt. in ›Westfalen‹[92] ist, sofort vorlegen, halte mich aber für verpflichtet, Sie darauf hinzuweisen, daß die in dem Entwurf enthaltenen Ausführungen über die Gruppe Inland II sachlich unzutreffend sind. Es ist nicht so, daß Gruppe Inland II eine Zusammenfassung von Verbindungsreferaten ist. Vielmehr ist es in vieler Beziehung sachbearbeitende Stelle. Z.B. werden alle Fragen der deutschen Minderheiten im Ausland und der ausländischen Minderheiten im Reich, und zwar sowohl wirtschaftlicher wie politischer Natur, alle Werbungsaktionen für die Waffen-SS, die *Steuerung der Judenfrage*, sämtliche Ausbürgerungssachen etc. federführend nicht bei der Politischen Abteilung, sondern bei Inland II behandelt. Lediglich auf dem Gebiet des Nachrichtenwesens (SD und Abwehr) und der polizeilichen Arbeit (Inland II B) überwiegt die Verbindungsarbeit gegenüber der Sachbearbeitung.«[93]

Dieses Schreiben legte v. Thadden am 2. Oktober 1944 zunächst dem Gruppenleiter Inland II vor mit der Bitte um Kenntnisnahme.[94] Wagner formulierte darauf am 3. Oktober 1944 einen persönlichen Brief an den Botschafter v. Rintelen, der durch seine provokante Schärfe die schon despektierliche Diktion v. Thaddens noch übertraf: »Sollten Sie aus Zweckmäßigkeitsgründen es für richtig gehalten haben, die Arbeit der Gruppe Inland II in einer derart erstaunlich falschen Form darzustellen, so wäre ich Ihnen

---

89 Abschrift der Aufzeichnung v. Rintelens, S. 1, in: PA des AA, Inland II g 1
90 Ebda., S. 13. – Die Aufzeichnung umfaßt 15 Seiten, Funktion und Stellenwert der Gruppen Inland I und II wurden in 7 Zeilen abgehandelt.
91 Mitteilung v. Rintelens v. 7.1.1975 an den Verf.
92 Sonderzug des RAM v. Ribbentrop
93 PA des AA, Inland II g 1 (Hervorhebung d. Verf.)
94 Ebda.

*Im Sonderzug des Reichsaußenministers; von links: Paul Karl Schmidt, Leiter der Nachrichten- und Presseabteilung, Walther Hewel, Ribbentrop und Unterstaatssekretär Friedrich Gaus, der Leiter der Rechtsabteilung*

dankbar, wenn Sie eine entsprechende Erklärung im Auswärtigen Amt abgeben würden. Wenn dies nicht der Fall ist, so kann ich die Art der Erwähnung der Gruppe Inland II persönlich nur als Diffamierung der Arbeit dieser Gruppe oder der mit dieser Gruppe zusammenarbeitenden SS als Gesamtheit ansehen. In diesem Fall bitte ich Sie um eine entsprechende Erklärung.«[95]

Der Vorgang ist in mehrfacher Hinsicht aufschlußreich. Thadden bestätigte durch sein Schreiben nicht nur die Schwerpunkte der Aufgaben, für die Inland II zuständig war (Minderheitenfragen, Werbung für die Waffen-SS, Ausbürgerungssachen), sondern beanspruchte auch die Kompetenz zur *Steuerung* der »Judenfrage«. Des weiteren offenbart Thaddens Schreiben interne Auseinandersetzungen »um die Erhaltung gewisser Abteilungen« im AA. Seine Vermutung, daß die Charakterisierung der Gruppe Inland II als Verbindungsreferat den Zweck verfolge, diese personell abzubauen, um die traditionellen Abteilungen des AA trotz ihrer Kompetenzverluste zu erhalten, wurde durch v. Rintelen mehr als dreißig Jahre nach dem Geschehen indirekt bestätigt: »Wenn ich in der Aufzeichnung von 1944 die Referate Inland I und II als ›Verbindungsreferate‹ bezeichnete, so deshalb, weil ich darin die einzige mögliche Rechtfertigung ihrer Existenz sah. Gegen bloße Verbindungsreferate ließ sich ja nicht einwenden, ein Auswärtiges Amt sei für das Ausland da und brauche keine Inlandreferate

95 Ebda.

mit eigenen Kompetenzen. Andererseits hatte ich natürlich damals ganz bestimmt nichts dagegen, wenn meine Charakterisierung zu einer merklichen Personalreduktion gerade bei diesen zwei Referaten geführt hätte.«[96]

Rintelen hat mit seiner Aufzeichnung zur Struktur des AA im Jahre 1944 nicht nur die Forderungen Goebbels' nach Personalabbau in den traditionellen Abteilungen des AA abwehren, sondern auch das ehrgeizige Machtstreben Wagners und die expansive Tätigkeit der Referatsgruppe Inland II begrenzen wollen. Seine Aufzeichnung entstand wenige Wochen nach der Befreiung des Konzentrationslagers Majdanek durch die Rote Armee im Juli 1944, als die Weltöffentlichkeit über die tatsächliche Bedeutung der »Endlösung der Judenfrage« zweifelsfrei unterrichtet wurde und entsprechende Meldungen auch bei den allmorgendlichen Pressebesprechungen im Auswärtigen Amt wiederholt zur Sprache kamen.[97] Nach Mitteilung v. Rintelens wußten die an Pressebesprechungen teilnehmenden Beamten (Staatssekretäre, Unterstaatssekretäre, Abteilungsleiter und Gruppenleiter bzw. deren Stellvertreter) spätestens seit dieser Zeit »über die niederdrükkende Wahrheit der erfolgten Massen-Judenvernichtung Bescheid. Die wirkliche Tragweite des Begriffs ›Endlösung‹ konnte nun keinem Zweifel mehr unterliegen.«[98] Vor diesem Hintergrund liegt die Vermutung nahe, daß der Berufsdiplomat v. Rintelen die Referatsgruppe Inland II nicht nur personell reduzieren wollte, um ihre Tätigkeit einzuschränken, sondern auch das weitergehende Ziel verfolgte, diese an der Judenvernichtung indirekt beteiligte Arbeitseinheit des AA wie einen Fremdkörper von den traditionellen Abteilungen des Amtes zu scheiden.

96 Schriftl. Mitteilung v. Rintelens v. 7.1.1975 an den Verf.

97 Schriftl. Mitteilung v. Rintelens v. 24.8.1979 an den Verf. – Der zuständige Referatsleiter, v. Thadden, soll darauf vom Staatssekretär v. Steengracht angewiesen worden sein, sogleich vom Chef der Sicherheitspolizei und des SD eine eingehende Stellungnahme anzufordern. »Aber Himmlers Dienststellen blieben schweigsam wie das Grab, was nur dazu beitragen konnte, die Wahrheit der sowjetrussischen Meldungen zu bekräftigen.«

98 Schriftl. Mitteilung v. 24.8.1979 an den Verf. – Zur Frage, wie die Teilnehmer der Pressebesprechungen auf die Nachrichten aus Majdanek reagiert hätten, nahm v. Rintelen mit Schreiben v. 1.9.1979 Stellung: »Ich halte es für mehr als wahrscheinlich, daß StS v. Steengracht, der ja mit dem Minister in laufendem telefonischen Kontakt stand, ihn auch mit dieser Frage befaßt hat und daß Ribbentrops Entscheidung gelautet haben wird, über die Rückfrage bei der SS-Führung solle nicht hinausgegangen werden [...]. Was die anderen Teilnehmer an den Pressekonferenzen betraf, so lag die sich stellende Frage außer bei dem Herrn v. Thadden einfach außerhalb ihres Zuständigkeitsbereiches. Sie hüteten sich, sich über ihre persönliche Meinung in den Konferenzen zu äußern, weil sie ja wußten, daß bei diesen etliche Angehörige der SS zugegen waren und so Vorsicht geboten war. [...] Im übrigen war die Haltung jedes einzelnen gerade damals im August 1944 durch das herrschende politische Klima stärkstens beeinflußt. [...] Damals Meinungen zum Zeitgeschehen zu vertreten, erschien als überaus riskant [...]. Was herrschte, war so allgemeines ›Maulhalten‹ und tiefe Konsternation. Die sowjetischen Enthüllungen über Maidanek platzten aber just in diese gewitterschwere Luft hinein!«

Die Briefe v. Thaddens und Wagners haben ihren Adressaten, Botschafter v. Rintelen, übrigens nicht erreicht. Rintelen vermutet, daß beide Briefe zunächst dem Staatssekretär v. Steengracht vorgelegt worden sind, der von der Weiterleitung abgeraten haben dürfte unter Hinweis auf die besondere Funktion der Aufzeichnung, die Ribbentrop ihr zugedacht hatte.[99]

Die Aufzeichnung v. Rintelens hatte keine nachweisbaren Folgen. Ansätze zu einer Strukturveränderung des AA sind bis zum Kriegsende nicht mehr erkennbar. Die Abteilungen des AA blieben ebenso wie die Referatsgruppen Inland I und Inland II unverändert bestehen, wenn auch teilweise durch militärische Anforderungen personell geschwächt.[100]

## *Inland II und die »Steuerung der Judenfrage« (1943-1945)*

Abschließend ist die von Thadden postulierte Kompetenz zur »Steuerung der Judenfrage« einer kritischen Nachprüfung zu unterziehen. Suchte v. Thadden durch diesen Anspruch seinen Tätigkeitsbereich möglichst herauszustreichen, nachdem er dessen Bedeutung in der Aufzeichnung v. Rintelens gemindert sah? Da der Terminus »Steuerung der Judenfrage« erstmals 1944 in den Akten des AA auftaucht, ist zu fragen, inwieweit sich die »Judenpolitik« der Referatsgruppe Inland II von der der Abteilung Deutschland zwischen 1940 und 1943 unterschied.

Während die Juden in den besetzten Gebieten Westeuropas zum größten Teil zwischen 1941 und 1943 von der Maschinerie erfaßt wurden, blieben jene in Südosteuropa bis 1943 weitgehend verschont, darunter insbesondere die mehr als 750000 Juden in Ungarn.[101] Maßgebliche Gründe dafür waren die Rücksichtnahme der deutschen Führung auf Souveränitätsrechte und nationale Empfindlichkeiten ihrer Verbündeten in Südosteuropa, vornehmlich Ungarn und Rumänien, sowie die Respektierung der italienischen Politik, die sich der Übertragung nationalsozialistischer »Judenmaßnahmen« auf ihre Okkupationszone (Adriatische Küstenzone und Teile Griechenlands) widersetzte.[102]

Als die Staaten Südosteuropas ihre vom NS-Regime geförderten nationalen Maßnahmen zur Judenverfolgung angesichts der militärischen Niederlagen der Achsenmächte seit 1943 sowie auf Grund der Interventionen neutraler und alliierter Staaten abschwächten oder unterbrachen, indem sie Auswanderung, Flucht oder Freikauf der Juden aus ihrem Machtbereich

---

99 Mitteilung v. 7.1.1975 an den Verf.

100 Lt. Mitteilung des PA des AA v. 28.9.1983 kulminierte die Zahl der höheren Beamten des Auswärtigen Dienstes (ohne Attachés) am 1.4.1943 mit 580 Beamten, anschließend sind die Zahlen rückläufig.

101 Vgl. Hilberg: Die Vernichtung der europäischen Juden, S. 541ff.

102 Vgl. PA des AA, Inland II g 190 u. 191

zuließen, als überdies das Regime Mussolini im Juli 1943 gestürzt wurde, gab die deutsche Führung ihre bislang geübte relative Zurückhaltung auf. Den Weisungen Ribbentrops entsprechend wurden durch massiven Druck des AA auf die Regierungen der Balkanländer die Voraussetzungen für die »Endlösung der Judenfrage« in Südosteuropa geschaffen. Aus der Fülle des überlieferten Aktenmaterials ergibt sich zweifelsfrei, daß die Referatsgruppe Inland II bei der »diplomatischen« Vorbereitung, Durchsetzung und Abschirmung der »Endlösung« eine dominierende Rolle spielte. Diese manifestierte sich vor allem in der

- Zurückweisung oder dilatorischen Behandlung der Interventionen neutraler oder verbündeter Staaten zugunsten deportierter oder zu deportierender Juden;[103]
- propagandistischen Verschleierung der Judenvernichtung als »feindliche Greuelpropaganda«;[104]
- Auskunftverweigerung gegenüber diplomatischen Schutzmachtvertretungen und Täuschung internationaler Hilfsorganisationen über das Schicksal der deportierten Juden;[105]
- Verhinderung der Auswanderung mehrerer tausend jüdischer Kinder nach Palästina;[106]
- personellen und propagandistischen Unterstützung bei der Deportation slowakischer, griechischer, rumänischer, ungarischer und staatenloser Juden in das Vernichtungslager Auschwitz-Birkenau.[107]

Einige Beispiele mögen die Mitwirkung des AA bei der »Endlösung der Judenfrage« in den Jahren 1943 und 1944 illustrieren.

Während im Frühjahr 1943 mehr als 45000 in der deutsch besetzten Zone Griechenlands lebende Juden nach enger Zusammenarbeit zwischen SS, Auswärtigem Amt und deutscher Militärverwaltung planmäßig in das Vernichtungslager Auschwitz-Birkenau deportiert wurden, widersetzten sich die diplomatischen und militärischen Dienststellen Italiens zunächst erfolgreich dem Abtransport italienischer Juden sowie aller Juden ihrer Besatzungszone.[108]

Darauf stellte Legationsrat v. Thadden durch Aufzeichnung vom 18. Mai 1943 für den Staatssekretär des AA unter anderem fest: »Nach Ansicht von Gruppe Inl. II kann deutscherseits auf die Forderung, daß auch italienische Juden Saloniki [d.h. die deutsche Besatzungszone] verlassen, unter keinen Umständen verzichtet werden. [...] Jede Konzession, die zur Zeit in der Judenfrage gemacht wird, würde im gesamten Balkan als Zeichen von

---

103 Vgl. ebda., Inland II g 191, 205, 209 u. 211
104 Vgl. ebda., Inland II g 173, 190 u. 191
105 Vgl. ebda., Inland II g 205 u. 211 sowie Inland II A/B 42/3
106 Vgl. ebda., Inland II g 174 A, 177, 197 A, 201, 205 u. 212
107 Vgl. ebda., Inland II g 205, 209, 210 u. 212
108 Vgl. ebda., Inland II g 190, 191 u. 169 a. – Vgl. auch Hilberg: Die Vernichtung der europäischen Juden, S. 475-482

ab: 9/12.5

92

Der Reichsführer-SS
und
Chef der Deutschen Polizei
im Reichsministerium des Innern

IV B4 - 3433/42 g (1446)

Berlin SW 11, den 30. November 1942
Prinz-Albrecht-Straße 8

z. Zt. Feld-Kommandostelle
Postsendungen sind ausnahmslos an die Anschrift in Berlin zu richten

Geheim

Auswärtiges Amt
D III 1120. g
eing. 1 1. DEZ 1942
Anl. ( fach) Dopp. d. Eing.

An den

Herrn Reichsaußenminister
Joachim von Ribbentrop

Berlin.

Lieber Ribbentrop!

Am 21. Juli 1942 richtete das Oberkommando der Wehrmacht an Dein Amt in Berlin ein Schreiben, in dem mitgeteilt wurde, daß der ungarische Generalmajor Heszlényi den Wunsch der Ungarischen Regierung auf Absiedlung der ohne Bewilligung nach Ungarn geflüchteten Juden in das Gebiet östlich des Djnestr vorgetragen und gebeten habe, diese Bestrebungen der Ungarischen Regierung zu unterstützen.

Nun ist es ja bekannt, daß besonders in der letzten Zeit seitens maßgeblicher ungarischer Politiker bzw. Staatsmänner in Reden und Aufsätzen die Lösung der Judenfrage in Ungarn gefordert und angekündigt wird. Man soll sich, wie ich höre, in Budapest auch mit dem Gedanken tragen, dem Problem in Etappen zu Leibe zu gehen und erwägt daher, zunächst einmal, gewissermaßen als erste Rate, die Evakuierung von 100.000 Juden aus den ungarischen Ostgebieten durchzuführen.

K213301

E310765

./.

Ich habe seinerzeit entschieden, daß die von Ungarn beantragte Abschiebung der nach Ungarn geflüchteten Juden nicht-ungarischer Staatsangehörigkeit so lange hinausgezögert werden soll, bis sich Ungarn bereit erklärt, auch Juden ungarischer Staatsangehörigkeit in die beabsichtigten Maßnahmen einzubeziehen.

Es erscheint mir daher in Anbetracht der ungarischen Bestrebungen zweckmäßig, schon jetzt einen meiner Sachbearbeiter - etwa den ¥-Hauptsturmführer W i s l i c e n y , der die technische Durchführung zur Freimachung der Slowakei von Juden im besten Einvernehmen mit Deinen Herren in Preßburg bearbeitet - zur Deutschen Gesandtschaft nach Budapest zu entsenden, der dort in Form eines wissenschaftlichen Sachbearbeiters oder Referenten für Judenfragen bei der Deutschen Gesandtschaft tätig sein könnte.

In der offiziellen ungarischen Statistik wird die Anzahl der Juden mosaischer Konfession mit 742.827 angegeben; die wirkliche Anzahl der Juden dürfte aber bei rd. einer Million liegen.

Es wäre daher tatsächlich außerordentlich erfreulich, wenn es uns gelänge, die Frage dieses brennenden Problems auch in Ungarn aus der Welt zu schaffen, zumal meines Erachtens hierdurch zweifellos auch die Rumänische Regierung zur Aufgabe ihrer zaudernden Haltung, die sie im Hinblick auf den endlichen Beginn der Judenevakuierung an den Tag legt, gezwungen wird. Die Frage in Bulgarien dürfte damit ebenfalls automatisch

982

K213302

E310766

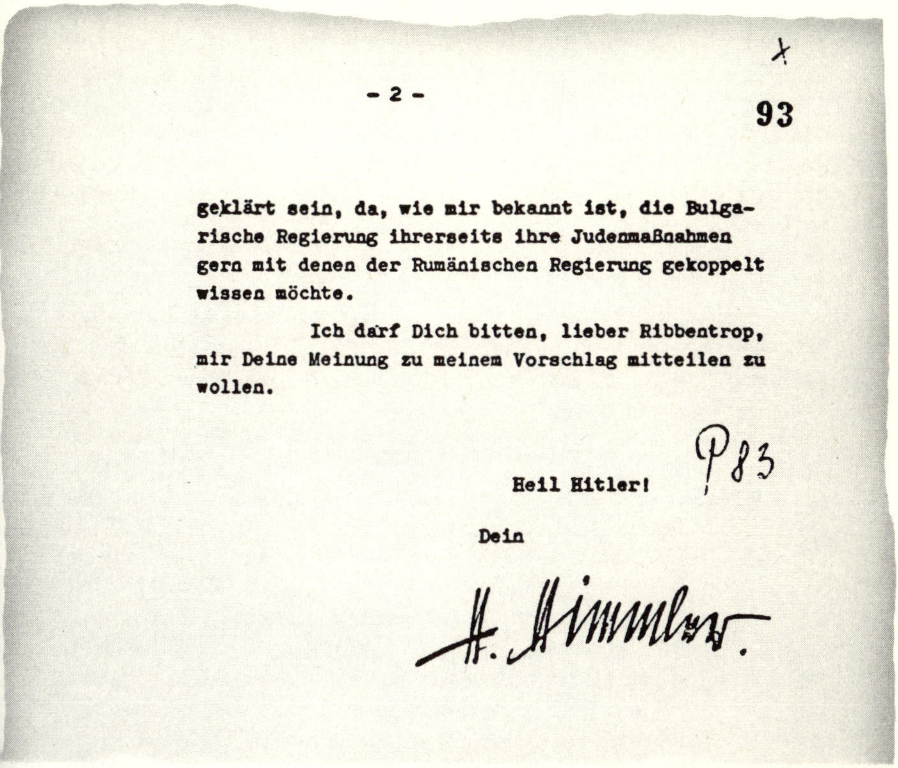

- 2 -

93

geklärt sein, da, wie mir bekannt ist, die Bulgarische Regierung ihrerseits ihre Judenmaßnahmen gern mit denen der Rumänischen Regierung gekoppelt wissen möchte.

Ich darf Dich bitten, lieber Ribbentrop, mir Deine Meinung zu meinem Vorschlag mitteilen zu wollen.

Heil Hitler!

Dein

H. Himmler.

Schwäche gewertet werden und die Durchführung unseres Judenprogramms in allen Balkanländern noch weiter erschweren. Gruppe Inland II schlägt daher vor, den Italienern [...] zu antworten, daß sich aus der Erkenntnis über die Schädlichkeit des Judentums die unverzügliche Ausmerzung aller Juden in den von uns besetzten Gebieten aus sicherheitspolizeilichen und abwehrmäßigen Gründen als unumgänglich notwendig erwiesen habe. [...]«[109] Der Tenor dieser Aufzeichnung blieb Richtschnur für die »Judenpolitik« des AA, auch wenn in Einzelfällen – insbesondere nach italienischen Demarchen – bis Juni 1943 davon abgewichen wurde.[110]

Nach dem Sturz Mussolinis im Juli 1943 lehnten Wagner und v. Thadden jede Konzession in »Judensachen« ab. Auf die Ersuchen der italienischen Botschaft in Berlin vom 23. Juli und 11. August 1943, Juden mit verwandtschaftlichen Beziehungen zu Italienern von der Deportation auszunehmen, bemerkte v. Thadden in einer geheimen Notiz vom 13. August 1943:

---

109 PA des AA, Inland II g 191. – Die Aufzeichnung wurde von Wagner abgezeichnet und vom Leiter der Politischen Abteilung, UStS Hencke, am 19.5.1943 zur Kenntnis genommen.

»Inl. II A hält es nicht für angezeigt, die italienische Aufzeichnung vom 23. Juli 1943 noch schriftlich zu beantworten. Neben der veränderten Lage in Italien sind insbesondere noch folgende drei Gründe maßgebend: 1.) Der Abtransport sämtlicher restlicher noch in Saloniki verbliebener Juden ist Anfang August durchgeführt worden, *der ital. Wunsch ist damit unerfüllbar geworden.* 2.) Das Deutsche Generalkonsulat in Saloniki hat die dortige Italienische Vertretung bereits davon in Kenntnis gesetzt, daß dem italienischen Wunsche nicht entsprochen werden kann, da deutscherseits die Angelegenheit als abgeschlossen angesehen werde. 3.) Herr Lanza von der Italienischen Botschaft übergab Inl. II A am 11. August in der gleichen Angelegenheit eine weitere Aufzeichnung, in der nicht mehr von 36, sondern von 50 Juden die Rede war, die verwandtschaftliche Beziehungen zu Italienern hätten. Die sofortige Entgegnung, deutscherseits werde die Angelegenheit als abgeschlossen angesehen, es werde daher Weiteres auf die italienische Aufzeichnung nicht veranlaßt werden können, nahm Herr Lanza mit der Bemerkung zur Kenntnis, er habe sich gewundert, daß er überhaupt die Weisung bekommen hätte, die Angelegenheit vorzubringen, denn er habe eine andere Stellungnahme von uns nicht erwartet.«[111]

Neben der Tatsache, daß sofort nach dem Sturz Mussolinis die in der Saloniki-Zone verbliebenen Juden deportiert wurden, verdient v. Thaddens Feststellung, der italienische Wunsch nach Freilassung der Juden sei »damit unerfüllbar geworden«, besondere Beachtung. Dadurch bestätigte v. Thadden implizit die bevorstehende Vernichtung der Juden. Thadden legte seine Notiz über den Gruppenleiter Inland II auch dem Referatsleiter Pol IV (Südosteuropa) und dem Direktor der Politischen Abteilung vor, die sie kommentarlos zur Kenntnis nahmen.[112]

Der folgende Vorgang erwähnt erstmals in den Akten des AA den Einsatz von Gaskammern. Zugleich illustriert er das Bemühen der Gruppe Inland II um propagandistische Abschirmung der Judenvernichtung. In einer für den Reichsaußenminister bestimmten Aufzeichnung vom 14. Mai 1943 berichtete Wagner, daß nach einer Mitteilung des SS-Standartenführers Schellenberg (Chef SD-Ausland) die Engländer beabsichtigten, »ein Weißbuch über die angeblichen deutschen Greueltaten gegen Juden und Katholiken in Polen herauszugeben. Sie sollen im Verfolg dieser Absicht eine Anfrage an den Vatikan gerichtet haben, das dort vorhandene Material ihnen freizugeben.« Es sei zu befürchten, fuhr Wagner fort, »daß bei einem Besuch einer italienischen Gruppe in Rußland Material in dieser Beziehung nach Italien gelangt sein kann.« Auf Grund zahlreicher Beobachtungen in der täglichen Arbeit hielt Wagner es für dringend geboten, »eine klare, pro-

110 Vgl. ebda., darunter insbesondere das Schreiben Thaddens v. 4.6.1943 an den SS-Stubaf. Günther, einen engen Mitarbeiter Eichmanns im RSHA.

111 Ebda. – Die vom Verf. hervorgehobene Passage ist durch v. Thadden handschriftlich eingefügt worden.

112 Siehe Handzeichen und Datum (17.8.1943) des Referatsleiters Pol IV und des UStS Pol. am Schluß der Notiz Thaddens v. 13.8.1943, in: PA des AA, Inland II g 191

38

Der Chef der Sicherheitspolizei
und des SD

IV B 4 b-3 - 89/43g

Bitte in der Antwort vorstehendes Geschäftszeichen u. Datum anzugeben

Berlin SW 11, den 3. März 1943.
Prinz-Albrecht-Straße 8
Fernsprecher: 12 00 40

Auswärtiges Amt
D III 302 g
eing. 6. MRZ 1943
Anl.: (— fach) — Dopp. d. Eing.

Geheim

An das

Auswärtige Amt,
z.Hd. von Herrn Legationsrat von H a h n ,

B e r l i n ,

Rauchstrasse 11.

Betrifft: Judenaussiedlung vom Balkan nach Palästina.

Bezug: Ohne.

Zuverlässigen, geheimzuhaltenden Nachrichten zufolge stehen jüdische Funktionäre in Rumänien über ihre Stellen in Istanbul mit der Türkei in aussichtsreichen Verhandlungen über die Ausstellung von türkischen Durchreisevisa für eine Gruppe von 1 000 jüdischen Kindern mit 100 jüdischen Begleitpersonen aus Rumänien, die man in Zusammenarbeit mit "Wagon-Lits" auf dem Landwege über Bulgarien und die Türkei nach Palästina verbringen will.

Es wird gebeten, die geplante Auswanderung nach Möglichkeit zu unterbinden.

P47

K207357

Im Auftrage:
Eichmann

pagandistisch gut auswertbare Devise zur Lösung der Judenfrage zu finden, die 1.) auch für die religiös gebundenen Kreise im Ausland annehmbar ist und 2.) dem beabsichtigten englischen Vorgehen die propagandistische Wirkung weitgehend nehmen kann. Inland II wird gemeinsam mit Dr. Megerle eine diesbezügliche Vorlage dem Herrn Reichsaußenminister unterbreiten.«[113]

Von dieser Aufzeichnung nahmen der Direktor der Politischen Abteilung, Unterstaatssekretär Hencke, und dessen Vertreter, Gesandter v. Erdmannsdorff, ebenso Kenntnis wie der Staatssekretär des AA, v. Steengracht, der Wagner um Vorschläge zur propagandistischen Behandlung bat.[114]

Die Hintergründe für die Befürchtungen Wagners sind der folgenden Aufzeichnung Thaddens vom 15. Mai 1943 zu entnehmen: »Herr Leg.Rat Rademacher teilte mir mit, daß Gauleiter Kube [Generalkommissar Weißruthenien] anläßlich eines Besuches von Faschio-Vertretern in Minsk auch eine von den Kommunisten zu weltlichen Zwecken benutzte Kirche gezeigt habe. Auf Frage der Italiener, was die kleinen Pakete und Koffer, die dorf aufgestapelt waren, bedeuteten, habe Kube erklärt, das seien die einzigen Überbleibsel nach Minsk deportierter Juden. Anschließend habe Kube den Italienern eine Gaskammer gezeigt, in der angeblich die Tötung der Juden durchgeführt würde. Die Faschisten sollen auf das Tiefste erschüttert gewesen sein. [...]«[115]

Um zu erfahren, inwieweit der Vatikan geneigt sei, »vorhandenes Material« über »angebliche Greueltaten gegen Juden und Katholiken« freizugeben, bat Wagner die Botschaft beim Heiligen Stuhl am 20. Mai 1943 um unverzüglichen Bericht.[116] Darauf berichtete der Geschäftsträger, Botschaftsrat Menshausen, am 26. Mai 1943 wie folgt: »An zuständiger vatikanischer Stelle ist, soweit sich unter der Hand feststellen ließ, von einer engli-

---

113 PA des AA, Inland II g 173. – Die Bedeutung der Aufzeichnung wird auch dadurch unterstrichen, daß sie zunächst als Geheimsache, auf Drängen v. Thaddens dann aber als geheime Reichssache behandelt wurde (ebda., Bl. 66). – Dr. Karl Megerle war Beauftragter für das Informationswesen im Stab RAM, d.h. der für Angelegenheiten der Auslandspropaganda zuständige Mitarbeiter Ribbentrops; geb. 1894, Publizist, u.a. Korrespondent der »Berliner Börsenzeitung«, 1.5.1933 NSDAP, 1938 MdR (BDC, PK-Korrespondenz; ADAP E II, S. 570, u. E IV, S. 656; Seabury: Die Wilhelmstraße, S. 203).

114 Vgl. Paraphen und handschriftliche Verfügungen auf Seite 1 der Aufzeichnung Wagners v. 14.5.1943, in: PA des AA, Inland II g 173

115 PA des AA, Inland II g 169 a. – Wilhelm Kube, geb. 1887, 1909 Deutsch-Völkischer Studentenbund, 1912 Vorsitzender des Völkischen Akademikerverbandes, Generalsekretär der Konservativen Partei in Schlesien, 1920-23 Generalsekretär der DNVP, Leiter des Reichsverbandes der Bismarck-Jugend, 1924 MdR der Nationalsozialistischen Freiheitspartei, 1928 NSDAP, Gauleiter Ostmark, 1930 MdR, 1933 Oberpräsident der Provinz Brandenburg, 1934 Gauleiter Kurmark, 1936 amtsenthoben, 1941 Generalkommissar Weißruthenien, 1943 an den Folgen eines Attentats verstorben (Hüttenberger: Die Gauleiter, S. 200f. u. 215f.).

116 PA des AA, Inland II g 173

scherseits geplanten Veröffentlichung über die angeblichen Greueltaten gegen Juden und Katholiken nichts bekannt. Als völlig ausgeschlossen wurde erklärt, daß der Vatikan gegebenenfalls für eine solche Veröffentlichung Material zur Verfügung stellen werde. Im übrigen hörte ich bei dieser Gelegenheit streng vertraulich, daß der Vatikan umfangreiches dokumentarisches Material über bestimmte Vorfälle während des Krieges unter religiösen und moralischen Gesichtspunkten gesammelt habe, das er für den Fall einer ihm notwendig oder zweckmäßig erscheinenden Veröffentlichung bereithalte. Eine anderweitige Verwendung des Materials komme nicht in Frage.«[117]

Der gesamte Tenor des Vorgangs, seine Eilbedürftigkeit und seine Behandlung als geheime Reichssache, nicht zuletzt auch die Bitten der Politischen und Kulturpolitischen Abteilung des AA um Beteiligung[118] lassen erkennen, daß der Terminus »angebliche Greueltaten« als diplomatische Sprachregelung diente und daß der dokumentarische Nachweis der Verbrechen durch den Vatikan zu Befürchtungen Anlaß gab. Wenngleich der Bericht des deutschen Geschäftsträgers mancherlei Fragen aufwirft zur Reaktion des Vatikans, kann diese ebenso komplexe wie delikate Problematik hier nicht weiter untersucht werden.[119]

Die stereotype Darstellung der nationalsozialistischen Verbrechen als »feindliche Greuelpropaganda« diente nicht nur als Sprachregelung für interne Zwecke des AA, sondern generell auch als propagandistisches Mittel zur Verschleierung der Verbrechen gegenüber Vertretern neutraler und verbündeter Staaten. Ein dafür typisches Beispiel enthält die Aufzeichnung Thaddens vom 21. Juli 1943 zur Behandlung der etwa 600 Juden spanischer Nationalität in der Saloniki-Zone. Im Einvernehmen mit dem Spanien-Referenten der Politischen Abteilung, Ges. Heberlein, hatte v. Thadden den Ersten Sekretär der Spanischen Botschaft ins Auswärtige Amt gebeten, um ihn – nach eigener Darstellung – »darauf festzulegen, daß seine Regierung die Übernahme der 600 Personen nicht wünsche.« Bei dieser Gelegenheit erklärte der Botschaftssekretär jedoch, »diese Juden seien Spanier und in Madrid mache man keinen Unterschied zwischen Juden und Nichtjuden. Man könne dort zwar verstehen, daß wir diese Spanier aus sicherheitspolizeilichen Gründen nicht in Saloniki belassen wollten, könne sich aber nicht damit einverstanden erklären, daß spanische Staatsangehörige in polnischen Lägern liquidiert würden. Ich antwortete, daß von einer Liquidierung

117 Ebda. – Menshausen, geb. 1885, Berufsdiplomat, seit 1920 im AA, 1936 BR in Rom (BA Koblenz, NL Neurath, 21), war Geschäftsträger nach Abberufung des Botschafters v. Bergen bis zur Akkreditierung v. Weizsäckers.

118 Vgl. Handzeichen und Marginalien der Referatsleiter Pol V (Polen) u. Pol XV (Vatikan) sowie des Leiters der Kulturpolitischen Abteilung, SS-Oberf. Six, in: ebda.

119 Vgl. dazu auch die Berichte der SD-Agenten in Rom über die »Einstellung des Papstes zur gegenwärtigen Kriegslage und zum nationalsozialistischen Staat«, in: PA des AA, Inland II g 475 (Vatikan. SD-Meldungen. Vertrauensleute, 1940-1944) sowie grundsätzlich Albrecht, Dieter (Hrsg.): Der Notenwechsel zwischen dem Heiligen Stuhl und der deutschen Reichsregierung, Mainz 1980

keine Rede sein könne, wenn auch seitens der feindlichen Greuel-Propaganda viel über ein solches Vergehen berichtet werde. [...]«[120]

Auskunftsverweigerung und Desinformation gegenüber diplomatischen Schutzmachtvertretern waren weitere Mittel, deren sich das Auswärtige Amt zur Abschirmung der Judenvernichtung bediente: Auf Ersuchen der Schweizerischen Gesandtschaft in Berlin, die auch die Interessen Chiles vertrat, stellte die Rechtsabteilung des AA im Februar 1943 Ermittlungen an zum Verbleib einer chilenischen Staatsangehörigen deutsch-jüdischer Herkunft. Vom Reichssicherheitshauptamt erfuhr die Rechtsabteilung, daß die betreffende Jüdin nach ihrer Deportation »nicht mehr sei«. Darauf bedauerte das AA durch Verbalnote v. 28.2.1943 gegenüber der Schweizerischen Gesandtschaft, daß es nicht in der Lage sei, »über den Grund der Verhaftung und den derzeitigen Aufenthaltsort der [...] nähere Mitteilung machen zu können.«[121] Die Verbalnote wurde federführend von der Rechtsabteilung erstellt, die zuständigen Referate der Politischen und der Deutschland-Abteilung zeichneten mit.

Nach Absprache mit Eichmann und im Auftrag des AA führte Legationsrat v. Thadden 1944/45 wiederholt Delegationen, die aus Vertretern des Internationalen Roten Kreuzes, des Dänischen Roten Kreuzes, des Dänischen Außenamts und der Schweizer Gesandtschaft bestanden, in das Konzentrationslager Theresienstadt, ein Altersghetto für zumeist »privilegierte« Juden, um, wie v. Thadden noch 1947 behauptete, das Gerücht der Judenvernichtung »mal ganz deutlich widerlegen zu können.«[122]

Zusammenfassend ist festzustellen: Ähnlich wie die Abteilung Deutschland beteiligte Inland II als federführende Arbeitseinheit des AA in allen »Judenangelegenheiten« regelmäßig die jeweils auch zuständigen Referate der übrigen Abteilungen, insbesondere der Politischen Abteilung, die den vorgesehenen Maßnahmen durch Kenntnisnahme oder Mitzeichnung ebenso regelmäßig zustimmten. Im Vergleich zur Abteilung Deutschland läßt die »Judenpolitik« der Gruppe Inland II indes größere Unabhängigkeit im Entscheidungsprozeß gegenüber anderen Arbeitseinheiten des AA und überdies richtungweisende Aktivitäten erkennen – Kriterien, die den von Inland II postulierten Anspruch auf »Steuerung der Judenfrage« im AA durchaus rechtfertigen. Die insgesamt größere Selbständigkeit der Gruppe Inland II resultierte aus ihrer Immediatstellung zum Reichsaußenminister ebenso wie aus der stärkeren Affinität ihrer Mitarbeiter zur SS. Leiter und Referenten der Gruppe Inland II vertraten nicht nur die Interessen der SS im Auswärtigen Amt, sie identifizierten sich auch mit den politisch-ideologischen Zielsetzungen der SS.

---

120 PA des AA, Inland II g 191. – Auf Vorschlag v. Thaddens wurde im Einvernehmen mit SS-Ostubaf. Eichmann eine »Zwischenlösung« gefunden, nach der die spanischen Juden »zunächst« in das Lager Bergen-Belsen verbracht wurden (vgl. Schnellbrief Thaddens v. 24.7.1943 an Eichmann und Telegramm Wagners v. 26.7.1943 an das Generalkonsulat Saloniki, jeweils in: PA des AA, Inland II g 191).

121 PA des AA, Inland II A/B 42/3

122 Eidesstattliche Versicherung Thaddens v. 11.12.1947, in: IfZ München, ZS 359,2

# Exkurs: Metamorphosen nach 1945

Auf Wunsch des amerikanischen Außenministeriums rekonstruierten im September 1945 rund 60 ehemalige Angehörige des Auswärtigen Dienstes unter Leitung des früheren Direktors der Politischen Abteilung, Unterstaatssekretär Hencke, den Geschäftsverteilungsplan des AA mit Stand vom März 1945.[1] Wie so viele höhere Beamte des Auswärtigen Dienstes offerierte auch Horst Wagner, der vormalige Leiter der Referatsgruppe Inland II, den anglo-amerikanischen Dienststellen bei deren Vorbereitungen zum Prozeß gegen die Hauptkriegsverbrecher vor dem Internationalen Militärgerichtshof in Nürnberg seine Mitarbeit.

Die von Wagner skizzierte Geschäftsverteilung der Referatsgruppe Inland II weicht so stark von der im Januar 1945 erstellten authentischen Geschäftsübersicht ab, daß sie hier wörtlich wiedergegeben werden soll:

»Referat Inl. II A

(Technische Verbindung zum Innenministerium. Freihaltung jüdischer Ausländer von innerdeutschen Maßnahmen und Bearbeitung und Weiterleitung entsprechender Interventionen)

Referat Inl. II B

(Technische Verbindung zu den Polizeibehörden. Bearbeitung und Weiterleitung entsprechender Interventionen ausländischer Regierungen)

Referat Inl. II C

(Bearbeitung der Fragen deutscher Volksgruppen im Rahmen der zwischenstaatlichen Beziehungen)«.[2]

Wagner reduzierte nicht nur die Zahl der Referate seiner Gruppe von vier auf drei, sondern beschränkte auch deren Bedeutung auf das Niveau technischer Verbindungsbüros. Seine vermittelnde Tätigkeit zwischen dem Reichsführer-SS und dem Reichsaußenminister, Ursprung und Basis seiner exponierten Position im AA, ließ Wagner gänzlich unerwähnt. Die enge Zusammenarbeit aller Referate der Gruppe Inland II mit den Dienststellen des Reichsführers-SS, vor allem mit dem Reichssicherheitshauptamt, figurierte unverfänglich als »technische Verbindung zum Innenministerium« bzw. den »Polizeibehörden«. Die Kompetenz zur »Steuerung der Judenfrage« im allgemeinen sowie zur »Unterstützung« und »Gesamtabschirmung der deutschen Judenmaßnahmen gegenüber Einsprüchen und Interventionen ausländischer Staaten« im besonderen wurde verkehrt in den Anspruch auf »Freihaltung jüdischer Ausländer von innerdeutschen Maßnahmen«.[3]

---

1 Vgl. das Schreiben des Ministerial Collecting Center Fürstenhagen, Germany, Political Division, gez. Espy, v. 19.9.1945 an U.S. Coordination Office und British Intelligence Coordination Staff, in: BA Koblenz, NL Rheindorf, 416

2 Ebda. – Der GVPl. des AA v. 15.3.1945 liegt als Übersicht auch vor im BDC, Akte »Diplomaten«.

3 Vgl. im einzelnen oben, S. 280f.

Diese die tatsächliche Zuständigkeit der Referatsgruppe Inland II teils verbrämende, teils verfälschende Darstellung Wagners hätte keine weitere Beachtung verdient, wäre sie nicht in den letzten Jahren von der zeitgeschichtlichen Forschung kritiklos übernommen worden. So erschien der »Geschäftsverteilungsplan des Auswärtigen Amtes vom 15. März 1945« im 1979 edierten letzten Band der »Akten zur Deutschen Auswärtigen Politik« ohne Hinweis darauf, daß der Plan nachträglich, nämlich im September 1945, von ehemaligen Angehörigen des AA im Auftrag anglo-amerikanischer Dienststellen rekonstruiert worden war.[4] Wagners irreführende Darstellung fand darin ebenso Aufnahme wie manch andere falsche oder unvollständige Angabe.[5]

Der 1985 von Hans-Adolf Jacobsen publizierte Beitrag »Zur Rolle der Diplomatie im Dritten Reich« enthält eine Strukturskizze des Auswärtigen Amts mit Stand vom März 1945, die - wenngleich ohne Quellennachweis - dem im September 1945 erstellten Geschäftsverteilungsplan insoweit folgt, als die Funktion der Referatsgruppe Inland II ausschließlich mit der Verbindung zu Polizeibehörden und zu deutschen Volksgruppen umschrieben wurde.[6] Weitere Irrtümer und Auslassungen minimieren den Aussagewert dieser Strukturskizze.[7]

Die Darstellung, Inland II habe lediglich als technische Verbindungsstelle ohne eigene Kompetenzen fungiert, vertrat Wagner auch 1946 und 1947 bei seinen Vernehmungen im Vorfeld des Wilhelmstraßen-Prozesses.[8]

---

4 Vgl. ADAP E VIII (1. Mai 1944 - 8. Mai 1945), S. 651-658. Eine quellenkritische Analyse offenbart die nachträgliche Anfertigung in dreifacher Hinsicht: 1. Die Referate Pol XIII und Pol I M enthalten hinter den Referatsleitern den imperfektischen Vermerk »unterstand unmittelbar dem Reichsaußenminister« bzw. »unterstand dem Botschafter Ritter« (ADAP E VIII, S. 654). 2. Die Abfolge der Abteilungen weicht mehrfach von den im Dritten Reich üblichen Geschäftsverteilungsplänen ab. Während z.B. bis 1944 Ministerbüro, Persönlicher Stab und Adjutantur des RAM dem eigentlichen GVPl. des AA vorangestellt wurden, stand in der rekonstruierten Fassung die Personalabteilung an erster Stelle. 3. Der GVPl. v. 15.3.1945 unterscheidet sich in den Amtsbezeichnungen der Abteilungsleiter und Referatsleiter ebenso wie in der Kompetenzverteilung der Referatsgruppen Inland I und II von seinen Vorläufern.

5 Der stellv. Leiter der Rundfunkpolitischen Abteilung, Kiesinger, war entgegen der Angabe nicht promoviert. Zutreffend wäre die Feststellung gewesen, daß Kiesinger als WHA, d.h. als Angestellter, diese Position innehatte. Unerwähnt bleibt, daß der Leiter der Referatsgruppe Inland I, Frenzel, SA-Brigadeführer war (vgl. die Geschäftsübersicht des AA v. 1.4.1944, in: ADAP E VII, S. 697). Vernachlässigt wurden neben dem Ministerbüro, dem Persönlichen Stab und der Adjutantur des RAM auch die Informationsstellen des AA, darunter jene für Antijüdische Auslandsaktion (vgl. im einzelnen ADAP E VII, S. 695-712).

6 Vgl. Schwabe (Hrsg.): Das Diplomatische Korps 1871-1945, S. 181

7 Nicht Kiesinger, sondern der Gesandte SS-Staf. Rühle war Leiter der Rundfunkpolitischen Abteilung des AA. Nicht Garben, sondern SA-Brif. Frenzel leitete die Referatsgruppe Inland I. Im Gegensatz zu den übrigen Abteilungen des AA unterstanden die Referatsgruppen Inland I und II dem Reichsaußenminister unmittelbar.

8 Vgl. die Protokolle der Vernehmungen Wagners, passim, in: IfZ München, ZS 1574

Als dann weitere Aktenfunde das Ausmaß der Verbrechen an den Juden Europas offenbarten, an denen leitende Beamte des AA, vor allem die der Referatsgruppe Inland II, beteiligt waren, entzog sich Wagner 1948 der zu erwartenden Strafverfolgung durch Flucht nach Südamerika. Unter falschem Namen kehrte er 1952 als Korrespondent argentinischer Zeitungen nach Europa zurück.[9] Seit 1958 ermittelte die Staatsanwaltschaft Essen gegen Wagner, 1967 erhob sie beim Landgericht Essen Anklage wegen Beihilfe zum Mord an 356624 Juden. Durch Wechsel der Verteidiger und wiederholte Erkrankung Wagners verschob sich die Eröffnung des Hauptverfahrens mehrmals. Wegen Verhandlungsunfähigkeit des Angeklagten wurde das Verfahren 1974 vorläufig eingestellt.[10] Durch den Tod Wagners am 13. März 1977 hat das Strafverfahren dann sein Ende gefunden.[11]

Eberhard v. Thadden, der Stellvertreter Wagners und letzte Judenreferent des AA, gegen den ebenfalls ein Strafverfahren wegen Mordbeihilfe beim Landgericht Essen anhängig war, ist am 11. November 1964 an den Folgen eines Verkehrsunfalls verstorben.[12]

---

9 Vgl. den Bericht des Nachrichtenmagazins »Der Spiegel« Nr. 42 v. 9.10.1972

10 Schriftliche Mitteilung des Präsidenten des Landgerichts Essen v. 26.8.1974 an den Verf.; vgl. auch den Schriftwechsel zwischen dem Untersuchungsrichter bei dem Landgericht Essen und Prof. Dr. Kurt Rheindorf zum Fall Wagner sowie die Presseberichte zum Verfahren, in: BA Koblenz, NL Rheindorf, 294.

11 Schriftliche Mitteilung des Leitenden Oberstaatsanwalts Essen v. 3.7.1985 an den Verf.

12 Bis zu dieser Zeit war v. Thadden Eigentümer der Fa. Schlingmann in Brake/Weser; vgl. die Todesanzeige in der »Lippischen Landeszeitung« Nr. 268 v. 17.11.1964 und den Bericht der Tageszeitung »Die Welt« Nr. 271 v. 20.11.1964, S. 20, in: BA Koblenz, NL Rheindorf, 414

# Zusammenfassung

> »Man darf sich seiner Regierung nur dann zur Verfügung stellen, wenn ihr gewisse Grundauffassungen der Menschlichkeit und Gerechtigkeit heilig sind. Sich mit unmenschlichen Grundsätzen abzufinden, um angeblich Schlimmeres zu verhüten, führt in den Abgrund.«
>
> *Carl Melchior,* 1933[1]

> »Ich gestehe für meine Person offen, daß es mir eine innere Qual ist, daran zu denken, wie wir, gerade wenn wir dem ganzen Naziunwesen innerlich fremd und ablehnend gegenüberstanden, doch 12 Jahre lang Ergebenheit und Folgsamkeit zur Schau getragen haben.«
>
> *Friedrich Gaus,* 1947[2]

Das Auswärtige Amt, klassisches Instrument deutscher Außenpolitik seit der Reichsgründung 1871, zeichnete sich sowohl beim Übergang vom Kaiserreich zur Weimarer Republik als auch von der Republik zum Dritten Reich durch weitgehende Kontinuität der traditionell konservativen Berufsdiplomatie aus.

Die Mehrheit der deutschen Diplomaten war aristokratischer Herkunft, evangelischer Konfession, vermögend, militärisch aus- und juristisch vorgebildet. Gegen Ende der Wilhelminischen Ära gewannen auch – zumeist nobilitierte – Vertreter des vermögenden Großbürgertums Zugang zum diplomatischen Dienst, während er jüdischen und sozialdemokratischen Bewerbern bis zum November 1918 verschlossen blieb. Konservativismus mit antiliberalen, antiparlamentarischen und antisemitischen Akzenten bestimmte die Grundeinstellung der meisten Diplomaten.

Tradierung ständischer Privilegien, feudal-aristokratische Gepflogenheiten und sensibler Korpsgeist standen einer Öffnung des Dienstes für Vertreter aus Handel, Industrie und Wissenschaft ebenso entgegen wie einer Auslese des Nachwuchses auf der alleinigen Grundlage von Eignung und Leistung. Persönliche Protektion, gesellschaftliche Konnexionen und Ver-

---

1 Zitiert nach Warburg, Max M.: Aus meinen Aufzeichnungen, New York 1952, S. 51. – C. Melchior, Hamburger Bankier, diente verschiedenen Weimarer Regierungen als Finanzsachverständiger. Nach der Ernennung Hitlers zum Reichskanzler quittierte er sein Mandat im Aufsichtsrat der Bank für Internationalen Zahlungsausgleich (Basel).

2 Auszug der Erklärung, die der ehemalige Unterstaatssekretär im AA am 12.3.1947 gegenüber dem Hauptankläger im Wilhelmstraßen-Prozeß abgab. »Die Neue Zeitung« veröffentlichte seine Erklärung am 17.3.1947. Herrn Dr. Robert M.W. Kempner verdankt der Verf. eine Kopie dieser Erklärung.

mögensnachweis bei der Rekrutierung des Nachwuchses sicherten die Kontinuität der »geschlossenen Gesellschaft« des diplomatischen Dienstes im Kaiserreich.

Die Schülerschen Reformen - so genannt nach ihrem Wegbereiter Edmund Schüler, dem ersten Personalchef des AA in der Weimarer Republik - wurden, sieht man von der Verschmelzung der konsularischen mit der diplomatischen Laufbahn ab, nach Schülers Abschied (1921) auf Drängen der konservativen Karrierediplomaten sukzessive rückgängig gemacht. Spätestens seit 1932 besetzten ehemals kaiserliche Berufsdiplomaten wieder die Spitzenpositionen im Auswärtigen Dienst.

Unter der Amtsführung des Reichsaußenministers v. Neurath, der schon 1921 als Beauftragter für die Attachéausbildung entscheidend dazu beigetragen hatte, die Öffnung des Auswärtigen Dienstes für Vertreter aus Handel, Wirtschaft, Politik und Wissenschaft rückgängig zu machen, wurde schließlich 1936 das von Schüler eingeführte Regionalsystem im Auswärtigen Amt aufgehoben und das alte Realsystem mit seiner spezifischen Trennung von Politik und Wirtschaft wiederhergestellt. Insoweit glich die Sozial- und Organisationsstruktur des Auswärtigen Dienstes zu Beginn des Dritten Reiches der des ausgehenden Kaiserreiches.

Inwieweit Ansätze struktureller und personeller Kontinuität in dem nach 1950 wiedererstandenen Auswärtigen Amt erkennbar sind, konnte im Rahmen der vorliegenden Studie nicht weiter verfolgt werden. Angesichts ihrer Komplexität, die bereits in publizistischen und politischen Kontroversen der fünfziger und sechziger Jahre zum Ausdruck kam[3], muß die Klärung dieser Frage einer späteren Untersuchung vorbehalten bleiben. Auch das Thema Opposition und Widerstand im Auswärtigen Amt, ein weiteres Forschungsdesiderat, blieb in der vorliegenden Studie weitgehend unberücksichtigt. Wenngleich neuere Beiträge die Position des AA zwischen Selbstbehauptung, Kooperation und Widerstand deutlich differenzierter darstellen als die frühe Literatur, in der dem AA von Anfang an und in toto eine Oppositionsrolle zugeschrieben wurde[4], verdient die Entwicklung der oppositionellen Strömungen bis zum Widerstand im Zweiten Weltkrieg nach wie vor eine kritische Würdigung.

---

3 Vgl. vorläufig insbesondere Mansfeld, Michael: »Ihr naht Euch wieder...« Einblicke in die Personalpolitik des Bonner Auswärtigen Amtes, in: Frankfurter Rundschau v. 1.9. u. 3.-6.9.1951; ders.: »Ich sehe diese würd'gen Peers...« in der Personalpolitik des Auswärtigen Amtes, in: Frankfurter Rundschau v. 16.-24.11.1951; Schriftlicher Bericht des Untersuchungsausschusses (47. Ausschuß) gemäß Antrag der Fraktion der SPD betreffend Prüfung, ob durch die Personalpolitik Mißstände im Auswärtigen Dienst eingetreten sind, Deutscher Bundestag, 1.Wahlperiode 1949, Drucksache Nr. 3465; Haas, Wilhelm: Beitrag zur Geschichte der Entstehung des Auswärtigen Dienstes der Bundesrepublik Deutschland, Bremen 1969

4 Vgl. nunmehr vor allem die Beiträge von Müller, Klaus-Jürgen: Zu Struktur und Eigenart der nationalkonservativen Opposition bis 1938; Malone, Henry: Adam von Trott zu Solz: Nationalismus als Motiv für den Widerstand?; Martin, Bernd: Das

Begünstigt wurden die restaurativen Tendenzen nach der Machtübernahme der Nationalsozialisten durch den Wegfall parlamentarischer Kontrolle seit 1932, die Prärogative des Reichspräsidenten v. Hindenburg in Angelegenheiten des AA sowie nicht zuletzt durch die Erkenntnis Hitlers, daß keine der mit Außenpolitik befaßten Parteidienststellen personell und sachlich in der Lage war, die Funktion des AA kurzfristig zu übernehmen. Diese Erkenntnis paarte sich schon frühzeitig mit dem Kalkül Hitlers, daß die personelle Kontinuität des AA nicht nur innenpolitisch notwendig, sondern auch außenpolitisch zweckmäßig war. Mittels der Kontinuität der traditionell konservativen deutschen Diplomatie und ihrer revisionistischen Außenpolitik konnte Hitler das Ausland über seine langfristig revolutionären Zielsetzungen hinwegtäuschen, die in der Vorstellung eines »Germanischen Reiches deutscher Nation« kulminierten.

Wenngleich Hitler den Berufsdiplomaten wenig Vertrauen entgegenbrachte, gab es für ihn auch nach dem Tode v. Hindenburgs (1934) keinen unmittelbar zwingenden Grund für ein Revirement im Auswärtigen Dienst, da er sicher sein konnte, daß das Auswärtige Amt die Politik zur Revision des Versailler Vertrages vorbehaltlos unterstützte.

Zur Durchsetzung seines außenpolitischen Programms nach 1938 schienen Hitler die in den Bahnen traditioneller Außenpolitik befangenen Diplomaten hingegen wenig geeignet. Obwohl die Anpassungsbereitschaft vieler Diplomaten parallel zur innenpolitischen Stabilisierung und außenpolitischen Erfolgsbilanz des Regimes bis 1938 deutlich zunahm, wurden deren Loyalitätsbekundungen von führenden Nationalsozialisten als unzureichend oder unglaubwürdig empfunden. SS-Gruppenführer Heydrich, Chef des Sicherheitshauptamtes, charakterisierte diese zum Teil übersteigerte Anpassungsbereitschaft bereits 1935 als Täuschungsmanöver der von Status- und Prestigeverlust bedrohten traditionellen Eliten.

Die pauschale Kritik Hitlers wie auch der SS-Führung richtete sich vor allem gegen die

- »reaktionäre« Einstellung der 1933 in ihren Positionen verbliebenen höheren Beamten,
- Dominanz adliger Geschlechter im Auswärtigen Dienst und die daraus folgende »internationale Versippung« der Diplomatie,
- Protektion und Vetternwirtschaft in der Personalpolitik des AA,
- Schwerfälligkeit diplomatischer Berichterstattung.

Aus dieser Kritik resultierten die Zielsetzungen der Nationalsozialisten zur Umgestaltung des Auswärtigen Dienstes:

---

außenpolitische Versagen des Widerstands 1943/44; Heinemann, Winfried: Außenpolitische Illusionen des nationalkonservativen Widerstands in den Monaten vor dem Attentat; jeweils in: Schmädeke, Jürgen – Steinbach, Peter (Hrsg.): Der Widerstand gegen den Nationalsozialismus, München – Zürich 1985

- Besetzung der Schlüsselpositionen mit Vertrauensleuten der NSDAP und SS,
- Berufung rasse- und sendungsbewußter Vertreter des »Deutschtums« in den Auswärtigen Dienst,
- Auslese des diplomatischen Nachwuchses nach rassenideologischen Kriterien, nicht nach sozialer Herkunft und universitären Abschlüssen,
- Ausbildung eines Diplomaten neuen Typs auf der Basis rassenbiologischer Auslese, politisch-ideologischer Schulung und militärischer Erfahrung,
- Ausbau des geheimen politischen Nachrichtendienstes (SD-Ausland) anstelle des schwerfälligen diplomatischen Informationsdienstes.

Die traditionellen Eliten im Auswärtigen Dienst zu ersetzen, eignete sich nach Überzeugung Hitlers und Himmlers vornehmlich die SS, da sie auf Grund ihrer »rassischen Auslese« zur Führung prädestiniert war. Joachim v. Ribbentrop, Exponent der SS in der Außenpolitik, übertrug nach seiner Berufung zum Reichsaußenminister im Februar 1938 die von der SS praktizierte Führerauslese teilweise auch auf die Rekrutierung des diplomatischen Nachwuchses.

Die SS, die sich seit 1933 als »innenpolitisches Schutzkorps« des nationalsozialistischen Staates verstand, beanspruchte nach 1938, Wegbereiter und Garant des künftigen »Germanischen Reiches deutscher Nation« zu sein. Mit diesem Anspruch wurde die Einflußnahme auf Personal und Politik des AA legitimiert.

Unterzieht man Anspruch, Wirklichkeit und Folgen dieser Einflußnahme einer kritischen Schlußbetrachtung, ergeben sich im wesentlichen folgende Befunde:

1. Mit der Berufung v. Ribbentrops zum Reichsaußenminister Anfang 1938 trat insofern ein spürbarer Wandel in der Personalpolitik des AA ein, als nicht mehr berufliche Qualifikation, aristokratische Herkunft und gesellschaftliche Verbindungen für die Karriere im Auswärtigeen Dienst den Ausschlag gaben, sondern politisch-weltanschauliche Überzeugungstreue und rassenideologische Eignung – Kriterien, die sich rationaler Nachprüfung entziehen und überdies willkürliche Anwendung fanden. Das Ziel Himmlers und Ribbentrops, auf dieser Basis ein diplomatisches Korps neuen Typs zu schaffen als Voraussetzung für die Errichtung des intendierten »Germanischen Reiches deutscher Nation«, wurde indes nicht erreicht. Die Abhängigkeit des neuen Außenministers von der traditionellen Berufsdiplomatie verhinderte radikale Reformen im Auswärtigen Dienst ebenso wie das Anpassungs- und Beharrungsvermögen der meisten Berufsdiplomaten gegenüber dem NS-Regime. Schließlich scheiterten die Pläne zur Umgestaltung an militärischen Anforderungen und am reduzierten Handlungsspielraum des AA im Zweiten Weltkrieg.

2. Die nach Ribbentrops Amtsübernahme verstärkt einsetzende Einflußnahme der SS konzentrierte sich auf die Personalpolitik, Kultur- und Volks-

tumspolitik, Auslandspropaganda, geheime Nachrichtenbeschaffung und nicht zuletzt auf die Judenpolitik. SS-Führer besetzten Schlüsselpositionen vor allem in jenen Arbeitsbereichen des AA, die während des Zweiten Weltkriegs expandierten: im Büro und im Persönlichen Stab des Reichsaußenministers, in der Kultur- und Rundfunkpolitischen Abteilung, in der Nachrichten- und Presseabteilung sowie in den Referatsgruppen Inland I und II. Die Inhaber dieser Positionen kamen überwiegend nach 1938 ins AA, im Gefolge Ribbentrops und auf Veranlassung Himmlers. Sie unterschieden sich von den Berufsdiplomaten durch geringeres Lebensalter, vergleichsweise frühe Mitgliedschaft in der NSDAP oder einer ihrer Gliederungen und durch einen anderen Werdegang.

3. Einer Durchdringung aller Bereiche des AA durch die SS bedurfte es nicht, da auch zahlreiche Diplomaten der traditionellen Abteilungen beim Vollzug nationalsozialistischer Politik mitwirkten, die weder der NSDAP noch der SS angehörten. Bestimmend dafür waren Karrieredenken, Furcht vor Status- und Prestigeverlust, bürokratische Willfährigkeit oder weltanschauliche Disposition. Tatsache ist, daß auch Diplomaten, die der NSDAP und SS fernstanden, die Maßnahmen des Regimes zur Vernichtung der europäischen Juden hinnahmen, billigten und durch ihr Verhalten sanktionierten – trotz unbestreitbarer Kenntnis der Massentötungen seit Anfang 1942. Dabei ist allerdings zu berücksichtigen, daß die meisten Berufsdiplomaten den mörderischen Charakter der sogenannten »Endlösung« erst nach und nach zwischen Sommer 1941 und Frühjahr 1942 erkennen konnten – zu einer Zeit, als sie teilweise schon in die Verbrechen verstrickt waren. Die bis 1940 erwiesene Anpassungsbereitschaft vieler Diplomaten gegenüber dem Regime und die dann wachsenden Pressionen der SS auf das AA trugen schließlich dazu bei, daß individuelle Rückzugsmöglichkeiten aus der schon fortgeschrittenen Verstrickung in die Verbrechen erschwert, wenn nicht versperrt wurden.

4. Die amtliche Darstellung, der zufolge in erster Linie nationalsozialistische Außenseiter, die dem AA von Dienststellen der NSDAP oktroyiert wurden, für die Verbrechen an den europäischen Juden verantwortlich gewesen seien und daß diese Verbrechen trotz »zähen, hinhaltenden Widerstands« nicht hätten verhindert werden können, ließ sich generell aus den Akten nicht bestätigen. Die vorliegende Untersuchung erbrachte vielmehr den Nachweis, daß die Zusammenarbeit des AA mit dem Reichssicherheitshauptamt bei der »Endlösung der Judenfrage« von Anfang an ohne Friktionen verlief. Unter den verantwortlich mitwirkenden Beamten befanden sich nicht wenige Berufsdiplomaten, die dem AA schon vor der Ernennung Ribbentrops zum Reichsaußenminister (1938) angehörten. So sind von den drei Judenreferenten des AA, die ohne Ausnahme Volljuristen und Berufsbeamte waren, Schumburg bereits 1926, v. Thadden und Rademacher 1937 in den Auswärtigen Dienst eingetreten. Die Tätigkeit des Judenreferenten Rademacher und seines Vertreters v. Hahn zeigte auch, daß sich die Exponenten der Radikalität nicht allein aus der SS rekrutierten.

Grundsätzlich ist festzuhalten, daß die Bereitschaft zur Mitwirkung bei der »Endlösung der Judenfrage« nicht notwendig von der Zugehörigkeit zur SS abhing. Erlasse und Verfügungen des AA zur »Judenfrage« sowie die Initiativen Schumburgs, Rademachers, v. Thaddens und anderer Diplomaten zu deren »Lösung« lassen überdies antisemitische Antriebskräfte im Auswärtigen Dienst erkennen, die zur Beschleunigung der »Endlösungs«-Maschinerie führten.

5. Je länger der Zweite Weltkrieg dauerte, je stärker sich der außenpolitische Spielraum verengte, desto mehr bemühte sich der Reichsaußenminister v. Ribbentrop, verlorene Kompetenzen durch neue, kriegsbedingte Aufgaben zu ersetzen, um seinen Einfluß bei Hitler zu behaupten. Traditionelle Außenpolitik degenerierte so immer mehr zu Auslandspropaganda, Besatzungspolitik und schließlich Ausrottungspolitik. Dieser Funktionswandel führte zu Strukturveränderungen im AA, die in der zunehmenden Größe der Abteilung Deutschland bzw. ihrer Nachfolger, der Referatsgruppen Inland I und Inland II, signifikanten Ausdruck fanden. Parallel zur Expansion dieser Arbeitseinheiten des AA, deren Organisation und Besetzung sich vorwiegend am Kompetenzzuwachs der SS, also eines innenpolitischen Machtträgers orientierten, verloren die traditionellen Abteilungen des AA an Bedeutung.

6. Über die dem Reichsaußenminister direkt unterstellte Referatsgruppe Inland II, deren Leiter und Referenten fast ausnahmslos der SS angehörten, nahmen Himmler und die SS-Hauptämter massiv Einfluß auf Personal und Politik des AA. Die Verflechtungen der Referatsgruppe Inland II mit den SS-Hauptämtern, vorrangig mit dem Reichssicherheitshauptamt, brachten es mit sich, daß auch die traditionellen Abteilungen des AA zum bürokratischen Vollzug nationalsozialistischer Gewaltpolitik im Ausland beitrugen.

7. Die politische Durchsetzung und organisatorische Effizienz der euphemistisch »Endlösung« genannten Vernichtung der Juden West- und Südosteuropas beruhten nicht zuletzt auf der »diplomatischen« Vorbereitung, Mitwirkung und Abschirmung durch das Auswärtige Amt.

# Verzeichnis der Abkürzungen

| | |
|---|---|
| AA | Auswärtiges Amt |
| Abt. D | Abteilung Deutschland (des AA) |
| ADAP | Akten zur Deutschen Auswärtigen Politik |
| AO | Auslandsorganisation (der NSDAP) |
| APA | Außenpolitisches Amt (der NSDAP) |
| BA | Bundesarchiv (Koblenz) |
| BDC | Berlin Document Center |
| BND | Bundesnachrichtendienst |
| Brif. | Brigadeführer |
| DAL | Dienstaltersliste (der SS) |
| Diss. | Dissertation |
| DNVP | Deutschnationale Volkspartei |
| D.R. | Dienststelle Ribbentrop |
| DVP | Deutsche Volkspartei |
| FS | Fernschreiben |
| Ges. | Gesandter |
| Gestapa | Geheimes Staatspolizeiamt |
| Gestapo | Geheime Staatspolizei |
| gez. | gezeichnet |
| GK | Generalkonsul |
| GR | Gesandtschaftsrat |
| g.Rs. | geheime Reichssache |
| Gruf. | Gruppenführer |
| GStA | Geheimes Staatsarchiv |
| GVPl. | Geschäftsverteilungsplan |
| H. | Heft |
| HJ | Hitlerjugend |
| Hptm. | Hauptmann |
| HSSPF | Höherer SS- und Polizeiführer |
| Hstuf. | Hauptsturmführer |
| HZ | Historische Zeitschrift |
| IfZ | Institut für Zeitgeschichte (München) |
| IMT | Internationales Militärtribunal (Nürnberg) |
| K | Konsul |
| KL | Konzentrationslager |
| KS | Konsulatssekretär |
| LR (I.Kl.) | Legationsrat (I. Klasse) |
| LS | Legationssekretär |
| Lt. (d.R.) | Leutnant (der Reserve) |
| MBD | Ministerialbürodirektor |
| MdR | Mitglied des Reichstages |

| | |
|---|---|
| MinDir | Ministerialdirektor |
| NA | National Archives (Washington) |
| NL | Nachlaß |
| NSDStB | Nationalsozialistischer Deutscher Studentenbund |
| O. | Ordner |
| OA | Oberabschnitt |
| Oberf. | Oberführer |
| Ogruf. | Obergruppenführer |
| OKH | Oberkommando des Heeres |
| Olt. | Oberleutnant |
| o.O.u.J. | ohne Ort und Jahr |
| Orpo | Ordnungspolizei |
| Ostubaf. | Obersturmbannführer |
| Ostuf. | Obersturmführer |
| PA | Politisches Archiv (des AA, Bonn) |
| Pg. | Parteigenosse |
| PK | Parteikanzlei |
| Pol IV | Politische Abteilung des AA, Referat IV |
| RAM | Reichsaußenminister |
| Ref. D | Referat Deutschland (des AA) |
| RFSSuChdDtPol | Reichsführer-SS und Chef der Deutschen Polizei |
| RGBl. | Reichsgesetzblatt |
| RSHA | Reichssicherheitshauptamt |
| RuSHA | Rasse- und Siedlungshauptamt |
| SA | Sturmabteilung |
| SD | Sicherheitsdienst |
| Sipo | Sicherheitspolizei |
| StA | Staatsarchiv |
| Staf. | Standartenführer |
| SS | Schutzstaffel |
| SS-HA | SS-Hauptamt |
| SS-PHA | SS-Personalhauptamt |
| StS | Staatssekretär |
| UStS | Unterstaatssekretär |
| Ustuf. | Untersturmführer |
| VAA | Vertreter des Auswärtigen Amtes |
| VB | Völkischer Beobachter |
| VfZ | Vierteljahrshefte für Zeitgeschichte |
| VK | Vizekonsul |
| VLR | Vortragender Legationsrat |
| WHA | Wissenschaftlicher Hilfsarbeiter |
| z.b.V. | zur besonderen Verwendung |
| z.D. | zur Disposition |
| ZS | Zeugenschrifttum |

## Dienstgrade der SS mit Äquivalenzen der Wehrmacht (Heer)

| *SS* | *Wehrmacht (Heer)* |
|---|---|
| Oberstgruppenführer | Generaloberst |
| Obergruppenführer | General der Infanterie |
| Gruppenführer | Generalleutnant |
| Brigadeführer | Generalmajor |
| Oberführer | – |
| Standartenführer | Oberst |
| Obersturmbannführer | Oberstleutnant |
| Sturmbannführer | Major |
| Hauptsturmführer | Hauptmann |
| Obersturmführer | Oberleutnant |
| Untersturmführer | Leutnant |
| Sturmscharführer | Stabsfeldwebel |
| Hauptscharführer | Oberfeldwebel |
| Oberscharführer | Feldwebel |
| Scharführer | Unterfeldwebel |
| Unterscharführer | Unteroffizier |

# Amtsbezeichnungen im Auswärtigen Dienst

(mit Äquivalenzen der allgemeinen Verwaltung und Besoldungsgruppen)[1]

| *Auswärtiger Dienst* | *Allgemeine Verwaltung* | *Besoldungsgruppe* |
|---|---|---|
| (Höherer Dienst) | | |
| Staatssekretär<br>Chef der AO im AA | Staatssekretär | B 3a |
| Botschafter | Chef Orpo, Sipo | B 4 |
| Ministerialdirektor | Ministerialdirektor | B 5 |
| Gesandter I.Klasse<br>Generalkonsul I.Klasse | Ministerialdirigent | B 7 |
| Vortragender Legationsrat<br>Gesandter, Botschaftsrat<br>Generalkonsul | Ministerialrat | A 1a |
| Legationsrat I. Klasse<br>Gesandtschaftsrat I. Klasse<br>Konsul I. Klasse | Oberregierungsrat | A 2b |
| Legationsrat, Konsul<br>Gesandtschaftsrat,<br>Vizekonsul | Regierungsrat | A 2c2 |
| Legationssekretär | Regierungsassessor | A 2c2 |
| (Gehobener Dienst) | | |
| Kanzler I. Klasse | Amtsrat | A 2d |
| Kanzler | Amtmann | A 3b |
| Konsulatssekretär I. Klasse | Oberinspektor | A 4b1 |
| Konsulatssekretär | Inspektor | A 4c2 |

1 Zusammengestellt nach Kraske, Erich: Handbuch des Auswärtigen Dienstes, Halle a.d. Saale 1939, S. 40; Schlag nach! Hrsg. vom Bibliographischen Institut, Leipzig 1938, S. 222ff.

# Quellen- und Literaturverzeichnis

## Ungedruckte Quellen

*Bundesarchiv (BA) Koblenz*

| | | |
|---|---|---|
| NS 19 neu | - | Persönlicher Stab Reichsführer-SS |
| NS 34 | - | SS-Personalhauptamt |
| R 58 | - | Reichssicherheitshauptamt |
| R 70 | - | Slowakei, Dänemark, Griechenland, Italien, Frankreich, Sowjetunion |
| R 83 | - | Zentralbehörden der allgemeinen deutschen Zivilverwaltung in besetzten Gebieten |
| R 142 | - | Deutsche Partei Preßburg |
| Z Sg. 133 | - | Dokumentation zur NS-Außenpolitik von Prof. Dr. H.A. Jacobsen |
| Z 35 | - | Deutsches Büro für Friedensfragen |
| Nachlässe | | Blücher, Haushofer, Neurath, Rheindorf, Ribbentrop |

Kleine Erwerbungen

*Berlin Document Center (BDC)*

SS- bzw. NSDAP-Personalunterlagen von 400 Angehörigen des Auswärtigen Dienstes
SS-Sammellisten
Ordner 240, 378, 400, 427, 428, 440, 441, 458 A, 464, Verschiedenes, Sonderberichte
Sonderakten
Eidesstattliche Erklärungen (nach 1945)

*Politisches Archiv des Auswärtigen Amtes Bonn (PA des AA)*

Inland II g
Inland II A/B
Dienststelle Ribbentrop
RAM-Film Nr. 4
Handakten Luther
Geschäftsverteilungspläne vom 1.4.1944 und 15.3.1945
Nachlaß Prüfer

*Institut für Zeitgeschichte (IfZ) München*

Zeugenschrifttum (ZS) ehemaliger Diplomaten und SS-Führer

*National Archives (NA) Washington*

Mikrofilme, Bestand T-120
Rolls 29, 30, 84, 130-132, 333, 347, 710, 713, 739, 754, 757, 1025, 1030, 1038, 1377, 1457, 2337, 2338, 2379, 2474-2477, 2537-2542, 2679, 3181, 3587

*Staatliches Archivlager Göttingen und Staatsarchiv (StA) Nürnberg*

Akten des Wilhelmstraßen-Prozesses, Dokumentenreihe NG Nr. 146-5921

*Nachlaß Franz Heinrich Pfeifer (alias Heinrich Orb)*

im Besitz des Verfassers

## Schriftliche (schr.) und mündliche (m.) Auskünfte gaben

| | | |
|---|---|---|
| Altenburg, Günther | Bonn-Bad Godesberg | schr. u. m. |
| Bargen, Werner v. | Bonn | schr. |
| Best, Werner | Mülheim | schr. u. m. |
| Braun, Karl Otto | München | schr. u. m. |
| Bräutigam, Otto | Coesfeld | schr. |
| Bruns, Georg | Eningen | schr. u. m. |
| Erdmannsdorff, Otto v. | Pöcking | schr. |
| Etzdorf, Hasso v. | Eichtling | schr. |
| Gottfriedsen, Bernd | Hermannsburg | schr. u. m. |
| Hahn, Fritz Gebhard v. | Aschaffenburg | schr. |
| Hehn, Jürgen v. | Hamburg | schr. u. m. |
| Hentig, Werner v. | Seibersbach | schr. |
| Jasper, Wolfgang | Tutzing | schr. |
| Kempner, Robert M.W. | Frankfurt a.M. | schr. u. m. |
| Kessel, Albrecht v. | Bonn-Bad Godesberg | schr. |
| Klugkist, Henrik | Bonn-Bad Godesberg | schr. |
| Krapf, Franz | Brüssel | schr. |
| Mackensen, Winifred v. | Vaihingen-Kleinglattbach | schr. |
| Mansfeld, Michael | Almunecar/Spanien | schr. |
| Meissner, Gustav | Bonn | schr. |
| Meissner, Hans-Otto | München | schr. |
| Mühlen, Heinrich v.z. | Bonn | schr. |
| Reichhold, Walter | Landau | schr. |
| Rintelen, Emil v. | Düsseldorf | schr. |
| Schaumburg-Lippe, Friedrich Christian Prinz zu | Baden-Baden | schr. |
| Schirmer, Hans | Wien | schr. |
| Schlottmann, Gert H. | Köln | schr. |
| Schmieden, Werner v. | Baden-Baden | schr. u. m. |
| Schröder, Manfred Frhr. v. | Hamburg | schr. |
| Schulze, Reinhold | Bonn-Bad Godesberg | schr. |
| Schulze-Kossens, Richard | Düsseldorf | schr. |
| Schwarzmann, Hans | Mexiko-City | schr. |
| Schweimer, Horst Günter | Hamburg | m. |
| Sonnenhol, Gustav A. | Ankara/Türkei | schr. |
| Sonnleithner, Franz v. | Ingelheim | schr. |
| Speer, Albert | Heidelberg | schr. |
| Steg, Rudolf | Rom | schr. |
| Thorner, Heinz | Düsseldorf | schr. |
| Vogel, Georg | Stegen b. Freiburg/Br. | schr. |
| Woermann, Ernst | Heidelberg | schr. |

## Gedruckte Quellen

### *Veröffentlichungen aus der Zeit bis 1945*


Almanach der Deutschen Beamten. Herausgegeben vom Reichsbund der Deutschen Beamten, Berlin [1935]

Best, Werner: Grundfragen einer deutschen Großraum-Verwaltung, in: Festgabe für Heinrich Himmler, Darmstadt 1941

-: Herrenschicht oder Führungsvolk? In: Reich, Volksordnung, Lebensraum. Zeitschrift für völkische Verfassung und Verwaltung, herausgegeben von Wilhelm Stuckart, Werner Best, Gerhard Klopfer, Rudolf Lehmann, Reinhard Höhn, Bd. III, Darmstadt 1942

Blahut, Theodor: Staat und Führung im Faschismus. Ein Beitrag zur Geistesgeschichte unserer Zeit, Berlin 1940

Degeners Wer ist's? Berlin 1935

Dienstalterslisten der Schutzstaffel der NSDAP. Bearbeitet und herausgegeben von der Personalkanzlei des Reichsführers-SS (seit 1942 vom SS-Personalhauptamt) Stand vom 1.10.1934, 1.7.1935, 1.12.1936, 1.12.1937, 1.12.1938, 30.1.1942, 1.10.1943, 1.7.1944, 1.10.1944 u. 9.11.1944

Ehrich, Emil: Die Auslandsorganisation der NSDAP, Berlin 1937

Das Deutsche Führerlexikon 1934/35, Berlin o.J.

Germanische Leithefte, 1.-3. Jg. (1941-1943). Hrsg. vom Reichsführer-SS/SS-Hauptamt

Germanische Reihe, 3.-4. Jg. (1943-1945). Hrsg. vom Reichsführer-SS/SS-Hauptamt

Grewe, Wilhelm: Europa nach dem Waffenstillstand, in: Monatshefte für Auswärtige Politik, Bd. 7 (1940), S. 686-692

Handbuch für das Deutsche Reich 1936. Hrsg. vom Reichs- und Preußischen Ministerium des Innern, Berlin 1936

Heydrich, Reinhard: Aufgaben und Aufbau der Sicherheitspolizei im Dritten Reich, in: Pfundtner, Hans (Hrsg.): Wilhelm Frick und sein Ministerium, München 1937, S. 149-153

-: Wandlungen unseres Kampfes, München-Berlin o.J. [1935]

Himmler, Heinrich: Die Schutzstaffel als antibolschewistische Kampforganisation, München 1936

Hindenburg, Herbert von: Das Auswärtige Amt im Wandel der Zeiten, Frankfurt a.M. 1932

Jahrbuch der Auslandsorganisation der NSDAP 1942, 4. Jg., Berlin 1944

Kraske, Erich: Handbuch des Auswärtigen Dienstes, Halle a.d. Saale 1939

Lehrplan für die weltanschauliche Erziehung in der SS und Polizei, hrsg. vom SS-Hauptamt, [Berlin 1943/44]

Nationalsozialistische Monatshefte, 1.-15. Jg., 1930-1944

Raschdau, Ludwig: Der Weg in die Weltkrise. Betrachtungen eines deutschen Diplomaten aus den Jahren 1912-1919, hrsg. von Arthur Dix, Berlin 1934

-: In Weimar als Preußischer Gesandter. Ein Buch der Erinnerungen an Deutsche Fürstenhöfe 1894-1897, Berlin 1939

Rauschning, Hermann: Gespräche mit Hitler, Zürich-New York 1940

Reibnitz, Kurt Frhr. v.: Gestalten rings um Hindenburg. Führende Köpfe der Republik und die Berliner Gesellschaft von heute, Dresden 1928

Schlieben, H.: Die deutsche Diplomatie. Wie sie ist, wie sie sein sollte, Zürich 1917

Schmidt, Friedrich: Das Reich als Aufgabe, Berlin 1940

Das Schwarze Korps, 1.-11. Jg., 1935-1945

Six, Franz-Alfred (Hrsg.): Jahrbuch für Politik und Auslandskunde 1941, Berlin 1942

-: Der Wandel des europäischen Staatensystems zum Weltstaatensystem, in: Zeitschrift für Politik, hrsg. vom Deutschen Auslandswissenschaftlichen Institut, 34 (1944), H. 1/2, S. 1-21

SS-Handblätter für den weltanschaulichen Unterricht. Hrsg. vom Reichsführer-SS/SS-Hauptamt [Berlin 1944]

SS-Leithefte, 3.-10. Jg. (1937-1944). Hrsg. vom Reichsführer-SS / Rasse- und Siedlungshauptamt bzw. SS-Hauptamt
Vasek, Anton: Die Lösung der Judenfrage in der Slowakei, Bratislava-Preßburg 1942
Der Weg zum Reich. Hrsg. vom Reichsführer-SS / SS-Hauptamt [Berlin 1942]
Zechlin, Walter: Diplomatie und Diplomaten, Stuttgart-Berlin 1935
Zinßer, Christian: Außenverwaltung oder Außenpolitik? In: Völkischer Beobachter v. 11.3.1930, S. 1f.

## *Memoiren, Tagebücher und Briefe*

Abetz, Otto: Das offene Problem. Ein Rückblick auf zwei Jahrzehnte deutscher Frankreichpolitik. Mit einer Einführung von Ernst Achenbach, Köln 1951
Allardt, Helmut: Politik vor und hinter den Kulissen. Erfahrungen eines Diplomaten zwischen Ost und West, Düsseldorf und Wien 1979
Bernstorff, Johann Heinrich Graf: Erinnerungen und Briefe, Zürich 1936
Blankenhorn, Herbert: Verständnis und Verständigung. Blätter eines politischen Tagebuchs 1949 bis 1979, Frankfurt / Main-Berlin-Wien 1980
Blücher, Wipert von: Gesandter zwischen Diktatur und Demokratie. Erinnerungen aus den Jahren 1935-1944, Wiesbaden 1951
Bräutigam, Otto: So hat es sich zugetragen ... Ein Leben als Soldat und Diplomat, Würzburg 1968
Burckhardt, Carl J.: Meine Danziger Mission 1937-1939, München 1960
Ciano, Galeazzo: Tagebücher 1937 / 38, Hamburg 1949
Curtius, Ludwig: Deutsche und Antike Welt, Lebenserinnerungen, Stuttgart 1950
Dirksen, Herbert von: Moskau, Tokio, London. Erinnerungen und Betrachtungen zu 20 Jahren deutscher Außenpolitik 1919-1939, Stuttgart 1949
Engel, Gerhard: Heeresadjutant bei Hitler 1938-1943. Aufzeichnungen des Majors Engel. Herausgegeben und kommentiert von Hildegard von Kotze, Stuttgart 1974
François-Poncet, André: Als Botschafter in Berlin 1931-1938, Berlin und Mainz 1962
-: Als Botschafter im ›Dritten Reich‹. Die Erinnerungen des französischen Botschafters in Berlin, September 1931 bis Oktober 1938, Mainz 1980
Gilbert, Gustave M.: Nürnberger Tagebuch, Frankfurt 1962
Gisevius, Hans Bernd: Bis zum bittern Ende, 2 Bde., Hamburg 1947
Goebbels, Joseph: Tagebücher 1945. Die letzten Aufzeichnungen, Hamburg 1977
Goebbels Tagebücher aus den Jahren 1942-1943. Mit andern Dokumenten herausgegeben von Louis P. Lochner, Zürich 1948
Goldmann, Nahum: Mein Leben als deutscher Jude, München-Wien 1980
Großcurth, Helmuth: Tagebücher eines Abwehroffiziers 1938-1940. Mit weiteren Dokumenten zur Militäropposition gegen Hitler herausgegeben von Helmut Krausnick und Harold C. Deutsch, Stuttgart 1970
Hallgarten, George W. F.: Als die Schatten fielen. Erinnerungen vom Jahrhundertbeginn zur Jahrtausendwende, Frankfurt / M-Berlin 1969
Hammann, Otto: Der neue Kurs, Erinnerungen, Berlin 1918
Hassell, Ulrich von: Vom andern Deutschland. Aus den nachgelassenen Tagebüchern 1938-1944, Frankfurt a. M. u. Hamburg 1964
Hentig, Werner Otto von: Mein Leben eine Dienstreise, Göttingen ²1963
Herwarth, Hans von: Zwischen Hitler und Stalin. Erlebte Zeitgeschichte 1931-1945, Frankfurt / M-Berlin-Wien 1982
Hilger, Gustav: Wir und der Kreml. Deutsch-sowjetische Beziehungen 1918-1941. Erinnerungen eines deutschen Diplomaten, Frankfurt a. M.-Bonn 1964
Hill, Leonidas E. (Hrsg.): Die Weizsäcker-Papiere 1900-1932, Berlin-Frankfurt / M-Wien 1982
-: Die Weizsäcker-Papiere 1933-1950, Frankfurt / M-Berlin-Wien 1974
Hindenburg, Herbert von: Am Rande zweier Jahrhunderte, Momentbilder aus einem Diplomatenleben, Berlin 1938
Horthy, Nikolaus von: Ein Leben für Ungarn, Bonn 1953

Kardorff, Ursula von: Berliner Aufzeichnungen 1942-1945, München 1981
Kempner, Robert M.W.: Ankläger einer Epoche. Lebenserinnerungen, Frankfurt/M-Berlin-Wien 1983
Kersten, Felix: Totenkopf und Treue. Heinrich Himmler ohne Uniform. Aus den Tagebüchern des finnischen Medizinalrats, Hamburg [1952]
Kessler, Harry Graf: Tagebücher 1918-1937, herausgegeben von Wolfgang Pfeiffer-Belli, Frankfurt a.M. 1961
Kordt, Erich: Nicht aus den Akten ... Die Wilhelmstraße in Frieden und Krieg. Erlebnisse, Begegnungen und Eindrücke 1928-1945, Stuttgart 1950
Krebs, Albert: Tendenzen und Gestalten der NSDAP, Erinnerungen an die Frühzeit der Partei, Stuttgart 1959
Kroll, Hans: Lebenserinnerungen eines Botschafters, Köln-Berlin 1967
–: Botschafter in Belgrad, Tokio und Moskau 1953-1962, München 1969
Kühlmann, Richard v.: Erinnerungen, Heidelberg 1948
Mohl, Ottomar v.: Fünfzig Jahre Reichsdienst, Lebenserinnerungen, Leipzig 1920
Nadolny, Rudolf: Mein Beitrag, Wiesbaden 1955
Papen, Franz von: Der Wahrheit eine Gasse, München 1952
Prittwitz und Gaffron, Friedrich Wilhelm von: Zwischen Petersburg und Washington. Ein Diplomatenleben, München 1952
Putlitz, Wolfgang Gans Edler Herr zu: Unterwegs nach Deutschland. Erinnerungen eines ehemaligen Diplomaten, Berlin (Ost) $^{8}$1960
Rahn, Rudolf: Ruheloses Leben. Aufzeichnungen und Erinnerungen, Düsseldorf 1949
Raschdau, Ludwig: Unter Bismarck und Caprivi. Erinnerungen eines deutschen Diplomaten aus den Jahren 1885-1894, Berlin 1939
–: Wie ich Diplomat wurde, Berlin 1938
Ribbentrop, Joachim von: Zwischen London und Moskau. Erinnerungen und letzte Aufzeichnungen. Aus dem Nachlaß herausgegeben von Annelies von Ribbentrop, Leoni am Starnberger See 1953
Riesser, Hans E.: Von Versailles zur UNO. Aus den Erinnerungen eines Diplomaten, Bonn 1962
Rintelen, Enno von: Mussolini als Bundesgenosse. Erinnerungen eines deutschen Militärattachés in Rom 1936-1943, Tübingen-Stuttgart 1951
Rosen, Friedrich: Aus einem diplomatischen Wanderleben. Aus dem Nachlaß herausgegeben von Herbert Müller-Werth, Wiesbaden 1959
Schellenberg, Walter: Memoiren. Herausgegeben von Gita Petersen, Köln 1959
Schlange-Schöningen, Hans: Am Tage danach, Hamburg 1946
Schlesinger, Moritz: Erinnerungen eines Außenseiters im diplomatischen Dienst, aus dem Nachlaß herausgegeben und eingeleitet von Hubert Schneider, Köln 1977
Schmidt, Paul Otto: Statist auf diplomatischer Bühne 1923-1945. Erlebnisse des Chefdolmetschers im Auswärtigen Amt mit den Staatsmännern Europas, Bonn 1950
–: Der Statist auf der Galerie 1945-50. Erlebnisse, Kommentare, Vergleiche, Bonn 1951
Schreiber, Georg: Zwischen Demokratie und Diktatur. Persönliche Erinnerungen an die Politik und Kultur des Reiches (1919-1944), Münster 1949
Seraphim, Hans-Günther (Hrsg.): Das politische Tagebuch Alfred Rosenbergs 1934/35 und 1939/40, München 1964
Speer, Albert: Erinnerungen, Frankfurt/M-Berlin 1969
Studnitz, Hans-Georg von: Als Berlin brannte. Diarium der Jahre 1943-1945, Stuttgart 1963
Vogel, Georg: Diplomat unter Hitler und Adenauer. Düsseldorf und Wien 1969
Weizsäcker, Ernst von: Erinnerungen. Herausgegeben von Richard von Weizsäcker, München-Leipzig-Freiburg i.Br. 1950
Wiedenfeld, Kurt: Zwischen Wirtschaft und Staat, Berlin 1960
Zechlin, Walter: Fröhliche Lebensfahrt. Diplomatische und undiplomatische Erinnerungen, Stuttgart-Berlin 1936
–: Pressechef bei Ebert, Hindenburg und Kopf. Erlebnisse eines Pressechefs und Diplomaten, Hannover 1956

*Nach 1945 publizierte Dokumente und Dokumentensammlungen*

Akten zur Deutschen Auswärtigen Politik 1918-1945, Serien C, D und E, Baden-Baden 1950-1956, Frankfurt/M 1961-1964, Bonn 1965 und Göttingen 1969-1979

Schriftlicher Bericht des Untersuchungsausschusses (47. Ausschuß) gemäß Antrag der Fraktion der SPD betreffend Prüfung, ob durch die Personalpolitik Mißstände im Auswärtigen Dienst eingetreten sind. Nr. 2680 der Drucksachen, Deutscher Bundestag, 1.Wahlperiode 1949, Drucksache Nr. 3465

Boberach, Heinz (Hrsg.): Meldungen aus dem Reich. Auswahl aus den geheimen Lageberichten des Sicherheitsdienstes der SS 1939-1944, Neuwied 1965

Braham, Randolph L.: The Destruction of Hungarian Jewry. A documentary account, 2 Bde., New York 1963

Bulletin der Bundesregierung, hrsg. vom Presse- und Informationsamt, Bonn 1951-1980

Domarus, Max (Hrsg.): Hitler, Reden und Proklamationen 1932-1945. Kommentiert von einem deutschen Zeitgenossen, 2 Bde., Wiesbaden 1973

Fall 9. Das Urteil im SS-Einsatzgruppenprozeß, gefällt am 10. April 1948 in Nürnberg vom Militärgerichtshof II der Vereinigten Staaten von Amerika. Herausgegeben von Kazimierz Leszczynski, Berlin (Ost) 1963

Hitler. Sämtliche Aufzeichnungen 1905-1924. Herausgegeben von Eberhard Jäckel zusammen mit Axel Kuhn, Stuttgart 1980

Hitlers Zweites Buch. Ein Dokument aus dem Jahr 1928. Eingeleitet und kommentiert von Gerhard L. Weinberg, Stuttgart 1961

Jacobsen, Hans-Adolf - Jochmann, Werner (Hrsg.): Ausgewählte Dokumente zur Geschichte des Nationalsozialismus 1933-1945, Bielefeld 1961-1966

Jochmann, Werner (Hrsg.): Adolf Hitler. Monologe im Führerhauptquartier 1941-1944. Die Aufzeichnungen Heinrich Heims, Hamburg 1980

Judenverfolgung in Italien, den italienisch besetzten Gebieten und in Nordafrika. Dokumentensammlung, vorgelegt von der United Restitution Organization, Frankfurt/M 1962

Judenverfolgung in Ungarn. Dokumentensammlung, vorgelegt von der United Restitution Organization, Frankfurt/M 1959

Kent, George O. (Hrsg.): A Catalog of Files and Microfilms of the German Foreign Ministry Archives 1920-1945, Volume I-III, Stanford (The Hoover Institution Stanford University) 1962-1966

Lang, Jochen von (Hrsg.): Das Eichmann-Protokoll. Tonbandaufzeichnungen der israelischen Verhöre. Mit 66 faksimilierten Dokumenten, Berlin 1982

Picker, Henry: Hitlers Tischgespräche im Führerhauptquartier 1941-1942, hrsg. von P.E. Schramm, Stuttgart 1963

Poliakov, Léon - Wulf, Josef: Das Dritte Reich und seine Denker. Dokumente, Berlin 1959

–: Das Dritte Reich und seine Diener. Dokumente, Berlin 1956

–: Das Dritte Reich und die Juden. Dokumente und Aufsätze, Berlin 1955

Der Prozeß gegen die Hauptkriegsverbrecher vor dem Internationalen Militärgerichtshof. Nürnberg, 14. November 1945 - 1. Oktober 1946. 42 Bde., Nürnberg 1947-1949

Smith, Bradley F. - Peterson, Agnes F. (Hrsg.): Heinrich Himmler. Geheimreden 1933 bis 1945 und andere Ansprachen, Frankfurt/M-Berlin-Wien 1974

Trials of War Criminals before the Nuremberg Military Tribunals, Volume I-XV, Washington 1952

Das Urteil im Wilhelmstraßen-Prozeß. Der amtliche Wortlaut der Entscheidungen im Fall 11 des Nürnberger Militärtribunals gegen Weizsäcker und andere mit abweichender Urteilsbegründung, Berichtigungsbeschlüssen, den grundlegenden Gesetzesbestimmungen, einem Verzeichnis der Gerichtspersonen und Zeugen. Einführungen von Robert M.W. Kempner und Carl Haensel, Schwäbisch-Gmünd 1950

Abshagen, Karl-Heinz: Canaris. Patriot und Weltbürger, Stuttgart 1949
Ackermann, Josef: Heinrich Himmler als Ideologe, Göttingen-Zürich-Frankfurt 1970
Adam, Uwe Dietrich: Judenpolitik im Dritten Reich, Düsseldorf 1972 u. 1979
Adler, Hans Georg: Der verwaltete Mensch. Studien zur Deportation der Juden aus Deutschland, Tübingen 1974
Arendt, Hannah: Elemente und Ursprünge totaler Herrschaft, Frankfurt/M 1955
-: Eichmann in Jerusalem. Ein Bericht von der Banalität des Bösen, München 1964
Aronson, Shlomo: Reinhard Heydrich und die Frühgeschichte von Gestapo und SD, Stuttgart 1971
Auswärtiges Amt (Hrsg.): 100 Jahre Auswärtiges Amt 1870-1970, Bonn 1970
Benz, Wolfgang - Graml, Hermann (Hrsg.): Sommer 1939. Die Großmächte und der Europäische Krieg, Stuttgart 1979
-: Aspekte deutscher Außenpolitik im 20. Jahrhundert. Hans Rothfels zum Gedächtnis, Stuttgart 1976
Ben-Elissar, Eliahu: La diplomatie du III^e^ Reich et les Juifs 1933-1939, Paris 1968
Billig, Joseph: Le Commissariat Général aux Questions Juives (1941-1944), 4 Bde., Paris 1955-1960
Biss, Andreas: Der Stopp der Endlösung. Kampf gegen Hitler und Eichmann in Budapest, Stuttgart 1966
Blasius, Rainer A.: Für Großdeutschland - gegen den großen Krieg. Staatssekretär Ernst Frhr. von Weizsäcker in den Krisen um die Tschechoslowakei und Polen 1938/39, Köln-Wien 1981
Bollmus, Reinhard: Das Amt Rosenberg und seine Gegner. Studien zum Machtkampf im nationalsozialistischen Herrschaftssystem, Stuttgart 1970
Boveri, Margret: Der Diplomat vor Gericht, Berlin-Hannover 1948
-: Der Verrat im 20. Jahrhundert, Reinbek bei Hamburg 1976
Bracher, Karl Dietrich: Die deutsche Diktatur. Entstehung, Struktur, Folgen des Nationalsozialismus, Köln ⁴1972
-: Zeit der Ideologien. Eine Geschichte politischen Denkens im 20. Jahrhundert, Stuttgart 1982
Bracher, Karl Dietrich - Sauer, Wolfgang - Schulz, Gerhard: Die nationalsozialistische Machtergreifung. Studien zur Errichtung des totalitären Herrschaftssystems in Deutschland 1933/34, Köln-Opladen 1960
Bracher, Karl Dietrich - Funke, Manfred - Jacobsen, Hans-Adolf (Hrsg.): Nationalsozialistische Diktatur 1933-1945. Eine Bilanz, Bonn 1983
Braunbuch. Kriegs- und Naziverbrecher in der Bundesrepublik und in Westberlin, Berlin (Ost) ³1968
Broszat, Martin: Deutschland - Ungarn - Rumänien. Entwicklung und Grundfaktoren nationalsozialistischer Hegemonial- und Bündnispolitik, in: HZ 206 (1968), S. 45-96
-: Hitler und die Genesis der »Endlösung«. Aus Anlaß der Thesen von D. Irving, in: VfZ 25 (1977), S. 739-775
-: Der Staat Hitlers. Grundlegung und Entwicklung seiner inneren Verfassung, München ⁸1979
Browning, Christopher R.: Zur Genesis der »Endlösung«. Eine Antwort an Martin Broszat, in: VfZ 29 (1981), S. 97-109
-: The Final Solution and the German Foreign Office. A study of Referat D III of Abteilung Deutschland 1940-43, New York 1978
-: Unterstaatssekretär Martin Luther and the Ribbentrop Foreign Office, in: Journal of Contemporary History 12 (1977), S. 313-344
Buchheim, Hans: Die SS in der Verfassung des Dritten Reiches, in: VfZ 3 (1955), S. 127-157
-: SS und Polizei im NS-Staat, Duisdorf bei Bonn 1964
Buchheim, Hans - Broszat, Martin - Jacobsen, Hans-Adolf - Krausnick, Helmut: Anatomie des SS-Staates, 2 Bde., München 1967
Budde, Eugen: Gibt es noch eine deutsche Außenpolitik? Betrachtungen zur Politik und Diplomatie eines geschlagenen Staates, Hamburg 1947

Cecil, Lamar: The German Diplomatic Service, 1871-1914, Princeton University Press 1976
-: Der diplomatische Dienst im kaiserlichen Deutschland, in: Schwabe, Klaus (Hrsg.): Das diplomatische Korps 1871-1945. Büdinger Forschungen zur Sozialgeschichte, Boppard am Rhein 1985
Craig, Gordon A. - Gilbert, Felix (Hrsg.): The Diplomats 1919-1939, Princeton University Press 1953
Curtius, Klaus - Haeften, Gerrit v.: Die Nachwuchsausbildung für den höheren Auswärtigen Dienst der Bundesrepublik Deutschland und der Vereinigten Staaten von Amerika, Frankfurt a.M. 1974
Deschner, Günther: Reinhard Heydrich. Statthalter der totalen Macht, Eßlingen 1977
Deutsch, Harold C.: Verschwörung gegen den Krieg. Der Widerstand in den Jahren 1939-1940, München [2]1969
Diehl-Thiele, Peter: Partei und Staat im Dritten Reich. Untersuchungen zum Verhältnis von NSDAP und allgemeiner innerer Staatsverwaltung 1933-1945, München 1969
Dissow [d.i. Rantzau], Joachim v.: Adel im Übergang. Ein kritischer Standesgenosse berichtet aus Residenzen und Gutshäusern, Stuttgart [2]1962
Doß, Kurt: Das deutsche Auswärtige Amt im Übergang vom Kaiserreich zur Weimarer Republik. Die Schülersche Reform, Düsseldorf 1977
-: The History of the German Foreign Office, in: The Times Survey of Foreign Ministries of the World, London 1982
-: Zwischen Weimar und Warschau. Ulrich Rauscher, Deutscher Gesandter in Polen 1922-1930. Eine politische Biographie, Düsseldorf 1984
Drenker, Alexander: Dipomaten ohne Nimbus! Beobachtungen und Meinungen eines deutschen Presseattachés, Zürich-Freiburg i.Br. 1970
Drobisch, Klaus: Der Freundeskreis Himmler. Ein Beispiel für die Unterordnung der Nazi-Partei und des faschistischen Herrschaftsapparates durch die Finanzoligarchie, in: Zeitschrift für Geschichtswissenschaft 8 (1960), S. 304-328
Düwell, Kurt - Link, Werner (Hrsg.): Deutsche Auswärtige Kulturpolitik seit 1871, Köln-Wien 1981
Ebel, Arnold: Das Dritte Reich und Argentinien. Die diplomatischen Beziehungen unter besonderer Berücksichtigung der Handelspolitik 1933-1939, Köln 1971
Elben, Wolfgang: Das Problem der Kontinuität in der deutschen Revolution. Die Politik der Staatssekretäre und der militärischen Führung vom November 1918 bis Februar 1919, Düsseldorf 1965
End, Heinrich: Erneuerung der Diplomatie. Der Auswärtige Dienst der Bundesrepublik Deutschland - Fossil oder Instrument? Neuwied-Berlin 1969
Evrard, Jacques: La déportation des travailleurs français dans le III$^{e}$ Reich, Paris 1972
Fechter, Paul: Menschen und Zeiten. Begegnungen aus fünf Jahrzehnten, Gütersloh 1948
Fest, Joachim C.: Das Gesicht des Dritten Reiches. Profile einer totalitären Herrschaft, München 1963
-: Hitler. Eine Biographie, Berlin 1973
Fischer, Fritz: Bündnis der Eliten. Zur Kontinuität der Machtstrukturen in Deutschland 1871 bis 1945, Düsseldorf 1979
Fleming, Gerald: Hitler und die Endlösung, Wiesbaden-München 1982
Fraenkel, Ernst: Der Doppelstaat, Frankfurt/Main-Köln 1974
Fromm, Erich: Anatomie der menschlichen Destruktivität, Reinbek bei Hamburg 1977
Fuhrer, Hans Rudolf: Spionage gegen die Schweiz. Die geheimen deutschen Nachrichtendienste gegen die Schweiz im Zweiten Weltkrieg 1939-1945, Frauenfeld 1982
Funke, Manfred (Hrsg.): Hitler, Deutschland und die Mächte. Materialien zur Außenpolitik des Dritten Reiches, Düsseldorf 1976
Georg, Enno: Die wirtschaftlichen Unternehmungen der SS, Stuttgart 1963
Gutachten des Instituts für Zeitgeschichte, Bd. I, München 1958, Bd. II, Stuttgart 1966
Haas, Wilhelm: Beitrag zur Geschichte der Entstehung des Auswärtigen Dienstes der Bundesrepublik Deutschland, Bremen 1969

Haensel, Carl: Das Gericht vertagt sich. Aus dem Tagebuch eines Nürnberger Verteidigers, Hamburg 1950
–: Das Organisationsverbrechen. Nürnberger Betrachtungen zum Kontrollratsgesetz Nr. 10, München 1947
Hagen, Walter [d.i. Höttl, Wilhelm]: Die Geheime Front. Organisation, Personen und Aktionen des deutschen Geheimdienstes, Linz-Wien 1950
Hallstein, Walter: Das Auswärtige Amt, in: Außenpolitik II (1951), S. 453-458
Haupt, Werner: Die Schweiz im Zweiten Weltkrieg, in: Wehrwissenschaftliche Rundschau 11 (1961), S. 231-236
Haupts, Leo: Ulrich Graf von Brockdorff-Rantzau. Diplomat und Minister in Kaiserreich und Republik, Göttingen-Zürich 1984
Hausner, Gideon: Die Vernichtung der Juden. Das größte Verbrechen der Geschichte, München 1979
Heineman, John L.: Hitler's First Foreign Minister. Constantin Freiherr von Neurath, Diplomat and Statesman, Berkeley-Los Angeles-London 1979
Henke, Josef: England in Hitlers politischem Kalkül, Boppard 1973
–: Das Schicksal deutscher zeitgeschichtlicher Quellen in Kriegs- und Nachkriegszeit. Beschlagnahme-Rückführung-Verbleib, in: VfZ 30 (1982), S. 557-620
Herwarth, Hans v.: Der diplomatische Dienst in einer sich wandelnden Welt. Zwischenbericht der Kommission für die Reform des Auswärtigen Dienstes, in: Politische Studien 20 (1969), S. 541-550
–: Der deutsche Diplomat. Ausbildung und Rolle in Vergangenheit und Gegenwart, in: Diplomatie in unserer Zeit. Beiträge aus dem Internationalen Diplomaten-Seminar Kleßheim. Hrsg. von Karl Braunias und Gerald Strourzh, Veröffentlichungen der Österreichischen Gesellschaft für Außenpolitik und Internationale Beziehungen, Graz-Wien-Köln 1959, S. 227-245
Hilberg, Raul: The Destruction of the European Jews, London 1961
–: Sonderzüge nach Auschwitz, Mainz 1981
–: Die Vernichtung der europäischen Juden. Die Gesamtgeschichte des Holocaust, Berlin 1982
Hildebrand, Klaus: Deutsche Außenpolitik 1933-1945. Kalkül oder Dogma? Stuttgart ²1973
–: Innenpolitische Antriebskräfte der nationalsozialistischen Außenpolitik, in: Michalka, Wolfgang (Hrsg.): Nationalsozialistische Außenpolitik, Darmstadt 1978
Hill, Leonidas E.: The Wilhelmstraße in the Nazi Era, in: Political Science Quarterly LXXXII (1967), S. 546-570
Hillgruber, Andreas: Die »Endlösung« und das deutsche Ostimperium als Kernstück des rassenideologischen Programms des Nationalsozialismus, in: VfZ 20 (1972), S. 133-153
–: Kontinuität und Diskontinuität in der deutschen Außenpolitik von Bismarck bis Hitler, Düsseldorf ³1971
–: Die gescheiterte Großmacht. Eine Skizze des Deutschen Reiches 1871-1945, Düsseldorf 1980
Hirschfeld, Gerhard – Kettenacker, Lothar (Hrsg.): Der »Führerstaat«: Mythos und Realität. Studien zur Struktur und Politik des Dritten Reiches, Stuttgart 1981
Hoffmann, Peter: Die Sicherheit des Diktators. Hitlers Leibwachen, Schutzmaßnahmen, Residenzen, Hauptquartiere, München-Zürich 1975
–: Widerstand, Staatsstreich, Attentat. Der Kampf der Opposition gegen Hitler, Frankfurt/M-Berlin-Wien ²1970
Hofmann, Hanns Hubert – Franz, Günther (Hrsg.): Deutsche Führungsschichten in der Neuzeit. Eine Zwischenbilanz, Boppard am Rhein 1980
Höhne, Heinz: Der Orden unter dem Totenkopf. Die Geschichte der SS, Gütersloh 1967, Frankfurt/M-Hamburg 1969
–: Canaris. Patriot im Zwielicht, München 1976
Hory, Ladislaus – Broszat, Martin: Der kroatische Ustascha-Staat 1941-1945, Stuttgart 1964
Hubatsch, Walther: Deutsche Memoiren 1945-1953. Eine kritische Übersicht, Laupheim 1953

Hübinger, Paul Egon: Thomas Mann, die Universität Bonn und die Zeitgeschichte, München-Wien 1974
Hüttenberger, Peter: Die Gauleiter. Studie zum Wandel des Machtgefüges in der NSDAP, Stuttgart 1969
-: Nationalsozialistische Polykratie, in: Geschichte und Gesellschaft 2 (1976), S. 417-442
Jäckel, Eberhard: Frankreich in Hitlers Europa. Die deutsche Frankreichpolitik im Zweiten Weltkrieg, Stuttgart 1966
-: Hitlers Weltanschauung. Entwurf einer Herrschaft, Tübingen 1969
Jäckel, Eberhard - Rohwer, Jürgen (Hrsg.): Der Mord an den Juden im Zweiten Weltkrieg. Entschlußbildung und Verwirklichung, Stuttgart 1985
Jacobsen, Hans-Adolf: Nationalsozialistische Außenpolitik 1933-1938, Frankfurt/M-Berlin 1968
-: Karl Haushofer - Leben und Werk -, 2 Bde., Boppard am Rhein 1979
-: Zur Rolle der Diplomatie im Dritten Reich, in: Schwabe, Klaus (Hrsg.): Das Diplomatische Korps 1871-1945. Büdinger Forschungen zur Sozialgeschichte 1982, Boppard am Rhein 1985
-: Zur Struktur der NS-Außenpolitik 1933-1945, in: Funke, Manfred (Hrsg.): Hitler, Deutschland und die Mächte. Materialien zur Außenpolitik des Dritten Reiches, Düsseldorf 1976
Jochmann, Werner: Die Ausbreitung des Antisemitismus, in: Deutsches Judentum in Krieg und Revolution 1916-1923, hrsg. von Werner E. Mosse unter Mitwirkung von Arnold Paucker, Tübingen 1971
-: Nationalsozialismus und Revolution. Ursprung und Geschichte der NSDAP in Hamburg 1922-1933, Frankfurt a.M. 1963
-: Struktur und Funktion des deutschen Antisemitismus, in: Juden im Wilhelminischen Deutschland 1890-1914, hrsg. von Werner E. Mosse unter Mitwirkung von Arnold Paucker, Tübingen 1976
Jong, Louis de: Die deutsche fünfte Kolonne im Zweiten Weltkrieg, Stuttgart 1959
Kater, Michael H.: Das »Ahnenerbe« der SS 1935-1945. Ein Beitrag zur Kulturpolitik des Dritten Reiches, Stuttgart 1974
Kehr, Eckart: Der Primat der Innenpolitik. Gesammelte Aufsätze zur preußisch-deutschen Sozialgeschichte im 19. und 20. Jahrhundert. Herausgegeben und eingeleitet von Hans-Ulrich Wehler, Berlin ²1970
Kempner, Robert M.W.: Das Dritte Reich im Kreuzverhör, München-Eßlingen 1969, Düsseldorf 1980
-: Eichmann und Komplizen, Zürich-Stuttgart-Wien 1961
-: SS im Kreuzverhör, München 1964
Kinder, Elisabeth: Der Persönliche Stab Reichsführer-SS. Geschichte, Aufgaben und Überlieferung, in: Aus der Arbeit des Bundesarchivs. Beiträge zum Archivwesen, zur Quellenkunde und Zeitgeschichte. Herausgegeben von Heinz Boberach und Hans Booms, Boppard am Rhein 1977
Kogon, Eugen: Der SS-Staat. Das System der deutschen Konzentrationslager, Frankfurt/M 1946, München 1974
Kordt, Erich: Wahn und Wirklichkeit. Die Außenpolitik des Dritten Reiches. Versuch einer Darstellung, Stuttgart 1948
Kosthorst, Erich: Die deutsche Opposition gegen Hitler zwischen Polen- und Frankreichfeldzug, Bonn ³1957
Kraske, Erich - Nöldeke, Wilhelm: Handbuch des Auswärtigen Dienstes, Tübingen 1957
Krausnick, Helmut - Wilhelm, Hans-Heinrich: Die Truppe des Weltanschauungskrieges. Die Einsatzgruppen der Sicherheitspolizei und des SD 1938-1942, Stuttgart 1981
Krebs, Albert: Fritz-Dietlof Graf von der Schulenburg. Zwischen Staatsraison und Hochverrat, Hamburg 1964
Krekeler, Heinz L.: Die Diplomatie, München-Wien 1965
Krüger, Peter: Die Außenpolitik der Republik von Weimar, Darmstadt 1985
-: Struktur, Organisation und außenpolitische Wirkungsmöglichkeiten der leitenden

Beamten des Auswärtigen Dienstes 1921-1933, in: Schwabe, Klaus (Hrsg.): Das diplomatische Korps 1871-1945, Boppard am Rhein 1985
Krüger, Peter - Hahn, Erich J.C.: Der Loyalitätskonflikt des Staatssekretärs von Bülow 1933, in: VfZ 20 (1972), S. 376-410
Kühlmann, Richard v.: Die Diplomaten, Berlin 1939
Kuhn, Axel: Hitlers außenpolitisches Programm. Entstehung und Entwicklung 1919-1939, Stuttgart 1970
Kwiet, Konrad: Reichskommissariat Niederlande. Versuch und Scheitern nationalsozialistischer Neuordnung, Stuttgart 1968
Kwiet, Konrad - Eschwege, Helmut: Selbstbehauptung und Widerstand. Deutsche Juden im Kampf um Existenz und Menschenwürde 1933-1945, Hamburg 1984
Lachmann, Günter: Der Nationalsozialismus in der Schweiz 1931-1945. Ein Beitrag zur Geschichte der Auslandsorganisation der NSDAP, phil. Diss. Berlin 1962
Laqueur, Walter: Was niemand wissen wollte. Die Unterdrückung der Nachrichten über Hitlers »Endlösung«, Frankfurt/M-Berlin-Wien 1981
Lehmann, Hans Georg: In Acht und Bann. Politische Emigration, NS-Ausbürgerung und Wiedergutmachung am Beispiel Willy Brandts, München 1976
Leithäuser, Joachim G.: Diplomatie auf schiefer Bahn, Berlin 1953
Lohmann, Albrecht: Das Auswärtige Amt, Düsseldorf $^{2}$1973
Mansfeld, Michael: Bonn, Koblenzer Strasse. Der Bericht des Robert von Lenwitz, München 1967
Manvell, Roger - Fraenkel, Heinrich: Heinrich Himmler. Kleinbürger und Massenmörder. Frankfurt a.M. 1965
Matzerath, Horst: Nationalsozialismus und kommunale Selbstverwaltung, Stuttgart 1970
Meisler, Yoash: Himmler's doctrine of the SS leadership, in: Jahrbuch des Instituts für deutsche Geschichte, Tel Aviv, VIII (1979), S. 389-432
Michalka, Wolfgang (Hrsg.): Nationalsozialistische Außenpolitik, Darmstadt 1978
-: Ribbentrop und die deutsche Weltpolitik 1933-1940. Außenpolitische Konzeptionen und Entscheidungsprozesse im Dritten Reich, München 1980
Mommsen, Hans: Beamtentum im Dritten Reich. Mit ausgewählten Quellen zur nationalsozialistischen Beamtenpolitik, Stuttgart 1966
-: Entteufelung des Dritten Reiches? Ein Nachwort zur SS-Serie, in: Der Spiegel 1967, Nr. 11
-: Fritz-Dietlof Graf v.d. Schulenburg und die preußische Tradition, in: VfZ 32 (1984), S. 213-239
-: Zur Verschränkung traditioneller und faschistischer Führungsgruppen in Deutschland beim Übergang von der Bewegungs- zur Systemphase, in: Schieder, Wolfgang (Hrsg.): Faschismus als soziale Bewegung. Deutschland und Italien im Vergleich, Hamburg 1976
Mosse, Werner E. (Hrsg.): Juden im Wilhelminischen Deutschland 1890-1914, Tübingen 1976
-: Deutsches Judentum in Krieg und Revolution 1916-1923, Tübingen 1971
Mühlen, Patrick von zur: Rassenideologien. Geschichte und Hintergründe, Berlin 1977
Müller, Klaus-Jürgen: Nationalkonservative Eliten zwischen Kooperation und Widerstand, in: Schmädeke, Jürgen - Steinbach, Peter (Hrsg.): Der Widerstand gegen den Nationalsozialismus, München-Zürich 1985, S. 24-49
Münz, Max: Die Verantwortlichkeit für die Judenverfolgung im Ausland während der nationalsozialistischen Herrschaft, jur. Diss. Frankfurt/M 1958
Nazidiplomaten in Bonner Diensten. Eine Dokumentation des Ministeriums für Auswärtige Angelegenheiten der Deutschen Demokratischen Republik, Dresden o.J. [1968]
Neusüß-Hunkel, Ermenhild: Die SS, Hannover-Frankfurt/M 1956
Niedhart, Gottfried (Hrsg.): Kriegsbeginn 1939. Entfesselung oder Ausbruch des Zweiten Weltkriegs? Darmstadt 1976
Nolte, Ernst: Der Faschismus in seiner Epoche. Die Action française. Der italienische Faschismus. Der Nationalsozialismus, München 1979

Orb, Heinrich [d.i. Pfeifer, Heinrich]: Nationalsozialismus, 13 Jahre Machtrausch, Olten 1945
Paetel, Karl Otto: Die SS. Ein Beitrag zur Soziologie des Nationalsozialismus, in: VfZ 2 (1954), S. 1-33
Pendorf, Robert: Mörder und Ermordete. Eichmann und die Judenpolitik des Dritten Reiches, Hamburg 1961
Piontkowitz, Heribert: Anfänge westdeutscher Außenpolitik 1946-1949. Das Deutsche Büro für Friedensfragen, Stuttgart 1978
Preradovich, Nikolaus von: Die Führungsschichten in Österreich und Preussen (1804-1918) mit einem Ausblick bis zum Jahre 1945, Wiesbaden 1955
Presser, Jacob: The Destruction of the Dutch Jews, New York 1969
Putlitz, Wolfgang zu: Das Gesicht des Bonner Auswärtigen Amtes, in: Deutsche Außenpolitik I (1956), S. 312-321
Reitlinger, Gerald: Die Endlösung. Hitlers Versuch der Ausrottung der Juden Europas 1939-1945, Berlin 1956
-: Die SS. Tragödie einer deutschen Epoche, Wien-München-Basel 1957
-: The SS. Alibi of a Nation 1922-1945, Melbourne-London-Toronto 1956
Riesser, Hans E.: Haben die deutschen Diplomaten versagt? Eine Kritik an der Kritik von Bismarck bis heute, Bonn 1959
Röhl, John: Glanz und Ohnmacht des deutschen diplomatischen Dienstes 1871-1945, in: Schwabe, Klaus (Hrsg.): Das Diplomatische Korps 1871-1945, Boppard am Rhein 1985
Rothfels, Hans: Deutsche Opposition gegen Hitler. Herausgegeben von Hermann Graml, Frankfurt am Main-München 1977
Ruhl, Klaus-Jörg: Spanien im Zweiten Weltkrieg. Franco, die Falange und das »Dritte Reich«, Hamburg 1975
Sallet, Richard: Der diplomatische Dienst, seine Geschichte und Organisation in Frankreich, Großbritannien und den Vereinigten Staaten, Stuttgart 1953
Sasse, Heinz Günther: 100 Jahre Botschaft in London. Aus der Geschichte einer Deutschen Botschaft, Bonn 1963
-: Das Problem des diplomatischen Nachwuchses im Dritten Reich, in: Forschungen zu Staat und Verwaltung, Festgabe für Fritz Hartung, Berlin 1958
Schaumburg-Lippe, Friedrich Christian Prinz zu: Dr. G. Ein Porträt des Propagandaministers, Wiesbaden [3]1972
Scheffler, Wolfgang: Judenverfolgung im Dritten Reich 1933-1945, Berlin 1960
-: Zur Entstehungsgeschichte der »Endlösung«, in: Aus Politik und Zeitgeschichte B 43/1982
Schieder, Wolfgang (Hrsg.): Faschismus als soziale Bewegung. Deutschland und Italien im Vergleich, Hamburg 1976
Schoenbaum, David: Die braune Revolution. Eine Sozialgeschichte des Dritten Reiches, Berlin 1968, München 1980
Schoenberner, Gerhard: Der gelbe Stern. Die Judenverfolgung in Europa 1933 bis 1945, Gütersloh 1960
Schubert, Günter: Anfänge nationalsozialistischer Außenpolitik, Köln 1963
Schulz, Gerhard (Hrsg.): Geheimdienste und Widerstandsbewegungen im Zweiten Weltkrieg, Göttingen 1982
Seabury, Paul: Die Wilhelmstraße. Die Geschichte der deutschen Diplomatie, Frankfurt 1956
Seelos, Gebhard: Moderne Diplomatie, Bonn 1953
Sonnenhol, Gustav Adolf: Untergang oder Übergang? Wider die deutsche Angst, Stuttgart-Herford 1984
Speer, Albert: Der Sklavenstaat. Meine Auseinandersetzungen mit der SS, Stuttgart 1981
Stegmann, Dirk: Die Erben Bismarcks. Parteien und Verbände in der Spätphase des Wilhelminischen Deutschlands, Köln-Berlin 1970
Stegmann, Dirk - Wendt, Bernd-Jürgen - Witt, Peter-Christian (Hrsg.): Deutscher Konservativismus im 19. und 20. Jahrhundert. Festschrift für Fritz Fischer zum 75. Geburtstag und zum 50. Doktorjubiläum, Bonn 1983

Stein, George H.: Geschichte der Waffen-SS, Düsseldorf 1967
Stolberg-Wernigerode, Otto Graf zu: Die unentschiedene Generation. Deutschlands konservative Führungsschichten am Vorabend des Ersten Weltkriegs, München-Wien 1968
Streit, Christian: Keine Kameraden. Die Wehrmacht und die sowjetischen Kriegsgefangenen 1941-1945, Stuttgart 1978
Studnitz, Hans-Georg von: Bismarck in Bonn. Bemerkungen zur Außenpolitik, Stuttgart $^{2}$1965
Stumpf, Reinhard: Die Wehrmacht-Elite. Rang- und Herkunftsstruktur der deutschen Generale und Admirale 1933-1945, Boppard am Rhein 1982
Taylor, Telford: Die Nürnberger Prozesse. Kriegsverbrechen und Völkerrecht, Zürich 1951
Thayer, Charles W.: Die unruhigen Deutschen, Bern-Stuttgart-Wien 1958
Thielenhaus, Marion: Zwischen Anpassung und Widerstand. Deutsche Diplomaten 1938-1941. Die politischen Aktivitäten der Beamtengruppe um Ernst von Weizsäcker im Auswärtigen Amt, Paderborn 1984
Thies, Jochen: Architekt der Weltherrschaft. Die »Endziele« Hitlers, Düsseldorf 1976
Thomsen, Erich: Deutsche Besatzungspolitik in Dänemark 1940-1945, Düsseldorf 1971
Turner, Henry A.: Die Großunternehmer und der Aufstieg Hitlers, Berlin 1985
Uthmann, Jörg von: Die Diplomaten. Affären und Staatsaffären von den Pharaonen bis zu den Ostverträgen, Stuttgart 1985
Vierhaus, Rudolf: Faschistisches Führertum. Ein Beitrag zur Phänomenologie des europäischen Faschismus, in: HZ 198 (1964), S. 614-639
Vogel, Rolf: Ein Stempel hat gefehlt. Dokumente zur Emigration deutscher Juden, München-Zürich 1977
Vogelsang, Reinhard: Der Freundeskreis Himmler, Göttingen 1972
Watt, Donald C.: The German Diplomats and the Nazi Leaders, in: Journal of Central European Affairs 15 (1955), S. 148-160
Wegner, Bernd: Hitlers Politische Soldaten: Die Waffen-SS 1933-1945. Studien zu Leitbild, Struktur und Funktion einer nationalsozialistischen Elite, Paderborn 1982
Wendt, Bernd-Jürgen: München 1938. England zwischen Hitler und Preussen, Frankfurt am Main 1965
Wollstein, Günter: Rudolf Nadolny, Außenminister ohne Verwendung, in: VfZ 28 (1980), S. 47-93
Wulf, Joseph: Aus dem Lexikon der Mörder. »Sonderbehandlung« und verwandte Worte in nationalsozialistischen Dokumenten, Gütersloh 1963
Zapf, Wolfgang: Wandlungen der deutschen Elite. Ein Zirkulationsmodell deutscher Führungsgruppen 1919-1961, München $^{2}$1966

# Personenverzeichnis

(Hitler, Himmler, v. Neurath und v. Ribbentrop wurden nicht aufgenommen; auch die Sekundärliteratur wurde, soweit sie lediglich in den Anmerkungen Berücksichtigung fand, in der Regel nicht verzeichnet. Die Seitenverweise beziehen sich auf Text, Anmerkungen und Abbildungen.)

# Abbildungsnachweis

Auswärtiges Amt, Bonn: 123-125, 132, 222f., 225, 227-236, 251, 283-285, 295-297, 299; Bundesarchiv, Koblenz: 99, 127f., 147, 171, 177, 179, 257; dpa: 185; National Archives, Washington: 161-167, 197-202, 268-273; Bildarchiv Preußischer Kulturbesitz, Berlin: 8, 10, 156; Süddeutscher Verlag Bilderdienst, München: 65, 78, 194; Ullstein Bilderdienst, Berlin: 53, 87, 155, 159, 291

CIP-Kurztitelaufnahme der Deutschen Bibliothek

Döscher, Hans-Jürgen: Das Auswärtige Amt im Dritten Reich:
Diplomatie im Schatten d. »Endlösung«/
Hans-Jürgen Döscher. - Berlin: Siedler,
1987
ISBN 3-88680-256-6


Reproduktionen: Haußmann, Darmstadt
Schutzumschlag: Jürgen Stockmeier, Berlin
Satz: Bongé & Partner, Berlin
Druck: Gericke, Berlin
Buchbinder: Lüderitz & Bauer, Berlin
Printed in Germany 1987
ISBN 3-88680-256-6